조제프 푸셰

Joseph Fouché

Bildnis eines politischen Menschen

by Stefan Zweig

조제프 푸셰

어느 정치적 인간의 초상

초판 1쇄   찍은 날 2019년 9월 30일
초판 1쇄   펴낸 날 2019년 10월 7일

지은이   슈테판 츠바이크
옮긴이   정상원

발행인   육혜원
발행처   이화북스
등 록   2017년 12월 26일(제2017-0000-75호)
주 소   경기도 파주시 책향기로 403, 705동 406호
전화   02-2691-3864
팩스   031-946-1225
전자우편   ewhabooks@naver.com

편집   함소연
디자인   책은우주다
마케팅   임동건

ISBN   979-11-965581-6-1 (04900)

이 도서의 국립중앙도서관 출판예정도서목록(CIP)은 서지정보유통지원시스템 홈페이지(http://seoji.nl.go.kr)와
국가자료공동목록시스템(http://www.nl.go.kr/kolisnet)에서 이용하실 수 있습니다.(CIP제어번호: CIP2019035715)

어느 정치적 인간의 초상

조제프 푸셰

Joseph Fouché

슈테판 츠바이크 지음 | **정상원** 옮김

이화북스

우리는 왜 이 기회주의자의 삶을 알아야 하는가

조제프 푸셰, 살아생전 막강한 권력을 행사했던 그는 모든 시대를 통틀어서 가장 주목할 만한 인물 중 하나이다. 그러나 그는 동시대인의 사랑을 받지 못했을 뿐 아니라 후세에서도 정당한 대접을 받지 못했다. 나폴레옹이 세인트헬레나에서 기억을 되살릴 때에도, 로베스피에르가 자코뱅클럽에서 연설할 때에도, 카르노와 바라스와 탈레랑이 회고록을 쓸 때에도 다들 푸셰라는 이름을 언급하는 순간 치솟는 분노를 억누르지 못한다. 프랑스의 모든 역사가들 역시 왕당파든, 공화주의자든, 보나파르트주의자든 상관없이 푸셰라는 이름에 똑같은 반응을 보인다. 타고난 배신자, 보잘것없는 모사꾼, 미끌미끌한 파충류 같은 인간, 변절을 밥 먹듯 하는 놈, 경찰의 비열한 기질이 몸에 배인 놈, 한심하기 짝이 없는 악당…. 다들 온갖 모욕적인 언사를 거리낌 없이 푸셰에게 퍼붓고 있지만 아무도 그의 성격을 밝혀

내려고 진지하게 노력하지 않는다. 좀 더 정확히 말하자면 그에게는 아예 성격이 없다는 사실, 다시 말해 그가 놀라울 만큼 일관성 있게 지조 없이 살았다는 사실에 아무도 주목하지 않는다. 라마르틴, 미슐레, 루이 블랑 같은 역사가들도 예외가 아니다.

푸셰의 삶이 처음으로 실제 윤곽을 드러낸 것은 루이 마들랭의 기념비적 전기가 출간된 후부터이다. 나의 이 저서도 다른 푸셰 전기들과 마찬가지로 실증된 자료의 상당 부분을 마들랭의 전기에 빚지고 있다. 푸셰는 세계 전환기의 한복판에서 모든 정파를 이끌었고 모든 정파가 와해된 뒤에도 유일하게 살아남았으며 나폴레옹과 로베스피에르 같은 거물과 벌인 심리전에서 승리한 인물이다. 그럼에도 역사는 이 인물을 비중 없는 단역배우들이 늘어선 뒷줄로 슬그머니 밀어 놓았다. 이따금 푸셰는 나폴레옹을 다룬 연극이나 오페레타에 등장하지만 대개는 교활한 경찰장관(셜록 홈즈의 조상이라고도 볼 수 있다)이라는 진부하고 판에 박힌 단역으로 모습을 보이는 데 그친다. 천박한 연출은 늘 숨은 주인공을 조연으로 착각해 버리는 실수를 저지르곤 한다.

단 한 사람만이 이 둘도 없는 인물 푸셰를 원래의 비중에 맞게 파악했다. 다름 아닌 위대한 작가 발자크이다. 발자크는 무대에서 펼쳐지는 한 시대의 풍경뿐 아니라 무대 뒤에서 벌어지는 일까지 볼 만큼 빼어난 통찰력의 소유자였기에 푸셰야말로 그의 세기에서 심리적으로 가장 흥미 있는 인물임을 즉각 알아보았다. 발자크는 영웅적 정열과 비열한 정열을 감정의 화학적 결합 과정에서 전적으로 동일한 가치를 가진 원소라고 여겼다. 그에게는 부어트린 같은 빈틈없는 범죄자도 루이 랑베르와 같은 도덕성의 화신과 마찬가지로 경탄할 만한 인물이었다. 그는 어떤 인간의 의지가 얼마만큼의 무게를 가졌는지, 그 인간의 정열이 얼마나 강인한지를 측정했을 뿐 윤리적 인간과 비윤리적 인간을 차별해 다루지 않았다. 그런 자세를 견지했기에 혁명기와 제정시대 인물들 중 가장 멸시를 받고 욕을 먹는 인물 푸셰를 어둠에서 끌어낼 수 있었던 것이다.

발자크에게 푸셰는 '둘도 없는 천재'이자 '나폴레옹이 거느렸던 장관들 중 유일하게 제구실을 한 장관'이며 그가 아는 사람들 중 '가장 머리가 좋은 사람'이다. 발자크는 다른 글에서 이렇게 쓴다. "어떤 사람은 보이는 표면 아래에 항상 아주 깊은 심층을 지니고 있어서 그가 무슨 일을 하는 순간에 다른 사람들은 그 의중이 무엇인지 감을 잡을 수 없고 시간이 지난 후에야 그를 비로소 이해할 수 있다. 푸셰가 바로 그런 인물이다." 도덕군자들에게는 매도의 대상인 인물이 이토록 철저히 다른 평가를 받다니 놀랍지 않은가! 발자크는 소설 『신비에 싸인 사건Une ténébreuse Affaire』에서 "음습하고 심층적이며 비범한 인물이 하나 있는데 그는 잘 알려져 있지 않다"고 운을 떼고는 이 인물에게 별도로 한 페이지를 할애하고 있다.

"푸셰는 나폴레옹까지도 무서워할 만큼 독특한 천재성을 지닌 인물이지만 그가 처음부터 그런 천재성을 보여 준 것은 아니었다. 그는 당대의 인물들 중 몹시 비범한 자질을 가진 인물이지만 가장 그릇된 평가를 받는 인물이기도 하다. 국민공회에 무명의 의원으로 등장한 푸셰는 혁명의 위기를 거치고 나서야 비로소 자신의 자질을 갖추게 되었다. 그는 총재정부 치하에서 높은 자리에 올랐다. 혜안을 가진 사람이 그런 높은 자리에 오르면 과거를 보고 미래를 제대로 짐작하는 법을 깨우치게 된다. 얼마 후 '브뤼메르 18일 쿠데타'가 일어났을 때 푸셰는 갑자기 놀라운 수완을 발휘했다. 평균 정도의 연기력을 지닌 배우가 돌연 깨우침의 순간을 겪은 후 명배우가 되듯이 말이다. 창백한 얼굴의 사내는 수도원에서 엄한 교육을 받으며 자랐다. 그는 처음에는 산악파 소속이었고 나중에는 왕당파가 되었다. 두 당파의 온갖 비밀 중 그가 모르는 것은 없었다. 정치 무대 위의 인간과 사건과 술책을 서서히 그리고 묵묵히 공부해 왔기 때문이다. 그는 보나파르트의 비밀을 꿰뚫고 있었고 보나파르트에게 유익한 조언과 값진 정보를 제공했다. (…) 이 순간 새 동료들도 옛 동료들도 그의 천재성이 어느 정도인지를 예감하지 못했다. 그의 천재성의 본질은 걸출한 통치력에 있었다. 그는 앞일을 모두 예측할 만큼 대단한 혜안을 지니고 있었다."

발자크의 이런 찬사를 읽고서 나는 처음으로 푸셰에게 관심을 갖게 되었고 몇 년 전부터 그에 관해 기회가 닿는 대로 탐구해 왔다. 발자크에 따르면 "권력으로 사람을 다루는 능력을 놓고 보면 푸셰가 나폴레옹보다 한 수 위였다". 그러나 평생 전면에 나서지 않으려 했던 푸셰는 역사에서도 배후의 인물로 남는 데 성공했다. 그는 쉽사리 얼굴을 보이지 않으며 자신의 속내를 드러내려 하지 않는다. 거의 언제나 온갖 사건들에 연루되어 있고 온갖 당파 안에서 한몫을

■오노레 발자크

■슈테판 츠바이크

하고 있음에도 불구하고 자신의 관직을 보호막처럼 덮어쓰고 익명으로 숨어서 활동하기 때문에 우리는 푸셰를 보지 못한다. 시계가 가는 것은 보지만 시계를 움직이는 기계 장치는 보지 못하는 것과 같은 이치이다. 큰 사건들로 혼란스러운 와중에 그가 과격하게 방향을 바꿨던 경우 아주 드물게 우리는 그의 흐릿한 이력을 포착한다. 그런데 이상한 일이다! 간신히 포착한 몇 개 안 되는 이력은 첫눈에도 한 사람의 것이라고는 보이지 않을 만큼 제각각이다. 1790년에는 수도원의 교사였던 사람이 1792년에는 교회를 유린했고, 1793년에 공산주의자였던 사람이 5년 후에는 백만장자가 되었으며, 10년 후에는 오트란토 공작이 되었다. 이 모두가 오직 한 사람의 실제 이력이라니 쉽게 믿어지지 않는다. 근대 최고의 마키아벨리스트 푸셰가 이토록 대담하게 변신을 거듭했다는 사실을 알게 되자 나는 더욱더 그의 성격에, 아니 그에게는 아예 성격이 없다는 사실에 대해 관심을 가지게 되었다. 그의 정치적 생애가 여전히 비밀에 싸인 채 저 뒤편에 놓여 있다는 사실에 더욱더 매력을 느꼈고 그를 더욱 종잡을 수 없는 악령 같은 인물로 보게 되었다.

이렇게 인간의 영혼을 공부하는 순수한 즐거움에 빠지다 보니 나는 어느새 조제프 푸셰의 이야기를 쓰게 되었다. 이 작업을 통하여 외교적 수완이 빼어난 인간을 생물학적으로 연구해 보기 위해서였다. 이런 유형의 인간은 우리가 사는 세상에서 가장 위험한 종족이지만 우리는 이 종족에 관한 연구를 제대로 하지 않고 있다. 그렇기에 이 종족에 속하는 푸셰 같은 인물을 해부해 볼 필요가 있다고 믿는다.

　조제프 푸셰가 매우 독특하고 비중 있는 인물이지만 철저히 비도덕적 인물이기 때문에 그의 전기를 쓴다면 이 시대의 명백한 소망을 거스르게 된다는 것을 나는 알고 있다. 우리의 시대는 영웅 전기를 좋아하며 원하고 있다. 창의력 있는 정치 지도자가 우리 시대에 없기 때문에 사람들은 과거사에서 훌륭한 사례를 찾고자 한다. 영웅의 전기가 우리의 마음을 넓히고 힘을 북돋우며 정신을 고양시킨다는 사실을 부인하는 것은 결코 아니다. 플루타르크 영웅전이 나온 이래로 발전하는 인류와 모든 시대의 젊은이들에게 영웅의 전기는 없어서는 안 될 필수품이다. 그러나 정치 분야를 놓고 보면 영웅의 전기는 역사를 왜곡할 위험을 안고 있다. 다시 말해 참된 지도력을 갖춘 인물이 과거에서부터 지금까지 줄곧 세계의 운명을 실제로 결정해 왔다고 왜곡할 위험이 있다는 말이다. 두말할 것 없이 영웅은 그저 이 세상에 존재했다는 사실만으로 수십 년, 수백 년 동안 우리의 정신적 삶을 지배하고 있지만 정신적 삶을 넘어서면 얘기는 달라진다. 현실의 삶에서, 힘겨루기를 하는 정치권에서 순수하게 어떤 이념을 신봉하는 걸출한 인물이 주요 결정을 내리는 경우는 극히 드물다. (정치인을 쉽게 믿는 사람들에게 이 사실을 꼭 강조하고 싶다.) 현실 세계에서는 배후의 인물들이 주요 결정을 내린다. 그들은 영웅에 비하면 가치는 훨씬 떨어지지만 재간은 더 나은 종족이다.

　1914년 전쟁을 시작하고 1918년 평화를 맺는다는 세계사적 결정을 내린 것은 이성과 책임감을 지닌 사람들이 아니라 몹시 의심스러운 성격과 미숙한 지성을 지닌 사람들이었으며 이들은 뒷줄에 숨어 있었다는 사실을 우리는 목격했다. 그리고 최근에도 우리는 도덕적 혜안과 확고한 신념을 지닌 사람들이 수상쩍다 못해 때로는 무법천지인 정치의 도박판에서 뜻을 관철하지 못하고 직업적인 도박꾼들에게 매번 눌리는 것을 날마다 보고 있다. 날렵히 손을 놀리며 빈말을 남발하고 차가운 심장을 지닌 이 기술자들이 바로 위에서 언급한 '외교적 수완이 빼어난 인간' 종족이다. 여러 민족들은 여전히 다음 세대의 미래를 이런 도박꾼들에게 마음 편히 맡기고 있다.

나폴레옹은 100년도 더 전에 "정치는 현대의 새로운 숙명"이라고 말했다. 그것이 사실이라면 우리는 스스로를 방어하기 위하여 정치권력 뒤에 숨은 사람들을 알고 그들의 권력에 어떤 위험한 비밀이 숨어 있는지를 알아야 할 것이다. 조제프 푸셰의 이야기가 정치적 인간이라는 유형을 이해하는 데 도움이 되었으면 한다.

1929년 가을, 잘츠부르크에서

차례

1

출세 가도를 달리다

1759년~1793년

1759년 5월 30일, 조제프 푸셰는 항구 도시 낭트에서 태어난다. 이후 오트란토 공작이 될 이 아이의 부모는 선원이며 장사꾼이고 그의 선조 역시 선원이었다. 그렇기에 가문을 이어 갈 아들 역시 뱃사람이 되는 것은 지극히 당연한 일이다. 해상 무역상이나 선장이 된다면 더 좋다. 그러나 이 못생긴 아이는 홀쭉한 키에 말라깽이에다 허약하고 신경질적이라서 선원이 되기에는 적합하지 않다는 것이 일찌감치 드러난다. 당시 선원은 용맹함이 요구되는 힘겨운 직업인데 이 아이는 해변에서 2마일만 떨어지면 뱃멀미를 하고 15분만 뜀박질을 하거나 사내애들과 어울려 놀면 금세 지쳐 버리기 때문이다. 약골인 아들이 무엇이 될지 부모는 근심에 차서 궁리한다. 1770년 무렵 이미 정신적으로 깨어난 프랑스 시민계급은 출세를 하려고 조바심을 내지만 그들의 자리는 아직 없다. 법원과 행정청의 모든 공직과 사무직 중 수입이 좋은 자리는 귀족들 몫이다. 궁정에서 일하려면 백작가의 문장이나 남작의 지위가 있어야 한다. 군대에서조차 시민 출신은 머리가 허옇게 되어도 병장이 되는 것이 고작이다. 부패한 왕국은 시국을 제대로 읽지 못했기에 제3계급에게 어떤 돌파구도 제공하지 않는다. 오랜 세월 겸손히 간청했지만 거절당한 제3계급이 사반세기 후 주먹을 휘두르며 제 몫을 요구하는 건 전혀 놀랍지 않다.

아이가 갈 곳은 교회뿐이다. 천 년을 지배한 막강한 종교 권력은 왕족과는 상대가 안 될 만큼 지식 전반에 밝았기에 더 현명하고 민주적이며 너그럽게 생각한다. 교회는 재능이 있는 사람이라면 누구든 받아들이므로 가장 비천한 사람도 이 '보이지 않는 국가'인 교회에 들어갈 수 있다. 어린 조제프는 이미 오라투아르 수도회의 학생 시절부터 두각을 나타냈기 때문에 수도회는 교과과정을 마친 그를 수학과 물리 교사로 채용하고 학교 관리인 겸 사감으로 일하게 한다. 예수회 신부들이 추방된 이후 프랑스에서 가톨릭 교육을 주도하고 있는 오라투아르 수도회에서 갓 스물의 나이로 제대로 된 직위를 얻은 것이다. 물론 출세할 가능성이 거의 없는 하찮은 자리이지만 그 자리는 그에게는 가르치면서 배우고 자신을 단련하는 학교 역할을 하게 된다. 사제가 되겠다고 서원을 한다면 그는 더 높은 지위에 오를 수 있었을 것이다. 신부가 되고 언젠가는 주교나 대주교까지

될 수 있었을지도 모른다. 하지만 그의 경력 중 제일 밑바닥인 첫째 단계에서 이미 그의 본성에 내재한 특징이 드러난다. 그는 어떤 대상 혹은 어떤 사람과 물릴 수 없을 만큼 굳건한 관계를 맺는 것을 꺼린다. 수도복을 입고 삭발을 한 그는 다른 신부들과 함께 수도사로 살고 오라투아르 수도회에서 보낸 10년 내내 안에서 보나 밖에서 보나 여느 사제들과 다르지 않다. 그렇지만 그는 더 높은 서품을 받지 않으며 어떠한 서원도 하지 않는다. 언제나 어떤 상황에서건 입장을 바꿔서 변신할 수 있게끔 빠져나갈 길을 열어 놓은 것이다. 그는 일정 기간만, 자신의 일부분만을 교회에 바치며 후일 혁명과 총재정부, 통령정부, 황제의 제국, 왕국에도 마찬가지 태도를 취한다. 신에게도 평생 충성을 맹세하지 않았던 조제프 푸셰가 한 사람에게 평생 충성을 맹세할 리가 없다.

수도사에서 국민공회 의원으로

스물에서 서른이 될 때까지 십 년을 창백하고 과묵한 반쪽짜리 사제는 수도원의 복도와 식당을 조용히 돌아다니며 보낸다. 그는 니오르, 소뮈르, 방돔, 파리에서 교편을 잡지만 거주지가 변해 봤자 그에게는 아무 의미도 없다. 어떤 도시에서건 신학교 교사는 속세와는 격리되어 침묵의 장벽 뒤에서 한결같이 조용하고 가난하며 수수하게 살아가기 때문이다. 스무 명, 서른 명, 혹은 마흔 명의 학생들에게 라틴어와 수학과 물리를 가르치며 검은 옷을 입은 창백한 소년들을 인솔해 미사에 가고 취침을 감독하고는 홀로 학술 서적을 읽는 것이

■ 젊은 시절의 조제프 푸셰

그의 일과이다. 그는 초라한 식사에 얄팍한 봉급을 받는, 낡고 검은 옷을 걸친 소박한 수도사로 살아간다. 시공간을 넘어선 비현실적인 장소에서 아무런 수확도 없고 야심도 없이 마비된 듯 조용히 어두운 십 년을 보낸 것처럼 보인다.

하지만 수도원 학교에서 보낸 10년 동안 조제프 푸셰는 후일 외교적 수완이 빼어난 사람으로 활동하는 데 도움이 될 만한 것들을 많이 배운다. 침묵을 지키는 기술, 자신을 숨기는 기술, 다른 사람의 마음을 읽는 탁월한 능력 등 심리학 일체를 배운 것이다. 푸셰는 평생 아무리 격정에 휘말려도 얼굴에 전혀 드러내지 않는다. 침묵으로 담을 두르고 표정 하나 바꾸지 않기 때문에 그의 얼굴에서 노여움과 증오와 흥분이 격렬히 불거져 나오는 것을 본 사람은 아무도 없다. 그는 한결같이 나직한 음성으로 아주 상냥한 말과 무시무시한 말을 태연자약이 건넨다. 황제의 거처에서건 아수라장이 된 대중 집회에서건 한결같이 소리를 내지 않고 걸어 다닌다. 이처럼 놀랄 만치 자신을 통제하고 관리하는 능력은 수도원에서 배워 익힌 것이다. 세계무대의 단상에 오르기 전에 이미 그는 로욜라의 묵상을 수행하며 의지를 다스렸고, 수세기에 걸친 사제들의 토론 문화를 접하며 언변을 단련했다. 프랑스 혁명이 낳은 외교적 수완이 빼어난 3대 인물 탈레랑, 시에예스, 푸셰가 수도원 학교 출신이라는 점은 우연이 아니다. 그들은 청중에게 모습을 드러내기 전에 이미 인간을 다루는 법을 터득한 대가이다. 이 세 사람은 아주 상반되는 성격에도 불구하고 모두 고색창연한 전통의 영향 속에서 성장한 탓에 이처럼 유사성을 보인다. 푸셰는 이에 더하여 스파르타식의 매서운 극기심과 낭비와 사치에 대한 저항력, 사생활과 개인적 감정을 은폐하는 능력을 수도원에서 배워 익힌다. 그늘진 수도원 복도에서 보낸 10년은 푸셰에게는 결코 잃어버린 세월이 아니었다. 교사로 일하면서 정말이지 많은 것을 배웠으니 말이다.

원래 유연하며 바지런한 푸셰는 수도원 담벼락 뒤 외부와 삼엄히 단절된 공간에서 인간 심리를 조종하는 탁월한 능력을 체득하며 발전시킨다. 수년 동안 그는 지극히 한정된 성직자 사회에서만 눈에 띄지 않게 활동해 왔다. 하지만 1778년에는 벌써 사회를 뒤흔드는 폭풍이 프랑스에서 일기 시작하면서 수도원 담장 안으로까지 불어 닥친다. 프리메이슨클럽 회원들 뿐 아니라 오라투아르 사제들도 인간의 권리에 대해 토론을 벌인다. 젊은 사제들은 새삼 호기심을 품고 시민들에게 다가간다. 수학과 물리 교사인 푸셰 역시 당시 과학의 엄청난 발견에 호기심을 품는다. 최초의 비행선인 몽골피에와 전기, 의학 분야에서 혁신적 발명품들이 나온 시기이다. 성직자들은 지식 계층과 교류하고자 한다. 아라스에 있는 '로자티'라는 이름의 아주 독특한 사교클럽은 그러한 만남의 기회를 제공한다. 로자티는 예술 애호가들의 친목 단체로 아라스의 지식인들은 거기 모여서 즐거운 시간을 보낸다. 이 클럽에서 벌어지는 일들은 정말이지 소박하다.

지극히 평범한 소시민이 시를 낭독하고 문학을 논하며 군인과 민간인이 어울린다. 수도원 교사인 푸셰는 물리학에서의 새로운 발전에 대해서 많은 것을 이야기할 수 있기에 환영받는다. 종종 그는 동료들과 함께 앉아서 라자르 카르노라는 이름의 공병 대위가 신랄한 자작시를 낭송하거나 창백한 얼굴에 입술이 얄팍한 변호사 막시밀리앙 드 로베스피에르(당시 그는 자신이 귀족이라는 사실에 가치를 부여하고 있었다)가 로자티클럽을 칭송하는 연설을 맥없이 이어 가는 것을 듣곤 한다. 이 지방은 철학을 즐겨 논하던 18세기 프랑스의 명맥을 아직 유지하고 있다. 이에 걸맞게 귀족 로베스피에르는 아직은 피비린내 나는 판결 대신 한가로이 예쁘장한 시를 쓰고 있고, 스위스 출신 의사 마라는 아직은 격렬한 공산당 선언 대신 통속적이고 감상적인 소설을 쓰고 있으며, 작달막한 나폴레옹 보나파르트 소위는 어느 지방에선가 『젊은 베르터의 고뇌』를 모방한 소설을 쓰려고 끙끙대고 있다. 천둥 번개는 아직 지평선 너머에 숨어 있다.

운명의 장난이었을까? 삭발한 수도원 교사는 창백하고 신경질적이며 야심에 넘치는 변호사 로베스피에르와 각별히 친해진다. 더군다나 이 둘의 관계는 처남 매부 간으로 발전해 나가려는 참이다. 막시밀리앙의 누이인 샤를로트 로베스피에르는 오라투아르 교단의 교사를 수도승 신분에서 해방시키고자 한다. 곳곳에서 둘이 약혼했다는 소문이 돈다. 왜 이 혼사가 결렬되었는지는 알 수 없지만 아마 여기에 두 남자가 서로 증오하게 된 이유가 숨겨져 있는 듯하다. 예전에 친구였던 두 남자는 후일 목숨을 걸고 세계사에 남을 싸움을 벌이게 된다. 그러나 그 무렵 그들에게는 자코뱅도 증오도 낯선 단어이다. 증오라니 있을 수 없는 일이다. 막시밀리앙 드 로베스피에르가 삼부회 의원 자격으로 프랑스의 새 헌법을 제정하기 위해 베르사유로 가게 되자 여비를 지불하고 새 옷을 장만하도록 빈털터리 변호사에게 금화를 빌려준 것도 다름 아닌 삭발승 조제프 푸셰이다. 이 일화는 그가 나중에 자주 맡게 될 역할을 상징적으로 보여 준다. 다른 사람에게 세계 역사에 남을 경력을 쌓도록 발판을 받쳐 주는 역할 말이다. 하지만 결정적인 순간에 그는 옛 친구를 배반하고 등을 밀쳐 쓰러뜨릴 것이다.

로베스피에르가 프랑스의 모든 기반을 뒤흔들 삼부회의 집회에 참가하기 위해 출발하자 곧 아라스의 오라투아르 수도회 사제들도 작은 혁명을 일으킨다. 정치는 수도원 속까지 밀려들고 바람결을 읽어 낼 만큼 영민한 조제프 푸셰는 항해를 시작하려 한다. 그의 제안에 따라 사제들은 자신들이 제3계급에 동조한다는 사실을 표명하기 위하여 국민의회에 대표단을 파견한다. 그러나 평소에는 몹시 신중한 사람이 이번만은 너무 빨리 행동해 버린 꼴이 됐다. 그의 상급자들은 그를 낭트에 있는 자매기관(그가 소년 시절 학문과 처세법의 초보를 배웠던 바로 그 장소)에 보내는 벌을 내리지만 그 벌은 실제로는 효력을 발휘하지 못한다.

많은 것을 경험하며 성숙해진 지금, 그는 애송이들에게 구구단과 기하와 물리를 가르칠 맛이 나질 않는다. 바람을 읽을 줄 아는 푸셰는 사회적 폭풍이 나라를 뒤덮고 정치가 세계를 지배하고 있음을 직

■막시밀리앙 로베스피에르의 여동생 샤를
로트

감한다. 그렇다면 정치 한복판으로 돌진 하자! 그는 단숨에 수도복을 벗어 던지고 삭발했던 머리를 기른 후 애송이 소년들 대신 낭트의 건실한 시민들 앞에서 정치 강연을 한다. 마침 클럽이 하나 창설된다. 정치가는 이런 무대에서 언변을 연마하며 경력을 시작하는 법이다. 몇 주가 채 지나지 않아 조제프 푸셰는 '헌법의 벗' 클럽 낭트 지부의 회장직을 꿰찬다.

그는 진보를 칭송하지만 아주 신중히 자유주의 입장을 취한다. 우직한 상인들의 도시 낭트는 정치적으로 온건함을 지향하기 때문이다. 낭트 시민들은 도시 신용이 떨어질까 걱정하고 장사가 잘 되는 것을 우선시하기에 급진주의를 좋아하지 않는다. 또 식민지에서 두둑한 수입이 흘러들기에 노예 해방과 같은 황당한 계획 역시 좋아하지 않는다. 조제프 푸셰는 즉시 노예 거래 폐지안을 격렬히 반박하는 문서를 작성하여 의회에 보낸다. 이로 인해 브리소로부터 거칠게 책망을 듣지만 가까이 있는 시민계급은 그의 이런 행동을 전혀 나쁘게 보지 않는다. 시민 집단(이들이야말로 미래의 유권자이다!) 안에서 자신의 정치적 입지를 적시에 굳히기 위하여 그는 서둘러 부유한 상인의 딸과 결혼한다. 신부는 인물은 없지만 재산이 꽤 있다. 그는 제3계급이 곧 최고의 지배계급이 될 것임을 직감하기에 그때를 대비해 당장 완전한 시민이 되려고 한다.

이 모든 것은 본래의 목표를 위한 준비 작업이다. 국민공회 의원을 뽑는 선거가 공표되자마자 전직 수도원 교사는 입후보한다. 의원직 후보자들은 무엇을 할까? 우선 선량한 유권자들이 듣고 싶어 하는 것을 모두 공약으로 내건다. 이에 맞추어 조제프 푸셰는 무역을 보호하고 재산권을 옹호하며 법률을 존중하겠다고 맹세한다. 낭트에서는 좌파보다는 우파가 강세이기 때문에 그는 낡은 정부보다는 질서를 어지럽히는 자들을 더욱 목청 높여 비난한다. 그러고는 1792년에 정말 국민공회 의원으로 당선된다. 오랫동안 조용히 삭발을 하고 다니던 그가 이제는 의원의 삼색 휘장을 두르게 된 것이다.

의원으로 당선될 당시 조제프 푸셰의 나이는 서른둘이다. 그는 미남은 결코 아니다. 귀신같이 삐쩍 마른 몸매에 각이 진 좁은 얼굴은 추해 보이고 좋은 인상을 주지 못한다. 코는 뾰족하고 늘 굳게 다문 입도 뾰족하고 가늘다. 졸린 듯 무겁게 드리워진 눈꺼풀 아래에 차가운 생선 눈이 자리 잡고 있으며 회색 동공은 유리알 같다. 그의 얼굴, 아니 신체의 모든 부분에서 살아 있는 세포는 얼마 되지 않는 것처럼 보인다. 가스등에 비친 사람 마냥 그는 푸르죽죽한 납빛을 하고 있다. 두 눈에는 광채가 없고 동작에는 생기가 없으며 목소리에는 힘이 없다. 숱이 적은 머리카락은 가닥가닥 늘어지고 불그레한 눈썹은 보일 듯 말 듯하고 뺨은 흐릿한 잿빛이다. 색소를 아무리 많이 써도 이 얼굴을 건강하게 만들 수는 없을 거라는 생각이 들 지경

■1792년 8월 10일 파리에서 일어난 튈르리 궁 습격 장면. 이 사건으로 프랑스는 왕권이 중지되고, 루이 16세와 마리 앙투아네트 등 국왕 일가는 탕플르 탑에 유폐되었다.

이다. 그는 엄청난 작업량을 소화해 내는 강인한 체력을 지녔음에도 불구하고 늘 피로에 지쳐 보이며 중병에 걸렸거나 회복기에 있는 환자처럼 보인다.

그를 본 사람은 누구나 그에게는 뜨거운 붉은 피가 흐르고 있지 않다는 인상을 받는다. 실제로 그는 냉혈동물의 영혼을 지니고 있다. 그는 거친 열정에 휘말리지 않으며 여자나 도박에 빠진 적도 없다. 술을 마시지 않고 낭비벽도 없다. 힘자랑을 하는 일도 없이 그저 방 안에서 문서와 서류를 벗 삼아 지낼 뿐이다. 그는 밖으로 드러나게 화를 내지 않으며 얼굴에 초조함을 보이지도 않는다. 때로는 정중히,

때로는 경멸하듯 미소를 지을 듯 말 듯 뾰족하고 핏기 없는 입술을 살며시 움직이는 게 고작이다. 지쳐 보이는 납빛 가면 뒤에 숨긴 긴장감을 알아채는 사람은 없다. 가장자리가 충혈된 묵직한 눈꺼풀 아래 자리한 두 눈은 그가 무엇을 의도하는지, 어떤 생각을 하고 있는지를 결코 드러내지 않는다. 이처럼 전혀 동요하지 않고 냉정할 수 있는 것이야말로 푸셰의 강점이다. 그는 강심장을 늘 유지하며 감각적 향락에 유혹되지도 않는다. 그의 모든 열정은 머릿속에서 쌓였다가 해소되기 때문에 다른 사람들은 아무것도 눈치채지 못한다. 그는 자신의 힘을 여유 있게 방치하면서 상대가 실수하기를 노린다. 다른 사람들이 열정적으로 일하게끔 내버려 두고는 이들이 탈진하는 순간, 혹은 자제심을 잃고 약점을 보이는 순간을 참을성 있게 기다리다가 그 순간이 오면 비로소 사정없이 덤벼든다.

강심장과 참을성을 겸비하면 엄청나게 우월한 위치에 설 수 있다. 이렇게 기다리며 자신을 숨길 수 있는 사람은 산전수전 겪은 사람도 속일 수 있기 때문이다. 푸셰는 차분히 상전을 섬길 것이며 눈썹 하나 까딱하지 않고 가장 거친 모욕이나 견디기 힘든 굴욕에 담담한 미소로 대응할 것이다. 누군가가 그를 위협하거나 그에게 분노를 쏟아 낸다 하더라도 물고기의 체온을 지닌 그는 동요하지 않을 것이다. 로베스피에르와 나폴레옹 모두 파도가 바위에 부서지듯 이런 돌과 같은 평온함에 부딪혀 산산조각이 나 버린다. 3세대를 거치는 동안 많은 사람들이 정열에 휩싸여 돌진했다가 휩쓸려 나가지만 정열이라곤 없는 단 한 사람은 차갑게, 당당히 버티고 있다.

이러한 차가운 피야말로 푸셰 특유의 천재성의 핵심이다. 그는 육체로 인해 속박당하지 않으며 육체로 인해 흥분하지도 않는다. 그가 대담하기 그지없는 정신의 도박을 벌일 때 그의 육체는 없는 것이나 다름없다. 혈기, 관능, 정서 등은 현실의 인간을 혼돈에 빠트리는 감정적 요소이지만 이 숨은 도박꾼에게는 아무런 힘을 쓰지 못한다. 그의 열정이 몽땅 뇌수로 쏠려 있기 때문이다. 이 무미건조한 '사무실형' 인간은 지나치리만큼 모험을 사랑하고 음모에 탐닉한다. 그러나 그는 오직 머리로만 모험과 음모를 행하고 즐긴다. 분규를 일으키고 정보를 조작하는 데 엄청난 희열을 느끼는 푸셰, 그런 그의 모습을 은폐하기 위해서는 의무에 충실한 고지식한 관리라는 외관으로 평생 변장하고 다니는 게 가장 좋다. 방에 자리 잡고 문서와 기록으로 무장하고는 사태를 조종해 가다가 예상치 않은 순간에 상대가 눈치채지 못하게 결정적인 타격을 가하는 것, 이것이 그의 전술이다.

혁명의 불길이 번득이고 전설의 인물 나폴레옹이 빛을 발하는 곳에서 푸셰의 존재를 인지하려면 역사의 심층을 들여다 보아야 한다. 대단치 않은 신하 같아 보이지만 사실은 다방면으로 영향을 미치며 한 시대를 주물렀던 인물이 보일 것이다. 그는 한평생을 그늘에서 활약했지만 그 시기는 세 세대를 뛰어넘는다. 트로이 전쟁에서 파트로클로스는 이미 전사했고, 헥토르와 아킬레우스도 전사했지만, 권모술수에 뛰어난 오디세우스는 살아남았다. 푸셰는 재능으로 천재를 압도하고 냉혈성으로 온갖 열정을 이기고 살아남는다.

혁명의 자리

9월 21일 아침, 새로이 선출된 국민공회 의원 일동은 의사당에 입장한다. 환영 행사는 3년 전 제헌의회의 개회식만큼 장엄하고 화려하지 않다. 당시는 의사당 중앙에 흰 백합이 수놓인 값진 안락의자가 왕을 위해 놓여 있었다. 왕이 입장하면 의원 일동은 일어서서 환호하며 경의를 표했다. 그러나 전제군주정을 상징하는 바스티유 감옥과 튈르리 왕궁이 함락된 지금, 프랑스에는 왕이 존재하지 않는다. 뚱뚱한 신사가 하나 있는데 난폭한 간수와 재판장은 그를 루이 카페라고 부른다. 이 신사는 아무런 실권이 없는 시민 신분이 되어 탕플르 감옥에서 지루하게 판결을 기다리고 있을 따름이다. 지금은 750명의 의원들이 이 신사의 저택을 차지하고 그를 대신하여 나라를 다스리고 있다. 의장석 뒤에는 헌법 본문을 담은 큰 글씨 현판이 최신판 모세 십계명인 양 우뚝 걸려 있다. 그리고 고대 로마의 집행관이 들고 다니던 속간(束桿, 라틴어 fasces에서 유래하며 묶음이란 뜻이다. 권력과 사법권, 또는 '통합을 통한 힘'파쇼을 상징한다. 고대 로마의 속간은 하얀 자작나무 막대기를 붉은 가죽띠로 묶으며, 막대기 사이에 옆으로 날이 선 청동 도끼를 끼웠다. 속간은 행진을 할 때 등 여러 상황에서 로마 공화정의 상징으로 쓰였다.-옮긴이) 과 도끼가 의사당 벽을 장식하고 있다. 위험한 상징물이 아닐 수 없다.

방청석에 모인 민중은 자신의 대표자들을 호기심 어린 눈으로 관찰한다. 750명의 의원들이 서서히 왕궁으로 입장한다. 이들은 온갖 신분과 직업이 죄다 모인 기묘한 혼합체이다. 고귀한 철학자 옆에는 취직 못한 변호사가, 혁혁한 무공을 세운 군인 옆에는 수도원에서 도망친 사제가, 유명한 수학자와 감상적 연애 시인 옆에는 실패한 투기꾼이 있다. 유리병을 세게 흔들었을 때처럼 혁명기의 프랑스에서는 최하층이 최상층으로 올라와 있다. 이제는 혼돈을 정리할 때이다.

좌석을 택하는 것 자체가 질서를 잡기 위한 최초의 시도라고 할 수 있다. 원형극장 모양의 의사당은 매우 좁아서 의원들은 이마를 맞대고 서로의 숨결을 느끼며 날 선 말을 주고받아야 한다. 아래 좌석에는 온건한 사람들과 삶의 이치를 깨우친 사람들, 신중한 사람들, 다시 말해서 '늪지파(무슨 일을 결정하건 정열적이지 않은 사람들을 조소하며 붙인 별명이다)'가 앉는다. 저돌적인 사람들, 인내심이 없는 사람들, 급진적인 사람들은 '산악'처럼 높이 위치한 좌석에 앉는다. 이들 '산악파' 좌석의 마지막 줄은 방청석과 맞닿아 있어서 산악파 배후에는 대중, 민중, 무산계급이 있음을 상징적으로 암시하는 것 같다.

이 두 세력은 팽팽한 균형을 유지하고 있다. 혁명은 둘 사이에서 밀물과 썰물이 치듯 요동치고 있다. 시민계급과 온건파들은 헌법을 제정하고 왕과 귀족을 처치한 뒤 제3계급이 권리를 차지하면 공화국은 이미 완성된 것이라고 본다. 그들은 지금껏 확보한 것을 방어하는 데 중점을 두기에 이제 밑에서 꿈틀대는 움직임을 통제하고 억누르고 싶다. 콩도르세, 롤랑 같은 지롱드파가 그들의 리더이다. 그들은 지식계급과 중산층을 대표한다. 반면 산악파는 혁명의 힘찬 파도를 계속 일게끔 해서 아직 남아 있는 낡고 반동적인 것 모두를 가차 없이 쓸어버리려 한다. 프롤레타리아의 지도자인 마라, 당통, 로베스피에르는 '완전한 혁명'을 원한다. 무신론과 공산주의로 이어지는 철저한 급진적 혁명을 원한다. 국왕을 없앤 후 그들은 국가를 지배하는 또 다른 오랜 권력인 돈과 신앙을 손보려고 한다. 저울은 양당 사이에서 불안하게 흔들리고 있다. 온건한 지롱드파가 승리하면 혁명은 점차 동력을 잃고 일단 자유주의 성향을 띠다가 결국 보수적 반동으로 변질될 것이다. 급진파가 승리하면 그들은 회오리바람을 일으키며 혁명을 혼란의 낭떠러지로 몰고 갈 것이다. 숙명의 장소인 의사당에 의원 일동이 모인 첫 순간, 장중히 조화로운 분위기가 연출되지만 출석한 사람들 중 누구도 속지 않는다. 이곳에서 곧 사느냐 죽느냐, 지성이냐 폭력이냐를 놓고 싸움이 시작되리라는 것을 모두 알고 있기 때문이다. 각 의원이 앉은 곳이 아래의 평원이냐 위의 산악이냐에 따라서 그가 어느 편을 선택할지를 미리 알 수 있다.

혁명의 도박사

폐위된 국왕에게 속했던 홀 안으로 750명의 의원들이 엄숙히 입장한다. 거기 섞여서 낭트의 의원 조제프 푸셰도 국민대표의 표식인 삼색 띠를 상체에 두르고 말없이 발걸음을 뗀다. 삭발했던 머리는 벌써 길어졌고 사제복도 이미 오래전에 벗어 버렸다. 그는 다른 의원들처럼 소박한 시민복을 입고 있다. 조제프 푸셰, 그는 어디에 앉을 것인가? 급진파가 자리 잡은 '산악'일까, 아니면 온건파가 모인 '평원'일까? 조제프 푸셰는 오래 주저하지 않는다. 그가 충성해 왔고 생의 마지막까지 충성할 정당은 오직 하나, 바로 강자의 당이며 다수의 당이다. 이번에도 그는 속으로 의석수를 따져 보고 세어 본다. 그러고는 현재 온건한 지롱드파가 권력을 쥐고 있음을 알아챈다. 따라서 그는 콩도르세, 롤랑, 세르방 같은 지롱드파 옆에 앉는다. 내각을 손에 쥐고 모든 임명권을 좌지우지하며 수입이 좋은 직위를 나눠주는 남자들 옆에 앉은 것이다. 그들과 함께할 때 안전하다고 느끼기에 그는 '평원'에 착석한다.

무심히 눈을 들어 적수인 급진파가 자리한 위쪽을 쳐다본 그는 비난이 담긴 엄중한 시선에 부딪친다. 위에는 그의 친구인 아라스의 변호사 막시밀리앙 로베스피에르가 투사들에 둘러싸여 앉아 있다. 자신의 고집스러움을 자랑으로 생각하는 그는 좌고우면하거나 약점을 보이는 사람은 누구든 용서하지 않을 만큼 가혹하다. 그런 그가 오페라 안경을 들고 경멸에 찬 싸늘한 시선으로 기회주의자를 내려다보고 있다. 이 순간 우정의 마지막 가닥마저 끊어져 버린다. 이제 푸셰는 타고난 고발자이며 준엄한 청교도 로베스피에르가 자신의 일거수일투족을 살벌하게 주시하고 있음을 느낀다. 조심해야 한다고 그는 다짐한다.

푸셰보다 더 조심성 있는 사람은 드물 것이다. 처음 몇 달 동안의 회의록에 조제프 푸셰란 이름은 아예 등장하지 않는다. 모두들 우쭐대며 거칠게 연단으로 돌진해 의견을 개진하고 장광설을 풀거나 서로 규탄하면서 싸움을 벌이지만 낭트의 의원 푸셰는 단 한 번도 연단에 오르지 않는다. 목소리가 작아서 대중 연설을 할 수 없다고 친구들과 유권자들에게 양해를 구한다. 모두가 조급하게 발언권을 쥐려고 마구잡이로 덤비던 시절이라서 겸손해 보이는 그가 침묵하자 사람들은 오히려 호감을 갖는다.

그러나 그의 겸손함은 사실은 타산에서 나온 것이다. 전직 물리 교사는 먼저 힘의 작동 원리를 계산하고 관망하며 어떤 입장을 취할지 망설인다. 저울이 아직 이리저리 흔들리기 때문이다. 저울이 최종적으로 어느 한쪽으로 기울기 시작하는 순간을 기다리며 그는 결정적인 선택을 조심스럽게 미루고 있다. 너무 이르게 기력을 소모하지 말고, 너무 빨리 입장을 정하지 말고, 영원한 관계를 맺지 말아야 한다! 혁명이 계속 전진할 것인지 후퇴할 것인지는 아직 정해지지 않았기 때문이다. 뱃사람의 아들인 그는 파도에 제대로 올라타기 위해 순풍을 기다리면서 항구에 자신의 배를 대기시키고 있다.

그리고 또 다른 이유가 있다. 아직 수도원 생활을 하던 아라스 시절 그는 혁명 초기 인기를 모으던 인사들이 순식간에 사라지는 것을 지켜보았다. "호산나"를 외치며 환호하던 민중은 순식간에 "저놈을 십자가에 못 박아라!"라고 외치곤 했다. 삼부회나 입법의회 시기에 두각을 나타냈던 사람들은 이제는 전부 혹은 거의 전부가 잊혔거나 증오의 대상이다. 어제까지만 해도 팡테옹에 안치되어 있던 미라보의 시신은 이제는 치욕스럽게도 팡테옹에서 이장되었다. 몇 주 전만 해도 승리의 물결 속에서 조국의 아버지라고 칭송받던 라파예트는 이제 배신자 취급을 받고 있다. 몇 주 전만 해도 환호를 받았던 퀴스틴과 페티옹도 이제는 겁에 질려 대중의 눈을 피해 숨어 지내고 있다. 푸셰는 이렇게 다짐한다. '너무 빨리 모습을 드러내지 말고 너무 성급히 입장을 결정하지 말자! 다른 놈들이 먼저 힘을 소모하며 지치도록 내버려 두자!' 경험이 풍부한 푸셰는 혁명이란 처음 시작한 사람들의 것이 아니라 그것을 끝내는 마지막 주자의 것이 된다는 사실을 낚아챌 것이다!

그래서 영리한 푸셰는 일부러 어둠 속으로 몸을 움츠린다. 그는 권력자에게 다가가기는 하지만 공공연히 노출되는 권력은 모조리 멀리한다. 그러고는 연단이나 신문에서 목청을 높이기보다는 준비위원회나 상임위원회에 차출되어 일하는 쪽을 택한다. 그런 데서 일하면 통제를 받거나 미움받는 일 없이 그늘에 숨어서 상황이 어떻게 돌아가는지 통찰할 수 있고 사건의 추이에 영향을 미칠 수 있기 때문이다. 실제로 민첩한 사무 능력 덕에 그는 인기를 끌며, 주목의 대상이 아니기 때문에 누구의 질시도 받지 않는다. 집무실에 자리 잡은 그는 산악파의 호랑이와 지롱드파의 표범들이 서로 물어뜯기를 유유히 기다리고 있다. 베르뇨, 콩도르세, 데물랭, 당통, 마라, 로베스피에르 같은 걸출한 열혈남아들이 서로 죽고 죽이기를 기다리며 지켜보고 있다. 열혈남아들이 서로 싸우다가 모조리 쓰러지고 나서야 비로소 영리하게 기다리던 사람을 위한 시간이 시작됨을 알고 있기 때문이다. 언제든 전투가 종결되고 나서야 푸셰는 최종적 결정을 할 것이다.

이처럼 조제프 푸셰는 평생 막후의 인물이라는 입장을 고수한다. 이 막후의 인물은 결코 눈에 보이게 권력을 행사하지는 않지만 권력을 온전히 가지고 있으며 모든 끈을 손에 쥐고서 조종하지만 결코 책임자로 거론되지는 않는다. 항상 누군가를 일인자로 만들어 방패로 내세우고 그의 뒤에 서서 그를 앞으로 몰아가다가 그가 지나치게 앞으로 나갔다 싶으면 결정적인 순간에 거침없이 등을 돌리고 마는 것, 바로 이것이 푸셰가 가장 좋아하는 역할이다. 정치사를 통틀어 가장 노련한 모사가인 푸셰는 공화국과 왕정과 황제의 제국을 무대 삼아 펼쳐지는 숱한 에피소드에서 스무 번이나 의상을 바꿔 가며 한결같은 명배우의 솜씨로 이 역할을 연기한다.

　세계 무대에서 벌어지는 연극에서 주연을 맡을 기회에 유혹을 느낀 적도 몇 번 있다. 그러나 그는 너무도 영리했던 까닭에 진지하게 유혹에 빠져 주연을 욕심내지 않는다. 그는 자신의 얼굴이 못생기고 호감을 주지 못한다는 사실을 알고 있다. 그런 얼굴은 메달과 장식물에 새기기에 적당치 않으며 화려하게 꾸며서 인기를 모으기에도 적당치 않다. 머리에 월계관을 써도 전혀 영웅처럼 보이지 않을 테니 말이다. 그의 여리고 힘없는 목소리는 속삭이거나 부추기거나 남을 모함하기에는 지장이 없지만 불꽃 튀는 말솜씨로 대중을 휘어잡기에는 역부족이라는 것을 그는 알고 있다. 책상 앞에 앉아 있을 때, 밀폐된 방에 있을 때, 그늘에 있을 때 자신의 역량을 가장 잘 발휘할 수 있음을 그는 알고 있다. 거기서는 엿보고 캐내고 관찰하고 설득하는 일을 마음껏 할 수 있다. 사태를 조종하는 끈을 당겼다가 다시 엉키게 하면서 정작 본인은 의중을 알 수 없는 불가사의한 존재로 남을 수 있다. 그는 항상 최고의 권력을 원하면서도 대부분의 사람들과는 달리 자신이 권력자임을 아는 것으로 만족할 뿐,

권력의 징표와 권력자의 의상을 필요로 하지 않는다. 여기에 조제프 푸셰가 권력을 누리게 된 궁극적 비결이 있다. 푸셰는 상상할 수 없을 만치 지독한 야심가이지만 명예욕이 강하지는 않다. 그는 야망은 많지만 허영심은 없다. 진정한 정신의 도박사인 그는 그저 지배자가 느끼는 짜릿한 긴장감을 사랑할 뿐, 지배자의 표식을 사랑하지는 않는다. 속간도끼나 왕홀, 왕관은 다른 사람이 가져도 상관없다. 그 사람이 힘이 세건 허수아비이건 그에게는 매한가지이다. 그 사람이 찬란히 치장하고 민중의 사랑이라는 미심적은 행복을 누리게 내버려 두면 된다. 푸셰는 사태를 꿰뚫어 보고 사람들에게 영향을 미치며 외관상 세계의 지도자인 인물을 실제로 지도하는 것으로 만족한다. 무시무시한 정치판에서 자신의 안위를 판돈으로 걸지 않고도 가장 짜릿한 놀음판을 벌이는 것으로 만족한다. 다른 사람들이 자신의 신념에, 공적으로 한 말과 행동에 구속을 받는 반면 빛을 꺼리며 숨어 있는 그는 무엇에도 구애받지 않고 자유롭다. 그렇게 그는 많은 것들이 금세 사라지는 와중에서 꿈쩍하지 않는 하나의 점으로 남을 것이다. 지롱드파는 몰락하지만 푸셰는 살아남는다. 자코뱅파는 쫓겨나지만 푸셰는 살아남는다. 총재정부와 통령정부, 왕정, 그리고 또 한번 황제 제국이 등장했다가 사라지지만 그는 항상 살아남는다. 영리하게 자제한 덕분에, 철저히 지조를 지니지 않는 용기를 대담하게 발휘한 덕분에, 어느 순간에든 신념을 지니지 않는 용기를 대담하게 발휘한 덕분에 푸셰는 살아남는다.

■ 1792년 9월에 폐위된 루이 16세에 대한 재판이 12월 11일에 국민공회 의사당에서 열렸다.

그러나 혁명이 진전되면서 결코 동요하는 것이 용납되지 않는 날이 온다. 바야흐로 1793년 1월 16일, 모든 의원이 찬성이냐 반대냐를 명확히 투표해야 하는 날이다. 혁명의 시곗바늘은 정오를 가리키고 있다. 혁명의 절반은 완성되어 있고 왕정은 어느 모로 보나 유명무실한 존재가 되어 있다. 그러나 루이 16세는 탕플르 감옥에 수감된 신세지만 아직 살아 있다. (온건파가 바라던 대로) 왕은 도망가지도 못했고 (급진파가 은밀히 바라던 대로) 분노한 민중이 왕궁을 습격했을 때 살해되지도 않았다. 그는 자유를 박탈당하고 이름과 직위를 빼앗기는 수모를 겪었다. 그러나 루이 15세의 손자인 왕은 지금은 루이 카페라고 깔보듯 불린다 해도 살아 숨 쉰다는 것만으로, 선조의 핏줄을 지녔다는 것만으로 여전히 신생 공화국을 위협하는 존재이다. 왕의 유죄가 선고된 후 국민공회는 1월 15일 그의 처벌안을 상정한다. 왕을 살려두느냐 죽이느냐가 관건이다. 우유부단하고 비겁하고 조심스러운 사람들, 다시 말해 조제프 푸셰와 같은 유형의 사람들은 구속력이 있는 결정을 공론의 장에서 내리기보다 비밀투표를 바랐지만 소용이 없다. 로베스피에르는 프랑스 국민의 대표자라면 누구든 '예' '아니오', 살리느냐 죽이느냐를 의회에서 밝혀야 한다고 절대 물러서지 않는다. 그렇게 해야만 어떤 의원이 우파인지 좌파인지, 혁명의 추동력인지, 걸림돌인지를 국민과 후세가 판단할 수 있다는 말이다.

푸셰의 입장은 1월 15일에는 아주 분명했다. 본인이 지롱드파 소속인 데다가 온건 성향인 그의 지역구 유권자들을 고려한다면 왕을 위해 관용을 요구해야 마땅하다. 그는 친구들, 특히 콩도르세의 의견을 묻고 나서 그들 모두가 왕의 처형과 같은 돌이킬 수 없는 조치를 피하고자 한다는 사실을 알게 된다. 다수가 원칙적으로 사형을 반대하므로 푸셰는 당연히 다수의 편에 선다. 운명의 날 하루 전인 1월 15일 저녁, 그는 한 친구 앞에서 연설문을 낭독한다. 왕의 생명을 보존해야 하는 이유를 이 연설로 설명하려 한다. 온건파의 좌석에 앉은 그로서는 온건한 조치를 지지하는 것이 당연하다. 그리고 다수가 급진주의를 반대하기 때문에 신념에 구애받지 않는 조제프 푸셰 역시 급진주의를 멀리한다.

왕을 처형하다

그러나 1월 15일 저녁에서 16일 아침이 될 때까지 밤은 소란스럽게 들썩거리고 있다. 급진주의자들은 빈둥대며 시간을 보내지 않았다. 민중 봉기라는 기계장치를 능란하게 다룰 줄 아는 그들은 이 막강한 장치를 가동시켰다. 도시 외곽에서는 위급 상황을 알리는 대포가 울려 퍼지고 개개 지역 단체는 북을 쳐서 대중을 끌어 모은다. 모습을 드러내지 않는 테러리스트들은 정치적 결정을 폭력으로 강제하고 싶으면 조직되어 있지 않은 민중 부대를 끌어들이곤 한다. 양조 기술자 상테르가 손짓하자 몇 시간 안에 민중 부대가 동원된다.

도시 외곽에서 활동하는 선동가들, 생선 장수 아낙네들과 한몫 잡으려는 모험꾼으로 이루어진 민중 부대는 사람들에게 낯설지 않다. 영광스러운 바스티유 습격 사건 당시에도, 9월 학살의 끔찍한 시간에도 그들은 함께했다. 법률의 제방을 무너뜨려야 할 경우에는 항상 민중을 선동하는 법이다. 그러면 민중은 엄청난 파도가 되어 몰아치며 이 파도는 늘 주변의 모든 것을 가차 없이 삼켜 버린다. 그러다가 마지막에는 잠자던 파도를 불러낸 사람마저도 삼켜 버린다.

빽빽이 포진한 무리는 정오에는 이미 기병학교와 튈르리 궁을 에워싼다. 남정네들은 옷소매를 걷어붙이고 가슴팍을 풀어헤친 채 손에 든 창을 휘두르며 위협하고 있다. 카르마뇰(자코뱅 당원의 새빨간 옷옷-옮긴이)을 입은 아낙네들은 조소를 피부으며 고함을 지르고 있다. 국민방위대와 거리의 행인들이 가세한다. 봉기를 부추기는 사람들이 점점 늘어난다. 미국인 푸리에, 스페인인 구츠만, 잔다르크를 히스테릭하게 희화화한 듯한 테루아뉴 드 메리쿠르 같은 이들이다. 그들은 왕의 구명을 위해서 투표할 것으로 의심받는 의원이 지나가면 마치 양동이에서 구정물을 쏟아내듯 욕설을 퍼붓는다. 민중의 대표자들은 주먹을 불끈 쥐고 끔찍한 말로 위협하는 군중과 맞닥뜨리게 된다. 왕의 머리를 도끼로 내려치기 위해서 대중은 테러와 적나라한 폭력이라는 수단을 몽땅 동원하여 의원들을 협박한다. 이런 위협을 받으면 인간의 약한 마음은 흔들리게 마련이다. 음울한 겨울의 이른 저녁 시간, 의기소침해진 지롱드 당원들은 흔들리는 촛불 아래 모여 있다. 어제만 해도 그들은 전 유럽을 상대로 한 전쟁을 피하기 위해서 왕의 사형에 반대하겠다고 결정했지만 지금 그들은 봉기한 민중이 가하는 무서운 압박에 흔들리고 의견은 갈라졌다.

늦은 저녁 드디어 의원들이 호명된다. 처음으로 호명된 사람은 아이러니컬하게도 지롱드파의 지도자 베르뇨이다. 평소 다혈질인 그가 웅변을 하면 그의 음성은 나무로 된 벽을 두들기는 망치처럼 쩌렁쩌렁 울리곤 했다. 그러나 지금 그는 공화국의 지도자인 자신이 왕의 구명에 투표한다면 공화주의자의 면모를 충분히 보이지 못할 거라고 겁을 내고 있다. 평소에는 거칠고 저돌적인 이 남자는 느릿느릿 묵직한 발걸음으로 단상에 올라서 큰 머리를 부끄러운 듯 숙이고는 나지막이 말한다. "사형!"

이 단어는 마치 소리굽쇠처럼 의사당에 울려 퍼진다. 지롱드파의 첫 번째 투표자가 소임을 다하지 못한 것이다. 그러나 대부분의 다른 당원들은 흔들리지 않는다. 이 시점에서는 온건한 정치적 조치를 지지하는 것이 단호해 보이는 조치를 지지하는 것보다 수천 배나 더 큰 용기를 필요로 한다는 사실을 알면서도 700명의 투표자 가운데

300명이 구명에 표를 던진다. 오랫동안 저울은 오르락내리락한다. 얼마 안 되는 표 차이로 결정이 될 듯하다. 드디어 낭트 출신 의원 조제프 푸셰가 호명된다. 그는 어제만 해도 열렬한 연설로 왕의 목숨을 지켜 내겠다고 친구들에게 호언장담했고, 10시간 전만 해도 그 누구보다 결연한 모습을 보였다. 그러나 계산에 능한 전직 수학 교사 푸셰는 그동안 투표수를 세어 보고는 현 입장을 고수하면 자신이 소수당에 속하게 되리라는 것을 알게 된다. 소수당, 다시 말해 틀린 정당에 속한다는 건 그에게는 결코 있을 수 없는 일이다. 이제 그는 소리 없이 걸음을 재촉하며 연단에 올라선다. 그의 창백한 입술에서 소리가 새어 나온다. "사형!"

이 두 음절의 단어를 말한 후 조제프 푸셰는 왕을 살해한 자, 즉 '시해파'로 낙인찍힌다. 후일 오트란토 공작은 이것이 오류였다고 변명하기 위해 무수히 말하고 쓸 것이다. 그러나 이 단어는 공론의 장에서 말해졌고, 「모니퇴르(Moniteur universel: 1789년부터 1868년까지 프랑스 정부의 공식 저널)」지에 기록되어 있다. 이 단어는 역사에서 삭제될 수 없으며 푸셰 개인의 역사에도 결정적 역할을 한다. 사형이란 단어를 말함으로써 조제프 푸셰는 처음으로 공공연히 변절을 하기 때문이다. 그는 야비하게도 자신의 친구 콩도르세와 도누를 배반했고 그들을 우롱하고 기만했다. 그러나 그들은 그렇게 당한 것을 역사 앞에서 부끄러워하지 않아도 된다. 그들보다 더 강한 인물인 로베스피에르와 카르노, 라파예트와 바라스는 물론이고 당대 가장 막강한 인

■루이 16세 처형 장면

물인 나폴레옹조차도 같은 운명을 겪을 것이기 때문이다. 이들 역시 불운한 시기에 푸셰에게 농락당할 것이다.

　바로 이 순간 조제프 푸셰의 성격 중 또 다른 특징이 처음으로 선명히 모습을 드러낸다. 그는 철면피이다. 그가 어떤 정파를 배반하고 떠날 경우 그는 결코 서서히 그리고 신중하게 행동하지 않는다. 은밀히 조심조심 빠져나가는 것도 아니다. 오히려 훤한 대낮에 냉랭히 미소 지으며 너무도 당연한 듯이 이제껏 적수였던 자에게 직진해서는 적수의 말과 주장을 몽땅 그대로 떠안는다. 이를 보는 사람들은 아연실색 충격에 빠지지 않을 수 없다. 한때의 동지들이 자신에 대해서 무슨 생각을 하는지, 무슨 말을 하는지, 대중과 여론이 무슨 생각을 하는지에 관해 그는 전혀 신경 쓰지 않는다. 항상 승자 편에 있고 결코 패자 편에 있지 않는 것만이 그에게는 중요할 따름이다. 그는 번개처럼 빠르게 돌아서서 지독히 상대를 경멸하는 태도로 돌변할 수 있을 만큼 상상을 뛰어넘는 철면피여서 보는 사람이 어느새 넋을 잃고 감탄까지 하는 지경이다. 푸셰가 자신이 신봉하던 깃발을 내던지고 다른 깃발을 열광적으로 펼쳐 드는 데에는 하루면 충분하다. 어떨 때에는 단 한 시간, 아니 단 일분이면 충분하다. 그는 이념을 따라가지 않고 시간을 따라간다. 시간이 조급히 질주하면 할수록 그는 더욱더 속력을 내어 뒤쫓아 갈 것이다.

낭트의 유권자들이 내일 「모니퇴르」를 통해 자신이 어디에 투표했는지를 알게 된다면 분노하리라는 것을 그는 안다. 그러니 유권자들을 설득하기보다는 그들이 응수할 기회를 주지 말아야 한다. 그는 유권자들의 분노가 표출되기를 기다리지 않고 번개 치듯 대담하게, 철면피답게 선제공격으로 맞선다. 이런 순간 그의 철면피에는 어찌 보면 위인의 면모가 깃들어 있다고 할 지경이다. 표결 다음날 푸셰는 선언문을 배포한다. 여기서 그는 자신의 결정이 마음 깊은 확신에서 비롯되었음을 우렁차게 주장한다. 사실은 의회에서 불이익을 당할까 봐 두려워서 그렇게 한 것인데도 말이다. 그는 유권자들이 생각하고 계산할 시간을 주지 않고 당장 저돌적으로 매섭게 치고 들어가서 그들을 협박하고 두려움에 떨게 하려고 한다.

어제까지만 해도 온건했던 그가 소박한 시민인 자신의 유권자에게 쓴 글은 가장 격정적인 자코뱅파인 마라가 쓴 글보다도 더 진한 피비린내를 풍기고 있다. "폭군이 저지른 범죄는 만천하에 드러났고 만인의 마음을 분노로 들끓게 했다. 만일 그의 머리를 단칼에 베지 않는다면 강도나 살인자 모두 머리를 곧추 세우고 거리를 활보해도 된다는 얘기이다. 그렇게 되면 우리는 무시무시한 혼란에 내동댕이 쳐질 것이다. 이 시대는 우리를 지지하며 모든 왕을 배척한다."

하루 전만 해도 왕의 처형에 반대하는 결연한 선언문을 호주머니에 넣어 두었던 사람이 이제는 처형은 피해갈 수 없는 필요한 절차라고 주장하고 있다.

사실 영리한 계산의 달인은 제대로 계산했다. 그는 기회주의자이기는 하지만 자신이 겁을 내면 모든 게 끝장임을 알고 있다. 대중을 상대로 정치를 하려면 언제나 대담성을 기본으로 깔고 모든 견적을 뽑아야 한다. 결과는 그가 예상했던 대로이다. 선량하고 보수적인 시민들은 졸지에 이처럼 철면피한 선언서를 보고는 겁을 내며 몸을 사린다. 어리둥절하고 당황한 나머지 그들은 마음속으로는 이런 결정에 결단코 동의하지 않으면서도 서둘러 그 결정에 동의한다. 아무도 감히 이의를 제기하지 못한다. 그리고 이날부터 조제프 푸셰는 최악의 위기도 극복하게 도와주는 단단하고 잔혹한 지렛대를 손에 쥐게 된다. 그것은 인간을 멸시하는 마음이다.

1월 16일, 이날부터 팔색조 푸셰는 (당분간은) 붉은 색을 택한다. 온건파이던 사람이 하룻밤 사이에 강경급진파에다 과격한 테러리스트로 돌변한다. 한달음에 대립 정파에게 넘어가서는 그 정파 안에서도 가장 극단적인 좌익에, 가장 과격한 대열에 합류한다. 차가운 지성을 가진 무미건조한 사무실형 인간 푸셰는 오직 남들에게 뒤처지지 않겠다는 일념에서 피비린내 나는 테러리스트의 은어를 소름 끼칠 만큼 순식간에 익혀 사용한다. 그는 망명자와 사제를 혹독하게 다루자는 안건을 제출한다. 이 건의서에서 그는 노발대발하며 이들을 공략하고 묵사발을 만든다. 이런 형편이니 이제 로베스피에르와 다시 친구가 되어 같은 편이 될 수도 있었을 것이다. 하지만 청렴결백하고 프로테스탄트의 엄격함을 지닌 양심적 인간 로베스피에르는 변절자를 좋아하지 않는다. 푸셰가 떠들썩하게 급진주의를 떠벌리는 것이 예전에 미온적 태도를 취하는 것보다 더 수상쩍다고 여긴 로베스피에르는 곱절의 의심을 품고 변절자를 멀리 한다.

푸셰는 예리한 감각으로 자신이 감시를 받고 있으며 위험한 처지라는 것을 느낀다. 위태로운 시간이 다가오는 것이 보인다. 먹구름이 의회에 걸려 있는가 싶더니 어느새 정치의 지평선에는 혁명의 지도자들이 비극적 투쟁을 벌일 조짐이 보인다. 당통과 로베스피에르 사이에, 에베르와 데물랭 사이에 전운이 감돈다. 급진파 안에서 다시금 선택을 해야만 하는 상황이다. 푸셰는 선택을 알려도 아무런 위험이 없고 이익만 얻는 상황이 되기 전에는 태도를 확정하기를 꺼린다. 외교적 수완이 뛰어난 사람은 숙명적 시대를 살면서 어떤 상황에 처한 경우 그 상황을 피해감으로써 가장 현명하게 처신한다는 것을 푸셰는 안다. 그래서 그는 싸움이 벌어지는 동안 국민공회라는 정치 격투장을 떠났다가 승부가 결정되면 다시 등장하려고 한다. 다행히 명예롭게 후퇴할 수 있는 구실이 있다. 마침 국민공회는 지방 행정구역의 질서를 바로잡기 위해 의원들 중 200명을 선출해 파견하려 한다. 폭발 직전의 화산 같은 의사당의 분위기에 마음 졸이던 푸셰는 당장 지방에 파견될 수 있도록 애를 써서 결국 파견의원으로 선출된다. 그는 숨을 돌릴 수 있다. 그동안 열정적인 이들이 서로 싸우며 서로를 처치하기를 바랄 뿐이다! 그렇게 그들이 야심만만한 그를 위해 자리를 비워 주기를 바랄 뿐이다! 당파들이 즐비한 지금, 여기 남아 있다가 어느 한 편을 드는 것만은 피하자! 세계의 시계가 미친 듯 질주하고 있으니 2, 3개월이나 2, 3주는 충분히 긴 시간이다. 그가 돌아오면 승패는 이미 결정이 나 있을 것이니 그때 마음 편히 안전하게 승자의 편에 가담하면 된다. 다수가 속한 당, 그것이야말로 그가 영원히 함께할 정당이다.

프랑스 혁명에서 지방의 역사는 일반적으로 거의 주목을 받지 않는다. 모든 저술들은 시간이 흐르는 것을 보여 주는 유일한 장소인 파리의 시곗바늘이 몇 시를 가리키는지에 한결같이 집중하고 있다. 그러나 시간의 흐름을 조정하는 시계추의 무게는 지방과 군대에 있다. 파리는 그저 여론을 만들고 주도권을 행사하며 동기를 제공할 뿐이다. 광대한 지방은 이것을 실천에 옮기며 결정적 힘으로 계속 작용한다.

국민공회는 파리와는 달리 지방에서는 생각만큼 빨리 혁명이 진척되지 않음을 적시에 깨달았다. 시골과 벽촌, 산골에 사는 사람들은 도시에 사는 사람들만큼 생각이 빨리 돌아가지 않는다. 그들은 훨씬 더 찬찬히 조심스럽게 사상을 흡수하고 그것을 그들 고유의 감각에 맞게 가다듬는다. 국민공회에서 한 시간 안에 법을 제정하면 그것은 물방울이 똑똑 떨어지듯이 느릿느릿 낙후된 시골로 스며들고 그 내용의 대부분은 옛 질서를 신봉하는 왕당파 지방관리와 사제들 같은 사람들에 의해 왜곡되고 희석되기 마련이다. 그렇기 때문에 지방의 행정구역은 파리보다 한 시대 정도 뒤떨어져 있다. 국민공회에서 지롱드파가 세력을 잡으면 지방에서는 왕당파가 선출되고 파리에서 자코뱅파가 승리하면 지방 사람들은 이제야 지롱드파의 이념을 받아들인다. 이런 현상에 맞서기 위하여 비장한 훈령을 배포해 봤자 아무 소용이 없다. 그 당시 인쇄된 말, 즉 글은 오베르뉴와 방데 지방에서는 아주 느린 속도로 퍼지고 있어서 별로 효력이 없기 때문이다.

그래서 국민공회는 지방 행정구역이 주춤대며 반혁명으로 기우는 것을 막고 프랑스 전체에 혁명의 활력을 불어넣기 위해 생생한 말을 전할 활동적 인물을 지방에 보내기로 결정한다. 국민공회는 의원들 중에서 의회의 의지를 대표할 200명을 선출하고는 그들에게 거의 무제한의 권력을 부여한다. 삼색 휘장을 두르고 깃털이 달린 빨간 모자를 쓴 파견의원은 독재자의 권력을 갖는다. 파견의원은 세금을 징수하고 사법권을 행사하고 신병을 징집하고 장군을 파면할 수 있다. 파견의원은 국민공회의 의지를 상징적으로 구현하는 성스러운 인물이므로 어떠한 관청도 그에게 거역해서는 안 된다. 일찍이 로마총독이 로마에 예속된 모든 나라에서 원로원의 의지를 실천한다며 무소불위의 권력을 행사했듯이 파견의원 역시 무소불위의 권력을 행사한다. 파견의원 모두는 독재자이고 마음대로 명령을 내릴 수 있으므로 그 결정에 반대하여 청원을 올리거나 이의를 제기해서는 안 된다.

선발된 파견의원의 권력이 엄청난 만큼 그 책임 또한 엄청나다. 관할 지역 내부에서 그들은 무소불위의 권력을 행사하는 왕이자 황제인 것처럼 보이지만 그들의 목덜미 위에는 단두대의 시퍼런 칼날이 번득이고 있다. 공안위원회는 파견의원에 대해 이의가 제기되는 족족 감시를 강화하며 모든 파견의원에게 재정 결산에 관해 한 치의 오차 없이 보고하라고 요구하기 때문이다. 충분히 엄중한 태도를 보이지 않은 사람은 본인이 엄중한 대접을 받게 될 것이다. 반면에 지나치게 미쳐서 날뛴 사람은 마찬가지로 보복을 당하게 될 것이다. 테러가 대세일 때는 테러를 행한 것이 올바르고 저울이 온건파에게 기울면 똑같은 행동이 과실이 된다. 파견의원들은 한 나라를 통치하는 전제군주처럼 보이지만 실상은 모두 공안위원회의 종복이며 시대의 흐름을 따라야 하는 존재이다. 그렇기에 생사여탈권을 휘두르는 그들은 자신의 생명을 부지하기 위해 쉴 새 없이 파리에서 무슨 일이 일어나는지 곁눈질하며 귀 기울여야 한다. 파견의원들은 결코 수월하지 않은 직책을 떠맡은 것이다. 파견의원들은 적을 코앞에 두고 혁명을 위해 싸우는 장군과 같은 처지이다. 그러니 시퍼런 칼날을 피해 살아남으려면 반드시 성공해야 한다는 사실을 알고 있다.

최초의 공산주의 선언

푸셰가 감독관으로 부임한 시기에는 급진파가 득세하고 있다. 따라서 푸셰는 자신의 관할구역인 루아르강 남부의 낭트, 느베르, 물랭에서 거칠고 과격하게 행동한다. 온건파에게 호통을 치며 여러 성명을 속사포 쏘듯 구역민들에게 발표한다. 부자와 우유부단한 이들과 모호한 입장을 취하는 이들을 무시무시하게 협박한다. 그는 마을사람들을 심리적으로 압박하는 동시에 실제로도 압박해서 지원병을 징집한다. 그러고는 이들로 연대를 조직해서 적지에 보낸다. 조직력과 신속한 정세 파악 능력을 놓고 보면 그는 다른 동료들에게 결코 뒤지지 않으며 대담무쌍한 발언을 한다는 점에서는 단연 독보적인 존재이다.

이 자리에서 확실히 해 두고 갈 것이 하나 있다. 조제프 푸셰는 혁명의 전위투사로 유명한 로베스피에르나 당통과는 달리 교회와 사유재산 문제에 신중한 입장을 취하지 않는다. 로베스피에르와 당통은 이 문제를 "불가침"이라고 정중히 선언했지만 푸셰는 단호하게 급진적 사회주의와 볼셰비즘을 표방하는 프로그램을 제시한다. 사실 근대 최초의 확실한 공산주의 선언은 카를 마르크스의 유명한 선언도 아니고 게오르크 뷔히너의 「헤센 급전(1834년 작성된 독일 최초의 사회주의 성향의 전단)」도 아니다. 그것은 다름 아닌 「리옹의 훈령」이다. 콜로 데르부아와 푸셰가 공동 지자로 되어 있지만 푸셰가 혼자 작성한 것이 분명하다. 사회주의 역사가들은 「리옹의 훈령」을 의도적으로 누락시켜 왔기에 이 문서는 거의 알려지지 않았다. 이 힘에 넘치는 훈령은 시대를 백 년은 앞선 요구를 담고 있으며 혁명기의 문서들 중 가장 놀라운 것이므로 어둠 속에서 나와 조명을 받을 만한 가치가 충분히 있다. 후일 오트란트 공작이 된 푸셰가 일찍이 일개 시민 시절에 요구했던 것들을 필사적으로 부인했기에 이 문서가 역사에서 갖는 의미는 줄어들 수도 있다. 그렇다 쳐도 현 시점에서 본다면 당시 그런 신념을 공표한 푸셰야말로 프랑스 혁명 최초의 사회주의자이며 공산주의자가 아닐 수 없다. 프랑스 혁명 중 가장 대담한 요구를 문서로 작성한 자는 마라나 쇼메트가 아니라 조제프 푸셰이다. 늘 흐릿한 윤곽만 보이는 그의 성격을 밝고 또렷이 조명하려면 그를 서술한 기록이 아니라 이 문서의 원문을 읽어야 한다.

이 훈령은 대담하게도 뻔뻔하기 그지없는 무오류 선언으로 시작한다. "혁명 정신에 따라 행동하는 자에게는 모든 것이 허용된다. 공화주의자가 부닥치는 유일한 위험은 공화국의 법률 뒤에 웅크리고 있는 것이다. 법률을 위반하거나 너무 열을 올린 나머지 지나치게 나아간 듯이 보이는 자도 대개의 경우 아직 제대로 된 결말에는 이르지 못하고 있다. 이 지구상에 불행한 사람이 단 하나라도 존재하는 한 혁명가의 자유는 더욱더 확대되어야 한다."

극단주의로 치닫는 기운찬 전주를 울리고 나서 푸셰는 혁명의 정신을 이렇게 정의한다. "혁명은 민중을 위한 것이다. 그러나 부에 의해 특권을 누리는 계급은 민중에 포함되지 않는다. 이 계급은 삶의 온갖 즐거움을 혼자 누리고 사회의 재산 모두를 제 것으로 만들었다. 민중이란 프랑스 시민 전체를 말한다. 우리 조국의 국경을 지키고 일을 해서 사회를 먹여 살리는 수많은 무산계급이야말로 민중이다. 혁명이 수백 명의 행복에만 신경을 쓰고 2천4백만 명의 곤궁을 등한시한다면 이는 정치적·도덕적 행패에 불과하다. 한 사람이 누리는 행복과 다른 사람이 누리는 행복 사이에 엄청난 차이가 존재하는데도 우리가 평등을 거론한다면 혁명은 인류를 모욕하는 사기극이 될 것이다."

이렇게 운을 뗀 후 푸셰는 자신이 몹시 애호하는 이론을 펼친다. 정의롭지 않은 부자는 결코 올바른 혁명가가 될 수 없다는 이론이다. "부자는 결코 참된 혁명가가 될 수 없고 성실하고 올곧은 공화국 국민이 될 수 없다. 그러므로 빈부의 차이를 존속시키는 부르주아 혁명은 어쩔 수 없이 새로운 폭정으로 변질될 수밖에 없다. 부자들이 항상 스스로를 다른 종류의 인간으로 여길 것이기 때문이다." 그런 까닭에 푸셰는 민중에게 극한의 에너지로 "절대적" 혁명을 완성하라고 요구한다. "착각하지 마라. 정말로 공화국 국민이 되려면 시민 각자가 마음속에서 혁명을 일으켜야 한다. 프랑스의 얼굴을 통째로 바꾸는 혁명을 일으켜야 한다. 폭군 치하의 신민과 자유로운 나라의 주민 사이에 공통점이란 일절 있을 수 없다. 공화국 국민의 행동과 감정과 습관 모두는 완전히 새로워져야 한다. 당신들은 억압당하고 있다. 그러니 당신들을 억압하는 자를 박살내야 한다. 당신들은 교회가 퍼뜨린 미신의 노예였다. 이제 당신들은 자유 말고는 그 무엇도 숭배해서는 안 된다. (⋯) 이런 감격을 나누지 않는 자, 민중의 행복이 아닌 다른 어떤 것 때문에 기뻐하고 근심하는 자, 차가운 이

해타산에 마음이 쏠리는 자, 자신의 명예와 지위와 재능으로 무엇을 얻을 수 있는지 계산하고는 한순간 공익에서 멀어지는 자, 억압당하는 이들과 잉여의 부를 누리는 이들을 보고도 피가 끓지 않는 자, 자유를 위해 순교한 이들을 위해 자신의 심장을 송두리째 바치는 대신 민중의 적을 위해서 동정의 눈물을 흘리는 자, 이런 무리가 감히 자신이 공화국 국민이라고 주장한다면 그건 거짓말이다. 이들은 이 나라를 떠나야 할 것이다. 그렇지 않으면 그들의 정체가 드러나게 되고 그들의 더러운 피는 자유의 대지를 적실 것이다. 공화국은 자유로운 사람들만을 국민으로 원하며 그렇지 않은 사람들을 모조리 뿌리 뽑으려고 작정하고 있다. 공화국을 위해서 살고 싸우고 죽으려고 하는 자만이 공화국의 자식이다."

훈령의 저자는 이런 말로 혁명을 칭송한 후 세 번째 단락에서 거리낌 없이 노골적으로 공산주의를 선언한다. 최초의 명백한 공산주의 선언이 1793년 나온 것이다.

"필요 이상의 것을 소유한 자는 비상시의 원조를 하도록 소환되어야 한다. 이 조세는 조국의 위대한 요구에 맞게끔 책정되어야 한다. 따라서 당신들은 우선 각자가 공공의 과업을 위하여 얼마큼 기여할 수 있는가를 인색하지 않게, 참으로 혁명에 맞는 방식으로 확정해야 한다. 계산을 해서 확정하라는 얘기가 아니다. 공식적으로 세액을 정할 경우 대개는 소심하게 머뭇거리기 마련이다. 그래서는 안 된다. 이 특별한 조치는 주변 여건에 맞는 성격을 지녀야 한다. 그러니 배포가 크게 저돌적으로 행동하라. 어떤 시민이 필요하지 않은 것을 가지고 있으면 그것을 빼앗아라. 모든 잉여물은 민중의 권리를 공공연히 침해하고 있다. 필요 이상의 것을 가진 자는 그것을 달리 사용할 길이 없어서 악용하게 되기 때문이다. 그러니 누구든 꼭 필요한 것 말고는 아무것도 가져서는 안 된다. 그 밖의 것은 전시 중에는 모두 공화국과 군대의 것이다."

푸셰는 이 선언문에서 징발 대상이 돈에 국한되어서는 안 된다고 명확히 못 박고 있다. "몇몇 사람들은 다 쓸 수 없을 만큼 많은 물건을 가지고 있는데 조국을 방어하는 사람들은 바로 그 물건을 필요로 한다. 지금 조국은 그런 물건 일체를 내어 달라고 요구한다. 몇몇 사람들은 아마포와 셔츠, 모직물과 장화를 믿기지 않을 만큼 쌓아 두고 있다. 이 모든 물건은 혁명을 위해 쓰여야 한다."

또 그는 진정한 공화국 국민이라면 '사람을 망치는 비천한 금속', 즉 금과 은을 경멸하지 않을 수 없을 것이니 그 비천한 금속을 몽땅 국고에 넘기라고 노골적으로 요구한다. 그러면 "공화국의 초상이 금과 은에 새겨질 것이고 그런 과정을 거친 금과 은은 불에 의해서 정화되어 일반 민중에게 유익하게 쓰일 것이다. 우리에게 필요한 것은 오직 강철과 철뿐이다. 그러면 공화국은 승리할 것이다."

그는 사정을 봐주지 말라는 무시무시한 권고를 하면서 훈령을 마무리한다. "우리는 우리에게 위임된 권한을 준엄하게 행사할 것이다. 다른 상황에서는 부주의함, 나약함, 태만함으로 간주될 수도 있는 행동을 우리는 나쁜 의도에서 한 일로 규정해 처벌할 것이다. 이제 끝까지 조치를 취하지 않거나 사정을 봐주던 시절은 지나갔다.

우리가 세게 매질을 할 수 있도록 도와라. 그렇지 않으면 당신이 매질을 당할 것이다. 자유냐, 죽음이냐! 선택은 당신의 몫이다."

이론서로 작성된 이 문서를 보면 조제프 푸셰가 감독관이 되어 어떤 일을 실천에 옮길 것인지 예측할 수 있다. 그는 루아르강 남부의 낭트, 느베르, 물랭에서 사유재산과 교회라는 프랑스 최강의 권력에 맞서서 싸움을 감행한다. 이 최강의 권력 앞에서는 로베스피에르와 당통조차도 겁을 먹고 조심스레 뒷걸음질을 쳤다. 푸셰는 '재산의 균등화'라는 취지에서 이른바 '박애위원회'를 창설함으로써 신속하고 결연히 행동한다. 그러고는 재산가가 표면상으로는 자발적으로 박애위원회에 금품을 기증하게끔 만든다. 오해가 없도록 그는 처음부터 부드럽게 경고한다. "부자는 자유를 존중하는 정부를 친절한 정부로 만들 권리를 가지고 있다. 만일 그가 이 권리를 쓰지 않는다면 공화국은 그의 재산을 압수할 권리를 가질 것이다."

그는 어떠한 잉여도 용납하지 않으며 잉여가 무엇을 의미하는지를 단호히 규정한다. "공화국 국민은 연장과 빵, 40에퀴의 수입 외에는 아무것도 필요로 하지 않는다." 푸셰는 마구간에서 말을 끌어내고 자루에서 밀가루를 퍼낸다. 소작인들이 할당량을 완납하지 못하면 목숨으로 책임을 지게끔 한다. 세계대전이 벌어지는 시기에 걸맞게 전쟁용 빵, 즉 평등의 빵을 구울 것을 명령하고 사치스러운 흰 빵을 금지한다. 그는 매주 5,000명의 신병을 징집해서는 말, 구두, 군복, 장총으로 무장시키고 폭력을 동원하여 공장을 가동시킨다. 그는 불굴의 에너지로 모든 것을 뜻대로 움직인다. 세금과 공과금, 기부금과 기부품, 변제금의 형태로 돈은 계속 흘러 들어온다. 두 달을 재직한 후 그는 자랑스럽게 "이곳 사람들은 부자로 보이는 것을 부끄러워한다"고 국민공회에 보고한다. 그러나 사실은 "이곳 사람들 중 부자는 무서워 떨고 있다"라고 말했어야 옳다.

수도사였던 푸셰, 기독교를 탄압하다

후일 백만장자 오트란토 공작으로 변모한 조제프 푸셰는 국왕의 축복을 받으며 교회에서 경건히 두 번째 결혼식을 올릴 테지만 급진주의자이자 공산주의자이던 시절에는 몹시 거칠게 기독교를 공격하는 열혈 투사의 면모를 과시한다. "이 위선적인 미신 숭배를 철폐하고 공화국과 도덕을 신앙으로 삼아야 한다"고 선언문에서 목청을 한껏 높인 후 그는 번개를 내리치듯 첫 번째 조치들을 교회와 대성당에 전달한다. 연이어 법령을 선포하고 명령을 내린다. "성직자는 종교 기관 외의 장소에서는 수도복을 입어서는 안 된다." 성직자는 모든 특권을 박탈당한다. "이 교만한 계급이 다시금 초기 기독교의 순수함을 회복하고 시민계급으로 돌아갈 때가 왔다"고 그는 주장한다. 군대의 수장이며 사법부의 최고 관리에다가 행정부의 막강한 독재자인 조제프 푸셰는 이것만으로는 모자라서 교회가 행사하던 모든 권한을 독점한다. 사제의 비혼非婚 규정을 폐지한 후 1개월 이내에 결혼하든지 양자를 하나 들이든지 결정하라는 명령을 내린다. 그는 열린 광장에서 몸소 결혼과 이혼을 주재한다. 십자가와 성상 따위가 말끔히 제거된 설교단에 올라가 무신론을 설파하며 영혼의 불멸과 신의 존재를 부인한다. 기독교 장례 의식은 폐지되고 묘지에는 "죽은 자, 영원히 잠들다"라고 조각된 표석이 세워져 유일한 위안거리를 제공한다.

'신임 교황' 푸셰에게는 행정구역의 이름을 따서 '니에브르'라 명명한 딸이 하나 있다. 그는 이 아이를 위해 느베르에서 프랑스 최초의 시민세례의식을 거행한다. 열린 광장에서 국민방위대가 북을 치고 음악을 연주하면서 행진하는 가운데 그는 교회의 도움 없이 딸에게 이름을 지어 주고 세례를 준다. 물랭에서는 행렬의 선두에서 말을 타고 도시를 구석구석 누비며 손에 든 쇠망치로 광신의 "수치스러운" 표식인 십자가와 십자가에 못 박힌 그리스도상과 성상聖像들을 박살낸다. 약탈한 주교관과 제단 덮개를 불붙기 좋게 층층이 쌓아 놓는다. 불길이 훨훨 타오르면 천민들은 환호성을 지르며 무신론자들이 벌이는 화형식의 현장을 뱅뱅 돌며 춤을 춘다.

그러나 저항할 수 없는 석상과 금세 부서지는 십자가 같은 생명 없는 물체를 상대로 폭력을 행사하는 데 그쳤다면 푸셰가 진정 승리했다고는 할 수 없었을 것이다. 대주교 프랑수아 로랑이 그의 말솜씨에 넘어가 수도복을 벗어 버리고 자코뱅파의 빨간 모자를 머리에 얹는 순간, 30명의 성직자가 열광하며 로랑의 뒤를 따르는 순간, 그는 비로소 진정한 승리를 만끽한다. 이런 성공담은 불길이 번지듯 프랑스 전역에 퍼진다. "나는 광신을 박살 내고 내 관할 지역에서는 부자와 기독교를 뿌리 뽑았다"고 그는 소심한 동료 무신론자들에게 자랑스럽게 으스댈 수 있다.

격정을 주체하지 못하고 미쳐 버린 몽상가가 마구잡이로 열정을 발산하며 저지른 짓이라고 사람들은 생각할 것이다. 그러나 조제프 푸셰는 열정적인 척할 뿐 실제로는 언제나처럼 계산의 달인이고 현실주의자이다. 그는 국민공회에 제대로 된 보고를 올려야 함을 알고 있다. 애국심을 토로하는 미사여구로 가득한 문서는 이미 오래전에 시세가 떨어진 아시냐(Assignat: 혁명정부가 1789년 12월 몰수한 교회 재산을 담보로 발행한 일종의 어음-옮긴이)와 같은 처지가 되어 버렸기 때문에 사람들의 인정을 받으려면 금속의 언어를 구사해야 한다는 사실도 잘 알고 있다. 이제 그는 징집된 연대는 국경으로 보내고 교회에서 탈취한 물품 일체는 파리로 보낸다. 금으로 된 성체 현시대, 은제 촛대를 박살내서 녹인 것, 값진 십자가 상, 별도로 떼어 낸 보석들로 가득한 궤짝들이 계속해서 국민공회에 당도한다. 공화국이 가장 필요로 하는 것이 진짜 돈이라는 사실을 그는 알고 있다. 파견 지역에서 이처럼 설명이 필요 없는 전리품을 의원들에게 보낸 것이 그가 처음이고 유일하다. 의원들은 처음에는 이처럼 생소한 활약에 어리둥절했지만 곧 우레 같은 갈채를 보내며 환호한다. 이 순간부터 국민공회 의원들은 푸셰를 강철과 같은 사람, 가장 꿋꿋하며 가장 막강한 공화주의자라 부르며 그 이름을 기억한다.

조제프 푸셰가 그의 사명을 마치고 의회로 돌아왔을 때 그는 이미 1792년의 대단치 않은 무명의원이 아니다. 1만 명의 신병을 징집하고 황금 10만 마르크, 현금 2천 파운드, 은괴 1천 개를 관할 지역에서 징발하면서도 '국가의 면도날'이라 불리는 단두대에는 손끝 하나 대지 않은 사람이다. 국민공회는 그가 "열성을 다하여" 직무를 수행했다는 찬사를 아끼지 않는다. 자코뱅파 중에도 극좌파인 쇼메트르는 그의 활동을 칭송하는 글을 발표한다. "시민 푸셰는 내가 이전에 말한 기적을 이루어 냈다. 그는 노인을 공경했고 약자를 도왔고 불행한 이들을 존중했고 지방분권주의를 없앴다. 철의 생산을 다시금 활성화했으며 수상한 자를 체포했고 범죄자를 일벌백계했으며 착취자를 추적해서 투옥하였다."

1년 전 조심스럽게 머뭇대며 온건파의 좌석으로 가서 앉았던 푸셰는 이제 급진파 중의 급진파가 되었다. 지금 리옹에서는 반란이 일어났기 때문에 인정사정없이, 주저하지 않고 아주 의욕적으로 일할 인물이 필요하다. 혁명사를 통틀어 가장 무시무시한 법령을 수행하기에 가장 적합한 사람이 이 사람 말고 누가 또 있겠는가? 국민공회는 몹시 과장된 특유의 말투로 푸셰에게 이런 훈령을 내린다. "그대가 지금껏 혁명에 봉사해 온 것을 보면 앞으로도 혁명에 봉사하리라고 장담할 수 있다. 그대의 과업은 해방 도시 리옹에서 꺼져 가는 시민정신의 횃불을 다시 불붙이는 것이다. 혁명을 완성하라! 귀족계급이 벌이는 전쟁을 끝내라. 권좌에서 쫓겨난 세력이 폐허를 수리하려고 한다. 그들 머리 위로 폐허의 잔해를 떨어뜨려 그들을 박멸하라!"

이렇게 해서 복수와 파괴라는 사명을 맡게 된 조제프 푸셰는 '리옹의 도살자'로 처음 세계사의 무대에 등장한다. 나중에 백만장자 오트란토 공작이 될 인물이다.

2

리옹의 도살자

1793년

리옹 반란은 프랑스 혁명사 중 가장 극렬하게 피로 얼룩진 대목에 속하지만 거의 주목을 받지 못하고 있다. 그 당시 소시민이 주류인 농업 국가 프랑스에서 리옹은 최초의 산업도시였고 견직물 공장의 본산이었다. 따라서 리옹에서 사회적 갈등은 그 어디에서보다 더 첨예한 양상을 띠고 있었다. 파리조차 이 정도는 아니었다. 혁명이 아직 부르주아적 색채를 띠고 있던 1792년에 벌써 리옹의 노동자들은 최초의 프롤레타리아 집단을 이루고 있었다. 이 집단은 왕정과 자본주의를 지지하는 기업가 계급과는 극명히 다른 입장을 취했다. 이렇게 달아오른 땅에서 보수 반동 세력과 혁명 세력 간의 갈등이 끔찍한 유혈 사태로 번지고 광란으로 치닫는 것은 어찌 보면 너무도 당연하다.

자코뱅파를 지지하는 노동자와 실업자 무리는 어떤 기이한 사람을 중심으로 결집한다. 세상이 바뀔 때마다 참으로 순수하고 이상을 믿는 기이한 사람들이 불쑥 등장하곤 한다. 그런 사람들은 그 믿음과 이상주의 때문에 지독히 잔인한 실리주의 정치인이나 살벌한 폭군보다도 더 큰 재앙을 불러일으키고 더 많은 피가 흐르게 만들곤 한다. 리옹의 기인이 바로 이 부류에 속한다. 살상과 참극을 혐오하는 사람이 지극히 고귀한 의도에서 살상과 참극의 도화선을 제공한다면 그 사람은 아마 믿음이 깊고 종교적이며 무아경에 곧잘 빠지는 사람일 것이고 세계를 바꾸고 개선하려는 사람일 것이다.

리옹의 기인은 샬리에라 불리며 사제직을 떠난 후 상인으로 일했던 전력이 있다. 그에게 혁명은 바르고 참된 기독교를 의미했기에 그는 자신을 희생해 가며 우상을 섬기듯 극진하게 혁명에 매진한다. 장 자크 루소의 열혈 독자인 샬리에는 인류가 이성적 존재로 격상되어 평등을 이룬다면 천년왕국은 실현되었다고 본다. 광신자처럼 인류를 뜨겁게 사랑하는 그는 지금 세계를 덮친 화마를 새로운 휴머니즘의 새벽이 오면서 퍼지는 빛으로 보고 이 휴머니즘은 영원하리라 믿는다. 이 공상가에게는 감동적인 구석이 있다. 전제정치의 아성 바스티유가 함락되자 그는 바스티유에서 뽑아낸 돌 하나를 맨손에 들고 파리를 떠난 후 엿새 동안 밤낮을 걸어 리옹에 도착해서는 그 돌로 제단을 세운다. 그는 피를 끓어오르게 만드는 팸플릿을 쓴 마라를 숭배한다. 그에게 마라는 신과 같은 존재이며 이 시대의 예언자이다. 마라의 연설과 저서를 줄줄 외우는 그는 신비로우면서도 황당한 연설로 리옹의 노동자들을 열광의 도가니에 빠트린다. 이런 일은 여태껏 리옹에서 없었다.

민중은 이 인물이 동정심과 뜨거운 인간애를 품고 있음을 본능적으로 느낀다. 반면에 리옹의 반동주의자들은 이처럼 신념에 투철하고 신들린 듯 인간애에 푹 빠진 사람이야말로 떠들썩한 자코뱅파 선동자보다 더 위험하다는 사실을 본능적으로 느낀다. 그를 사랑하는 사람이 느는 만큼 그를 미워하는 사람도 늘어난다. 리옹에서 처음으로 폭동의 기미가 보이자 반동주의자들은 이 신경과민에 걸린 다소 우스꽝스러운 공상가를 주모자로 몰아 감옥에 가둔다. 그러고는 위조한 편지에 근거해서 그를 고소하는 서류를 어렵사리 작성한다. 다른 급진주의자들을 경고하고 파리 국민공회에 도전장을 던진다는 취지에서 리옹의 반동주의자들은 샬리에에게 사형을 선고한다.

격분한 국민공회는 샬리에를 구하기 위해 연거푸 특사를 보내지만 소용이 없다. 국민공회는 궤도를 이탈한 리옹 관청에 경고하고 명령하고 위협하지만 파리의 테러리스트들에게 드디어 본때를 보이겠다고 마음을 단단히 먹은 리옹 시의회는 독불장군인 양 모든 항의를 일축한다. 시의회는 이전에 파리 정부가 보낸 공포의 기구 단두대를 마지못해 수령해서는 창고에 넣어 둔 채 사용하지 않고 있었다. 이제 시의회는 혁명가를 대상 삼아 처음으로 혁명의 '인도적' 기구를 시험함으로써 공포정치의 옹호자들에게 한 수 가르쳐 주려 한다. 그런데 이 기구가 이제껏 한번도 사용되지 않은 데다 형리가 서툴렀기 때문에 샬리에는 처형당하는 게 아니라 잔인하고 끔찍한 고문을 겪어야 한다. 세 번이나 둔탁한 도끼가 내려오지만 사형수의 목뼈는 잘리지 않는다. 민중은 포승에 묶인 지도자의 피투성이 몸뚱이가 치욕스러운 고문을 겪을 때마다 산 채로 꿈틀대는 것을 보며 진저리를 친다. 결국은 동정심을 못이긴 형리가 칼을 내리쳐서 그 불행한 남자의 머리를 몸통에서 떼어 내 버린다.

세 번이나 도끼로 두들겨 맞는 고문을 당한 이 머리는 머지않아 혁명의 지지자들에게는 복수의 수호신이 될 것이고 그를 죽인 자들에게는 메두사의 머리가 될 것이다.

이 만행을 보고받은 국민공회는 경악을 금치 못한다. 감히 프랑스의 일개 도시가 공개적으로 국민공회에 반항한다는 말인가? 이처럼 파렴치하게 도전한 자들은 즉시 피로 죗값을 치러야 한다! 그러나 리옹 지역 정부 역시 어떤 일이 닥칠 것인지 알고 있다. 국민공회에 항명한 리옹은 이제 공공연히 반란을 준비한다. 리옹은 동포 프랑스인과 싸우기 위하여 군대를 징집하고 방어용 진지를 구축해서는 공화국 군대에 공개적으로 맞선다. 리옹이냐 파리냐? 반동이냐 혁명이냐? 무력으로 결판이 나야만 답이 나오는 상황이다.

논리적으로 따지면 이런 순간에 내전을 치르는 것은 신생 공화국에게는 자살행위이다. 공화국의 처지가 이때처럼 위태롭고 절망적이고 암담했던 적은 없었다. 영국은 툴롱을 점거해서 함대와 무기고를 약탈했고 이제는 됭케르크를 위협하고 있다. 같은 시기에 프로이센과 오스트리아 군대는 라인강변과 아르덴으로 밀고 들어오고 방데 전역은 반란의 화염에 휩싸여 있다. 프랑스 한쪽 끝에서 다른 쪽 끝까지 공화국은 온통 전투와 반란으로 홍역을 앓고 있다. 하지만 이 시절 프랑스 국민공회는 가장 영웅다운 모습을 보여 준다. 지도자들은 위기를 극복하는 최선의 방법은 도전이며 그것이 곧 피할 수 없는 운명임을 본능적으로 깨닫고는 살리에를 처형한 자들과 "타협을 하느니 차라리 멸망하겠다!"며 어떠한 타협도 거부한다. 약한 모습으로 평화를 체결하느니 기왕 치르는 일곱 전쟁에 하나를 더 보태는 게 낫다는 생각이다. 프랑스 혁명이 최대 위기를 이겨 낼 수 있었던 것은 이처럼 절망스러운 상황에 처한 사람들이 물불 가리지 않고 돌진하며 논리로는 설명할 수 없는 열정으로 싸운 덕분이다. 러시아 혁명 역시 밖으로는 사방에서 영국군과 전 세계의 용병들로부터 공격당하고 안으로는 브란겔과 데니킨, 콜차크가 이끄는 백군으로부터 위협받던 상황에서 같은 방식으로 위기를 이겨 낸다.

겁을 먹은 리옹의 시민계급은 이제 서둘러 왕당파에 손을 내밀고 왕당파 장군에게 군대의 지휘를 맡기지만 아무 소용이 없다. 농촌과 도시 외곽에서 프롤레타리아 용사들이 밀물처럼 몰려들기 때문이다. 10월 9일 공화국 군대는 반란을 일으켰던 프랑스 제2의 도시를 정복한다. 이날은 프랑스 혁명 중 가장 위풍당당한 날인 듯하다. 국민공회에서 의장이 엄숙하게 좌석에서 일어나 리옹이 마침내 항복했다고 알리자 의원들은 자리를 박차고 일어나 환호하며 서로 얼싸안는다. 이 순간에는 모든 불화가 끝난 것처럼 보인다. 공화국이 살아났다! 공화국 국민의 군대가 분노하면 막강한 힘을 발휘하기에 누구도 맞설 수 없다는 사실을 프랑스 방방곡곡에, 온 세계에게 멋지게 보여 준 것이다!

그러나 안타깝게도 자신들의 용맹함을 자랑스러워하던 승리자들은 경솔하게도 승리를 거두었으니 이제 테러를 행하겠다는 비극적인 욕망에 사로잡힌다. 승리를 위해 매진한 만큼 패자에 대한 복수는 무시무시할 수밖에 없다. "프랑스 공화국의 젊은 혁명 세력은 삼색기에 반기를 든 사람들을 몹시 엄중히 처벌한다는 실례를 남겨야 한다." 이렇게 해서 휴머니티의 옹호자인 국민공회는 야만인처럼 밀라노를 파괴한 바르바로사 황제나 이슬람의 칼리프들이 내렸음직한 지령을 내림으로써 스스로를 욕보이고 만다. 10월 12일 국민공회 의장은 무시무시한 문서를 펼쳐 든다. 거기에는 프랑스 제2의 수도를 파괴하는 안건이 가감 없이 담겨 있다. 이 지령은 거의 세상에 알려지지 않았는데 그 내용은 다음과 같다.

1. 국민공회는 공안위원회의 건의에 따라 리옹의 반혁명을 즉시 무력으로 징벌하기 위하여 다섯 위원으로 구성된 비상위원회를 임명한다.
2. 리옹의 모든 주민은 무장을 해제하고 무기를 공화국의 수호자들에게 넘겨야 한다.
3. 무기의 일부는 부자와 반혁명가들에게 탄압을 받았던 애국자들에게 지급될 것이다.

4. 리옹시는 파괴될 것이다. 유복한 사람들이 거주하던 집들은 모두 파괴되어야 한다. 남겨 두어도 되는 것은 빈민의 집, 피살당하거나 추방당한 애국자들의 집과 공장 건축물, 자선사업과 교육에 사용되는 건물뿐이다.
5. 리옹이란 이름을 공화국의 도시 목록에서 삭제한다. 이제부터 남겨진 건물 일체는 '해방 도시'라는 이름을 갖는다.
6. 왕당파 도시가 어떤 범죄를 저질렀고 어떤 벌을 받았는지를 후세에 알리기 위하여 리옹의 폐허에 기념비를 세운다. 기념비에는 "리옹은 자유에 맞서 전쟁을 벌였다. 리옹은 이제 존재하지 않는다"라는 비문을 새긴다.

프랑스 제2의 도시를 쑥대밭으로 만들겠다는 어이없는 안건에 감히 누구도 이의를 제기하지 못한다. 관용이나 동정이란 말을 그저 속삭이기만 한 사람들이 모두 단두대의 이슬로 사라진 이후 프랑스 의원들은 이미 용기를 잃었다. 자신에게 닥칠 위험에 겁을 먹은 국민공회는 만장일치로 이 만행을 허락한다. 로베스피에르의 친구 쿠통이 집행 책임자로 임명된다.

그러나 푸셰의 전임자인 쿠통은 일벌백계를 위해 프랑스 최대의 산업도시와 도시 곳곳의 문화 유적들을 파괴하는 것은 정신 나간 짓이며 자살행위라고 여긴다. 애초부터 그는 이 안건을 사보타주할 심산이다. 그러기 위해서는 교활하게 연극을 해야 한다. 그래서 쿠통은 리옹을 보호하려는 자신의 의도를 숨긴 채 도시를 초토화하라는 황당한 훈령을 열렬히 찬양하는 전략을 택한다. 그는 이렇게 외친다. "시민 동지 여러분, 당신들의 훈령을 읽고서 우리는 그저 경탄할 따름입니다. 맞습니다. 감히 조국에 맞서 싸우려는 자들에게 본보기가 되도록 이 도시를 파괴해야만 합니다. 국민공회는 지금까지 위대하고 강력한 조치들을 지시해 왔지만 이제껏 조치하지 않았던 것이 하나 있습니다. 바로 초토화하라는 조치입니다. (…) 그러나 걱정하지 마십시오, 시민 동지 여러분! 국민공회의 원칙이 곧 우리 시민의 원칙임을 다짐해 주십시오. 국민공회의 지령은 하나도 빠짐없이 집행될 것입니다."

쿠통은 이토록 뜨거운 찬사를 퍼부으며 자신의 과제에 임하지만 사실은 그 과업을 실행할 생각이 추호도 없다. 그러니 그저 극적 효과가 있는 조치를 취하는 게 고작이다. 그는 소아마비로 양다리가 마비되었지만 불굴의 정신력을 지닌 인물이다. 가마에 실려 리옹의 광장에 온 쿠통은 허물기로 정해진 집들을 은망치로 쳐서 상징적 표식을 남기고는 무시무시한 복수의 재판이 열릴 것이라고 예고한다. 그렇게 해서 격앙된 분위기를 가라앉힌다. 사실 그는 노동력이 부족하다는 핑계로 여자들과 아이들 몇 명만 집터로 보내서 겉치레 삼아 몇 차례 건물에 대고 삽질을 하게 한다. 처형된 사람도 얼마 없다.

몹시도 거창하게 선전포고를 했던 쿠통이 예상 밖으로 온건하게 나오자 리옹 시는 깜짝 놀라 기뻐하며 안도의 한숨을 내쉰다. 하지만 테러리스트들도 상황을 지켜보고 있다. 얼마 후 쿠통이 온건책을 쓰려 한다는 것을 알아챈 그들은 국민공회가 폭력을 행사해야 한다고 강력히 요구한다. 박살이 나고 피범벅이 된 샬리에의 두개골은 성자의 유물 취급을 받으며 파리로 온다. 그러고는 성대한 의식을 치르며 국민공회에 등장한 후 노트르담에 전시되어 민심을 자극하고 있다. 점점 더 인내심을 잃은 테러리스트들은 쿠통이 우유부단하다고 비난하는 탄원서를 연거푸 국민공회에 보낸다. "쿠통은 너무 태만하고 너무 활력이 없고 너무 겁쟁이다. 한마디로 일벌백계가 될 복수를 해낼 남자가 못 된다. 인정사정 보지 않는 믿음직한 진짜 혁명가가 필요하다. 피를 보고 움찔하지 않고 극단적인 일도 서슴지 않는 혁명가, 무쇠와 강철로 빚어진 혁명가가 필요하다." 결국 국민공회는 목청 높은 테러리스트들의 의견을 받아들여서 지나치게 온건한 쿠통 대신에 혁명가들 중 가장 단호한 두 사람을 리옹으로 보낸다. 다혈질의 콜로 데르부아(배우 시절 리옹에서 관중들로부터 야유를 받은 적이 있기에 리옹 시민들을 벌하는 데는 최적의 인물이었다는 소문이 있다)와 푸셰이다. 파견의원들 중 가장 급진주의자이며 악명 높은 자코뱅파에다가 과격한 테러리스트인 푸셰가 콜로 데르부아와 함께 그 불행한 도시에 사형을 집행하러 가게 된 것이다.

혁명의 비극

당시 테러의 전위투사들은 사형 집행인, "흡혈귀"라고 불렸다. 졸지에 사람을 죽이는 업무를 떠맡게 된 조제프 푸셰, 그는 정말로 흡혈귀였을까? 그가 했던 말을 놓고 보면 분명 그러하다. 자신의 관할구역에서 조제프 푸셰만큼 열성적으로 과격하게 행동하며 혁명을 추진했던 감독관은 없다. 그는 인정사정 보지 않고 징발했고 교회를 약탈했으며 재력가를 탈탈 털었고 저항하는 자들을 억눌렀다. 그러나 그는 말과 명령으로 겁을 주는 것만으로 테러를 가했다. (바로 이 점이 그를 특징짓는다.) 그가 통치한 몇 주 동안 느베르와 클람시에서는 피한 방울 흐르지 않았다. 파리에서는 단두대가 재봉틀 마냥 달그락거리고, 낭트에서는 카리에가 수백 명의 피의자들을 루아르강에 던져 익사시키던 시절, 전국이 즉결 총살과 살인과 인간 사냥으로 아비규환이던 시절에도 푸셰는 자신의 관할구역에서 단 한 번도 정치적 이유로 처형을 한 적이 없다. 그는 대부분의 인간들은 비겁하기 때문에 테러를 가하려는 제스처를 위압적으로 취하기만 하면 대개의 경우 테러를 가하지 않아도 된다는 사실을 알고 있다. 이것이 그의 심리 전술에서 반복되는 패턴이다. 나중에 반동 세력이 한참 기세를 올리던 시절 모든 지방에서 예전의 통치자를 고발하는 청원이 빗발치지만 푸셰의 관할 구민들은 그가 자신들을 사형에 처하겠다고 항상 협박했다는 사실 외에는 내세울 게 없다. 그가 정말 누군가를 처형했다고 고발할 수 있는 사람은 아무도 없다.

이 사실에서 우리는 리옹의 사형집행인으로 선택된 푸셰가 결코 피비린내를 사랑하는 건 아니라는 사실을 알 수 있다. 차갑고 관능적이지 않은 푸셰, 그는 계산에 능하며 두뇌 게임을 즐기며 호랑이라기보다는 여우이다. 이런 사람은 신경을 자극하기 위해서 피 냄새를 맡을 필요가 없다. 마음속은 차가운데도 폭언을 하며 펄펄 뛴 적은 있지만 살인을 즐기려고, 혹은 권력에 취해서 정말 처형을 명하지는 않을 사람이다. 그는 본래 영리한 까닭에 (사람을 사랑해서가 아니다) 사람의 생명을 존중한다. 물론 그의 생명이 위험에 처하지 않을 경우에만 국한되는 얘기다. 자신의 생명이나 이익이 위협을 받는 경우에 한해서 그는 다른 사람의 생명 혹은 운명을 위협할 것이다.

거의 모든 혁명은 비밀을 하나 품고 있다. 혁명의 지도자들은 피를 보는 것을 좋아하지 않을지라도 유혈 사태를 일으킬 수밖에 없는 상황에 처한다는 사실이다. 이는 그들의 비극적 운명이다. 데물랭은 지롱드파를 재판에 처해야 한다고 통렬히 고발했지만 정작 법정에 끌려온 스물두 명이 사형 판결을 받자 새파랗게 질려서 부들부들 떨다가 어쩔 줄 모르며 법정에서 뛰쳐나간다. 그가 원한 건 이런 게 아니었다! 천 개가 넘는 사형 판결에 서명한 로베스피에르는 2년 전만 해도 자문위원회에서 사형을 반대하고 전쟁은 범죄라고 낙인찍었다. 살인 재판소를 창립했던 당통은 망연자실하며 "단두대형을 집행하느니 차라리 단두대 형을 받겠다"고 절규한다. 신문지상에서 30만 명의 처형을 공개적으로 요구했던 마라조차도 정작 몇 명이 사형선고를 받자 그들을 구하려고 노력한다. 후세 사람들은 그들 모두가 피에 굶주린 야수이고 송장 냄새에 황홀해 하는 살인마였다고 알고 있지만 실제로는 그들 모두 사람을 처형하는 일을 혐오한다. 레닌과 러시아 혁명의 다른 지도자들도 마찬가지이다. 그들은 정적들을 꼼짝 못하게 만들기 위해서 처형하겠다고 협박했을 뿐이다.

하지만 살인을 머릿속에서 용인하고 나면 그것은 현실이 되어 튀어 나온다.

프랑스 혁명가의 죄는 피비린내에 도취한 것이 아니라 피비린내 나는 말에 도취한 것이다. 그들은 민중을 열광시키고 자신의 급진성을 스스로에게 증명해 보이기 위해서 어리석게도 피비린내 나는 은어를 만들어 냈고, 배신자를 단두대로 보내야 한다는 헛소리를 쉬지 않고 해 댔다. 그러나 이런 거칠고 자극적인 말에 도취되어 넋이 나간 민중이 그들이 절실하다고 선전한 "과감한 조치"를 정말로 요구하자 그들은 안 된다고 말할 용기가 없다. 목을 베어야 한다고 지껄였던 말이 거짓으로 드러나지 않으려면 단두대 형을 집행해야 한다. 그들은 자신이 토해 낸 끔찍한 말들을 따라잡기 위해 행동하지 않으면 안 된다. 민중의 총애를 얻기 위한 싸움에서 아무도 뒤처지려 하지 않기 때문에 무시무시한 경주가 시작된다. 한번 시작된 처형은 중력의 법칙처럼 멈출 수 없다. 피비린내 나는 말의 향연으로 시작되었던 것이 얼마나 많은 사람의 목을 베었는지를 놓고 서로 경합하는 야만의 향연이 되어 버린다. 수천 명의 생명이 희생된 것은 정치가와 정당인이 그것을 즐겼기 때문이 아니며 열정적으로 원해서도 아니다. 그들은 단호해서가 아니라 반대로 단호하지 못했기 때문에 수천의 생명을 희생시킨 것이다.

세계의 역사는 대개는 용감한 자들의 역사로 서술되지만 유감스럽게도 그게 다는 아니다. 세계의 역사는 비겁한 자들의 역사이기도 하다. 사람들은 정치란 공동체의 의견을 선도하는 것이라고 믿으려

하지만 이 역시 사실이 아니다. 지도자는 공동체의 의견이라는 법정을 만들고 거기에 영향력을 행사하지만 바로 이 법정 앞에서 비굴하게 머리를 조아리기도 한다. 전쟁도 항상 이러다가 일어난다. 위험한 말로 불장난을 하고 민족 감정을 자극하다가 정치가는 범죄를 범하게 된다. 이 지상에 존재하는 그 어떤 악덕과 잔인성도 인간의 비겁함만큼 많은 피를 흘리게 한 적은 없다. 따라서 조제프 푸셰가 리옹에서 대중을 학살한 것은 공화주의자의 열정 때문이 아니다. (그는 열정이 무엇인지 모른다.) 그저 자신이 온건주의자로 밉보일까 봐 두려워서 그렇게 했을 뿐이다. 그러나 역사에서는 어떤 생각을 했느냐가 아니라 어떤 행동을 했느냐가 중요하다. 설사 그가 수천 번 '리옹의 도살자'라는 호칭을 부인한다 할지라도 그의 이름은 이 호칭과 떼려야 뗄 수 없이 얽히게 된다. 그가 나중에 공작의 망토를 두른다 해도 손에 묻은 핏자국을 감출 수는 없을 것이다.

콜로 데르부아는 11월 7일에, 조제프 푸셰는 10일에 리옹에 도착한다. 그들은 즉시 일을 시작한다. 희극배우로 큰 성공을 거두지 못했던 콜로 데르부아는 본격적인 비극에 착수하기 전에 전직 사제 푸셰의 도움을 받아 짧은 광대극을 선보인다. 벌건 대낮에 일종의 흑미사를 드린 셈이니 아마 프랑스 혁명을 통틀어 가장 도발적이고 파렴치한 장면으로 남을 듯하다. 자유의 순교자 샬리에의 장례식을 빌미로 무신론자들이 마음껏 광란의 향연을 벌인 것이다. 전주곡 삼아 아침 여덟 시를 기해 모든 교회에 마지막으로 남아 있던 경건함의 상징이 약탈당한다. 사람들은 십자가에 못 박힌 그리스도 상을

제단에서 뜯어내고 덮개와 미사복을 들고 나온다. 그러고는 도시 곳
곳에서 엄청나게 많은 무리가 떼 지어 테로 광장으로 몰려든다. 파
리에서 온 자코뱅 회원 넷이 삼색 양탄자로 덮인 들것을 나른다. 그
위에는 꽃으로 뒤덮인 샬리에의 흉상과 유골 단지, 그리고 감옥에서
순교자를 위로했다고 하는 비둘기 한 마리가 든 작은 새장이 있다.
이 들것 뒤를 세 감독관이 엄숙하고 진지하게 따르고 있다. 자유의
순교자이며 "그들을 대신해서 죽은 구세주"인 샬리에에게 바치는
신종 예배를 드리러 가는 길이다. 이 호화로운 예배를 치름으로써
리옹의 민중이 샬리에가 신과 같은 존재임을 믿게 하려는 것이다.

이 예식은 민망스러울 만큼 비장하게 진행되지만 지독히 상스럽
고 역겨운 면모를 담고 있다. 승리감에 취해 법석을 떠는 패거리가
인디언 마냥 춤을 추며 교회에서 약탈한 미사 용기와 성배, 성체 용
기와 성상들을 질질 끌고 다닌다. 그들 뒤를 타박타박 따르는 나귀
의 머리에는 대주교의 관이 맵시 좋게 씌워져 있다. 가엾은 나귀는
십자가에 못 박힌 그리스도 상과 성서를 꼬리에 매달고 있다. 나귀
꼬리에 매달린 복음서가 백주에 거리의 오물 속에서 뒹구는 것을 보
고 천민들은 아우성치며 좋아한다.

마침내 군악대는 팡파르를 울리며 시작을 알린다. 초록 풀로 만
든 제단이 넓은 광장에 세워지고 샬리에의 흉상과 유골 단지가 그
위에 엄숙히 자리 잡는다. 민중의 대표자 셋은 새로운 성자에게 공
손히 절을 한다. 먼저 배우 교육을 받은 바 있는 콜로 데르부아가 열
변을 토하고 다음으로 푸셰가 나선다. 국민공회에서 목소리가 작다

는 이유로 완강히 침묵했던 푸셰, 그가 갑자기 자신의 목소리를 되찾은 것이다! 그는 목 놓아 샬리에를 부르며 석고 흉상을 찬양하고 경배한다. "샬리에, 샬리에, 그대는 여기 없구려! 범죄자들은 그대를 희생시켜 자유의 순교자로 만들었소. 범죄자들의 피는 제사상에 올라 그대의 노한 혼령을 달랠 것이오. 샬리에! 샬리에! 그대 흉상 앞에서 맹세컨대 우리는 그대의 순교를 복수할 것이오. 귀족의 피로 그대의 영전에 향을 피울 것이오!" 세 번째로 등장한 민중의 대표자는 앞으로 귀족이 될 푸셰만큼 언변에 능하지 못하다. 그는 그저 공손히 흉상의 이마에 입을 맞추고는 광장이 떠나가도록 "귀족을 죽이자!"고 외친다.

세 의원이 장엄하게 경배한 후 커다란 장작더미에 불이 붙는다. 얼마 전까지만 해도 수도사였던 조제프 푸셰는 복음서가 나귀 꼬리에서 잘려 나가 불속에 던져지는 것을 두 동료와 함께 엄숙하게 지켜본다. 성직자의 의복과 미사책과 성체와 성인의 목상들이 이미 훨훨 타고 있고, 그 불꽃 속에서 복음서는 연기가 된다. 회색 나귀는 신성모독에 동참한 대가로 신성한 성배에 담긴 물을 마시는 상을 받는다. 이처럼 몹시도 구역질 나는 행사를 마친 후 네 명의 자코뱅 회원은 샬리에의 흉상을 어깨에 걸머지고 교회로 돌아가서 엄숙히 그것을 제단 위에 세운다. 그 자리에 서 있던 그리스도 상은 이미 파괴된지 오래이다.

이 고결한 축제를 영원히 기억하기 위해서 며칠 후 별도의 기념주화가 제작된다. 하지만 그 기념주화는 오늘날 종적을 감추었다. 아마도 나중에 오트란토 공작이 주화를 몽땅 사들여 없애 버렸기 때문일 것이다. 과격 자코뱅파에다가 무신론자였던 시절에 범했던 황당한 영웅 행위를 정확히 기록한 책들 역시 같은 방법으로 처치했을 것이다. 그 자신은 당시의 일들을 잘 기억하고 있었지만 다른 사람들이 리옹의 흑역사를 기억하거나 언급한다는 것은 후일 '그리스도의 뜻을 가장 잘 따르는 국왕(roi très chrétien: 프랑스 국왕을 일컫는 표현으로 15세기 중반부터 사용되었다-옮긴이)'의 장관이 된 푸셰 각하께는 견딜 수 없이 불편하고 민망한 일이 아닐 수 없다.

조제프 푸셰는 리옹에서의 첫날 몹시 역겨운 행사를 벌이긴 했지만 그것은 그저 소란스럽고 몰상식한 가면극에 불과했고 아직은 리옹에서 피 한 방울도 흐르지 않았다. 그러나 다음 날 아침 감독관들은 아무도 접근하지 못하게 외딴 집에 틀어박힌다. 무장한 보초들은 외부자의 접근을 막는다. 굳게 닫힌 문은 자비와 관용을 애원하는 소리가 비집고 들어올 틈이 없음을 상징적으로 보여 준다. 혁명재판소가 구성된 것이다. 민중의 왕 푸셰와 콜로가 국민공회에 보낸 편지를 보면 그들이 아주 끔찍한 성 바르톨로메오 축일을 계획하고 있음을 알 수 있다.

"우리는 신념이 투철한 공화주의자다운 에너지로 과업을 수행하고 있습니다. 국민은 우리를 높은 자리에 올려놓았습니다. 그러니 우리는 죄인들의 하찮은 이해관계에 신경을 쓰느라 이 자리에서 내려오지는 않을 것입니다. 우리는 시간을 아끼기 위하여, 그 누구에게도 선처를 베풀지 않기 위하여 모든 사람들을 멀리했습니다. 위대한 본보기를 만들라고, 누구든 깨달을 수 있게 훈계하라고 공화국은 우리에게 명령하고 있으며 우리는 그런 공화국을 따를 뿐입니다. 애국자의 피가 흐르는 것을 또 한번 보는 일이 없도록 단칼에 신속하고 무시무시한 방법으로 복수하라고 국민은 요구하고 있으며 우리는 국민의 외침에 귀 기울일 따름입니다. 이 야비한 도시에는 국민을 살상한 자들에 의해서 탄압당하고 투옥된 사람들을 빼면 결백한 사람이 하나도 없음을 우리는 확신하기에 후회의 눈물을 믿지 않습니다. 그 무엇도 우리의 준엄함을 누그러뜨리지 못할 것입니다. 시민 동지 여러분, 우리는 관용을 위험스러운 약점으로 본다는 사실을 고백하지 않을 수 없습니다. 관용을 베풀면 범죄를 철저히 박멸해야 할 바로 그 시기에 범죄의 단초를 제공하게 될 뿐입니다. 한 개인에게 관용을 베푼다면 그 개인과 같은 부류의 사람들 모두에게 관용을 베풀게 될 것이고 그러다 보면 사법재판은 효력을 잃게 됩니다. 파괴 작업이 너무 느린 탓에 공화국은 인내심을 잃고는 더 신속한 수단을 요구하고 있습니다. 민중의 힘을 제대로 보여 주려면 지뢰로 폭발시키고 불을 질러 태워 없애야 합니다. 전제군주의 의지가 억눌린 적이 없듯이 민중의 의지 역시 억눌려서는 안 됩니다. 민중의 의지는 천둥 번개가 치듯 그 위력을 발휘해야 합니다."

12월 4일 예정대로 천둥 번개가 치고 그 반향은 곧 프랑스 전역에 무섭게 울려 퍼진다. 아침 일찍 청년 60명이 둘씩 짝지어 묶인 채 감옥에서 끌려 나온다. 그러나 그들의 목적지는 단두대가 아니다. 푸셰의 말을 빌리자면 단두대는 너무 "느리게" 일하기 때문이다. 그들은 론강 너머의 브로토 들판으로 끌려간다. 그러고는 황급히 파낸 두 개의 도랑이 나란히 있는 걸 보고는 자신의 운명을 직감한다. 열 발자국 거리에 설치된 대포를 보고는 자신들이 어떻게 학살될 것인지 알아챈다. 집행인들은 저항할 수 없는 사람들을 가축 몰듯 몰아서 한 덩어리로 묶는다. 겁에 질린 사람들이 서로 엉겨서 악을 쓰고 몸부림치고 울부짖으며 발악을 하건만 아무 소용이 없다. 발포 명령이 떨어진다! 숨 쉬면 닿을 듯 너무도 가까운 포구에서 잘게 갈은 탄환이 쏟아져 나와 무서워 떨고 있는 한 무더기의 사람들을 맞춘다. 물론 한번의 일제사격으로 사형수를 모두 처치할 수는 없다. 팔이나 다리 하나만 떨어져나간 사람도 있고 내장만 터져 나온 사람도 있다. 희한하게도 상처 하나 입지 않은 사람도 있다. 핏물이 콸콸대는 냇물이 되어 도랑으로 흘러가는 동안 두 번째 명령이 떨어지자 군도와 권총을 손에 든 기병대가 아직 목숨을 부지한 사형수들에게 달려든다. 펄떡거리며 신음하는 사람, 도망도 못 가고 비명만 질러대는 사람들에게 기병대는 칼을 내리치고 총을 갈긴다. 그르렁대는 소리를 마지막으로 정적이 깃들고 나서야 기병대는 동작을 멈춘다. 처형을 집행한 자들은 아직 따뜻한 60구의 시체에서 옷과 구두를 챙겨도 된다는 허락을 받는다. 도축에 대한 포상이다. 그러고는 발가벗고 토막 난 송장들은 도랑에 파묻힌다.

이것이 조제프 푸셰의 그 유명한 산탄 난사 사건 제1탄이다. 이런 일을 저지른 사람이 나중에 그리스도의 뜻을 가장 잘 따르는 프랑스

■ 리옹 대학살을 지휘하는 푸셰

국왕에 의해 장관으로 임명된 것이다! 다음 날 아침 발표된 성명서는 이 사건을 열렬히 찬양하고 추켜세운다. "국민의 대표자인 우리는 흔들림 없이 우리에게 위임된 과업을 지켜 낼 것이다. 민중은 국민의 대표자인 우리에게 복수에 쓰일 천둥을 맡겼다. 그러니 자유의 적이 모조리 섬멸될 때까지 우리는 천둥을 내어 놓지 않을 것이다. 폐허를 넘어서 국가의 안녕과 세계의 혁신을 이루기 위하여 우리 국민의 대표자들은 용기 있게 반역자들의 무덤을 딛고 나아갈 것이다."

같은 날 브로토 들판의 대포는 첫 번째보다 더 많은 사람들을 향해 발포되고 이렇게 해서 한심하기 짝이 없는 '용기'는 더욱 굳건해진다. 이번에 도살된 사람은 210명이다. 등 뒤로 손이 묶인 채 끌려 나온 사람들은 산탄 사격과 보병의 일제사격으로 몇 분 내에 사망한다. 절차는 동일하지만 인간 백정들은 이번에는 불쾌한 일 하나를 덜게 된다. 힘들여 죽인 희생자들을 매장하지 않아도 된다는 지시를 받은 것이다. 이런 악당들에게 무덤이란 과분하지 않은가? 발에 엉겨 붙은 피투성이 구두를 벗기고 알몸의 송장을 론강에 던지기만 하면 된다. 그중 간혹 꿈틀대는 송장도 있지만 상관없다.

프랑스 전역과 세계가 이 몸서리치는 만행에 경악했지만 조제프 푸셰는 그런 만행조차도 칭송하며 미화한다. 론강을 알몸의 송장으로 더럽힌 것이야말로 정치적 업적이라는 말이다. 이 시체들이 툴롱까지 떠내려가려면 공화국의 복수가 얼마나 준엄하고 가혹한지를 사람들은 뼈저리게 깨달을 것이기 때문이다. 그는 이렇게 쓴다. "우리가 론강에 던진 피범벅의 시체들은 양편 강기슭을 따라서 하구에 있는 파렴치한 도시 툴롱까지 떠내려가야 한다. 잔인하지만 비겁한 영국인들은 그 시체들을 보면 공포를 느낄 것이고 민중의 전능함이 무엇을 의미하는지 명백히 깨달을 것이다." 리옹 사람들은 그런 말을 듣지 않아도 민중의 전능함이 무엇을 의미하는지 알고 있다. 처형에 처형이 이어지며 대학살이 일상이 되었기 때문이다.

툴롱이 함락되자 그는 "기쁨의 눈물을 흘리며" 이를 환영하는 한편 이날을 경축하기 위해서 "200명의 반역자들에게 총구를 겨누기"로 결정한다. 자비를 베풀어 달라고 탄원해도 아무 소용이 없다. 사형재판소 앞에서 남편을 석방해 달라고 몹시도 절절히 호소했던 두

아녀자는 결박된 채 교수대 옆에 서 있어야 한다. 감형을 간청하고자 민중의 대표자가 머무는 건물에 가까이 가는 것조차 허락되지 않는다. 총이 사납게 탕탕거릴수록 감독관들도 더욱 소리를 높인다. "그렇다. 우리는 여러 배신자들을 처단했다. 그러나 오직 인간에 대한 사랑과 의무감에서 그렇게 했다고 감히 주장한다. (…) 우리에게 번개를 쥐어 준 자는 국민이다. 국민이 원하지 않는 한 우리는 이것을 결코 내놓지 않을 것이다. 그때까지 우리는 멈추지 않고 계속 적을 타도할 것이다. 가장 무섭고 신속한 방법으로 적을 뿌리 뽑을 것이다."

몇 주 안에 1,600명이 처형된다. 조제프 푸셰가 이번만은 드물게도 진실을 말했음을 알 수 있다.

역사의 난센스: 저승사자에서 구세주로

국민공회는 조제프 푸셰와 그의 동료에게 리옹에서 또 다른 과제를 실행하라고 지시한 바 있다. 그들은 학살을 진행하고 스스로를 칭송하는 보고서를 쓰느라 분주했지만 이 끔찍한 과제를 잊지 않고 있다. 부임 첫날에 벌써 그들은 리옹 시 파괴 지령이 전임자 치하에서는 "너무 느리게" 진척되었다고 파리 당국에 규탄한다. "이제 지뢰가 파괴 작업을 가속화할 것입니다. 참호병이 작업을 시작했으니 이틀 안에 벨쿠르 광장의 건축물은 폭파될 것입니다." 그 유명한 건물들은 루이 14세 치하에 시공되어 만사르의 제자가 완공하였으며 너무나도 아름다웠다. 바로 그 이유로 제일 먼저 파괴의 대상이 된다. 이 건물들에 사는 사람들은 난폭하게 쫓겨난다. 그러고는 무의미

■ 리옹 대학살 장면

한 파괴 작업에 동원된 수백 명의 백수건달들은 몇 주 안에 웅장한 예술품을 허물어트린다. 재앙이 덮친 도시에는 탄식과 신음, 대포 소리와 담벼락이 무너지는 소리만이 가득하다. "사법"위원회가 사람을 죽이고 "파괴"위원회가 건물을 파괴하는 동안 "물량"위원회는 인정사정없이 식료품과 옷감과 귀중품들을 징발한다. 집집마다 지하실에서 다락까지 샅샅이 뒤져서는 숨은 사람과 값진 물품을 찾아내는 식이다. 어디에서나 두 남자의 테러가 지배하고 있다. 푸셰와 콜로, 이 둘은 보초의 보호를 받으며 어떤 집에 은닉하고 있기에 누구도 그들을 볼 수 없고 그들에게 다가갈 수도 없다.

아름답기로 이름난 저택들이 파괴되고 꽉 찼던 감옥이 절반쯤 텅 비었다가 다시 꽉 차는 일이 되풀이된다. 상점들은 약탈당하고 브로토 들판은 수천 명의 피로 물드는 나날이 이어지자 마침내 용감한 시민 몇 명이 생명의 위험을 무릅쓰고 서둘러 파리로 가서 리옹시 전체를 초토화시키지는 말아달라는 탄원서를 국민공회에 제출한다. 당연히 이 탄원서의 문장은 아주 조심스럽고, 심지어는 비굴하기까지 하다. 그들은 비겁하게 머리를 조아리며 무분별한 공명심에서 비롯된 지령을 "로마 원로원의 천재적 정신이 지시한 것처럼 보인다"고 찬양하기까지 했다. 그러고 나서야 그들은 "진실로 후회하는 사람들, 실수를 저질렀던 나약한 사람들, 감히 말씀 드린다면 오해를 받고 있는 무고한 사람들에게 자비"를 베풀어 달라고 간청한다.

하지만 감독관들은 자신들이 완곡한 방식으로 고발당했다는 소식을 듣는다. 늦기 전에 공격을 막아 내기 위하여 둘 중 언변에 더 능한 콜로 데르부아가 급행 마차를 타고 파리로 달려간다. 다음 날 그는 국민공회와 자코뱅클럽에서 집단 학살에 대해 용서를 구하는 대신 집단 학살이 "인도주의적" 형식이라고 뻔뻔하게 찬양한다.

"끝없이 집행되는 처형을 지켜보는 일은 끔찍한 고통입니다. 우리는 사람들을 이런 고통에서 해방시키고자 했습니다. 그래서 위원들은 한꺼번에 사형수들을 처형하기로 결정했습니다. 이런 바람은 참된 동정심에서 우러나왔습니다."

콜로 데르부아는 자코뱅클럽에서 이 새로운 "인도주의적" 방식을 더욱 열렬히 선전한다. "그렇습니다. 우리는 200명의 사형수를 일제사격으로 처치했습니다. 그런데 사람들은 우리를 비난하고 있습니다. 우리의 방식이 감정 관리에 이롭다는 것을 정녕 아무도 모른단 말입니까? 만일 단두대로 스무 명의 목을 자른다면 마지막 사람은 스무 번을 미리 죽게 될 것입니다. 하지만 리옹에서는 스무 명의 반역자가 함께 죽었습니다."

콜로 데르부아는 혁명기의 피비린내 나는 은어들을 성급히 짜깁기해서 이런 진부한 말을 늘어놓는다. 그의 연설은 실제로 효력을 발휘한다. 국민공회와 자코뱅클럽은 콜로의 설명을 받아들이고 나아가 감독관들에게 계속 처형을 집행할 것을 허락한다. 같은 날 파리의 팡테옹에서 샬리에의 장례식이 거행된다. 이런 명예를 누린 사람은 지금껏 장 자크 루소와 마라밖에 없다. 그리고 샬리에의 동거녀는 마라의 동거녀와 마찬가지로 연금을 받게 된다. 이렇게 해서 순교자 샬리에는 공식적으로 국가의 성인이 되고 푸셰와 콜로의 폭력 행사는 정당한 복수로 인정받는다.

그렇다 해도 두 사람은 조금은 불안해진다. 국민공회 안에서 당통과 로베스피에르로 대표되는 온건파와 테러파가 충돌하면서 상황이 험악해진 탓에 더욱 신중하지 않으면 안 된다. 그래서 두 사람은 역할을 분담하기로 한다. 콜로 데르부아는 파리에 남아서 위원회와 국민공회의 내부 분위기를 지켜보며 만일 누군가의 공격을 받으면 사나운 웅변가의 진면목을 발휘하여 기선을 제압하기로 한다. 그동안 푸셰는 '열심히' 학살을 계속하면 된다. 이 시기에 조제프 푸셰가 무제한의 권력을 단독으로 행사하고 있었음을 이 자리에서 확실히 밝혀야 할 것이다. 그가 후일 교활한 방식으로 폭력 행위 전부를 상대적으로 솔직한 동료 콜로에게 떠넘기려 했기 때문이다. 그러나 그가 혼자 권력을 행사했을 때에도 죽음의 신은 이전 못지않게 살벌하게 낫을 휘둘렀다. 콜로가 자리를 비웠을 때에도 하루에 54명, 60명, 100명이 총살되었고 담벼락이 무너져 내렸다. 건물은 불타올랐고 죄수들이 처형된 탓에 감옥은 텅 비었다. 여전히 푸셰는 자신이 한 일들을 피비린내 나는 말들로 미화하며 열광했다. "범죄자들은 재판소의 판결을 듣고 공포를 느낄 수도 있다. 하지만 민중은 그 판결을 경청하고 받아들인 후 안도하며 위안을 얻는다. 우리가 죄인들에게 단 한 번이라도 자비를 베풀었다고 생각한다면 그것은 착각이다. 단연코 우리는 단 한 번도 자비를 베풀지 않았다!"

그러나 돌연 푸셰는 태도를 바꾼다. 무슨 일이 일어났던 걸까? 그는 국민공회에서 바람이 갑자기 방향을 틀었다는 것을 멀리서도 특유의 민감한 감각으로 느낀다. 얼마 전부터 그가 아무리 요란스럽게 처형을 찬양해도 그에 걸맞은 반응이 돌아오지 않기 때문이다. 자코뱅파이자 무신론을 신봉하는 동지인 에베르, 쇼메트, 롱생 같은 친구들이 갑자기 말을 아꼈다. 그러다가 그들은 결국 영영 입을 다물어 버렸다. 예기치 않게 로베스피에르가 매서운 손을 뻗쳐 그들의 목을 졸랐기 때문이다. 도덕심으로 뭉친 호랑이 로베스피에르는 지나치게 난폭한 사람들과 지나치게 온건한 사람들 사이에서 수완 좋게 이리저리 오가고, 때로는 우파에서, 때로는 좌파에서 활동 공간을 넓혀 왔었는데 그러던 그가 돌연 어둠을 뚫고 나타나 극단적 급진파에게 달려들었다. 카리에는 의회에 출석하여 낭트에서 – 리옹에서 푸셰가 그랬듯이 – 과격하게 대학살을 자행했던 것에 대해 해명하라는 요구를 받았는데 이를 사주한 사람이 바로 로베스피에르였다. 그는 자신에게 정신적으로 종속된 생쥐스트를 시켜 과격한 오일로기우스 슈나이더를 스트라스부르에서 데려와서는 단두대 형에 처했다. 또 푸셰가 자신의 관할 지방과 리옹 시에서 거행했던 무신론을 표방하는 민중 축제를 어리석은 짓이라고 공공연히 성토했고 파리에서 그런 축제를 금지했다. 의원들은 언제나처럼 겁에 질려 고분고분 로베스피에르가 하라는 대로 따르고 있다.

더 이상 다수에 속하지 않는다는 불안이 새삼 푸셰를 덮친다. '테러리스트들은 처단되었다. 그러니 더 이상 테러리스트일 필요가 없지 않은가? 재빨리 온건파로, 요즘 자비의 법정을 요구하고 있는 당통과 데물랭에게로 넘어가는 것이 나을 듯싶다. 새로이 부는 바람을 따라 빨리 방향을 바꾸는 게 상책이다.' 2월 6일 느닷없이 그는 일제 사격에 의한 처형을 중지하라고 명령한다. 이전에 그는 팸플릿에서 단두대가 너무 느리게 일한다고 주장한 바 있는데 이제는 그 단두대마저 드물게 가동시킨다. 하루에 고작 머리 두셋을 잘라내는 데 그쳤으니 말이다. 이전에 브로토 들판에서 벌인 '국민 축제'와 비교하면 정말이지 사소한 일이다. 그 대신 그는 돌연 급진주의자들, 그리고 자신의 축제를 기획하고 명령대로 집행했던 사람들을 공격하는

데 온 힘을 쏟아붓는다. 마치 그리스도 교인을 박해하던 사울이 개과천선하여 그리스도의 사도 바울이 된 것처럼 혁명가 푸셰는 박애주의자 행세를 하기 시작한다. 곧장 반대편으로 넘어간 그는 샬리에의 친구들을 "반정부주의자와 폭도"라고 매도하며 스무 개 남짓 되는 혁명위원회들을 가차 없이 해산시킨다.

이제 아주 이상한 일이 일어난다. 학살의 영웅이었던 푸셰는 겁에 질려 떨고 있던 리옹의 시민들에게 갑자기 구세주 대접을 받는다. 반면에 격노한 리옹의 혁명가들은 푸셰가 우유부단하게 군다고, 배신자가 되어 "애국지사들을 박해하고 있다"고 고발하는 편지를 연이어 써 보낸다. 이처럼 대담하게 방향을 바꾸고 백주에 뻔뻔히 다른 진영으로, 승자에게로 가는 것이야말로 푸셰의 비밀 병법이다. 이대로 행동했기 때문에 그는 생명을 부지할 수 있었다. 그는 양쪽에 판돈을 걸었다. 파리 당국이 그를 지나치게 관대하다고 비난하면 그는 천 개가 넘는 무덤과 파괴된 리옹의 건축물을 증거 삼아 반박할 수 있다. 반면에 도살자로 고발당하면 자신이 "온건주의"에 기울어서 지나치게 너그러웠다고 자코뱅파에게 고발당한 사실을 들어 반론할 수 있다. 바람이 어떻게 부느냐에 따라 오른쪽 주머니에서는 엄중한 집행자라는 증거를, 왼쪽 주머니에서는 박애주의자라는 증거를 끄집어낼 수 있다. 그는 이제 리옹의 저승사자로도 등장할 수 있고 리옹의 구세주로도 등장할 수 있다. 실제로 이러한 마술사의 교활한 트릭으로 그는 후일 학살의 책임 모두를 솔직하며 단도직입적인 동료 콜로 데르부아에게 떠넘기는 데 성공했다. 그러나 그의 속임수는 당장은 성공하지 못한다. 당시 파리에서는 로베스피에르가 그를 매섭게 감시하고 있다. 그의 적인 로베스피에르는 푸셰가 자신의 수족인 쿠통을 리옹에서 몰아낸 것을 용서할 수 없다. 로베스피에르는 국민공회 시절부터 푸셰가 한 입으로 두 말을 한다는 사실을 알고 있다. 푸셰가 노선을 바꾸고 원칙을 어긴 일들 모두를 청렴결백한 로베스피에르는 지켜보고 있다. 그런 푸셰가 지금은 천둥번개를 피하기 위해 급히 몸을 움츠리려 하는 것 역시 지켜보고 있다. 로베스피에르는 한번 의심을 품으면 발톱을 뻗쳐 의심의 대상을 거머쥐고 놓지 않는다. 제르미날 12일에 그는 공안위원회를 시켜서 푸셰에게 즉시 파리로 와서 리옹 사태를 해명하라는 협박조의 지령을 보낸다. 세 달 동안 잔인한 판결을 내리던 푸셰는 이제 친히 재판소 앞에 서야 한다.

푸셰는 어떤 이유로 혁명재판소에 서게 되었을까? 2,000명의 프랑스인을 세 달 동안 학살했기 때문일까? 카리에와 다른 인간 백정들이 학살을 자행했다는 이유로 불려 왔으니 푸셰 역시 같은 경우이리라 독자는 추측할 것이다. 그러나 그렇지 않다. 푸셰가 방금 놀랄 만치 뻔뻔스럽게 방향을 전환한 것이 정치 천재의 한 수였음이 이제야 비로소 드러난다. 푸셰는 급진적인 '인민위원회'를 억압하고 자코뱅파의 애국지사들을 박해한 사실을 해명해야 했다. 2,000명을 처형한 "리옹의 총잡이"가 인류가 아는 가장 고귀한 과실, 다시 말해 과도하게 온정을 베풀었다는 과실 때문에 고발당한 것이다. 역사상 잊히지 않을 난센스가 아닌가!

로베스피에르와의 결투

1794년

4월 3일 조제프 푸셰는 파리로 오라는 공안위원회의 명령을 받고 4월 5일 여행 마차에 오른다. 그가 출발하기 전에 단두대의 칼날이 열여섯 번 둔탁한 소리를 내며 꽂힌다. 단두대는 그의 마지막 명령을 충실히 수행하고 있다. 바로 이날 그는 마지막 순간에 황급히 두 개의 아주 기묘한 판결을 내린다. 대학살의 마지막 희생자가 되어 (당시 흔한 표현을 쓰자면) 머리를 바구니에 뱉어 내야 하는 두 사람, 이들은 누구일까? 다름 아닌 리옹의 사형집행인과 그의 조수이다. 반혁명 세력이 집권할 때에는 샬리에와 그의 친구들을, 그 후 혁명 세력이 집권할 때에는 반혁명 세력을 수백 명씩 태연히 단두대로 처형했던 바로 이 두 사람이 이제 칼날 아래 서게 된다. 그들의 죄목이 무엇인지는 재판 기록을 아무리 뒤져도 분명치가 않다. 아마도 두 사람이 푸셰의 후임자와 후세 사람들에게 리옹에서 벌어진 일들에 대해 떠벌리는 것을 막고자 한 게 아닐까? 죽은 자는 말이 없지 않은가!

이제 마차가 구르기 시작한다. 푸셰는 파리로 가는 도중에 생각할 일들이 많다. 어쨌든 아직은 진 게 아니라고 스스로를 위로했을지도 모른다. 실제로 국민공회에서 영향력을 행사하는 인물 중 여럿은 그의 친구이다. 그중에는 로베스피에르의 정적인 거물 당통이 있다. 잘만 되면 그 무서운 자를 꼼짝 못하게 할 수 있을 것이다. 그러나 운명의 시간이 혁명에게 닥친 지금, 사태는 리옹에서 파리로 가는 역마차의 바퀴보다 더 빨리 굴러가고 있음을 푸셰가 어찌 예감할 수 있겠는가? 그와 막역한 사이인 쇼메트는 이미 이틀 전부터 감옥에 갇힌 신세이고 어제 로베스피에르는 당통의 큼직한 사자 머리를 단두대로 잘라 버렸다. 같은 날 우파의 정신적 지도자 콩도르세는 굶주린 채 파리 교외를 헤매다가 다음 날 재판을 피하기 위하여 독약을 마신다. 이런 일들을 푸셰가 어찌 예감할 수 있겠는가? 혼자서 그들 모두를 쓰러뜨린 건 그에게는 가장 혹독한 정적인 로베스피에르이다. 8일 밤 파리에 도착한 그는 그제야 자신이 얼마나 무시무시한 위험에 빠져들었는지를 상세히 알게 된다. 지방 파견의원 조제프 푸셰는 파리에서 보낸 첫날 밤 거의 잠을 이루지 못했을 것이다.

다음 날 아침 푸셰는 국민공회로 가서 초조하게 개회를 기다린다. 그러나 희한하게도 넓은 의사당은 채워질 기미를 보이지 않는다.

의석의 절반, 아니 그 이상이 여전히 비어 있다. 물론 상당수의 의원이 파견 근무를 나갔거나 다른 일을 처리하느라 오지 못할 수도 있다. 하지만 한때 빼어난 웅변을 뽐내며 정치를 주도하던 지롱드파의 오른편 좌석이 횅하니 비어 있다니! 그들은 어디로 간 것일까? 베르뇨, 브리소, 페티옹 등 22명의 용맹스러운 의원들은 단두대의 이슬로 사라졌거나 자살했거나 도주하다가 늑대에게 변을 당했다. 그들을 변호하러 용감히 나선 63명의 친구들은 다수파에 의해 추방당했다. 로베스피에르는 단 한 번 매서운 주먹을 휘둘러서 자신의 적인 100명의 우파를 처치했다. 그러나 그의 주먹은 똑같은 힘으로 자신이 속한 '산악파'를 가격했고, 그의 의지와 과도한 허영심에 반기를 들었던 인물들을 저 아래 무덤으로 밀어 넣었다. 당통, 데물랭, 샤보, 에베르, 파브르 데글랑틴, 쇼메트와 그 외 24명가량이 희생됐다.

그들 모두를 제거한 것은 이 왜소하고 마른 남자였다. 찡그린 듯 창백한 얼굴에 낮게 움푹 꺼진 이마, 작고 푸르스름한 눈에 근시가 심한 이 볼품없는 남자는 오랫동안 선임자들의 거대한 형체에 가려 있었다. 그러나 시간은 죽음의 낫을 휘둘러서 그에게 길을 터 주었다. 젊은 공화국에서 호민관, 선동가, 지도자, 저술가, 웅변가, 사상가의 역할을 제각기 맡아서 하던 미라보, 마라, 당통, 데물랭, 베르뇨, 콩도르세가 제거되고 난 지금, 로베스피에르는 이 모든 역할을 혼자서 독차지하고 있다. 그는 공화국의 교황이자 독재자이고 개선장군이다. 푸셰는 불안한 심경으로 자신의 적을 본다. 아첨꾼 의원들은 다들 성가실 정도로 공손히 그의 적에게 몰려들고 그의 적은 너무

■ 혁명 지도자 로베스피에르

도 당연하다는 듯 그들이 아부를 하게 내버려 두고 있다. 갑옷을 두른 듯 '덕'으로 무장을 하고는 어느 누구도 가까이 하지 않고 누구에게도 속내를 보이지 않는 로베스피에르, 이 청렴결백한 사람은 이제 아무도 그의 의지에 맞서서 감히 일어서지 못할 거라고 은근히 자랑스러워하며 근시안으로 경기장을 둘러본다. 그러나 감히 그에게 맞서 일어나는 자가 하나 있다. 더 이상 잃을 것이 없는 조제프 푸셰이다. 그는 자신이 리옹에서 한 행동을 변호하겠다며 발언권을 요구한다.

국민공회에서 변호할 기회를 요구한 것 자체가 공안위원회에 대한 도전이다. 그에게 해명을 요구한 것은 국민공회가 아니라 공안위원회였기 때문이다. 그러나 그는 더 높은 진정한 재판소인 국민의 집회를 상대하고자 한다. 분명 그는 대담한 요구를 하고 있다. 그러나 의장은 그에게 발언권을 준다. 어찌 됐건 푸셰는 무명의 의원이 아니다. 의사당에서 그의 이름은 자주 거론되었고 그의 공로와 업적과 그가 올린 보고서는 아직 기억에 남아 있다. 푸셰는 단상에 올라가 장황한 보고서를 낭독한다. 의원들은 그의 말을 중단시키지 않고 찬성이나 반대의 표시도 없이 귀를 기울인다. 그러나 연설이 끝났을 때 아무도 손 하나 까딱하지 않는다. 국민공회가 겁을 먹고 있었기 때문이다. 단두대의 공포에 떨며 일 년을 보내는 동안 의원들은 모두 정신적으로 거세되어 버렸다. 예전에는 마치 열렬히 사랑에 빠진 듯 자신이 확신하는 것을 위해 자발적으로 몸과 마음을 바쳤던 사람들이건만, 신념을 놓고 목청 높여 공공연히 설전을 벌였던 대담한 사람들이건만, 이제 그들 모두는 자신의 생각을 공개하기를 꺼린다. 사형집행인이 줄지어 선 그들에게 손을 뻗쳐 괴물 폴리페모스처럼 한번은 왼편, 다음에는 오른편 사람들을 낚아챈 이후부터, 단두대의 위협이 그들이 하는 모든 말을 그림자처럼 따라 다니기 시작한 이후부터 그들은 말하기보다는 침묵한다. 모두들 다른 사람 뒤에 몸을 숨기고, 모두들 행동하기 전에 좌우를 곁눈질한다. 찌뿌드드한 안개처럼 사람들의 얼굴에는 잿빛의 불안이 깃들어 있다. 눈에 보이지 않는 것에 대한 불안만큼 사람을, 특히 많은 수의 사람을 비굴하게 만드는 건 없다.

그들은 이번에도 의견을 표명하려 하지 않는다. 눈에 보이지 않는 재판소인 공안위원회의 영역에 간섭하다니 있을 수 없는 일이 아닌가! 푸셰의 변론은 거부도 수용도 되지 않은 채 공안위원회에 넘겨져 심사를 받게 된다. 다시 말해서 푸셰가 그토록 애써 피하려고 했던 바로 그곳으로 넘어간 것이다. 그는 첫 전투에서 패배하고 말았다.

흥미진진한 결투

이제 푸셰는 등골이 오싹해진다. 지형을 알지 못한 채 너무 멀리 나가 버렸으니 신속히 후퇴하는 편이 낫다. 제일 막강한 적과 홀로 싸우느니 차라리 항복하자. 이렇게 푸셰는 후회하면서 무릎을 꿇고 머리를 조아린다. 바로 그날 밤, 속 시원히 이야기를 나누기 위해서, 아니 솔직히 표현하자면 용서를 빌기 위하여 그는 로베스피에르의 집으로 간다.

이 대화에 동석한 사람은 없다. 다만 대화가 어떻게 끝났는지는 알려져 있다. 바라스는 자신의 회고록에서 로베스피에르를 방문했던 일을 소름이 끼칠 정도로 명확히 묘사한 바 있는데 그 방문기에 유추하여 푸셰와 로베스피에르의 대화가 어땠을지 상상해 볼 수 있다. 로베스피에르는 생토노레 거리의 작은 집에 세 들어 살면서 자신의 덕과 청빈을 누구나 볼 수 있게 전시하고 있다. 집 주인 부부는 신과 같은 존재인 세입자를 성스러운 전리품인 양 지키고 있었기에 푸셰 역시 작은 집의 나무 계단을 오르기 전에 주인 부부의 시험에 합격해야 했을 것이다. 로베스피에르는 오직 자신의 초상화들만이 걸려 있는 작고 좁은 방에서 앉으라고 권하지도 않고 바라스를 맞았다고 한다. 선 채로 냉담하고 거만하게, 마치 한심한 죄인을 대하듯이 바라스를 대해서 모욕을 주려 했다는 것이다. 푸셰 역시 똑같은 대접을 받았을 것이다. 열정적으로 덕을 사랑하는 이 남자는 덕을 갖춘 자신을 열정적이다 못해 방탕할 정도로 사랑하고 있다. 그런 사람은 자신과 의견을 달리 하는 사람에게 관용과 용서를 베풀

줄 모른다. 로베스피에르는 사보나롤라만큼이나 편협하고 광신적으로 이성과 '덕'을 설파하며 적과 타협하기를 거부할 뿐 아니라 적이 항복해도 받아들이지 않는다. 정치적 합의가 꼭 필요한 경우에도 그는 증오로 경직되고 지나치게 오만한 탓에 합의에 이르지 못하곤 한다. 푸셰가 그날 로베스피에르에게 무슨 말을 했고 심판관 로베스피에르가 무슨 답을 했는지는 알 수 없다. 분명한 사실은 그는 환대를 받지 못했고 사정없이 호통을 들으며 질책당했다는 것이다. 푸셰는 노골적으로 섬뜩한 위협을 받았고 약식 사형선고를 받았을 것이다. 분노에 치를 떨며 조제프 푸셰는 생토노레 거리의 계단을 내려오고 있다. 모욕당하고 거절당하고 위협까지 받다니! 그는 이제 자신의 목을 구하는 길은 단 하나뿐임을 알고 있다. 상대방의 목, 즉 로베스피에르의 목이 자기 목보다 먼저 단두대 아래 바구니에 떨어져야 한다. 생사를 걸고 싸우는 수밖에 없다. 로베스피에르와 푸셰의 결투가 시작된 것이다.

로베스피에르와 푸셰의 결투는 혁명사를 통틀어 가장 박진감이 넘치며 심리학자에게는 가장 흥미진진한 대목이다. 두 사람 다 영리한 정치가이지만 도전한 사람이나 도전을 받은 사람이나 매한가지로 똑같은 실수를 한다. 두 사람은 옛날부터 상대를 잘 알고 있다고 믿기 때문에 오랫동안 상대를 과소평가해 왔다. 푸셰에게 로베스피에르는 늘 그렇듯 일에 찌든 말라깽이 변호사이다. 아라스의 클럽에서 함께 실없는 농담을 즐기며 감미로운 시 구절을 끄적대던 변호사는 1789년 의원이 되어서는 장광설을 늘어놓아 모두를 지루하게 했었다. 그랬던 로베스피에르가 꿋꿋이 자신을 갈고 닦아 가며 열심히 과제를 처리해 나가는 과정을 거치면서 민중 선동가에서 정치 지도자로, 잽싼 모사꾼에서 정확히 사고할 줄 아는 정치가로, 말 잘하는 사람에서 웅변가로 발전한 것이다. 푸셰는 이 사실을 뒤늦게야 알아차렸다. 대부분의 경우 책임을 떠맡은 인간은 위인으로 성장한다. 로베스피에르 역시 사명감을 품었기에 성장하게 된다. 돈벌이에 눈이 어두운 욕심쟁이들과 큰소리만 치는 사람들 틈바구니에서 공화국을 구해 내는 것이야말로 운명이 자신에게 맡긴 필생의 과제라고 느꼈기 때문이다. 그는 인류를 위한 성스러운 사명을 다하려면 공화국과 혁명과 도덕은 물론이고 신까지도 반드시 자신이 구상한 대로 창출해 내야 한다고 믿는다. 로베스피에르의 완강함은 성격의 장점인 동시에 약점이다. 그는 자신의 청렴결백함과 독단적 엄격성을 사랑하는 인물답게 자신의 의견과 다른 의견들을 그저 다른 것으로 보지 않고 모조리 배신으로 간주한다. 그러고는 마치 이단을 재판하기라도 하듯이 냉혹하게도 자신과 생각을 달리하는 사람들을 몽땅 이단자로 몰아서 화형의 근대적 변형인 단두대에 밀어 넣는다.

1794년 로베스피에르는 의심의 여지없이 위대하고 순수한 이념을 마음속에 품고 있었다. 그러나 그 이념은 그의 마음속에서 살아 숨 쉬고 있다기보다는 경직되어 있다고 해야 맞을 것이다. 그 이념은 온전히 그의 마음을 뚫고 나올 수 없었고 그 또한 그 이념에서 온전히 헤어날 수 없었다. 독단적 성향의 인물은 모두 이런 운명을 겪는다. 로베스피에르에게는 마음을 훈훈하게 하는 능력이 없고 사람들을 매료시키는 인간미가 없기에 그가 무슨 행동을 하든 거기에는 진정한 창조력이 결여되어 있다. 완고함만이 그의 강점이고 냉엄함 만이 그의 힘이다. 독재가 그에게는 삶의 의미이자 형식이다. 그렇게 해야만 그는 자신의 자아를 혁명에 각인할 수 있다. 그러지 못하면 그의 자아는 부서질 수밖에 없는 처지이다.

이런 남자는 사상적 문제를 두고 누군가가 자신을 반박하거나 자신과 다른 의견을 가지는 것을 용납하지 않는다. 누구든 자신과 대등해서는 안 되며 하물며 자신에게 맞선다는 것은 더더욱 있을 수 없는 일이다. 그는 자신의 견해를 거울처럼 똑같이 비추는 사람들, 생쥐스트와 쿠통처럼 그의 정신적 종복인 사람들과만 관계를 유지 할 수 있다. 신랄하고 냉혹한 그의 성질은 위의 부류에 속하지 않는 사람들을 여지없이 걸러내고는 멀리한다. 그러나 그와 의견을 달리 하는 것을 넘어서(이런 사람들도 그는 박해했다) 그의 의지를 가로막은 사 람, 그가 오류를 범하지 않음을 인정하지 않는 사람은 죗값을 치러 야 한다. 조제프 푸셰가 이 경우에 해당된다.

푸셰는 로베스피에르에게 조언을 구한 적이 전혀 없었다. 옛날 친구에게 머리를 숙이지도 않았고 그의 적들에게 합류하기까지 했 다. 그는 공산주의와 무신론을 설파하면서 로베스피에르가 설정한 신중한 중도적 사회주의라는 경계선을 대담하게 넘어섰다. 그러나 지금까지 로베스피에르는 푸셰 때문에 진지하게 고민한 적은 없었 다. 그에게는 푸셰가 지극히 하찮아 보였기 때문이다. 그는 수도복을 걸치고 있던 시절의 푸셰를 알고 있었다. 그에게 푸셰는 별 볼 일 없는 사제 교사였고 그러다가 그의 누이동생에게 구혼했던 남자에 불과했다. 신과 약혼녀를 배신하고 모든 신념을 배신한 한심하기 그지없는 일개 야심가에 불과했다. 완고한 자는 고분고분한 자를 증오하고 타협을 모르는 자는 성공을 위해서 물불을 가리지 않는 자를 증오하며 종교적 인간은 세속적 인간을 의심한다. 이런 맥락에서 로베스피에르는 푸셰를 멸시해 왔다. 그러니까 로베스피에르는 지금까지는 푸셰라는 개인을 증오했던 게 아니라 푸셰라는 하나의 변종이 속한 종족을 증오해 왔다. 교만하게도 그는 여태까지 푸셰를 눈여겨보지 않았다. 언제든 발로 짓이길 수 있는 모사꾼을 신경 쓸 필요야 없지 않은가? 푸셰를 그토록 오랫동안 멸시해 왔기 때문에 로베스피에르는 그를 지켜보기만 했을 뿐 그와 심각하게 싸운 적은 없었다.

이제야 비로소 두 사람은 서로 얼마나 상대를 얕잡아 보고 있었는가를 알아차린다. 푸셰는 자신이 자리를 비운 사이에 로베스피에르가 엄청난 권력을 장악했음을 깨닫는다. 군대와 경찰, 법정과 위원회들, 국민공회와 자코뱅클럽을 포함한 모든 공직이 그의 수하에 있다. 그와 싸워서 이길 전망은 없는 듯하다. 그러나 로베스피에르는 푸셰를 싸움에서 피할 수 없는 처지로 몰아넣었다. 푸셰는 자신이 승리하지 못하면 모든 것을 잃으리라는 사실을 알고 있다. 늘 그렇듯이 더 이상 잃을 것이 없으면 마지막 힘이 솟구쳐 나오는 법이다. 궁지에 몰린 사슴이 이판사판으로 수풀에서 뛰쳐나와 사냥꾼을 덮치듯이 낭떠러지 앞에 선 푸셰는 돌연 자신을 뒤쫓는 자에게 덤벼든다.

로베스피에르의 선공

먼저 싸움을 시작한 것은 로베스피에르다. 그는 일단은 한 수 가르쳐 주고 경고한다는 의미에서 주제넘게 군 푸셰를 짓밟으려 한다. 그럴 기회를 제공한 것은 그 유명한 5월 6일 자 연설이다. 로베스피에르는 이 연설에서 "최고 절대자의 존재와 영혼의 불멸이 우주를 조종하는 힘임을 인정하라"고 공화국의 지식인들에게 촉구한다. 그가 이처럼 아름답고 생동감 넘치는 연설을 한 적은 일찍이 없었다. (이 연설문은 장 자크 루소의 별장에서 작성되었다고 전해진다.) 이제껏 교조주의자이자 애매모호한 이상주의자였던 연사는 시인처럼 말하며 철학자의 면모를 드러낸다. 그의 연설은 다음과 같은 기본 생각을 담고 있다. '신앙을 미신으로부터 떼어 놓는 한편, 무신앙으로부터도 떼어 놓자! 우상을 숭배하는 통상적 기독교를 뛰어넘는 데 그치지 말고 공허한 유물론과 무신론 역시 뛰어넘는 종교를 창시하자! 따라서 모든 정신적 문제에서 — 언제나 그가 주장했듯이 — 중용을 지키자!' 이 연설은 과장된 미사여구를 담고 있기는 하지만 인류를 발전시키겠다는 정직한 마음과 뜨거운 의지로 가득 차 있다. 그러나 이데올로기에 함몰된 로베스피에르는 이처럼 고상한 영역에서조차 정치로부터 자유롭지 못하기에 시간을 초월한 사상을 토로하는 와중에도 용렬하고 괴팍스런 복수심에서 사사로운 공격을 쏟아 낸다. 증오심에 차서 그는 자신이 단두대로 보낸 고인들을 언급하며 숙청된 당통과 쇼메트를 부도덕과 무신론의 한심한 표본이라고 조소한다. 그러고는 느닷없이 그의 분노를 피해 살아남은 유일한 무신론자인 조제프 푸세를 정조준하며 달려든다.

"하느님이 존재하지 않는다고 민중에게 가르치다니, 대체 누가 그대에게 그런 사명을 부여했는가? 말해 보라! 맹목적인 힘이 그저 우연에 따라 한번은 선한 자를, 한번은 악한 자를 덮치는 식으로 인간의 운명을 결정한다고 사람들을 현혹하면 무슨 이득이 있겠는가? 인간의 영혼이란 무덤의 입구에서 사라지는 얄팍한 입김에 지나지 않는다고 사람들을 현혹하면 무슨 이득이 있겠는가? 이 한심한 궤변론자여, 그대는 대체 무슨 권리로 선한 자들이 이성으로 지배한다는 사실을 부인하고 악한 자들에게 지배권을 넘겨주려 하는가? 자연에게 죽음의 면사포를 씌워서 불행한 자들을 더 절망스럽게 만들고 범죄자의 죄를 덜어 주고 덕 있는 자들을 암울하게 하고 인류를 비천하게 만들려 하는가? (…) 자연이 우리에게 무상한 것보다 더 나은 것을 줄 수는 없다고 믿는 사람은 스스로를 경멸하고 다른 사람들 모두를 역겨워 하는 범죄자에 지나지 않는다."

로베스피에르의 멋진 연설에 우레와 같은 박수갈채가 그치지 않는다. 날마다 진흙탕에서 싸움을 벌이던 의원들은 갑자기 그런 비천한 처지를 벗어난 듯한 기분이 든다. 로베스피에르가 최고 존재를 기리기 위한 축제를 개최하자고 제안하자 다들 만장일치로 동의한다. 조제프 푸셰만이 말없이 입술을 깨문다. 적이 승리를 거두면 침묵하는 수밖에 없다. 자신에게는 이처럼 걸출한 웅변가에게 공공연히 맞설 능력이 없음을 그는 알고 있다. 핏기가 가신 얼굴로 한마디 대꾸도 못한 채 공개석상에서 참패를 당하고는 받은 대로 되돌려 주겠다고, 복수하겠다고 마음속으로 다짐한다.

며칠이 지나고 몇 주가 지나는 동안 푸셰는 잠잠하다. 로베스피에르는 그 뻔뻔스러운 놈을 밟아 준 것만으로 끝장냈다고 생각한다. 하지만 푸셰가 보이지 않고 푸셰에 관한 소문이 들리지 않는다면 그것은 그가 지하에서 활약하고 있기 때문이다. 끈질기게, 계획적으로 두더지처럼 말이다. 그는 여러 위원회를 방문하고 의원들과 친분을 트려 한다. 모든 이들에게 친절하고 정중하게 굴며 모든 이들을 자기 편으로 만들려고 한다. 자코뱅클럽 회원들에게 가장 많은 노력을 쏟아붓는다. 그는 재치 있고 부드러운 언변을 구사하는 데다가 리옹에서의 업적 덕분에 그들의 호감을 얻는다. 그가 구체적으로 무엇을 원하는지, 무엇을 계획하고 무슨 일을 벌이는지 아무도 모른다. 이 남자는 눈에 띄지 않게 바쁘게 돌아다니며 어디서건 인맥을 구축한다.

그러다가 돌연 모든 것이 분명해진다. 모두가 예상치 않았던 일이, 특히 로베스피에르가 전혀 예상치 않았던 일이 벌어졌다. 프레리얼 18일에 조제프 푸셰가 압도적인 표차로 자코뱅클럽의 총재로 당선된 것이다.

로베스피에르는 펄쩍 뛴다. 푸셰가 이런 대담한 일을 벌이리라고는 아무도 생각하지 못했다. 이제 로베스피에르는 자신이 얼마나 교활하고 저돌적인 적을 상대하고 있는지를 비로소 깨닫는다. 공식석상에서 그의 공격을 받은 사람이 감히 자기주장을 굽히지 않은 일은 2년 전부터 지금껏 단 한 번도 없었다. 그가 눈총을 주기가 무섭게 다들 즉시 사라져 버렸다. 당통과 같은 거물도 자신의 영지로 도망갔고 지롱드파는 지방으로 몸을 피했다. 다른 사람들은 집을 나서지 않고 죽은 듯이 살았다. 그런데 그가 이 뻔뻔한 놈을 국민공회의 공개석상에서 손가락질을 해 가며 불순분자로 낙인찍었음에도 불구하고 이놈이 혁명의 성전인 자코뱅클럽으로 도망을 가서는 그 성전에서 애국자만이 누릴 수 있는 최고의 영예를 간사한 꾀로 낚아챘단 말인가?

혁명의 마지막 해에 자코뱅클럽이 막강한 도덕적 권위를 행사하고 있었다는 사실을 잊어서는 안 된다. 어떤 사람이 완벽하고 철저한 애국자임을 검증하는 궁극적 기준은 그 사람이 자코뱅클럽의 회원이 되는 영예를 누렸느냐에 달려 있다. 클럽에서 제명을 당하고 쫓겨나는 사람은 단두대에 오를 처지라고 봐도 무방하다. 장군, 민중의 영도자, 정치가 모두가 머리를 숙이고 이 심판석 앞에 선다. 시민정신을 대변하는 최고의 심급審級이라는 점에서 클럽은 거의 종교적 기관이다. 자코뱅클럽은 말하자면 혁명의 근위대이고 성스러운 전당을 지키는 친위대이자 경호 부대이다. 그런데 가장 엄격하고 정직하며 올곧은 공화주의자들로 이루어진 이 친위대가 조제프 푸셰 같은 사람을 그들의 수장으로 선출하다니! 로베스피에르는 분노를 가라앉힐 수가 없다. 백주에 이 악당이 자신의 제국으로 치고 들어와 자신의 영토를 점거해 버렸기 때문이다. 로베스피에르는 자코뱅클럽에서 적들을 고발하고 엄선한 사람들에 둘러싸여 자신의 힘을 다져 왔다. 바로 그 자리를 푸셰가 침범한 것이다. 이제 그가 연설을 하려면 조제프 푸셰의 허락을 받아야 하는가? 막시밀리앙 로베스피에르가 조제프 푸셰 같은 사람의 기분에 좌지우지되어야 한단 말인가?

로베스피에르는 즉시 온갖 힘을 끌어 모은다. '내게 패배를 안겨 준 자가 피눈물을 흘리게 할 것이다. 그놈을 당장 끌어내릴 것이다. 총재 자리에서 끌어내는 데 그치지 않고 애국자의 모임에서 쫓아낼 것이다!' 당장 그는 리옹의 몇몇 시민들이 푸셰를 공격하고 그를 고발하게끔 사주한다. 기습을 당한 푸셰는 늘 그렇듯 어쩔 줄 모르며 공개 논쟁에서 서툴게 자신의 입장을 방어한다. 이때 로베스피에르가 끼어들며 "사기꾼에게 속지 말라"고 자코뱅클럽 회원들에게 경고한다. 단 한 번의 공격으로 푸셰를 내쫓는 데 거의 성공한 셈이다. 그러나 아직 총재직을 보유하고 있는 푸셰는 논쟁을 앞당겨 종료할 수 있는 수단을 지니고 있다. 몹시 망신스럽게 그는 토론을 중단시키고 새 전투를 준비하기 위해 어둠 속으로 도망친다.

그러나 이제 로베스피에르도 상황을 제대로 파악한다. 그는 푸셰의 전투 방식을 알아차렸다. 이 남자는 결투에 응하지 않고 언제나처럼 도망가서는 그늘에서 은밀히 적의 등에 칼을 꽂을 준비를 할 것이다. 이 집요한 모사꾼을 처치하려면 채찍질하고 때리는 것만으로는 부족하다. 그놈을 최후의 은신처까지 추적해서 만신창이로 만들어야 한다. 목구멍을 눌러 최후의 숨을 뽑아내서 영원히 해악을 끼치지 못하게 끝장을 내야 한다.

로베스피에르는 다시 한번 푸셰에게 총공세를 가한다. 자코뱅클럽에서 공식적으로 푸셰를 재차 고발하고는 푸셰에게 다음 회합에 출석하여 변론하라고 요구한다. 물론 푸셰는 응하지 않는다. 그는 자신의 강점과 약점이 무엇인지 알고 있기에 3,000명이 지켜보는 공개석상에서 로베스피에르가 자신을 앞에 두고 모욕하며 승리를 누리게 할 생각이 없다. 차라리 어둠 속으로 물러서서 일단 상대가 승리하게 두고 시간을 버는 것이 좋다. 그래서 푸셰는 자코뱅클럽에 편지를 보내서 유감스럽게도 공개석상에서의 변론을 거절할 수밖에 없다고 정중히 알린다. 먼저 두 위원회가 자신의 행위에 대해 결정해야 하므로 자코뱅클럽은 재판을 연기해 주길 바란다는 내용이다.

이 편지를 본 로베스피에르는 사냥감을 본 사냥꾼 마냥 달려든다. 지금 이 순간이야말로 조제프 푸셰를 포획해서 완전히 박살 낼 수 있는 절호의 기회이다. 메시도르 23일(7월 11일)에 로베스피에르는 조제프 푸셰를 탄핵하는 연설을 한다. 이 연설에서 그는 그 어느 때보다도 더 혹독하게, 위협적으로, 날을 세워서 자신의 적을 공격한다.

서두의 몇 마디 말에서도 로베스피에르가 그의 적을 그저 공격하는 데 그치지 않고 치명타를 가해서 처치하려 한다는 것을, 적을 그저 모욕하는 데 그치지 않고 아주 제거해 버리려고 한다는 것을 느낄 수 있다. 그는 차분한 척하며 연설을 시작한다. 푸셰 "개인"에게는 아무 관심도 없다고 그는 시큰둥하게 공언한다.

"일찍이 나는 푸셰를 애국자라고 생각했기 때문에 그와 어느 정도 친분을 유지했습니다. 내가 이 자리에서 그를 탄핵하는 것은 그가 저지른 죄 때문이 아닙니다. 그가 더 큰 다른 죄를 범하기 위해서 몸을 숨기고 있기 때문입니다. 그를 음모의 괴수로 보기 때문입니다. 우리는 이 음모를 전멸시켜야 합니다. 방금 낭독된 편지를 검토해 보겠습니다. 이 편지를 쓴 남자는 고발당하고도 동지이자 시민들 앞에서 변명하기를 거부하고 있습니다. 이런 행동으로 인해 폭군 제도는 시작되는 법입니다. 국민 공동체의 일원인 한 사람이 국민 공동체 앞에서 변명할 것을 거부한다면 그는 국민 공동체의 권위를 침해하게 됩니다. 이전에는 클럽의 인정을 받으려고 안달하던 사람이 고발을 당하자마자 클럽을 무시하려는 겁니까? 자코뱅클럽에 맞서서 국민공회의 도움을 청하려는 것입니까? 그렇다면 참으로 기가 막힙니다."

돌연 사사로운 증오심에 사로잡힌 로베스피에르는 푸셰의 추한 외모를 끄집어내서 그를 모욕한다.

"민중의 눈과 귀를 두려워하는 겁니까? 자신의 흉한 몰골이 너무도 적나라하게 자신의 범죄를 드러낼까 봐 두려워하는 겁니까? 자신을 향한 6,000개의 눈이 자신의 마음을 죄다 읽어 낼까 봐 두려워하고 있는 겁니까? 안타깝게도 그의 눈은 너무 깊숙이 박혀 있어서 제대로 들여다볼 수도 없는데 말입니다. 말을 하다 보면 죄진 사람답게 당황하게 되고 앞뒤가 맞지 않는 얘기를 하게 될까 봐 두려워하고 있는 겁니까? 이성이 있는 사람이라면 푸셰가 나오지 않는 이유는 단 하나, 두려워하기 때문이라는 사실을 알아챌 것입니다. 시민 동지의 시선을 두려워하는 사람은 죄를 지은 자들뿐입니다. 나는 이 자리에서 푸셰를 법정에 소환합니다. 푸셰는 해명하기 바랍니다. 그와 우리 중 누가 국민의 대표로서의 권리를 제대로 인지하고 있는지, 누가 온갖 분열을 일삼는 무리들을 용감히 타도했는지 밝히기 바랍니다."

그러고 나서 로베스피에르는 푸셰를 "상스럽고 저열한 사기꾼"이라고 칭하면서 그가 하는 짓을 보면 자신이 죄인임을 이미 자백하는 꼴이라고 말한다. 그러고는 "노획물을 얻느라, 범죄를 저지르느라 바쁜 남자들"이 있다고 음산하게 암시한 다음 위협하듯 이렇게 연설을 끝맺는다. "푸셰 본인이 자신이 어떤 사람인지 충분히 보여주었습니다. 반역자들은 주의 깊은 국민의 눈을 피할 수 없습니다. 반역자들이 이번 일을 계기로 마침내 이 사실을 깨닫게 하기 위해서 나는 이런 얘기를 한 것입니다."

이 말은 분명히 사형을 선고하는 것이었음에도 회의 참석자들은 로베스피에르에게 복종한다. 그러고는 망설임 없이 총재 푸셰를 품격을 갖추지 못했다는 이유로 자코뱅클럽에서 제명한다.

푸셰의 반격

이제 조제프 푸셰는 도끼에 찍히게 될 나무마냥 단두대를 예약한 처지가 된다. 자코뱅클럽에서 제명되었다는 것은 치욕의 표식이고 로베스피에르가 누군가를 아주 혹독하게 탄핵했다는 것은 대개의 경우 사형선고를 의미한다. 푸셰는 이제 백주에 수의를 걸친 셈이다. 다들 이 순간부터 그가 언제든 체포되리라고 예상하지만 그 누구보다도 확실히 그렇게 예상하는 사람은 푸셰 본인이다. 오래전부터 그는 자기 집에서 잠을 자지 않는다. 당통과 데물랭처럼 집에 있다가 한밤중에 들이닥친 헌병들에게 끌려갈까 봐 두려워서이다. 그는 몇몇 용감한 친구들 집에 숨어 있다. 공식적으로 법의 보호를 박탈당한 사람에게 숙소를 제공하려면 용기가 필요하다. 심지어 그와 공공연히 대화를 하는 데에도 용기가 필요할 정도이다. 보안위원회의 경찰은 로베스피에르의 지시대로 그가 어디를 가든 따라붙는다. 그러고는 그가 누구를 만났고 누구를 방문했는지를 보고한다. 그는 눈에 보이지 않게 포위되어 있고 무슨 행동을 하든 자유롭지 않기에 이미 적에게 붙잡힌 거나 마찬가지이다.

사실 푸셰는 700명의 의원 중에서 가장 위험한 처지여서 그가 빠져나갈 가능성은 전혀 없어 보인다. 어디에든 매달려 보려고 자코뱅클럽을 붙들었지만 로베스피에르의 매서운 주먹은 그를 떼어 냈다. 이제 그는 시한부 인생을 사는 셈이다. 이 마당에 국민공회에 무엇을 기대할 수 있겠는가? 위원회가 의원들 중 하나를 단두대에 걸게 내놓으라고 하면 겁쟁이 의원들은 거세된 양 떼 마냥 주눅이 든 채 "예, 예!" 하며 조신하게 굽실거릴 게 뻔하다. 그들은 한때 자신들의 지도자였던 당통, 데물랭, 베르뇨를 아무런 저항 없이 혁명재판소에 넘겨주었다. 저항을 하다가는 본인이 주목을 받을까 두려워서였다. 그러니 푸셰라고 달리 취급하겠는가? 옛날에는 몹시도 용감하고 정열에 넘치던 의원들은 지금은 겁먹고 당혹스러워하며 말없이 자리에 앉아 있다. 신경을 갉아먹고 영혼을 으스러뜨리는 끔찍한 독소가 그들의 의지를 마비시킨 것이다. 이 독소의 이름은 불안이다.

그러나 독소에는 오랜 비밀이 하나 있다. 독소 안에 독소를 치유

■ 혁명재판소의 모습

하는 힘이 내포되어 있다는 사실이다. 독소를 인공적으로 증류하여 그 안에 숨겨진 갖가지 힘들을 압축하기만 하면 된다. 이 경우 로베스피에르에 대한 두려움은 역설적으로 로베스피에르로부터 목숨을 구하는 힘이 될 수 있다. 만일 어떤 사람이 몇 주 동안 혹은 몇 달 동안 다른 사람을 공포로 몰아넣는다면, 불확실한 상태를 지속시켜서 상대의 영혼을 파괴하고 의지를 마비시킨다면 아무도 그 사람을 용서하지 않을 것이다. 단 한 사람의 독재를 오래 참아야 하는 경우 인류는, 혹은 인류의 일부인 어떤 집단은 그 독재자를 반드시 증오하게 마련이다.

바로 이런 억눌린 자들의 증오가 여기저기에서 은밀히 끓어오르고 있다. 푸셰처럼 자기 집에서 잠을 잘 엄두를 못 내는 50~60명의 의원들은 로베스피에르가 자신들의 곁을 지나가기만 하면 이를 앙문다. 로베스피에르의 연설에 환호한 많은 사람들이 등 뒤에서는 주먹을 불끈 쥔다. 청렴결백한 로베스피에르가 더 엄하게 더 오래 지배하면 할수록 그가 무소불위의 권력을 휘두르는 데 대한 반감은 커져만 간다. 그가 차례로 모두를 공격했고 모욕했기 때문이다. 우익 지롱드파를 단두대로 보냈고 좌익인 극단주의자들의 목을 베었으며 공안위원회에 자신의 의지를 강요했고 돈벌이하는 자들이 일을 벌이려 하면 협박하고 야심가들의 출셋길을 봉쇄했기 때문이다. 질투심 많은 이들은 그가 지배자이기 때문에, 화합을 선호하는 이들은 그가 화합하지 않기 때문에 불만을 품는다. 만일 증오를 숨긴 채 뿔뿔이 흩어진 비겁한 다수가 뜻을 모아서 로베스피에르의 심장을 겨누는 칼날을 벼릴 수만 있다면, 푸셰, 바라스, 탈리앵, 카르노 등 그의 은밀한 적들 모두가 구원받을 수 있다. 그러나 이 일을 성사시키려면 우선 상당수의 겁쟁이들이 자신이 로베스피에르에게 위협받고 있다는 확신을 가지게끔 만들어야 한다. 공포와 불신의 영역을 더욱 넓혀야 하며 로베스피에르가 퍼트리는 긴장감을 인위적으로 더욱 고조시켜야 한다. 로베스피에르의 음산한 연설은 숨을 옥죄는 듯 묵직한 데다가 내용이 모호한 탓에 여러 사람들의 신경을 짓눌러 왔는데 이제는 그런 압력이 더욱 육중해져야 한다. 공포는 더 커져야 하고 불안은 더 심해져야 한다. 그러면 아마 대중은 용기를 내어 이 한 사람을 덮칠 것이다.

이 지점에서 푸셰 본연의 활동이 시작된다. 이른 아침부터 늦은 저녁까지 그는 이 의원 저 의원을 은밀히 찾아다니며 로베스피에르가 비밀리에 새로운 명부를 준비하고 있다고 수군댄다. 그러고는 한 사람씩 붙잡고 "자네 이름이 거기 적혀 있네" 혹은 "자네는 다음 차례야"라고 귓속말을 되풀이한다. 극심한 불안이 물밑으로 퍼져 나간다. 로마 공화정의 정치인 카토가 다시 태어난 듯 속속들이 청렴결백한 로베스피에르 앞에서 양심의 가책을 전혀 느끼지 않는 의원은 극소수이기 때문이다. 누구는 재정 문제를 너무 느슨하게 처리했고 누구는 로베스피에르에게 반박한 적이 있었고 누구는 여자 문제가 복잡했을 것이다. (이런 일들은 공화주의자인 동시에 청교도인 로베스피에르에게는 범죄이다.) 누구는 아마 당통을 비롯한 150명의 처형된 사람들 중 하나와 친한 사이였을지도 모르고 누구는 유죄 판결을 받은 자를 자기 집에 묵게 했을 것이고 누구는 망명자가 보낸 편지를 받았을 것이다. 한마디로 말하자면 모두가 떨고 있고 누구든 자신이 공격당할 수 있다고 생각한다. 로베스피에르가 시민에게 요구하는 아주 엄격한 도덕을 제대로 실천하며 살고 있다고 자신할 만큼 깨끗한 사람은 아무도 없다. 푸셰는 베틀에 걸린 실처럼 이 사람에서 저 사람으로 바삐 옮겨 다니며 끊임없이 인맥을 확장해 나가고 더 많은 사람들과 연대를 돈독히 한다. 그렇게 해서 점점 더 많은 사람들을 불신과 의심이라는 거미줄 안에 잡아넣는다. 그러나 그가 하는 짓은 위험한 도박이다. 그는 그저 거미줄을 짜는 데 그쳤기에 그가 돌발 행동을 하거나 누군가가 배신을 하면 그의 거미줄은 찢겨 나갈 것이다.

로베스피에르에 맞선 반란에서 푸셰는 자포자기 심정으로 위태로운 역할을 맡아 막후에서 비밀리에 활약했지만 대부분의 역사서는 이런 그의 역할을 충분히 강조하고 있지 않다. 몇몇 얄팍한 역사서는 아예 언급조차 하지 않는다. 대부분의 역사서는 언제나 눈에 보이는 것만을 서술한다. 그렇기에 역사가들은 당시의 박진감 넘치는 마지막 날들을 다룰 때 대개 탈리앵과 바라스와 부르동에게만 초점을 맞춘다. 탈리앵은 연극배우 마냥 열정적으로 연단에서 단도를 휘두르며 자신의 가슴을 찌르려 했고, 바라스는 험악한 기운을 발산하며 군대를 소집했으며, 부르동은 탄핵 연설을 했다고 서술한다. 한마디로 역사가들은 테르미도르 9일에 펼쳐진 대서사극의 주연배우들을 묘사하지만 푸셰를 보지 못하고 지나친다. 사실 그는 그 운명의 날에 국민공회라는 무대에 서서 함께 연기하지 않았다. 그는 무대 뒤에서 이 무모하고 위험한 연극을 감독하고 지도하는 한층 더 어려운 일을 맡는다. 그는 장면들을 구성했고 배우들을 연습시켰고 눈에 띄지 않게 어두운 데서 리허설을 했고 시작 신호를 보냈다. 어둠, 그것은 언제나 그렇듯이 그의 진정한 영역이다. 후세의 역사가들은 그가 맡은 역할을 보지 못한 채 지나쳤지만 한 동시대인은 이미 그의 활약을 감지했다. 바로 로베스피에르이다. 그는 공공연히 푸셰를 "음모의 괴수"라는 딱 맞는 호칭으로 불렀다.

이 의심 많고 까다로운 사람은 자신을 해치려는 음모가 몰래 준비되고 있음을 감지한다. 몇몇 위원회에서 위원들이 갑자기 반기를 들기 시작한 것도 수상하지만, 더 수상한 것은 자신의 적인 몇몇 의원들이 저자세가 되어 지나치게 공손하게 군다는 사실이다. 로베스피에르는 불쑥 자신에게 일격을 가하려는 어떤 계획이 있음을 느낀다. 그는 일격을 가할 손, 즉 '음모의 괴수'가 누구인지 역시 알고 있다. 그런 만큼 경계를 늦추지 않고 조심스럽게 더듬이를 뻗쳐 탐색 중이다. 직속 경찰과 사설탐정은 탈리앵과 푸셰와 기타 반역자들의 일거수일투족을 빠트리지 않고 로베스피에르에게 보고한다. 그는 당장 독재권을 점유하고 적들이 집결하기 전에 그들을 박멸하라고 경고하는 익명의 편지를 여럿 받는다. 로베스피에르는 느닷없이 정치권력에는 전혀 관심이 없는 척 행세한다. 적들을 혼란에 빠트리고 속이기 위해서이다. 그는 국민공회와 위원회에 출석하지 않는다. 사람들은 손에 책을 든 그가 입을 다문 채 큼직한 뉴펀들랜드 종 반려견을 데리고 거리나 근처 숲을 혼자 산보하는 모습을 본다. 외양만 보면 좋아하는 철학자의 책을 읽는 데 골몰해서 권력에는 아무런 관심이 없는 듯 보인다.

그러나 저녁 무렵 방으로 돌아오면 그는 몇 시간씩 꼼꼼하게 긴 연설을 다듬는다. 아주 오래전부터 그는 이 작업을 하고 있다. 원고는 수정하고 보충한 흔적으로 가득하다. 그는 이 긴 연설로 자신의 적들 모두를 한 쾌에 날려 버리려고 한다. 이 결정적 연설을 남들이 예상치 않은 순간에 끄집어내야 한다. 이 연설은 도끼처럼 서슬이 퍼래야 하고 역동적인 표현과 기지가 가득해야 하며 신랄한 증오를 뿜어내야 한다. 그는 적들이 만나서 뜻을 모으기 전에 이 무기로 돌연 기습을 해서 적들을 깜짝 놀라게 만들 작정이다. 로베스피에르는 이 무기의 칼날을 예리하게 갈고 거기에 치명적 독을 바르는 작업을 하지만 아무리 해도 끝이 보이지 않는다. 이 엄청난 일을 하느라 값진 날들이 많이 흘러가 버린다.

그러나 더 이상 미룰 수는 없다. 반역자들이 은밀히 모임을 갖는다고, 염탐꾼들이 점점 더 절박하게 보고하기 때문이다. 테르미도르 5일에 로베스피에르는 푸셰가 누이에게 쓴 편지 한 통을 손에 넣는다. 거기에는 의미심장하게도 이렇게 적혀 있다. "막시밀리앙 로베스피에르가 뭐라고 비방하든 난 두려울 게 없다. (…) 가까운 시일 안에 너는 이 일이 어떻게 끝났는지 듣게 될 거다. 이 일은 내가 바라는 대로 공화국에 유리하게끔 마무리될 것이다." 그러니까 로베스피에르의 입장에서는 이제 거사가 며칠 남지 않았다는 경고인 셈이다. 그는 친구 생쥐스트를 생토노레 거리의 좁은 다락방으로 불러 문을 걸고 함께 틀어박힌다. 그곳에서 둘은 언제 어떻게 공격할지를 결정한다. 테르미도르 8일에 로베스피에르는 국민공회에서 기습 연설을 하여 놀란 의원들이 맥을 못 추게 만들어야 한다. 그러고는 9일에 생쥐스트가 적의 처형을 요구할 것이다. 제1순위는 조제프 푸셰이고 그다음은 위원회에서 반기를 들었던 사람들이다.

최후의 결전

긴장감은 견디기 힘들 정도이다. 음모에 가담한 자들 역시 자욱한 구름 속에서 번개가 꿈틀대는 것을 느낀다. 그러나 아직도 그들은 프랑스에서 가장 막강한 남자를 공격하는 일을 망설이고 있다. 로베스피에르는 도시 행정과 군대, 자코뱅클럽과 민중을 장악하고 있으며 나무랄 데 없는 명성을 지녔기에 그 누구보다도 위세 당당하다. 음모자들은 막상 혁명이 낳은 거인과 공개 투쟁을 벌이려니 아직은 자신들의 처지가 불안하고 인원이 적어서 결심을 굳힐 수 없다고 여긴다. 벌써 많은 이들이 조심스럽게 입장을 바꾸고는 한발 물러나서

화해를 하려고 한다. 가까스로 엮어 놓은 음모가 와해되려는 참이다.

이 순간 운명은 흔들리는 천칭의 접시에 약간의 무게를 추가함으로써 그 어떤 시인보다 더 천재답게 사태를 결정짓는다. 운명의 선택을 받고서 지뢰에 불을 붙이게 될 사람은 다름 아닌 푸셰이다. 그는 온갖 무리들에게 사정없이 쫓기고 있으며 단두대의 번뜩이는 칼날에 언제든 목이 날아갈 위험에 처해 있다. 그런데 설상가상으로 이즈음 삶에서 가장 극심한 불행을 겪게 된다. 이 희한한 사람은 대중 앞에서나 정계에서는 엄격하고 냉정하고 음흉하고 속을 털어놓지 않지만 가정에서는 자상한 남편이며 애정 깊은 아버지이다. 그는 박색인 아내를 뜨겁게 사랑하고 어린 딸을 애지중지한다. 파견의원 시절 태어난 이 아이에게 그는 몸소 느베르 광장에서 '니에브르'라는 이름으로 세례를 주었다. 극진한 사랑을 받던 아이가, 작고 가냘프고 창백한 아이가 테르미도르 사건 당시 갑자기 중병에 걸린다. 푸셰는 자기 목숨을 염려하는 것만으로도 모자라서 이제는 딸의 목숨까지 염려해야 하는 기막힌 처지가 된다. 정말이지 잔인한 시련이 아닐 수 없다. 사랑하는 가냘픈 딸이 폐병에 걸려 아내 곁에서 죽어 가고 있는데도 로베스피에르에게 쫓기는 처지인 그는 밤에도 죽을병이 든 딸의 침상을 지키지 못하고 낯선 사람들의 집과 다락방에 숨어 있어야 한다. 딸을 보살피며 그 꺼져 가는 숨결에 귀 기울이는 대신 발등에서 불이 나도록 이 의원 저 의원을 찾아다니며 거짓말을 하고 간청을 하고 애원을 해 가며 자신의 목숨을 지켜 내야 한다. 넋이 나가고 심장은 갈가리 찢긴 채 이 불행한 남자는 푹푹 찌는 7월

(여러 해를 통틀어 이 여름이 가장 더웠다고 한다)에 쉬지 않고 이리저리 정치 현장을 헤집고 다니느라 사랑하는 자식이 고통스럽게 죽어갈 때 그 곁을 지키지 못한다.

테르미도르 5일 혹은 6일에 이 시련은 끝난다. 푸셰는 작은 관을 따라 묘지로 간다. 이런 시련을 겪으면 사람들은 단단해진다. 자식이 죽은 마당에 그는 더 이상 자신의 죽음을 두려워하지 않는다. 절망으로부터 새로운 용기를 얻어 낸 그는 강철 같은 의지를 갖게 된다. 어차피 이 세상에서 자신의 목숨 빼고는 더 이상 잃을 게 없는 처지이다. 테르미도르 7일, 공모자들이 아직도 머뭇거리며 전투를 미루려는 순간 푸셰는 마침내 "내일은 쳐들어가야 한다"는 결정적인 말을 꺼낸다.

테르미도르 8일의 아침이 밝아온다. 세계사에 남을 날이다. 구름 한 점 없이 맑은 날씨이다. 7월의 폭염은 이른 아침부터 아무것도 모르는 파리를 옥죄고 있다. 국민공회 의사당에 모인 사람들만이 일찌감치 기묘한 흥분 상태에 빠져 있다. 구석구석 의원들이 모여서 밀담을 나누고 있다. 지금처럼 복도와 관중석이 낯선 사람들과 호기심에 찬 구경꾼들로 꽉 찬 적은 없었다. 비밀스럽고 긴장된 분위기가 형체 없는 유령처럼 의사당을 떠돌고 있다. 오늘 로베스피에르가 적들에게 앙갚음을 할 것이라는 소문이 – 누구 입에서 나왔는지는 알 수 없지만 – 퍼져 있었기 때문이다. 어쩌면 저녁에 생쥐스트가 로베스피에르의 밀실에서 나오는 것을 염탐 중이던 누군가가 보았는지도 모른다. 의원들은 이런 비밀회의 후 어떤 일이 벌어지는지 너무도 잘 알고 있다. 혹은 다른 사람이 로베스피에르에게 적들이 공격해 올 거라고 보고라도 했던 걸까?

위태로운 처지에 놓인 공모자들은 불안해하며 동료들의 얼굴을 살핀다. 우리 중 누군가가 일급비밀을 누설했을까? 로베스피에르가 선수를 치려는 걸까? 그가 입을 열기 전에 우리가 그를 제압할 수 있을까? 태도를 분명히 하지 않는 비겁한 다수인 '늪지파'가 우리를 희생시킬 것인가, 아니면 보호할 것인가? 모두가 동요하며 떨고 있다. 파리를 덮은 잿빛 하늘이 뿜어내는 후덥지근한 열기마냥 불안감이 의회에 모인 사람들의 마음을 짓누르고 있다.

이윽고 개회가 선언되자 로베스피에르는 기다렸다는 듯이 발언권을 요구한다. 로베스피에르는 지난번 최고 존재를 위한 축제 때의 의상을 장중하게 걸치고 있다. 고대 로마에서처럼 하늘색 가운과 흰 비단 양말을 차려 입은 그는 엄숙한 느낌을 주려고 서서히 연단을 오른다. 축제 때는 손에 횃불을 들었는데 이번에는 두툼한 두루마리 종이를 들고 있다. 마치 고대 로마의 집행관이 도끼 손잡이를 쥐듯이 연설 원고를 쥐고 있다. 둘둘 말린 종이에 이름이 적힌 사람은 누구든 살아남을 수 없다. 갑자기 물벼락을 맞은 듯 의석에서 수군대고 웅성대던 사람들이 입을 다문다. 정원이나 관람석에 있던 의원들은 급히 달려와 자기 좌석에 앉는다. 다들 불안에 떨며 너무도 낯익은 좁다란 얼굴에 어떤 표정이 떠오르는지 살핀다.

그러나 제아무리 호기심에 넘치는 자도 자신만의 세계에 박힌 채 얼음 장벽을 둘러친 로베스피에르를 꿰뚫어 볼 수는 없다. 그는 연단에 서서 원고를 천천히 펼쳐 든다. 근시안으로 원고를 읽어나가기 전에 긴장을 고조시키기 위해 시선을 든다. 그의 시선은 오른쪽에서 왼쪽으로 갔다가 왼쪽에서 오른쪽으로, 다시 아래에서 위로 갔다가 위에서 아래로 움직인다. 천천히, 싸늘하게, 위협적으로 그의 시선은 마취된 듯 꿈쩍 못하는 의원들을 훑고 지나간다. 몇 안 되는 친구들이 앉아 있고 모호한 입장을 취하는 다수 의원들, 그리고 그를 파멸시키려고 노리는 비겁한 음모자 무리가 거기 앉아 있다. 시선을 고정시켜 그들을 주시한다. 그런데 한 사람이 보이지 않는다. 적들 중 딱 한 사람이 이처럼 결정적인 시간에 자리에 없다. 조제프 푸셰이다.

그러나 희한하게도 이어지는 논쟁에서는 부재자 조제프 푸셰의 이름만이 언급된다. 그리고 바로 이 이름으로 인해 결정적 싸움에 불이 붙게 된다.

로베스피에르의 연설은 길고 장황해서 듣는 사람을 지치게 한다. 오랜 습관에 따라 그는 불특정 다수를 상대로 처형이 임박했다고 여러 차례 겁을 준다. 가치 없는 범죄자들이 음모를 꾸며서 반역을 도모하고 있다면서 배반자와 계략에 대해서 이야기한다. 하지만 정작 누구라고 이름을 거론하지는 않는다. 그의 생각엔 의원들에게 최면을 거는 것으로 충분하다. 그러면 내일 생쥐스트가 넋이 나가 꿈쩍 못하는 희생자들에게 치명타를 가할 테니까 말이다. 세 시간 동안 그는 이 모호하며 여러 모로 구태의연한 연설을 불필요하게 질질 끈다. 드디어 연설이 끝나자 의원들은 두려워한다기보다는 오히려 지쳐서 신경이 곤두선 상태이다.

잠시 동안은 아무도 손을 들지 않는다. 모두가 불안해하며 망설인다. 이 침묵이 패배로 이어질지, 승리로 이어질지는 아무도 알 수 없다. 논쟁을 벌인 후에야 결정이 날 것이다.

마침내 로베스피에르의 추종자 중 한 사람이 국민공회의 이름으로 이 연설을 인쇄하는 것이 좋겠다면서 연설을 승인하자고 요구한다. 아무도 이의를 제기하지 않는다. 다수 의원들은 오늘은 아무도 처형을 당하지도 체포되지도 않았고 가택 연금에 처해지지도 않았다는 데 안도하면서 비겁하게도 이 요구에 동의한다. 그런데 마지막 순간에 음모 가담자들 중 한 사람이 불쑥 앞으로 나서며 반대를 외친다. 부르동 드 루아즈, 그는 이렇게 세계사에 이름을 남기게 된다. 그의 이 한마디가 다른 사람들을 해방시킨다. 비겁한 사람들이 점차 뭉치면서 더 이상 잃을 게 없다는 용기가 불거져 나온다. 의원들은 차례로 로베스피에르가 너무 불분명하게 사태를 설명하고 위협을 가했다고 힐난하며 도대체 누구를 고발하고 있는지 명백히 밝히라고 촉구한다. 15분이 채 지나지 않아서 장면은 급변한다. 공격수 로베스피에르는 수세에 몰린다. 그는 자신이 한 말을 강력히 밀고 나가지 않고 오히려 이렇게 얼버무린다. "나는 그 누구도 고발하지 않았고 탄핵하지 않았습니다."

이 순간 돌연 어느 대단치 않은 의원이 그에게 거칠게 소리친다. "그렇다면 푸셰는?" 로베스피에르가 이전에 음모의 괴수이며 혁명의 반역자라고 낙인찍었던 사람의 이름이, 바로 그 이름이 거론된 것이다. 이제 로베스피에르는 주먹을 내지르면 된다. 아니, 주먹을 내질러야만 한다. 그러나 이상한 일이 벌어진다. 정말이지 너무 이상한 일이다. 로베스피에르가 답변을 회피한 것이다. "지금 푸셰에 관해 신경 쓰고 싶지 않습니다. 나는 그저 내 의무의 소리만을 따를 뿐입니다."

왜 로베스피에르가 답변을 회피했는지는 영원히 밝혀지지 않을 비밀이 되고 만다. 당사자가 이 비밀을 무덤으로 안고 갔기 때문이다. 사느냐 죽느냐가 결정되는 판국임을 알면서도 왜 그는 자신의 가장 혹독한 적을 감쌌던 걸까? 왜 적을 박살 내지 않았던 걸까? 왜 그는 출석하지 않은 푸셰를, 전체 의원 중 유일하게 결석한 사람을 공격하지 않았을까? 그렇게만 했다면 불안해하는 다른 의원들은 안심했을 테고 자신을 구하기 위해서 푸셰를 희생시켰을 것이 분명한데 말이다. 생쥐스트의 주장에 따르면 그날 저녁 푸셰는 재차 로베스피에르에게 접근하려 했다. 푸셰가 속임수를 쓰려고 그런 걸까, 아니면 진심에서였을까? 지난 며칠 동안 푸셰가 옛 약혼녀 샤를로트 로베스피에르와 나란히 앉아 있는 모습을 여러 사람이 목격했다고 한다. 그는 정말로 이 노처녀를 설득해서 오빠에게 자신을 편드는 중재자 노릇을 시키려 했던 것일까? 궁지에 몰린 나머지 자신의 목숨을 구하려고 공모자들을 정말 배반하려 했을까? 그게 아니라면 로베스피에르를 안심시키고 음모를 숨기기 위해서 후회하는 척, 다시 그에게 충성하는 척 위선을 떨었을까? 푸셰는 그 누구보다도 자가당

착이 심한 인물이다. 그런 그가 늘 그래 왔듯이 이번에도 양손에 카드를 쥐고 재주를 부렸던 걸까? 청렴결백한 로베스피에르 역시 위태로운 처지에 있었기에 자신을 지키기 위해서 결정적 순간에 가장 가증스러운 적 푸셰를 보호하려 했던 걸까? 그가 푸셰의 탄핵을 회피한 것은 비밀리에 합의가 이루어졌다는 징표인가, 아니면 그냥 이유 없이 물러난 것인가?

우리는 답을 알 수 없다. 로베스피에르라는 인물은 수많은 세월이 흐른 오늘날에도 여전히 비밀의 그림자로 겹겹이 싸여 있다. 역사는 이 헤아릴 수 없는 인물의 의중을 속속들이 밝혀내지 못할 것이다. 그가 궁극적으로 생각한 것이 무엇인지 우리는 결코 알 수 없다. 그는 정말로 독재정치를 하려 했을까, 아니면 모두를 위한 공화국을 만들려 했을까? 혁명을 지켜 내려고 했을까, 아니면 나폴레옹처럼 혁명의 상속자가 되려 했을까? 테르미도르 8일에서 9일로 넘어가는 밤은 그의 마지막 밤이 될 것이다. 이 밤에 그가 속으로 무슨 생각을 했는지는 아무도 알 수 없다.

로베스피에르에게는 마지막 밤인 이 밤에 결정이 내려진다. 숨이 막힐 듯 무더운 7월의 밤, 달빛을 받은 단두대는 유령처럼 섬뜩하게 빛나고 있다. 단두대의 차가운 칼날은 내일 탈리앵, 바라스, 푸셰, 이 삼인조의 목에 내리 꽂힐까, 아니면 로베스피에르의 목에 내리 꽂힐까? 이 밤 600명 의원들 중 누구도 잠자리에 들지 않는다. 양측 모두 최후의 결전을 준비하고 있다.

로베스피에르는 국민공회에서 곧장 자코뱅클럽으로 서둘러 간다. 가물거리는 촛불 앞에서 그는 흥분에 떨면서 의원들에게 거부당한 연설을 자코뱅 당원들을 위해 다시 한번 낭독한다. 정신이 혼미할 정도로 큰 박수가 한 차례 쏟아지지만 (이것이 그에게는 마지막 박수가 될 것이다) 그는 불길한 예감에 사로잡힌다. 3,000명의 자코뱅 당원들이 환호하며 그에게 몰려들지만 그는 거기에 현혹되지 않고 이 연설이 자신의 유언이 될 것이라고 말한다. 그동안 그의 오른팔 생쥐스트는 새벽녘까지 위원회에서 콜로, 카르노 등 음모 가담자들에 맞서 필사적으로 싸우고 있다.

같은 시각 의사당 복도에서는 내일 로베스피에르를 옭아맬 그물을 짜는 작업이 한창이다. 마치 베틀에서 실이 돌아가듯이 몇 차례 우파에서 좌파로, 산악파에서 반동파로 넘나들던 실은 먼동이 틀 무렵에야 비로소 탄탄한 그물의 모양새를 갖추어 간다. 이제 끊으려야 끊을 수 없는 협약이 맺어져야 한다. 이 자리에 갑자기 푸셰가 등장한다. 밤은 그를 위한 시간이고 간계는 그의 본령이다. 본래 납빛인 얼굴은 불안감 때문에 더욱 창백해져서 석고상 같다. 이 유령 같은 얼굴이 어슴푸레한 공간들을 누비고 다닌다. 그는 이 사람 저 사람을 오가며 귓속말을 하고 비위를 맞추고 보상을 약속하기도 하고 겁을 줘서 떨게 만들고 협박을 하기도 한다. 협약이 성사될 때까지 그는 잠시도 쉬지 않는다. 새벽 두 시경 드디어 모든 반역자들은 공동의 적 로베스피에르를 제거하기로 합의한다. 이제야 푸셰는 누워서 휴식을 취할 수 있다.

테르미도르의 반동

테르미도르 9일 회의에도 푸셰는 출석하지 않는다. 그러나 그는 결석하고 쉬어도 무방하다. 할 일을 마쳤고 그물을 단단히 엮었기 때문이다. 드디어 다수 의원들은 너무 막강하고 위험한 인물을 산 채로 놓아두지 않겠다고 단단히 마음먹었다. 로베스피에르의 호위 무사인 생쥐스트가 음모자들을 매섭게 공격하는 연설을 시작하기가 무섭게 탈리앵이 끼어든다. 어제 그들은 웅변에 뛰어난 생쥐스트나 로베스피에르가 입도 떼지 못하게 하자고 합의했다. 두 사람이 탄핵 연설을 하기 전에 둘의 목을 졸라야 한다. 한통속이 된 의장은 이제 의원들이 차례로 연사로 나서서 연단을 점거하게끔 교묘히 회의를 진행한다. 로베스피에르가 변명하려고 해도 의원들이 언성을 높이고 고함을 지르고 발을 구르는 통에 그의 목소리는 파묻혀 버린다. 겁쟁이인 600명 의원들은 이제 비겁함을 떨쳐 내고 몇 주일, 몇 개월에 걸쳐 켜켜이 쌓였던 증오와 질투를 터트린다. 일대일로 마주치면 벌벌 떨 사람들이 이제 로베스피에르에게 달려든다.

저녁 6시에 모든 것이 결정된다. 로베스피에르는 모든 권리를 박탈당한 채 감옥으로 끌려간다. 완강하고 열렬한 공화주의자의 영혼을 지닌 그를 우러르는 그의 친구들은 그를 석방시켜서 시청으로 몸을 피하게 하지만 소용없는 일이다. 국민공회의 무리는 한밤중에 혁명의 아성인 이곳을 덮친다. 푸셰와 그의 일당이 공동의 적을 제거하기로 합의한 지 24시간이 지난 새벽 2시, 푸셰의 적이며 어제까지만 해도 프랑스에서 가장 막강한 사람이었던 막시밀리앙 로베스피에르는 피를 뒤집어쓰고 턱뼈가 으스러진 채 국민공회의 대기실에서 두 개의 안락의자 위에 비스듬히 누워 있다. 거대한 맹수는 잡혔고 푸셰는 목숨을 건졌다. 다음 날 오후 사형수용 수레는 덜컹거리며 형장으로 간다. 테러는 끝났다. 하지만 혁명의 불같은 정신 역시 스러지고 영웅 시대는 끝난다. 이제 상속자와 일확천금을 노리는 모험가와 이익을 수확하는 자들을 위한 시간이 온다. 약탈자와 이중인격자, 장군과 자본가를

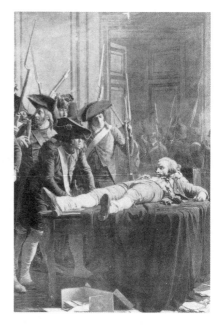

■ 최후를 맞는 로베스피에르

위한 시간, 새로운 이익집단을 위한 시간이 온다. 이제 조제프 푸셰를 위한 시간이 온다고 사람들은 생각했다.

루이 16세를 위시하여 당통과 데뮬랭 등 무수한 희생자들이 수레를 타고 생토노레 거리를 지나갔다. 막시밀리앙 로베스피에르와 그의 일당을 실은 수레가 이 비극적 길을 지나 서서히 단두대를 향하는 동안 기쁨에 넘친 구경꾼들이 환호하며 밀려든다. 국민은 다시 한번 처형을 축제처럼 즐긴다. 집집마다 크고 작은 깃발이 지붕 위에 펄럭이고 창문으로 내다보는 사람들은 환성을 터트린다. 기쁨

의 물결이 파리 전체를 뒤덮는다. 로베스피에르의 머리가 바구니 안에 떨어지자 거대한 광장은 기뻐서 어쩔 줄 모르는 사람들의 환호성으로 가득하다. 음모의 도당은 깜짝 놀란다. 어제까지만 해도 신처럼 존경을 받던 로베스피에르의 처형을 어째서 파리는, 프랑스는 이다지도 열렬히 환호하는 걸까? 깜짝 놀랄 일은 더 있다. 국민공회 입구에 모인 군중은 탈리앵과 바라스를 위시한 음모의 도당이 폭군을 죽이고 테러를 타도한 투사라고 칭찬하며 열렬히 환영한다. 그들은 깜짝 놀란다. 그들은 그저 자신들을 지나치게 통제하는 도덕군자가 껄끄러워 이 걸출한 인물을 죽였기 때문이다. 단두대를 녹슬게 두고 테러를 끝내자고 생각한 사람은 그들 중 아무도 없었다. 하지만 지금 그들은 처형을 남발하는 것이 얼마나 인기 없는 짓인지를, 그리고 자신들이 사적인 동기로 행한 복수를 인간애에서 비롯된 행동이라고 포장한다면 얼마나 큰 인기를 끌 수 있을지를 간파한다. 그러고는 이 오해를 이용하기로 신속히 결정한다. 혁명 중 일어난 모든 폭력 행위는 로베스피에르 혼자 한 짓이라고, 그들은 이 순간부터 주장할 것이다. (땅 밑에 있는 사람은 이의를 제기할 수 없다.) 자신들은 언제나 관용을 주장해 왔으며 가혹하고 과격한 모든 조치를 반대해 왔다고 주장할 것이다.

테르미도르 9일 사태의 세계사적 의의는 로베스피에르의 처형에 있지 않고 그의 후임자들이 비겁하게도 이처럼 거짓된 입장을 택했다는 데 있다. 이날까지만 해도 혁명은 모든 정당성이 자신에게 있다고 주장하였고 모든 책임을 묵묵히 떠맡았다. 이날부터 혁명은 부당한 일을 한 적도 있음을 소심하게 인정하고 지도자들은 혁명을 부정하기 시작한다. 그러나 정신적 신앙과 세계관이 스스로의 절대적 정당성과 무오류성을 부정하게 되면 마음속 깊은 곳에서 우러나는 힘은 꺾여 버린다. 한심스런 승자 탈리앵과 바라스는 이미 고인이 된 위대한 선임자 당통과 로베스피에르를 살인자라고 욕을 하고는 겁에 질려 공화국의 숨은 적인 온건파가 차지한 오른쪽 좌석을 택한다. 그렇게 함으로써 그들은 역사와 혁명의 정신을 배신했을 뿐 아니라 자기 자신을 배신하게 된다.

다들 음모의 주역이며 로베스피에르에게는 가장 모진 적이었던 푸셰가 그들과 같은 길을 갈 거라고 기대한다. 가장 위험한 처지에 있었던 '음모의 괴수'였던 만큼 노획물 중 특히 기름진 부위를 얻어 낼 것이라고 말이다. 그러나 이상하게도 푸셰는 다른 공모자들과 함께 우파의 좌석으로 가지 않고 산악파가 차지한 그의 옛 좌석에 앉아 침묵한다. 생전 처음으로 그는 다수파에게 가지 않는다. 정말 놀라운 일이다.

어째서 푸셰는 고집을 부렸을까? 당시에도 이후에도 많은 사람들이 이 질문을 던졌다. 대답은 간단하다. 그가 다른 사람들보다 더 영리하게 선견지명을 가지고 생각하기 때문이다. 탈리앵과 바라스 같은 멍텅구리는 위험이 코앞에 닥쳐야만 허덕이며 잠시 기운을 쓰지만 탁월한 정치적 지성을 지닌 그는 더 깊이 사태를 조망할 수 있다. 물리 교사였던 그는 동력의 법칙을 알고 있다. 이에 따르면 파동

波動은 공간에서 고정된 상태로 머무를 수는 없다. 파동은 전진하지 않으면 후퇴해야 한다. 그러므로 지금 뒤로 발동이 걸려서 반동이 시작되면 이 움직임은 이전의 혁명과 마찬가지로 멈추지 않고 진행될 것이며 혁명 때와 똑같이 극단으로 치달아서 통제할 수 없는 폭력으로 귀결될 것이다. 그렇다면 황급히 맺었던 이따위 동맹은 어차피 결딴날 수밖에 없다. 만일 반동이 승리를 거둔다면 혁명의 투사들은 전멸하게 될 것이다. 새 이념이 등장하면 어제의 업적에 대한 평가 기준도 위협받기 때문이다. 어제는 공화주의자의 의무이고 미덕이었던 것 - 예를 들면 1,600명을 무차별 학살하고 교회를 약탈하는 행위 - 이 분명 범죄로 간주될 것이고 어제의 원고는 내일의 피고가 될 것이다. 다른 테르미도르파(로베스피에르를 처치한 무리들은 이제 이렇게 불린다)는 불안해하며 반동의 수레바퀴에 달라붙지만 갖가지 악행을 저질렀던 푸셰는 그들의 엄청난 오류에 동의하지 않는다. 그래 봤자 아무런 도움이 되지 않는다는 것을 그는 알고 있다. 반동이 일단 진척되면 모두가 반동의 물결에 휩쓸릴 것이다. 영리하게 앞을 내다볼 수 있었기에 푸셰는 좌파에 남아서 급진파 편을 든다. 가장 대담하게 굴었던 사람은 곧 생명의 위협을 받게 될 것이라고 느꼈기 때문이다.

푸셰의 추정은 옳았다. 인기를 얻기 위하여, 있지도 않은 인간애를 내보이기 위하여 테르미도르파는 가장 정력적으로 활약한 파견의원들을 제물로 바친다. 6,000명을 루아르강에 수장한 카리에와 아라스의 호민관 조제프 르봉과 푸키에 탱빌이 사형에 처해진다. 테르미도르파는 우파의 비위를 맞추기 위해서 추방되었던 73명의 지롱드파를 다시 불러들인다. 이렇게 반동 세력을 강화시켜 놓고서야 비로소 자신들이 반동 세력에 좌지우지되고 있다는 사실을 알아차리지만 때는 이미 너무 늦다. 그들은 이제 로베스피에르를 타도하는 데 협조했던 비요 바렌과 데르부아(리옹에서 푸셰의 동료였다)를 탄핵하라는 요청에 따를 수밖에 없다. 반동 세력은 푸셰의 목을 노리며 점점 더 가까이 다가온다. 하지만 이번에 그는 위기를 모면한다. 비겁하게도 리옹에서 함께 만행을 저지른 사실을 부인한 덕이다. (모든 문서에 콜로 데르부아와 나란히 서명했는데도 말이다.) 그러고는 자신이 지나치게 온건했던 탓에 폭군 로베스피에르에게 박해를 받았다고 허위 주장까지 한다. 이런 술책으로 이 노회한 자는 한동안 국민공회를 기만한다. 콜로 데르부아는 '열대의 단두대'라고 불리던 열대 지역의 서인도 섬에 유배되어 몇 달 후 사망하지만 푸셰는 아무 일 없이 의석을 지키고 있다.

그러나 푸셰는 처음 위기를 막아 냈다고 해서 이제는 안전할 것이라고 생각할 정도로 아둔한 사람이 아니다. 정치라는 열정이 얼마나 냉혹한지를 그는 알고 있다. 반동 역시 이빨이 뽑히지 않는 한 사람들을 끝없이 잡아먹을 것이라는 점에서는 혁명과 다를 바 없다. 반동은 마지막 자코뱅을 법정에 세우고 공화국을 와해시키기 전에는 복수를 멈추지 않을 것이다. 살인죄를 저지른 그는 혁명과 떼려야 뗄 수 없는 관계이다. 그가 보기에 혁명을 구하는 단 하나의 길은 다시 혁명을 일으키는 것이다. 그리고 자신을 구하는 단 하나의 길은 정부가 전복되는 것이다. 6개월 전과 똑같이 누구보다도 더 위험

■ 폴 바라스(위)와 콜로 데르부아(아래)

.한 처지에 놓인 그는 다시금 거대한 힘에 홀로 맞서서 절박하게 자신의 목숨을 걸고 싸우게 된다.

권력을 두고 다투는 경우와 자신의 생명을 두고 다투는 경우 푸셰는 늘 그렇듯이 놀라운 힘을 발휘한다. 그는 합법적 수단으로는 국민공회가 과거의 테러리스트들을 박해하는 것을 저지할 수 없음을 간파한다. 그러니 혁명 기간 여러 차례 효력을 발휘한 수단을 쓸 수밖에 없다. 바로 테러라는 수단이다. 국민공회가 국왕과 지롱드파에게 판결을 내릴 때 의원들의 원래 의도를 뒤집은 것은 거리를 메운 사람들이었다. 프롤레타리아답게 힘이 세고 혈기왕성한 노동자 부대가 교외로부터 몰려와서는 폭동의 붉은 깃발을 파리 시청에 걸어 두고 비겁하게 몸을 사리는 의원들(거기에는 당시 보수파였던 푸셰도 포함된다)을 압박했던 것이다. 혁명 초기에 바스티유를 습격했고 1792년 8월 10일 맹활약했던 혁명의 친위대를 한번 더 동원해서 비겁하게 구는 국민공회를 덮치게 하고 친위대의 주먹으로 다수파의 권력을 때려 부수면 되지 않을까? 테르미도르파를 주눅 들게 하려면 그들이 폭동과 프롤레타리아의 분노를 몹시 두려워하게 만드는 수밖에 없다. 그러니 파리의 민중과 다수의 대중을 선동하여 자신의 정적과 탄핵자를 공격하게 하자고 푸셰는 결론짓는다.

당연한 얘기지만 교외로 가서 혁명을 선전하는 불꽃 튀는 연설을 하거나 마라처럼 생명의 위험을 무릅쓰고 자극적인 팸플릿을 민중에게 뿌리기에는 푸셰는 지나치게 신중하다. 그는 자신을 노출하는 것을 좋아하지 않으며 책임을 떠맡으려 하지 않는다. 그는 청중을 사로잡는 연설보다는 사람들을 부추기고 다른 사람 뒤에 서서 조종하는 일을 훨씬 더 잘 한다. 이번에도 그는 앞에 내세울 대담하고 단호한 남자를 하나 발견한다. 푸셰는 이 남자의 그림자로 자신의 존재를 가리면 된다.

그 당시 파리에는 프랑수아 바뵈프라는 소박하고 열정적인 공화주의자가 법의 보호를 박탈당하고 억압받으며 이리저리 떠돌고 있다. 그는 자신을 그라쿠스 바뵈프라고 부른다. 정열이 넘쳐흐르지만 지성은 평균 수준인 사람이다. 밑바닥 출신의 프롤레타리아이고 측량기사와 인쇄공으로 일했던 그는 대단치 않은 단순한 사상을 가지고 있지만 남자다운 열정으로 그 사상을 품어 키우고 참으로 공화주의적이고 사회주의적인 신념으로 그 사상을 뜨겁게 달군다. 마라는 재산을 공평히 나누어야 한다며 사회주의적인, 때로는 볼셰비즘적인 이념을 표방했지만 시민계급 출신인 공화주의자들은 물론이고 로베스피에르까지도 그런 이념을 조심스럽게 한구석에 밀어 놓았다. 그들은 자유에 관해서는 아주 많이 언급했고 우애에 관해서도 많이 언급했지만 평등에 관해서는 – 그것이 돈과 소유의 평등인 경우에는 - 거의 언급하지 않았다. 바뵈프는 마라의 반쯤 꺼져 가는 사상을 수용해서 자신의 숨결로 불씨를 살려 낸다. 그러고는 그 사상을 파리의 빈민가에 두루 퍼트려서 횃불처럼 타오르게 만들려 한다. 이런 불꽃은 갑자기 하늘 높이 치솟아서 몇 시간 안에 파리 전체를, 아니 전 국토를 삼켜 버릴 수도 있다. 민중은 테르미도르파가 그들 자신의 이익을 위해 혁명을 배반하고 프롤레타리아를 배반하고 있음을 서서히 깨닫고 있다.

그라쿠스 바뵈프의 배후에는 푸셰가 있다. 그는 공공연히 바뵈프의 조력자로 행세하지는 않지만 민중을 자극하라고 은밀히 바뵈프를 교사한다. 선동적인 팸플릿을 쓰게끔 설득하고 몸소 인쇄물을 교정한다. 노동자들이 거리로 나서야만, 교외 거주민들이 다시금 창을 들고 북을 치며 출동해야만 비겁한 국민공회 의원들은 정신을 차릴 것이다. '테러를 동원하여 의원들을 겁먹게 만들고 협박을 해야만 공화국은 살아날 수 있다! 왼쪽에서 힘차게 당겨야만 오른쪽으로 위태롭게 기울어진 형국을 안정시킬 수 있다!'

무모하게, 말 그대로 목숨을 걸고 선제공격을 해야만 하는 상황에서 이처럼 바르고 고지식한 사람, 순진하고 솔직한 사람은 선봉대로는 정말이지 안성맞춤이다. 프롤레타리아답게 널찍한 그의 등은 푸셰에게는 최적의 은신처이다. 한편 자랑스럽게 자신을 그라쿠스라 개명하고 국민의 호민관임을 자처하는 바뵈프는 유명한 의원 푸셰가 자신의 조언자인 것을 더할 나위 없는 영광으로 여긴다. 이 사람은 마지막으로 남은 훌륭한 공화주의자이고 산악파의 의석에 머물렀으며 황금청년단이나 군수업자들과 한통속이 되지 않은 사람이라고 바뵈프는 생각한다. 기꺼이 바뵈프는 푸셰의 조언을 받아들이고 이제 이 능란한 손에 떠밀려서 탈리앵과 테르미도르파와 정부를 향해서 돌격한다.

그러나 푸셰가 기만할 수 있었던 건 마음씨 좋고 잔머리를 굴리지 않는 바뵈프뿐이다. 정부는 곧 누가 정부에 총을 겨누고 있는지를 알아챈다. 그러고는 공식회의에서 탈리앵은 푸셰가 바뵈프의 배후 인물이라고 비난한다. 늘 그렇듯이 푸셰는 당장 자신의 동지를 부인한다. (자코뱅클럽에서 쇼메트를 부인하고 리옹 사건에서 콜로를 부인했듯이 말이다.) 바뵈프와는 그저 알고 지내는 사이일 뿐이고 그의 도를 넘은 행동에 반대한다고 주장한다. 그러고는 빛의 속도로 등을 돌린다. 그가 선봉대로 내세운 사람이 반격을 당하는 일이 또 한번 반복된다. 바뵈프는 곧 체포되고 병영에서 총살될 것이다. 늘 그렇듯이 푸셰가 한 말과 푸셰가 행한 정치 때문에 다른 사람이 피로 대가를 치르게 된다.

푸셰의 대담한 역습은 실패했다. 아무런 성과 없이 다시 사람들의 주목을 받게 되었을 뿐이다. 그것은 좋지 않았다. 사람들은 리옹에서 어떤 일이 일어났는지를 기억해 내고는 피로 물든 브로토 들판을 새삼 떠올리기 때문이다. 반동 세력은 푸셰가 통치했던 지방 사람들에게 그를 고발하라고 계속 부추겨 왔는데 이제는 곱절로 기운을 내어 그들을 부추긴다. 푸셰가 리옹 시민의 비난을 힘겹게 막아내자마자 느베르와 클람시 시가 나서서 푸셰를 고발한다. 국민공회의 법정에서 조제프 푸셰의 테러 행각을 고발하는 소리는 점점 더 커진다. 그는 교활하게 온 힘을 다하여 방어하고 어느 정도는 방어에 성공하기도 한다. 그의 정적 탈리앵조차 지금은 그를 비호하려고 애쓴다. 탈리앵도 반동 세력이 우위를 점하는 것에 덜컥 겁이 났고 자신은 안전한지 생각하기 시작한다. 그러나 이미 너무 늦었다. 1795년 테르미도르 22일, 로베스피에르가 추락한 지 1년 12일 만에 오랜 토론이 있은 후 조제프 푸셰는 테러 혐의로 고발당한다. 그리고 테르미도르 23일에 그를 체포하라는 명령이 떨어진다. 당통의 유령이 로베스피에르를 부여잡았듯이 이제 로베스피에르의 유령이 푸셰를 부여잡는다.

그러나 지금은 혁명력 제3년 테르미도르가 아니라 제4년 테르미도르이다. 영리한 정치가 푸셰는 이 사실을 제대로 계산에 넣고 있다. 1793년에 고발당한다는 것은 곧 체포를 의미했고 체포는 사형을 의미했다. 밤에 콩시에르주리 감옥에 끌려 온 피고발자는 다음 날 심문을 받고 오후에는 사형수 호송차를 타곤 했다. 그러나 1794년에는 "청렴결백한 사람"의 강철 손이 더 이상 법정을 옥죄고 있지 않다. 법규는 느슨해져서 약은 사람이라면 사이사이로 빠져나올 수 있다. 이미 여러 번 위험한 일에 연루된 적이 있는 푸셰가 이처럼 엉성한 그물에서 빠져나오지 못한다면 푸셰라고 할 수 없을 것이다. 그는 계략과 편법을 써서 곧장 체포되는 것을 피하고 답변하고 해명할 시간을 얻는 데 성공한다. 그 무렵에는 시간을 버는 데 모든 게 달려 있다. 어둠 속에 숨어만 있으면 사람들은 잊어버릴 것이다.

남들이 소리를 지르는 동안 잠잠히 있기만 하면 사람들은 그를 보지 못할 것이다! 공포정치 시절 내내 국민공회에서 입 한번 떼지 않고 앉아 있던 시에예스는 후일 그 당시 무엇을 했느냐는 질문을 받자 미소 지으며 "살아 있었습니다"라는 천재적 대답을 한 바 있다. 시에 예스의 유명한 처방대로 푸셰는 죽은 척하고 있다. 많은 동물들이 죽지 않으려고 그렇게 하듯이 말이다. 지금은 짧은 과도기에 불과하니 이 시기만 넘기면 살아남을 수 있다는 심산이다. 정세의 추이를 노련하게 읽어 내는 그는 현재 국민공회의 영화와 권력은 고작 2, 3주 아니면 2, 3개월밖에 지속되지 못하리라는 것을 감지한다.

이렇게 해서 조제프 푸셰는 목숨을 건진다. 그것만으로도 그 시절에는 대단한 일이다. 물론 그는 간신히 목숨을 건졌을 뿐, 명예와 지위를 지키지는 못한다. 그는 더 이상 새 의회의 의원으로 선출되지 못한다. 아무리 애써도 소용없고 엄청난 정열을 쏟아붓고 간계를 써 봐도 헛수고이다. 저돌적으로 밀어붙이고 배반을 거듭해도 아무 소용이 없다. 그저 간신히 목숨을 건진 게 전부이다. 그는 더 이상 국민을 대표하는 낭트 출신 의원 조제프 푸셰가 아니다. 오라투아르 교단의 교사도 아니다. 세상에서 잊힌 채 지위도 재산도 없이 멸시받는 하찮은 인간일 뿐이다. 이 가련한 그림자가 숨을 곳은 어둠뿐이다. 그러고는 3년이 흐르는 동안 프랑스에서 그의 이름을 거론하는 사람은 하나도 없다.

4

총재정부와 보나파르트 정부에서
장관직을 수행하다

1799년~1802년

지금껏 유배를 노래한 시인이 있는가? 유배라는 운명이 추락한 인간을 끌어올리는 창조력을 가지고 있음을 칭송했던 시인이 있는가? 유배된 자는 강요된 고독을 어렵사리 견뎌 내며 송두리째 무너졌던 영혼의 힘을 전혀 다른 새 여건에서 끌어모으게 된다고 말이다. 예술가들은 유배를 당하면 출세하는 데 방해가 되며 무익한 휴지기를 거쳐야 하고 잔인하게도 하던 일을 그만두어야 한다면서 언제나 유배를 폄하하기만 했다. 하지만 본인의 뜻에 어긋나더라도 휴지기를 가져야 자연의 이치에 맞다. 바닥이 무엇인지 아는 사람만이 삶을 두루 알 수 있기 때문이다. 후퇴를 해 본 사람만이 돌격할 때 힘을 제대로 발휘한다.

특히 천재는 무언가를 창조하려면 한동안 고독을 견뎌 내야 한다. 멀리 추방되어 절망의 나락에 떨어져야만 참된 과업의 폭과 높이를 측량할 수 있기 때문이다. 인류에게 가장 중요한 복음은 모두 유배를 거쳐서 생겨났다. 위대한 종교의 창시자 모세와 예수, 무함마드와 붓다, 모두 중대한 가르침을 전하기에 앞서 침묵의 광야로 가야 했고 사람들과 동떨어져서 지내야 했다. 밀튼은 실명했고 베토벤은 청력을 잃었으며 도스토옙스키는 유형을 갔고 세르반테스는 감옥에 갇혔다. 루터는 바르트부르크에 숨어 지냈으며 단테는 망명을 했고 니체는 살이 에이는 듯 추운 엥가딘 지역을 거주지로 택했다. 물론 이들은 맨 정신으로는 이런 삶을 원하지 않았겠지만 이들의 수호신은 이런 일이 일어나게끔 은밀히 조율했다.

예술에 비하면 낮고 속된 세계인 정치계에서도 유배는 긍정적 효과를 지닌다. 정치 지도자는 한동안 현역에서 물러나 있으면 새롭고 신선한 시각을 가지게 되고 정치계의 힘 싸움을 더 잘 검토하고 설계할 수 있게 된다. 그래서 정치인에게는 경력이 일시적으로 중단되는 것만큼 좋은 일은 또 없다. 학식과 권력을 갖춘 황제가 항상 높은 위치에서만 세계를 내려다본다고 치자. 그는 굽실대는 백성이 황송해하며 모든 명령을 받들려고 하는 위험스러운 상황만을 경험하게 된다. 언제나 스스로 측량의 기준을 정하는 자는 자신이 실제로 얼마나 무게가 나가는지를 잴 수 없게 된다. 만사가 바라는 대로, 계획한 대로 계속 이루어진다면 예술가와 장군과 권력자는 나약해질 수밖에 없다. 실패를 맛보고 나서야 예술가는 작품과 자신이 진정 어떤 관계에 있는지를 배운다. 패배를 하고 나서야 장군은 자신이 어떤 실수를 했는지를 깨닫는다. 군주의 총애를 잃고 나서야 정치 지도자는 제대로 정치를 조망하게 된다. 사람들은 항상 부를 누리다 보면 유약해지고 항상 갈채를 받다 보면 둔감해지는 반면 의미 없이 규칙적으로 반복되던 일상이 멈추면 새삼 긴장하게 되면서 탄력을 얻고 창조력을 발휘한다. 불행을 겪은 사람만이 세상의 현실을 깊고 넓게 볼 수 있다. 유배 생활이란 냉혹한 과정이지만 참된 학습의 과정이기도 하다. 이 과정을 거치면 나약한 자는 의지를 새로이 다지고 우유부단한 자는 단호해지며 가혹한 자는 더 가혹해진다. 늘 그렇듯이 진정으로 강한 자가 유배를 당하면 그의 힘은 줄어들지 않고 오히려 더 늘어날 뿐이다.

조제프 푸셰는 3년이 넘게 유배되어 있었다. 그가 내몰린 외딴 바위섬의 이름은 빈곤이다. 얼마 전까지만 해도 파견의원이자 혁명의 설계자였던 그가 권력의 최고 위치에서 어둠 속으로, 오물과 진흙 속으로 끝없이 추락하는 바람에 그의 자취마저 찾을 수 없을 정도이다. 그 당시 그와 만났던 단 한 사람인 바라스는 하늘과 맞닿은 동굴 같았던 너저분한 다락방의 광경을 소름끼치게 묘사하고 있다. 거기서 푸셰는 박색인 아내와 병든 두 아이들과 살고 있다. 빨간 머리에 지독히도 못생긴 아이들은 선천성 색소결핍증을 앓고 있다. 6층에 위치한 더럽고 습한 방은 햇빛을 받아서 찜통 같다. 몰락한 사내는 거기에 숨어 있다. 한마디 말로 수만 명을 벌벌 떨게 했던 사람이 이제는 무슨 돈으로 아이들 우유를 사고 몇 푼 안 되는 집세를 내야 할지막막해 하고 있다. 보이지 않는 숱한 적들과 복수를 노리는 리옹 시민들에 맞서서 목숨을 부지하느라 쩔쩔 매고 있다. 바로 이 사람이 몇 년 후에는 오트란토 공작이 되어서 유럽의 운명을 조종하게 될 것이다.

가장 충실하고 구체적으로 그의 전기를 서술했던 마들랭조차 조제프 푸셰가 이 힘겨운 시절에 무엇으로 연명하며 살았는지 제대로 밝히지 못하고 있다. 의원 월급은 이미 끊겼고 가족의 재산은 생도맹그에서 반란이 일어나는 바람에 날아갔다. 아무도 '리옹의 도살자'를 공식적으로 채용하거나 그에게 일을 맡기려 하지 않는다. 친구들은 모두 그를 떠났고 사람들은 그를 멀리 한다. 그는 몹시 황당하고 비밀스러운 일들을 했다고 한다. 그 시절에는 돼지에게 먹이 주는 일도 했는데 이것은 꾸며낸 이야기가 아니다. 나중에 오트란토 공작이 된 사람이 그런 일을 했던 것이다. 그러나 얼마 지나지 않아 푸셰는 그것보다 더 더러운 일을 택한다. 바라스의 밀정이 된 것이다. 새로운 권력자들 중에서 바라스만은 희한하게도 몰락한 푸셰를 동정하며 계속 그와 만난다. 물론 관청의 접견실이 아니라 남의 눈에 띄지 않는 장소에서다. 바라스는 그런 곳에서 지치지도 않고 구걸하는 푸셰에게 이따금 자질구레한 일거리를 던져 준다. 군대 입찰에서 암거래를 한다든지 감시를 하러 출장을 가는 따위의 지저분한 일들이다. 그 대가는 항상 변변치 않아서 일을 하나 맡으면 2주일 정도 입에 풀칠을 할 정도이다. 그러나 이런 일들을 빈번히 처리하면서 푸셰는 특유의 재능을 보여 준다.

바라스는 당시 온갖 방향으로 정치적 계획을 세우고 있다. 그는 자신의 동료들을 믿지 못하기에 사설 첩보원이 필요하다. 공식적으로 경찰에 속하지 않고 물밑에서 정보를 물어 나르며 소문을 퍼트리는 일을 할 일종의 사설탐정 말이다. 푸셰야말로 이 일에 안성맞춤인 인물이다. 그는 사람들이 하는 말을 열심히 엿듣고 은근슬쩍 남의 집에 침입하고 지인들이 뼈 있는 잡담을 하게끔 날마다 열심히 유도 심문을 한다. 그러고는 군중이 내뱉은 이 더러운 분비물을 은밀히 바라스에게 날라다 준다. 바라스의 야심이 커지면 커질수록, 쿠데타 계획이 무르익어 가면 갈수록 푸셰는 바라스에게 없어서는 안 될 존재가 되어 간다. 바라스는 당시 프랑스를 통치하던 5인 총재 중 하나인데 오래전부터 동료 총재인 정의로운 사람 둘을 거추장스러워하고 있다. 특히 프랑스 혁명을 통틀어 가장 올곧은 사람인 카르노는 그에게는 걸림돌이다. 바라스는 이 둘을 처치할 심산이다. 쿠데타를 계획하고 음모를 꾸미려면 양심의 가책 없이 온갖 일을 처리하는 사람, 무슨 일이든 맡길 수 있는 사람이 반드시 필요하다. 신조가 없긴 하지만 바로 신조가 없다는 점에서 믿을 만한 사람 말이다. 이런 일에 푸셰보다 더 적격인 사람은 없을 것이다. 그는 유배 생활을 출세를 위한 수련의 장으로 삼는다. 유배 생활을 하면서 그는 장래 경찰 지휘자의 재능을 갈고 닦는다.

돈은 새로운 권력이다

춥고 배고팠던 긴긴 밤이 지나고 드디어, 드디어 아침이 밝아 오고 있음을 푸셰는 느낀다. 이 땅에 새 군주가 등장하고 새 권력이 생겨나고 있다! 그는 이 권력을 섬기겠다고 결심한다. 이 새 권력은 돈이다. 로베스피에르와 그 무리들이 단두대의 이슬로 사라지자마자 전능한 돈은 부활해서는 다시금 수천 명의 아첨꾼과 노비들을 거느리고 있다. 새 고삐로 단장한 잘 손질된 말들이 이끄는 호화로운 마차가 다시 거리를 누비고 마차 안에는 값진 비단과 모슬린을 몸에 두른 매혹적인 여인들이 마치 그리스의 여신처럼 반 벌거숭이로 앉아 있다. 몸에 꽉 끼는 하얀 면바지에 노란색, 갈색, 빨간색 연미복을 차려 입은 황금청년단은 보아 숲에서 승마를 즐긴다. 그들은 반지 낀 손에 황금 손잡이가 달린 우아한 승마용 채찍을 들고 있다가 왕년의 테러리스트들을 향해 재미 삼아 이 채찍을 휘두르곤 한다. 화장품 상점과 보석 상점의 매상은 늘어 가고 댄스홀이 500개, 600개, 아니 1,000개나 생기고 카페들이 갑자기 문을 연다. 사람들은 고급 주택을 짓고 집을 사고 극장에 가기도 한다. 투기를 하고 내기를 하고 물건을 사고판다. 팔레 루아얄의 묵직한 고급 커튼 뒤에서는 1,000프랑을 걸고 도박을 하는 사람들도 있다. 돈은 다시 등장한다. 오만불손하고 뻔뻔스럽고 저돌적으로 말이다.

그런데 돈은 그동안 어디에 있었을까? 1791년에서 1795년에 이르는 동안 프랑스 어디에 있었을까? 돈은 항상 있던 곳에 있었다. 다만 숨어 있었을 뿐이다. 1919년 공산주의자들이 기세를 떨치던 시절 독일과 오스트리아의 부유층은 돌연 죽는 시늉을 하며 누더기를 걸치고 탄식했다. 프랑스 부자들도 똑같이 처신했다. 로베스피에르 치하에서 눈곱만큼이라도 사치를 부리는 사람은 – 푸셰의 표현을 빌리자면 – "사악한 부자"로 간주되고 수상한 인물로 취급되었기 때문이다. 당시 부자는 안전하지 못했다.

이제는 다시 부자여야만 행세를 하는 시절이다. 그리고 다행스럽게도 마침 상황이 혼란스러워서 돈을 벌기에 너무나 좋은 시절이다. 재산이 재편성되고 있기 때문이다. 소유물이 팔리는 경우 돈을 버는 사람이 있기 마련이다. 망명객의 영지가 경매에 부쳐지고 처형된 사람들의 재산이 몰수되면서 돈을 버는 사람이 생긴다. 아시냐의 시세는 나날이 떨어지고 걷잡을 수 없는 인플레이션의 열기에 프랑스 전역이 들썩이면서 돈을 버는 사람이 생긴다. 잽싸게 손을 뻗치며 뻔뻔히 나선다면, 정부에 줄을 댈 수 있다면 이런 상황에서 한밑천 벌 수 있다.

그렇지만 그 무엇과도 비교할 수 없을 만큼 풍부한 원천이 하나 있다. 다름 아닌 전쟁이다. 전쟁이 막 시작된 1791년에도 이미 몇몇 사람은 전쟁이 인간을 삼켜 버리고 가치를 파괴하긴 하지만 돈을 벌 수 있는 기회도 제공한다는 사실을 깨달았다. 하지만 그 시절에는 로베스피에르와 생쥐스트 같은 청렴결백한 인물들이 "편법을 쓰는 상인들"을 엄벌에 처했다. 이제는 다행히도 카토처럼 구는 인물들은 제거되었고 단두대는 창고에서 녹이 슬고 있다. 악덕 상인과 군수품 조달 업체들은 황금시대가 오는 것을 감지한다. 이제는 마음 편히 좋은 가격에 저질의 장화를 납품해도 되고 선불 받은 것과 군용 징수품으로 주머니를 가득 채워도 된다. 물론 그러려면 우선 납품업자가 되어야 한다. 그렇기 때문에 이런 사업에는 늘 적당한 중개자가 필요하다. 해당 분야에 연줄이 있고 뇌물을 마다하지 않는 조율사가 필요하다. 외양간 뒷문을 열고는 국가와 전쟁이 차려 놓은 푸짐한 구유로 투기업자를 초대하는 사람이 필요한 것이다.

이제 조제프 푸셰는 그런 지저분한 사업에 딱 들어맞는 남자가 되어 있다. 빈곤에 시달리는 동안 그는 공화주의자의 양심을 속속들이 털어 버렸고 돈을 증오하던 때를 까마득히 잊어버렸다. 배고픔에 시달리는 사람은 헐값에 자신을 파는 법이다. 다른 한편으로 그는 총재정부의 의장인 바라스의 대기실에 첩자로 드나들고 있으니 가장 좋은 '연줄'을 가지고 있는 셈이다. 그렇게 해서 '평등의 빵'을 막 무가내로 구워 내려던 1793년의 과격한 공산주의자는 하룻밤 사이에 공화국 신흥 은행가들의 막역한 친구가 되어서 배당금을 받고 그들의 온갖 소원을 이루어 주고 사업을 도와준다.

예를 들어 보자. 악덕 상인 앵게를로(나폴레옹은 그를 끔찍이도 미워했다)는 공화국에서 제일 뻔뻔하고 파렴치한 장사꾼 중 하나인데 얼마 전에 성가시게도 고소를 당했다. 너무 뻔뻔하게 부당 거래를 했고 납품하는 과정에서 너무 두둑이 제 주머니를 채웠기 때문이다. 이제 재판이 목전에 닥쳐서 많은 돈을 잃게 생겼고 어쩌면 목숨마저 잃을지도 모른다. 이런 상황에서는 어떻게 해야 할까? 답은 당시나 지금이나 똑같다. 고위층에 연줄이 닿는 사람에게 도움을 청해야 한다. 정치적으로나 사적으로나 영향력이 있어서 성가신 사건을 "바로잡을" 수 있는 사람에게 부탁해야 한다. 그래서 앵게를로는 바라스의 첩보원 푸셰에게 도움을 청한다. 그는 즉시 집을 나서서 최고 권력자에게 달려간다. (바라스의 회고록에는 당시의 편지가 실려 있다.) 실제로 이 부정 축재 사건은 조용히 쉽게 덮인다. 그 대가로 앵게를로는 푸셰를 군수품 납품과 주식 거래에 끼워 준다. 먹으면 먹을수록 입맛이 당기는 법이다. 1793년에 맡던 피비린내보다 돈 냄새가 훨씬 더 향기롭다는 것을 푸셰는 1797년에 깨닫는다. 신흥 자본과 부패한 정부에 새로 '줄'을 댄 덕분에 그는 군수품 납품업체를 새로 설립해서 셰레르가 이끄는 군대에 납품을 하게 된다. 이 점잖은 장군 휘하의 군인들은 저질의 군화를 신고 얇은 외투를 입은 채 추위에 떨다가 이탈리아의 평원에서 패배할 것이다. 그러나 무엇보다도 중요한 것은 푸셰-앵게를로 회사가 두둑이 이익을 챙겼다는 사실이다. 아마 바라스도 두둑이 이익을 챙겼을 것이다.

3년 전만 해도 극좌 자코뱅에다 시대를 앞선 공산주의자였던 푸셰, '사람을 망치는 비천한 금속'을 규탄하는 열변을 토했던 푸셰는 이제 그런 반감을 떨쳐 낸다. "사악한 부자들"에 대해 분노를 터트리던 것도, "공화국 국민은 연장과 빵, 40에퀴의 수입 외에는 아무것도 필요로 하지 않는다"고 말했던 사실도 잊는다. '이제 나도 한번 부자가 되어 보자'고 그는 다짐한다. 유배 생활 당시 푸셰는 돈의 힘을 알게 되었기 때문에 여태껏 권력을 섬겼던 것처럼 지금은 돈을 섬기게 된다. 너무나 오랜 세월을 그는 밑바닥에서 극심한 고통을 견뎌 내야 했다. 빈털터리로 멸시 받으며 시궁창 바닥에서 뒹굴어야 했다. 이제 그는 위로 올라가기 위하여 자신이 가진 힘을 모조리 동원한다. 저 위의 세계에서는 돈으로 권력을 사고 권력으로 다시 돈을 찍어 내고 있으니 그리로 가야 한다. 그는 모든 광산들 중 노다지가 제일 많이 숨어 있는 군수업이라는 광산에 첫 번째 갱도를 뚫는다. 6층 다락방에서 공작의 저택으로 가는 첫걸음을, 무일푼에서 2,000만 프랑을 만드는 첫걸음을 뗀 셈이다.

이제 푸셰는 혁명의 원칙이라는 불편한 등짐을 통째로 던져 버리고 가뿐한 몸이 되었다. 그러자 순식간에 다시금 출세의 발판을 딛고 서게 된다. 그의 친구 바라스는 불법 금융 거래를 하고 있을 뿐 아니라 추잡한 정치 거래도 하고 있다. 공작의 작위와 두둑한 돈을 받고 루이 18세에게 공화국을 몰래 팔아넘기려는 것이다. 카르노처럼 공화주의를 신봉하는 올곧은 동료들만 없다면 거사에 방해될 것이 없다. 이 동료들은 아직까지도 공화국이 옳다고 믿고 있으며 이상이란 돈벌이에 쓰일 때에만 존재 가치가 있다는 사실을 받아들이지 않으려 한다. 바라스는 프뤽티도르 18일 쿠데타를 일으켜 성가신 파수꾼들을 제거한다. 이때 푸셰가 물밑 작업을 해서 바라스를 많이 도왔음이 분명하다. 자신의 후원자 바라스가 새로이 구성된 5인 총재정부에서 최고 권력자가 되자마자 이제껏 남의 눈을 꺼리던 그는 거침없이 앞으로 나서며 제 몫을 요구한다. 정계도 좋고 군대도 좋으니 일자리를 내놓으라고 바라스를 압박한다. 가난에 허덕이던 지난 몇 년을 보상할 수 있고 주머니를 불릴 수 있는 직위나 임무라면 어느 것이든 상관없다면서 말이다. 바라스에게는 푸셰가 필요하다.

그는 자신의 불법 거래에 하수인으로 일한 사람의 청을 거절할 수 없다. 하지만 리옹의 도살자 푸셰라는 이름은 아직도 피비린내를 너무 진하게 풍기기에 반동 세력과 밀월을 보내는 시기에 파리에서 공공연히 그를 옆에 둘 수는 없다. 그래서 바라스는 푸셰를 정부 대표의 자격으로 우선 이탈리아 주둔 부대로 보내고 다음에는 네덜란드에 있는 바타비아 공화국으로 보내어 비밀 협상을 수행하도록 한다. 푸셰가 물밑에서 모략을 꾸며 내는 대가라는 사실을 바라스는 이미 경험에서 알고 있다. 그는 머지않아 이 사실을 몸소 뼈저리게 체험하게 될 것이다.

1798년에 프랑스 공화국의 사절이 됐으니 푸셰는 다시 출세의 발판을 딛고 서 있는 셈이다. 과거에 피비린내 나는 과제를 수행할 때와 똑같이 그는 외교관의 과제를 넘치는 활력으로 냉철하게 수행한다. 특히 네덜란드에서 그는 단시일 안에 여러 성과를 거둔다. 푸셰는 비극적 경험을 하면서 나이를 먹고, 폭풍우 치는 시절을 보내면서 성숙해진 데다가 빈곤이라는 화로에서 단련된 덕에 유연하다. 예전의 추진력을 잃지 않았을 뿐 아니라 예전에는 없던 신중함으로 과제에 임한다. 윗자리에 있는 새 지배자들은 곧 그가 유능한 사람임을 깨닫는다. 바람이 부는 대로 춤추고 돈만 받으면 무슨 일이든 해내고 윗사람 뜻을 잘 받들고 아랫사람들을 엄하게 다루니 말이다. 푸셰는 파도가 높이 일어도 능숙하게 대처하는 제대로 된 뱃사람이라고 새 지배자들은 생각한다. 정부가 탄 배가 점점 더 위험하게 흔들리며 난항을 거듭하고 어느 순간에 뒤집힐지 모르는 처지에 있기 때문에 총재정부는 1799년 테르미도르 3일 뜻밖의 결단을 내린다. 비밀 임무를 띠고 네덜란드에 머물던 조제프 푸셰는 하루아침에 프랑스 공화국의 경찰장관으로 임명된다.

경찰장관 푸셰

조제프 푸셰가 장관이라니! 파리 시민들로서는 마른하늘에 날벼락이 친 셈이다. 그는 리옹의 도살자이자 성체를 욕보이고 교회를 약탈한 자이며 무정부주의자 바뵈프의 친구가 아닌가! 이런 잔악한 인간에게 권력을 쥐어 주다니, 다시 테러가 시작되는 것은 아닐까? 이제 새 정부는 콜로 데르부아와 비요를 열대에 있는 기아나섬에서 데려오고 단두대를 공화국 광장에 다시 설치하려는 것일까? 결국은 다시 '평등의 빵'을 구우려는 것일까? 부자들의 돈을 뜯어내던 박애위원회를 도입하려는 것일까? 오래전에 평온을 되찾은 파리에는 1,500개의 댄스홀과 화려한 상점들이 즐비하고 황금청년단이 활개치고 있다. 그러던 도시가 화들짝 놀란다. 부자들과 시민들은 1792년 시절로 돌아간 것처럼 덜덜 떤다. 만족해하는 이는 마지막으로 남은 공화주의자인 자코뱅파뿐이다. 마침내 끔찍한 박해가 끝이 나고 다시 그들의 동료 중 하나가, 그것도 가장 대담하고 급진적이고 타협을 거부하던 동료가 권력을 잡게 된 것이다. 지금이야말로 반동 세력을 꼼짝 못하게 만들고 왕당파와 반역자들을 공화국에서 쓸어 낼 절호의 기회이다!

그런데 이상한 일이 벌어진다. 며칠이 지나자 보수파와 급진파

■ 경찰장관 푸셰

양측은 '이 경찰장관이 정말 조제프 푸셰가 맞나?'며 의아해 한다. 장관이 된 자코뱅은 더 이상 자코뱅 장관이 아니라는 미라보의 명언은 다시 한번 입증되었다. (오늘날 사회주의자에게도 이 명언은 유효하다.) 예전에 피로 얼룩져 있던 입술에서 이제는 번지르르한 화해의 말이 흘러나온다. 왕년의 테러리스트가 작성한 경찰청 선언문은 질서와 평온과 보안 같은 상투어로 가득하다. 무정부주의를 박멸하겠다는 것이 그의 첫 번째 모토이다. 언론의 자유를 제한할 것이며 끝없는 연설로 민중을 선동하는 것도 더 이상 두고 보지 않겠다는 말이다. 질서가 최우선이며 평온과 보안이 유지되어야 한다는 것이다. 리옹의 도살자 조제프 푸셰보다 더 보수적인 훈령을 내린 정치가는 없을 것이다. 오스트리아 제국의 극우 반동 정치가인 메테르니히나 젤트니츠키도 이보다 더 보수적이지는 않았다.

시민들은 안도의 한숨을 내쉰다. 그리스도 교인을 박해하던 사울이 개과천선해서 사도 바울이 되었구나! 하지만 진정한 공화주의자임을 자처하는 자코뱅파는 집회 장소에 모여서 울화통을 터트린다. 이들은 지난 세월로부터 배운 게 별로 없는 탓에 여전히 연설에 연설을 이어 가며 자신들의 분노를 방출하고 있다. 그들은 플루타르크를 인용해 가며 총재정부와 장관들을 위협하고 헌법을 매도한다. 마치 당통과 마라가 아직 살아 있기라도 한 것처럼, 경종을 울리면 옛날처럼 교외에서 수십만의 민중이 몰려오기라도 할 것처럼 그들은 정말 거칠게 날뛴다. 그들이 하도 성가시게 투덜대는 바람에 총재정부는 불안해진다. 각료들은 어떤 조치를 취할 것이냐고 신임 경찰장관을 다그친다.

"자코뱅클럽을 폐쇄하겠습니다." 아무런 동요 없이 그는 말한다. 차마 믿기지 않아서 그들은 언제 그런 대담한 조치를 취할 거냐고 묻는다. "내일 하겠습니다." 푸셰가 태연히 대답한다.

정말로 다음 날 저녁 자코뱅클럽의 전 총재 푸셰는 바크가街에 위치한 급진파 클럽으로 간다. 지난 몇 해 동안 이 모임은 혁명의 심장이 고동치는 장소였다. 이 사람들 앞에서 로베스피에르와 당통과 마라, 그리고 푸셰 자신도 열정을 담은 연설을 했었다. 로베스피에르가 추락하고 바뵈프가 실패한 후에는 미네쥐클럽(테르미도르 반동 후 자코뱅 클럽이 폐지되고 1796년 7월 26일 재창립된 신자코뱅클럽이다. 모임의 장소가 1793년까지 의회가 열리던 미네쥐 홀Salle du Manège이라서 미네쥐클럽이라 불렀다-옮긴이) 만이 혁명의 질풍노도 시절의 명맥을 이어 가고 있다.

하지만 감상에 젖는 것은 푸셰답지 않다. 필요하다면 섬뜩하리만치 빨리 자신의 과거를 잊을 수 있는 사람이 바로 그다. 오라투아르 교단의 수학 교사보 재식했던 그는 실제로 힘이 어떻게 작동하는지를 잴 뿐이다. 공화주의 사상은 한물갔다는 것을 그는 알고 있다. 탁월한 지도자들과 추진력 있는 인물들이 땅속에 묻힌 지금 정치 클럽은 모여서 수다를 떠는 장소로 전락한 지 오래이다. 거기서 한 사람이 뻔한 말을 지껄이면 다른 사람이 그 말을 다시 지껄이고 있다. 1799년에는 플루타르크의 인용구도, 애국지사다운 언변도 시세가 떨어지는 바람에 아시냐와 같은 신세가 되어 버렸다. 너무 많이 판에 박힌 미사여구를 지껄여 댔고 너무 많이 지폐를 찍어 냈기 때문이다. 프랑스는 변호사와 웅변가와 혁신가들에 신물이 났고 훈령과 법률에 신물이 난 나머지 그저 휴식과 질서, 평화와 안정된 재정을 바랄 뿐이다. 여론을 통제하는 경찰장관보다 이런 분위기를 더 잘 알 사람이 누가 있겠는가! 몇 년 동안 혁명이나 전쟁을 겪으며 공동체가 되어 열광한 후에는 개인과 가족은 어쩔 수 없이 이기주의에 사로잡히는 법이다.

아무짝에도 쓸모없는 공화주의자 하나가 막 열변을 토하고 있을 때 문이 열리고 경찰장관 제복을 입은 푸셰가 헌병을 대동하고 입장해서는 놀라서 허둥대는 사람들을 냉랭한 시선으로 훑어본다. 한심하기 짝이 없는 적수가 아닌가! 혁명을 실천하던 사람과 혁명에 대해 사유하던 사람, 혁명의 영웅과 과격분자들은 사라졌고 남아 있는 건 떠버리뿐이다. 떠버리에게는 단호한 태도를 보여 주기만 하면 된다. 주저하지 않고 그는 연단에 올라간다. 6년 만에 자코뱅 회원들은 그의 차갑고 메마른 목소리를 다시 듣는다. 이 수척한 남자는 그전처럼 소리 높여 자유를 촉구하거나 폭군을 비난하는 대신 클럽을 폐쇄하겠다고 차분하게 딱 잘라 말한다. 뜻밖의 말에 몹시 놀란 사람들은 아무런 반항도 하지 않는다. 자유를 파괴하는 자에게 단검을 휘두르며 덤벼들 거라고 늘 맹세해 왔건만 그들은 그렇게 하지 않는다. 말도 못하고 중얼거리다가 슬그머니 물러서고는 허둥지둥 밖으로 나간다. 푸셰의 예측은 옳았다. 제대로 된 남자를 제압하려면 싸움을 각오해야 하지만 떠버리들은 단호한 태도만 보여도 처치할 수 있는 법이다.

홀이 텅 비자 푸셰는 느긋하게 문으로 걸어가서 문을 잠그고 열쇠를 주머니에 넣는다. 그가 문을 잠근 순간에 진정한 의미의 프랑스 혁명은 끝이 난다.

정보가 권력이다

관직이라는 것은 관직에 있는 사람이 그것을 어떻게 다루느냐에 따라서 달라질 수 있다. 경찰장관이 된 조제프 푸셰는 어느 모로 보나 저급한 직무를 맡는다. 다시 말해서 그는 내무장관을 보좌하는 일종의 하급 장관일 뿐이다. 그는 감시하고 정보를 제공해야 한다. 국내 정치와 국외 정치를 위한 자료들을 모아서 수레에 싣고 총재정부의 지도자들에게 갖다 바치면 그들은 이 자료로 고상하게 정치를 할 수 있다. 그러나 푸셰가 직무를 수행한 지 3개월도 채 안 되었을 무렵 그의 상관들은 그가 아래 사람들을 감시할 뿐 아니라 윗사람들 역시 감시하고 있음을 알아차린다. 경찰장관은 다른 장관들과 총재정부와 장군들과 정치 전반을 통제하고 있었던 것이다! 이 사실에 그의 상관들은 어이없어하며 경악하지만 이미 어쩔 수 없는 처지에 놓인다. 푸셰가 모든 공직자들과 사업을 수행하는 자들 주변에 그물을 쳐 놓아서 모든 정보가 그의 수중에 들어가기 때문이다. 그는 정부의 정치와는 별개로 자신만의 정치를 하고 정부의 전쟁과는 별개로 자신만의 전쟁을 벌인다. 어디에서건 그는 자신의 권한을 규정하는 경계선을 밀어내며 자신의 영역을 늘려 나간다. 마침내 탈레랑은 불쾌해 하며 경찰장관이란 자리를 새로이 규정한다. "경찰장관은 자신이 해야 할 일을 일단 하고 나서 다음으로 자신과는 아무 상관이 없는 모든 일을 하는 사람이다."

푸셰는 탁월한 솜씨로 복잡한 기계장치를 만들어서 전국 도처를 감시하는 데 쓰고 있다. 매일 수천 개의 정보가 볼테르강가의 경찰청으로 흘러든다. 거장 푸셰가 몇 달 안에 스파이와 비밀첩보원과 밀정들을 프랑스 방방곡곡에 심어 놓았기 때문이다. 그러나 그의 첩자들이 흔해 빠진 소시민 출신의 볼품없는 탐정일 뿐이라고 생각해서는 안 된다. 그런 탐정은 건물 관리인에게 접근하거나 술집이나 사창가, 교회로 가서 그날의 화제를 엿듣는 게 고작이다. 푸셰의 첩자들은 금줄을 두른 유니폼이나 외교관의 예복 혹은 섬세한 레이스가 달린 드레스를 입고 있다. 그들은 파리 상류층이 모이는 구역인 포부르 생 제르맹의 살롱에서 담소를 나누거나 애국자로 변장하고는 자코뱅클럽의 비밀회의에 잠입하기도 한다. 푸셰의 피고용인 명단에는 프랑스에서는 이름만 들어도 누군지 아는 후작과 공작부인들이 올라 있다. 뿐만 아니라 그는 제국에서 지체가 제일 높은 부인, 다시 말해서 나중에 황후가 된 조제핀 드 보아르네까지도 첩보원으로 쓰고 있다. 정말 대단하지 않은가! 후일 그의 군주이자 황제가 될 보나파르트의 사무실에 근무하는 비서는 그에게 매수되어 있고 영국 하트웰에 거주하는 루이 18세의 요리사도 그에게 뇌물을 받고 있다. 모든 잡담은 보고 대상이고 편지도 모조리 개봉된다. 경찰장관은 투명인간이 되어 군대나 상점, 술집과 집회에서 함께 귀 기울이고 있는 꼴이다. 수천 개에 달하는 정보는 날마다 그의 책상에 쌓인다. 그중 어떤 것은 사실이고 중요한 정보이다. 어떤 것은 근거 없이 남을 해코지하는 데 불과하다. 이런 정보들이 푸셰의 책상에서 검토되고 걸러지고 비교되면 수천 개의 모호한 기호에서 명확한 정보가 생겨난다.

정보가 모든 것을 좌우한다는 사실은 전쟁을 하든 평화를 누리든, 정계에서든 재계에서든 유효하다. 1799년 프랑스의 권력자는 더 이상 테러리스트가 아니라 아는 것이 많은 사람이다. 테르미도르파에 속한 어떤 한심한 사람이 얼마나 많은 뇌물을 받았는지, 누구에게서 받았는지, 얼마나 많이 받아야 청탁을 들어주는지를 알게 되면 그 사람을 꼼짝 못하게 할 수 있고 그가 상관이라도 아랫사람처럼 부릴 수 있다. 음모가 진행 중임을 알게 되면 그것을 박살 낼 수도 있지만 그것을 조장해서 우경화를 촉진할 수도 있다. 전쟁이 벌어질 장소와 평화 협상에 관한 정보를 미리 알게 되면 친절한 자산가들과 함께 주식기래소에서 약간의 작업을 할 수 있고 드디어 한밑천 제대로 잡을 수 있다. 이처럼 정보 기계는 푸셰에게 지속적으로 돈을 조달하며 이 돈은 다시금 기계를 소리 없이 돌아가게 만드는 윤활유 역할을 한다. 도박장과 사창가와 금융계의 수장들은 수백만에 달하는 비밀 헌금을 그에게 바친다. 그 돈으로 뇌물을 뿌리면 뇌물을 받은 사람들로부터 다시금 정보를 얻을 수 있다. 이런 식으로 운영되는 경찰청의 기계장치는 멈추거나 고장 나는 적이 없다. 인간 심리를 기막히게 통찰하고 있는 푸셰는 엄청난 노동력을 투자해서 불과 몇 개월 안에 혼자 힘으로 아무것도 없던 상황에서 이 거대하고 정교한 기계장치를 창조해 낸 것이다.

그런데 이 둘도 없는 기계장치에서 가장 특출한 게 하나 있다. 이 장치를 작동시킬 수 있는 것은 오직 단 한 사람이라는 사실이다. 이 장치 어딘가에는 나사가 하나 끼워져 있는데 그 나사를 뽑아내면 쌩쌩 돌아가던 기계가 즉시 멈춰 버리게 되어 있다. 푸셰는 처음부터 자신이 실각할 경우를 대비하고 있다. 해직되는 경우 잠깐 손을 쓰기만 하면 자신이 만든 기계를 당장 정지시킬 수 있게 해 놓은 것이다. 권세욕의 화신 푸셰가 이런 걸작을 만든 것은 국가를 위해서도, 총재정부를 위해서도 아니고 나폴레옹을 위해서도 아니다. 오직 자기 자신을 위해서이다. 알짜 정보를 얻으려면 온갖 정보들을 화학실험을 거쳐 증류시켜야 한다. 푸셰는 그렇게 해서 얻은 정보를 의무감 때문에 상관에게 전달할 생각은 꿈에도 없다. 이기적이고 냉정한 사람답게 그저 주고 싶은 정보만을 전달할 뿐이다. 총재정부의 얼간이들을 영리하게 만들 이유는 없지 않은가? 그들에게 자신이 쥔 패를 보여 줄 이유는 없지 않은가? 푸셰는 자신에게 유용한 정보, 자신의 이익을 위해서 절대 필요한 정보만을 자신의 실험실에서 끄집어내고는 그 밖의 화살이나 독약은 조심스럽게 개인 무기고에 보관한다. 그것들은 사적인 복수나 정치적 암살에 사용될 것이다.

푸셰는 항상 총재정부보다 더 많은 것을 알고 있기에 누구에게나 위험한 존재인 동시에 없어서는 안 될 존재이다. 그는 바라스가 왕당파와 거래하는 것을 알고 있으며 보나파르트가 황제 자리를 노리는 것도 알고 있다. 자코뱅파와 반동파가 제각기 벌이는 일도 알고 있다. 하지만 이 비밀들을 알게 된 순간에 곧장 폭로하는 일은 결코 없다. 비밀을 폭로하는 것이 자신에게 이득이 된다고 여겨지는 순간에야 비로소 그렇게 한다. 그는 때로는 음모를 조장하며 때로는 음모를 억누른다. 때로는 교활하게 음모를 선동하고 때로는 떠들썩하게 음모를 적발한다. (그리고 동시에 음모에 연루된 자들에게 늦기 전에 안전한 곳으로 피하라고 경고한다.) 언제나 그는 이중, 삼중, 사중으로 도박판을 벌인다. 그러면서 관련자들 모두를 기만하고 우롱하는 일을 점차 즐기게 된다. 물론 그러려면 시간과 노력을 쏟아부어야 한다. 푸셰는 원래 하루 열 시간을 일하는 사람답게 시간과 노력을 아끼지 않는다. 자신이 아닌 제2의 인물이 경찰청의 비밀을 들여다보게 하느니 차라리 아침부터 저녁까지 사무실에 틀어박히는 게 낫다. 그는 모든 서류를 직접 검토하고 모든 문서를 일일이 처리한다. 중요한 인물이 고발을 당하면 자신의 사무실에서 문을 잠그고 홀로 그 인물을 심문한다. 그래야만 푸셰 혼자만이 결정적인 세부 사항들을 알게 되기 때문이다. 그의 부하 직원이라 해도 그런 내용들을 알아서는 안 된다.

그렇게 해서 그는 점차 프랑스 전역에서 임명장 없는 고해 신부

노릇을 하며 여러 사람들의 비밀을 손 안에 넣게 된다. 일찍이 리옹에서처럼 그는 테러를 통해 사람들을 지배한다. 다만 테러의 도구는 이제 목을 내려치는 어설픈 도끼가 아니라 인간 심리를 파고드는 독소이다. 이 독소는 불안과 죄의식으로 작용한다. 도청당하고 있음을 느끼고 발각되었음을 깨닫는 순간 독소는 퍼져 버린다. 이 독소로 그는 수천 명의 숨통을 옥죈다. 1792년 국가에 대한 모든 저항을 억압하기 위하여 발명된 단두대는 1799년 조제프 푸셰가 고안해 낸 세련되고 지적인 경찰청 기계장치에 비교한다면 어설픈 연장에 불과하다.

푸셰는 최고의 경지에 이른 예술가의 솜씨로 몸소 만든 기구를 다룬다. 그는 권력에 관해 가장 중요한 비밀을 알고 있다. 권력이란 은밀히 누려야 하고 아껴서 사용해야 하는 것이다. 리옹 시절에는 무서운 혁명 친위대가 총검을 치켜들고 최고 권력자의 방을 지키며 사람들의 접근을 막았지만 이제 그런 시절은 지나갔다. 이제 포부르생 제르맹의 귀부인들이 그의 접견실로 몰려들고 그는 흔쾌히 면회를 수락한다. 그녀들이 무엇을 바라는지 그는 알고 있다. 한 귀부인은 친척의 이름을 망명자 명단에서 지워 달라고 청하고 다른 귀부인은 사촌에게 좋은 지위를 알선해 주기를 원한다. 또 다른 귀부인은 민망한 소송이 취하되었으면 한다. 푸셰는 모두를 친절하게 대한다. 내일 어느 정파가 권력을 장악할지 모르는 상황인데 자코뱅파든 왕당파든, 온건파든, 보나파르트파든 간에 특정 정파의 미움을 살 이유는 없지 않은가? 그래서 이전에 공포의 대상이었던 테러리스트는 매혹적이리만치 상냥한 인물을 연기하고 있다. 공식 연설과 성명에서는 왕당파와 무정부주의자에게 불같이 호통을 치지만 그러고 나서는 은밀히 비공식적으로 그들에게 경고하든지 그들을 매수하든지 한다. 그는 공공연히 소송을 벌이거나 잔인한 사형선고를 내리는 일을 피한다. 폭력을 행사하는 대신에 폭력을 가하겠다는 제스처를 취하면 충분하다. 바라스와 그의 동료 총재들은 깃털 달린 모자 위에 아무짝에도 쓸모없는 권력의 상징을 달고 다니지만 푸셰는 물밑으로 국가의 실제 권력을 장악하고 있다는 사실로 만족한다.

이렇게 몇 달이 지나자 악마 취급을 당하던 푸셰는 만인의 총아가 되어 있다. 현직 장관인 정치인이 누구와든 대화할 용의가 있다면, 돈으로 관직을 사들이는 것을 태연히 방관하거나 심지어 도와주기까지 한다면 그의 인기는 시대와 장소를 망라해 최고이지 않겠는가? 푸셰는 누구든 너무 깊숙이 정치에 관여하지 않고 자신의 계획을 방해하지 않으면 슬쩍 눈을 돌리고 못 본 척하며 융통성 있게 군다. 신념이 다른 사람들이 있다면 그들의 신념을 사들이거나 그들을 달래서 신념을 바꾸게끔 하는 편이 대포를 발사하는 것보다 낫지 않은가? 소란스러운 무리를 밀실로 불러들여서 그들에게 서랍에 보관되어 있는 사형 판결 서류를 보여 준다면 실제로 사형을 집행하지 않아도 충분히 효과가 있지 않겠는가? 물론 실제로 반란이 일어나는 경우 그는 예전처럼 무자비하게 처리한다. 그러나 왕년의 테러리스트는 잠잠히 있고 쓸데없는 저항을 하지 않는 사람에게는 아주 오래

전 사제였던 사람답게 인내심으로 대한다.

인간이란 돈과 사치를 좋아하며 사소한 일탈과 은밀한 쾌락을 즐긴다는 사실을 그는 알고 있다. 그런 건 상관없다. 그저 조용히 처신하기만 하면 된다. 공화국 치하에서 온갖 험한 일을 겪던 거물급 은행가들은 이제는 태연히 부정 거래를 하며 수익을 올릴 수 있다. 푸셰는 그들에게 정보를 넘겨주고 그들은 그 대가로 그에게 이익의 지분을 넘겨준다. 마라와 데물랭이 이끌던 언론은 피에 굶주린 개마냥 물어뜯었건만 이제 언론은 고분고분 꼬리치며 푸셰의 다리에 감긴다. 언론 역시 채찍에 맞기보다는 비스킷을 얻어먹고 싶어 한다. 한동안 애국지사들이 야단법석을 피웠지만 이내 조용해졌고 쩝쩝대며 먹는 소리만이 들린다. 푸셰는 한 사람 한 사람에게 뼈다귀를 던져 주거나 몇 차례 세게 때려서 애국지사들을 구석으로 몰아낸다. 이미 그의 동료들과 모든 정파들은 푸셰를 친구로 삼는다는 것은 유쾌하고 유익한 일임을 깨닫는다. 그를 화나게 해서 부드러운 앞발에 숨긴 갈퀴 발톱을 내밀게 만들면 좋지 않다는 것도 깨닫는다. 모든 사람으로부터 지독히 멸시를 당하던 이 남자는 갑자기 수많은 친구를 갖게 된다. 그가 모든 것을 알면서도 침묵을 지키는 덕에 그에게 발목이 잡힌 사람들이다. 론강가에 놓인 파괴된 도시 리옹은 아직도 재건되지 못했지만 리옹의 산탄 학살 사건은 벌써 잊히고 푸셰는 인기를 모은다.

국내에서 일어나는 모든 일에 대해서 조제프 푸셰는 최상의 정보를 제일 먼저 입수하고 있다. 수천의 머리와 수천의 귀를 감시에 동원하기 때문에 사건의 구석구석을 정확히 들여다보는 데 있어서 그를 따를 사람은 없다. 그는 정계의 아주 미미한 진동도 잡아내는 기록 장치까지 보유하고 있으며 냉정히 계산하고 관찰할 줄 안다. 그러니 정파와 여러 사람들의 강점과 약점을 그보다 더 잘 아는 사람은 없다.

불과 몇 주가 지나고 몇 달이 지나자 조제프 푸셰는 총재정부의 수명이 다했음을 알아챈다. 서로 의견을 달리하는 다섯 총재는 제각기 상대의 허를 찌르려 하며 상대를 밀쳐 내려고 매 순간 벼르고 있다. 군대는 패배하고 재정은 뒤죽박죽인 데다 나라는 어수선하니 이런 상태에서 오래 버틸 수는 없다. 푸셰는 곧 바람의 방향이 바뀌리라고 감지한다. 첩보원들은 바라스가 비밀리에 루이 18세와 협상을 하고 있다고 그에게 보고한다. 공작 작위를 얻는 대가로 공화국을 부르봉 왕가에 팔아넘기려는 것이다. 반면에 바라스의 동료들 중 일부는 오를레앙 공작에게 추파를 보내고 일부는 국민공회의 재건을 꿈꾸고 있다. 그러나 그들 모두 이러한 상태에서 오래 버틸 수는 없음을 알고 있다. 국가는 내란으로 송두리째 흔들리고 아시냐는 아무런 가치도 없는 종이 쪼가리가 되었으며 병사들은 사기가 꺾여 있다. 새로운 힘이 등장하여 산산이 흩어진 힘들을 하나로 뭉치지 않는다면 공화국은 무너져 내릴 것이다.

독재자만이 이 난국을 극복할 수 있다. 다들 그럴 법한 사람을 찾으려 하지만 쉽지 않다. "우리는 머리 좋은 사람 하나와 칼잡이 하나가 필요하다"고 바라스는 푸셰에게 말한다. 바라스는 마음속으로는 자신이 바로 그 머리 좋은 사람이라고 생각하면서 적당한 칼잡이를 찾는 중이다. 하지만 승전을 거듭하던 오슈와 주베르는 불운하게도 사망했다. 베르나도트는 너무 자코뱅파처럼 굴어서 곤란하다. 그렇다면 누가 보아도 머리와 칼, 문무를 한 몸에 겸비하고 있는 사람이 딱 하나 있다. 아르콜과 리볼리의 영웅 보나파르트이다. 사람들은 불안한 마음에 그를 아주 멀리 쫓아냈다. 그는 지금은 이집트의 모래사막에서 뚜렷한 목적 없이 군사작전을 수행하고 있다. 그러니 이역만리에 있는 나폴레옹을 후보로 꼽을 수는 없다고 사람들은 생각한다.

모든 각료들은 보나파르트가 아직도 피라미드의 그늘에 있을 거라고 추측하고 있지만 푸셰만은 지금 보나파르트 장군이 결코 이역만리에 있지 않으며 머지않아 프랑스에 상륙하리라는 사실을 알고 있다. 그들은 지나치게 공명심이 많고 지나치게 인기가 있는 데다가 군주처럼 구는 보나파르트를 파리에서 수천 마일 떨어진 곳으로 보내 버렸다. 넬슨이 아부키르만에서 프랑스 함대를 섬멸했을 때 아마 그들은 마음속으로 안도의 한숨을 내쉬었을 것이다. 음모를 꾸미는 정치가들은 경쟁자만 제거된다면 수천 명의 사망자가 나도 전혀 개의치 않기 때문이다. 이제 보나파르트는 군대에 매여 있다는 걸 알기에 그들은 맘 편히 잠을 잔다. 그를 불러 올 생각은 전혀 없다. 그가 제멋대로 군의 지휘권을 다른 장군에게 넘기고 안락의자에서 쉬던 자신들을 방해할 만큼 대담하리라고는 정말이지 꿈에도 생각하지 않는다. 그들은 모든 가능성을 계산에 넣고 있지만 거기에 보나파르트만은 빠져 있다.

그러나 푸셰는 남들보다 많이 알고 있고 그것도 가장 확실한 소식통을 통해 알고 있다. 이 소식통은 그에게 모든 것을 털어놓고 모든 편지를 넘겨준다. 그에게 수고료를 받는 스파이들 중 정보에 가장 정통하며 가장 충실한 최고의 스파이는 다름 아닌 보나파르트의 아내, 조제핀 보아르네이다. 서인도 태생의 이 경박한 여인을 매수하는 것 자체는 쉬운 일이다. 병적으로 낭비벽이 심한 그녀는 항상 돈이 궁한 처지이다. 나폴레옹이 인심 좋게 국고에서 10만 프랑이 넘는 돈을 그녀에게 건네주지만 일 년에 300개의 모자와 700벌의 드레스를 장만하는 여자에게는 새 발의 피일 뿐이다. 그녀는 돈을 아끼지 않을 뿐 아니라 몸도 아끼지 않고 세간의 평판에 개의치 않는다. 현재 그녀는 마음이 편치 않다. 작달막하고 다혈질인 장군이 전장에 있는 동안 아뿔싸, 그녀는 샤를이라는 예쁘장한 남자와 동침했다. 아마 몇 명의 다른 남자들과도 동침한 듯하며 예전의 정부情夫 바라스도 거기 껴 있음이 확실하다. 나폴레옹이 어떻게든 그녀를 맘루크족이 있는 지루한 나라 이집트로 데려가려고 했던 이유가 이해된다. 어리석은 음모가인 조제프 보나파르트와 뤼시앵 보나파르트 형제는 노여워하며 당장 성미가 급하고 질투심이 강한 나폴레옹에게 이 사실을 알렸다. 이런 상황에서 조제핀은 자신을 도와주고 스파이 형제를 염탐하며 모든 편지 왕래를 감시할 사람이 필요하다. 이런 이유 외에도 돈을 좀 벌기 위해서 – 푸셰는 회고록에서 1,000루이 금화를 주었다고 잘라 말한다 – 미래의 황후는 푸셰에게 모든 비밀을 털어놓는다. 그중 가장 중요하고 가장 위험한 비밀은 보나파르트가 곧 돌아올 것이라는 사실이다.

푸셰는 정보를 갖고 있는 것으로 만족한다. 당연히 경찰장관은 그의 상관에게 정보를 보고할 생각이 없다. 일단 그는 황제 자리를 노리는 사람의 아내와 돈독한 관계를 유지한다. 그러고는 늘 그렇듯이 은밀한 정보를 이용해서 만반의 채비를 갖추고는 결정이 떨어지기를 주시하고 있다. 그 결정이 오래 걸리지는 않으리라는 것을 그는 알고 있다.

나폴레옹과의 첫 만남

1799년 10월 11일 총재정부는 황급히 푸셰를 불러들인다. 헬리오그래프(거울에 반사된 햇빛의 반짝임을 신호로 만들어서 멀리 있는 상대에게 정보를 전달하는 방식이다 - 옮긴이)를 통해 믿기 어려운 보고가 올라왔기 때문이다. 보나파르트가 소환 명령도 받지 않고 제멋대로 이집트에서 돌아와서 프레쥐스에 상륙했다는 것이다. 이제 어떻게 해야 하나? 명령도 없었는데 부대를 이탈하고 자기 휘하의 군대를 버린 장군을 즉각 체포해야 하나, 아니면 그를 정중히 영접해야 하나? 푸셰는 놀란 척한다. 정말 놀란 사람들보다도 더 많이 놀란 것처럼 보일 정도다. 그러고는 너그럽게 처신하자고 제안한다. 기다려 봐야 한다! 그저 기다려 봐야 한다! 보나파르트를 지지할지 아닐지를 아직 결정하지 못했기 때문에 그는 일단 사태가 흘러가는 대로 조용히 관망할 심산이다. 그러나 머리가 텅 빈 다섯 총재들이 보나파르트를 사면할지 체포할지를 두고 열심히 토론하는 동안 민중은 이미 결정을 내렸다. 아비뇽과 리옹과 파리는 보나파르트를 개선장군으로 영접하고 도시들은 그가 지나는 길을 빛으로 환히 밝힌다. 극장의 무대에서 이 소식이 공포되면 관중은 환호한다. 신하가 돌아오는 게 아니라 절대권력을 가진 군주가 돌아오는 꼴이다. 보나파르트가 샹트렌가街(장차 그를 기리기 위해서 빅토리가라 불리게 된다)에 있는 자택에 당도하자마자 그의 친구들이 모두 몰려온다. 그리고 가급적 빨리 그와 친구가 되려는 사람들도 몰려온다. 장군들과 의원들과 장관들, 심지어는 탈레랑까지 이 무장武將에게 공손히 경의를 표한다. 얼마 지나지 않아 경찰장관도 몸소 출동한다. 그는 샹트렌가로 가서 보나파르트에게 자신의 방문을 알린다. 그러나 보나파르트가 보기에 푸셰는 대수롭지 않은 하찮은 방문객에 불과하다. 그래서 그는 푸셰를 부탁을 하러 온 성가신 사람 취급하며 꼬박 한 시간이나 대기실에서 기다리게 한다. 푸셰라는 이름을 들어도 누군지 잘 모르겠고 개인적으로 만난 적도 없는 사람이다. 그런 이름을 가진 사람이 공포정치 시절에 리옹에서 상당히 한심한 짓을 했다는 것만 기억이 날 듯도 하다. 누추한 몰골을 한 대단치 않은 경찰 끄나풀을 자신의 친구 바라스의 대기실에서 마주친 적도 있었던 것 같다. 어쨌든 중요한 인물은 아니고 별 볼 일 없는 관청을 빠져 나와서 돈벌이를 해 보려는 놈일 것이다. 그런 놈은 대기실에 처박아 둬도 된다.

조제프 푸셰는 장군의 대기실에서 꼬박 한 시간을 참을성 있게 기다린다. 나중에 일어난 쿠데타에서 보나파르트의 공모자로 활약한 레알이 우연히 딱한 처지에 있는 푸셰를 알아보지 못했더라면 파리 시민 모두가 다투어 접견하려 드는 이 막강한 권력자는 어느 하인이 딱해 하며 가져다 준 의자에 두 시간이고 세 시간이고 앉아 있었을 것이다. 이 황당한 과실에 아연실색하며 레알은 장군에게 달려가서는 손만 까딱 하면 모든 모의를 단숨에 날려 버릴 수 있는 이 남자를 감히 기다리게 하는 것은 엄청난 실수라고 흥분해서 말한다. 그러자 보나파르트는 즉시 뛰어나와서 매우 정중하고 간곡하게 푸셰를 맞으며 결례를 사과한다. 그러고는 두 시간 동안 단 둘이 대화를 나눈다.

두 사람은 처음 대면한다. 둘은 상대가 자신의 개인적 목적에 쓸모가 있는지 제각기 면밀히 살피고 재어 본다. 늘 그렇듯 걸출한 사람들은 금세 서로를 알아보는 법이다. 푸셰는 즉시 이 권력욕의 화신이 뿜어내는 전대미문의 활력을 보고는 상대가 지배자의 기상을 지니고 있음을 알아차린다. 예리한 맹수의 눈을 가진 보나파르트는 푸셰가 온갖 일을 맡길 수 있는 유능한 사람이며 모든 것을 신속히 파악하고 정력적으로 추진할 조력자라는 사실을 알아차린다. 푸셰는 두 시간에 걸친 첫 대화에서 프랑스와 총재정부의 상황 전반을 설명했는데 이처럼 간략하고 일목요연하게 당시 상황을 설명한 사람은 아무도 없었다고, 보나파르트는 세인트헬레나섬에서 술회한다. 솔직함과는 거리가 먼 푸셰가 왕위를 노리는 보나파르트에게 즉시 진실을 말했다는 것은 그 역시 보나파르트를 따르겠다고 결심했다는 뜻이다. 처음 만남에서 둘의 역할은 정해진다. 각기 주인과 하인 역할을, 세계를 창출하는 자와 당면 과제를 처리하는 정치가 역할을 나눠 맡게 된 것이다. 이제 그들의 합동 공연이 바야흐로 시작될 것이다.

나폴레옹의 쿠데타

푸셰는 첫 만남에서 평소와는 달리 보나파르트를 솔직하게 대하지만 그에게 자신의 운명을 내맡기지는 않는다. 총재정부를 전복시키고 보나파르트를 1인 통치자로 옹립하려는 음모에 공공연히 가담하지는 않는다는 얘기다. 그렇게 하기에는 그는 너무 조심스럽다. 승리가 결정되지 않는 한 최종 결정을 내리지 않는다는 삶의 원칙을 너무 엄격히, 너무 충실히 지키는 탓이다. 그런데 괴이한 일이 일어난다. 여태껏 그 누구보다도 귀가 밝고 눈이 날카롭던 프랑스의 경찰장관에게 이 만남 후 몇 주 내내 민망하게도 장애가 생긴 것이다. 더 자세히 말하자면 돌연 그의 눈과 귀가 멀어 버린다. 곧 쿠데타가 일어날 거라고 파리 시 전체가 수군거리는데도 그는 아무런 소문도 듣지 못하고 그의 손에 편지가 쥐어져도 아무것도 보지 못한다. 지금껏 그가 올리는 보고는 나무랄 데 없이 정확했는데 이제는 모든 보고가 마법에라도 걸린 것처럼 제 구실을 하지 못한다. 총재정부의 다섯 명 중 둘이 이미 모반에 가담하고 있고 세 번째 총재가 반쯤 포섭되었는데도 경찰장관은 군사 쿠데타에 대해 티끌만치도 아는 바가 없다. 아니, 어쩌면 아는 바가 없는 척 하는지도 모른다. 그가 매일 총재정부에 올리는 보고에는 보나파르트 장군과 그의 무리에 대한 언급은 단 한 줄도 없다. 그 무리는 참지 못하고 벌써 힘의 우위를 과시하는데도 말이다. 물론 그는 다른 편인 보나파르트에게도 자필의 글 한 줄 보내지 않는다. 그저 침묵으로만 총재정부를 배신하고 그저 침묵으로만 보나파르트와의 약속을 다지면서 기다리고 또 기다릴 뿐이다.

양서류의 천성을 지닌 그는 결정이 떨어지기 2분 전과 같은 긴장의 순간에 제일 즐겁다. 음모를 열렬히 사랑하는 푸셰는 자신이 두 정파에게 두려움의 대상이자 구애의 대상이 되어 있을 때, 저울의 무게를 한쪽으로 기울게 할 사람이 바로 자신이라는 사실을 느낄 때 최고의 쾌감을 맛본다. 세계의 운명이 걸린 도박이 결말을 향해 달려가는 순간이야말로 긴장감에 있어서는 도박장의 노름이나 사랑의 유희와는 비교도 안 되는 가장 경이로운 찰나가 아닌가! 그러한 순간에 자신이 사태를 진전시킬 수도, 막을 수도 있음을 알면서도 그는 자제한다. 끼어들고 싶어서 손이 꿈틀거리지만 아무것도 하지 않고 사악한 심리학자처럼 호기심에 가득 차 사태의 추이를 짜릿하게 즐기면서 지켜보기만 한다. 그러면서 얻는 쾌감만이 푸셰의 차가운 영혼을 뜨겁게 하고 그의 맹물 같이 묽은 피를 끓어오르게 한다. 비틀어진 심리와 탐욕스러운 정신에서 비롯되는 쾌감, 그런 종류의 쾌감만이 건조하고 무신경한 조제프 푸셰를 취하게 만든다. 결정적 한 방이 발사되기 직전의 극도로 긴장된 몇 초 동안에는 무뚝뚝하고 진지하기만 한 그도 명랑해진다. 물론 특유의 잔인하고 냉소적인 면모는 여전하다. 정신은 오로지 명랑한 순간에만, 좋은 농담이나 잔인한 농담을 즐기는 순간에만 긴장을 풀고 쉴 수 있지 않은가! 그래서 푸셰는 다른 사람들이 심각한 위험에 처했을 때 장난을 한다. 죄 지은 자의 등골을 서늘하게 해 놓고는 마치 라스콜리니코프를 심문하는 예심판사처럼 아주 재기 발랄하게, 참으로 악마다운 방식으로 장난을 한다.

남을 우롱하기를 즐기는 푸셰는 이번에도 하필이면 가장 위급한 순간에 매력 만점의 코미디를 연출한다. 이 코미디의 무대는 화약통 위에 얹혀 있다고 할 수 있다. 쿠데타가 일어나기 며칠 전(당연히 그는 일정을 알고 있다)에 그는 소규모 모임을 마련한다. 보나파르트와 레알과 다른 공모자들은 친밀한 저녁 모임에 초대받는다. 식탁에 앉았을 때 그들은 갑자기 자신들의 명단 속 인물들이 모두 모였음을 알아차린다. 다시 말해서 총재정부의 경찰장관이 총재정부를 전복시키려고 공모한 일당 모두를 한 명도 빠트리지 않고 자기 집으로 부른 것이다. 이게 대체 무슨 의미인가? 보나파르트와 그의 일당은 불안하게 서로를 쳐다본다. 벌써 문 앞에서 헌병들이 쿠데타를 도모한 일당을 일망타진하려고 대기하고 있는 걸까? 러시아의 표트르 대제가 반란을 일으킨 친위대를 만찬에 초대하고는 형리를 시켜 그들의 머리를 후식으로 바치게 했다는 100년 전의 비극적 에피소드를 역사 속에서 기억해 낸 사람이 아마 한 둘은 있을 것이다. 그러나 푸셰 같은 사람은 그처럼 잔인한 일을 벌이지 않는다. 오히려 그들이 전혀 예상하지 않았던 일이 일어난다. 새 손님이 들어오자 음모를 꾸민 사람들 모두 깜짝 놀란다. 바로 음모자들이 노리는 표적인 총재정부의 의장 고이에이다. 푸셰는 정말 악마다운 수준으로 장난을 치고 있다. 그러고는 놀랍기 그지없는 대화가 오고 간다. 의장은 경찰장관에게 최근의 사건들에 대해 묻는다. "아, 늘 똑같은 일입니다." 맥없이 눈꺼풀을 올리며 아무도 제대로 쳐다보지 않은 채 푸셰가 대답한다. "모반이 일어날 거라는 소문이 늘 끊이지 않습니다. 그러나 그런 소문에 어떻게 대처해야 할지 저는 알고 있습니다. 정말 모반을 꾸미는 놈이 있다면 우리는 곧 혁명광장에서 그 놈을 보게 될 겁니다."

그가 단두대를 살짝 암시하자 놀란 음모자들은 차가운 칼날이 등골을 스치는 것을 느낀다. 그가 자신들과 농담을 하는 걸까, 아니면 저기 저 사람과 농담을 하는 걸까? 알 수 없는 일이다. 그가 그들을 우롱하는 걸까, 아니면 총재정부의 의장을 우롱하는 걸까? 알 수 없는 일이다. 아마 푸셰 본인도 모를 것이다. 왜냐하면 그가 이 세상에서 즐기는 것은 늘 단 하나이기 때문이다. 그것은 자기 분열에서 오는 쾌감이다. 다시 말해 그는 일인이역을 하면서 톡톡 쏘는 듯한 자극과 짜릿한 위험을 즐긴다.

이처럼 즐겁게 장난을 치고 난 후 경찰장관은 거사 시점까지 괴이하게도 무기력하게 축 늘어진 상태로 되돌아간다. 이미 원로원 의원 절반이 매수되고 군대도 나폴레옹 편에 가담했는데 그는 보지도 듣지도 못하고 있다. 이상한 일은 더 있다. 평상시 일찍 일어나서 사무실에 제일 먼저 출근하는 사람으로 알려진 조제프 푸셰가 하필이면 나폴레옹이 쿠데타를 일으킨 브뤼메르 18일에는 신기하게도 아침잠을 늘어지게 자고 있다. 하루 종일 잠을 자고 싶었겠지만 총재정부에서 보낸 사람 둘이 그를 흔들어 깨우고는 천연덕스럽게 의아해하는 그에게 원로원에서 이상한 일이 일어났고 군대가 집결해 있으며 쿠데타가 일어난 게 분명하다고 보고한다. 조제프 푸셰는 눈을 비비고는 예의상 깜짝 놀란 척한다. (사실은 어제 저녁 그는 오랜 시간 보나파르트와 상의를 했다.) 이제 아쉽게도 더는 잘 수가 없다. 아니, 자는 척할 수가 없다. 경찰장관은 옷을 차려 입고 총재정부에 출두해야 한다. 정부의 의장 고이에가 그를 험악하게 대하는 바람에 그는 깜짝 놀란 척하는 코미디를 계속할 수가 없다. 고이에가 호통친다. "당신은 그런 음모를 우리에게 보고해야 할 의무가 있었소. 당신네 경찰이 그런 일을 몰랐다는 건 있을 수 없는 일이오." 푸셰는 조용히 거친 욕설을 견디며 마치 가장 충실한 신하라도 되는 것처럼 명령하실 게 있냐고 묻는다. 하지만 고이에는 날을 세우며 거절한다. "총재정부가 명령할 게 있다면 정부의 신뢰를 받을 만한 사람에게 할 것이오." 푸셰는 속으로 웃는다. '이 바보는 총재정부가 더 이상 명령을 내릴 처지가 아니라는 것을 아직도 모르는군. 다섯 중 둘은 이미 등을 돌렸고 다른 한 사람은 매수되어 있다는 걸 말이야. 그러니 무엇 때문에 내가 바보들을 가르치겠어?' 그는 냉랭하게 허리를 숙이고는 자기 자리로 간다.

그러나 푸셰는 자신의 진짜 자리가 어디인지 아직은 모른다. 현정부의 경찰장관 자리인지 새 정부의 경찰장관 자리인지는 어느 쪽이 승리하느냐에 달려 있다. 이제부터 24시간이 지나면 총재정부인지 보나파르트인지 결정이 날 것이다. 첫날은 보나파르트에게 유리하게 흘러간다. 보상을 약속 받고는 신바람이 난 원로원은 뇌물까지 받자 보나파르트가 원하는 것을 다 들어준다. 그를 군대의 총사령관으로 임명하고 500명의 의원으로 구성된 하원의회를 생클루로 옮겨 열게 한다. 노동자 부대도, 언론도, 민중도 없는 그곳에는 아름다운 공원이 하나 덜렁 있다. 이 공원을 외부로부터 철저히 차단하는 데에는 2개 중대의 보병이면 충분하다. 그러나 아직은 승리했다고 할 수 없다. 500명의 의원 중에는 아직 매수되지도 않고 겁을 먹지도 않은 성가신 놈들이 수십 명 있다. 심지어 왕위를 노리는 나폴레옹에 맞서서 단도나 권총으로 공화국을 지켜 내려는 자가 하나쯤 있을지도 모른다. 그러니 평정을 유지해야 한다. 마음이 쏠리는 쪽으로 기울지 말아야 하고 충성 서약과 같은 하찮은 일을 한 쪽으로도 기울지 말아야 한다. 그저 조용히 아무것도 하지 말고 기다려야 한다. 결정이 떨어질 때까지 신중해야 한다.

푸셰는 평정을 유지하고 있다. 보나파르트가 기병대 선두에서 생클루를 향해 말을 달리고 거물급 공모자인 탈레랑과 시에예스와 그 밖의 수십 명이 마차를 타고 그 뒤를 따른다. 그러자 갑자기 파리로 들어오는 관문들이 덜컥 닫힌다. 경찰장관이 자신의 심부름꾼 이외에는 그 누구도 파리 시를 떠날 수 없고 파리 시로 들어올 수 없다고 명령을 내렸기 때문이다. 따라서 80만 시민들 가운데 단 한 사람을 빼고는 그 누구도 쿠데타의 성패 여부를 알 수 없다. 쿠데타가 진행되는 동안 30분 간격으로 심부름꾼이 푸셰에게 사태의 추이를 보고하지만 그는 아직도 결정을 내리지 않는다. 보나파르트가 성공하면 당연히 오늘 밤에 그의 장관이 되고 충실한 신하가 될 것이다. 보나파르트가 실패한다면 총재정부의 충실한 신하로 남을 것이고 냉정하게 '폭도'를 체포할 것이다.

그런데 푸셰는 상당히 뒤죽박죽인 보고를 받는다. 푸셰가 남자답게 평정을 유지한 반면 더 위대한 인물인 보나파르트는 전혀 평정을 유지하지 못했기 때문이다. 브뤼메르 18일은 보나파르트에게 유럽을 혼자 통치할 권한을 안겨 준 날이지만 이 위대한 남자는 아이러니컬하게도 바로 이날 평생에 걸쳐 가장 약한 면모를 보인다. 대포 앞에서는 꿈쩍도 하지 않던 보나파르트는 언변으로 청중을 자신의 편으로 만들어야 하는 상황에서는 갈팡질팡한다. 몇 년 전부터 군대를 호령하는 것에 익숙해진 그는 사람들을 설득하는 법을 잊어버렸다. 군기를 들고 보병대를 앞질러 말을 달리며 적군을 섬멸하던 이 강철 군인은 의정 단상에서 공화주의를 신봉하는 변호사 몇 명의 기를 꺾는 데에는 실패한다. 천하무적의 장군은 의원들이 맹렬하게 반대를 외치자 신경이 곤두서서 "전투의 신은 내 편이다"라는 투박하고 공허한 문구만 더듬거렸고 그가 더듬대는 꼴이 너무 한심해서 그의 친구들이 재빨리 그를 연단에서 끌어냈다고 기록은 전한다. 아르콜과 리볼리의 영웅은 총검을 장착한 그의 병정들 덕분에 시끄럽게 떠드는 몇 명의 변호사에게 굴욕적 패배를 당하는 것을 피한다. 다시 말에 올라탄 그는 사령관이자 독재자의 모습으로 돌아와서는 병정들에게 돌격하여 의사당을 점령하라고 명령을 내린다. 그러고 나서야 힘을 되찾고 동요를 가라앉힌다.

저녁 일곱 시 경 모든 결정이 내려진다. 보나파르트는 프랑스의 통령이자 전제군주가 된다. 만일 그가 패배했거나 의회가 다수결로 그를 거부했더라면 푸셰는 "저열한 음모가 드러났다"는 비장한 포고문을 파리 곳곳의 담벼락에 붙이게 했을 것이다. 보나파르트가 승리하자 그는 재빨리 이 승리를 자기 것으로 만든다. 공화정이 사실상 종말을 고하고 나폴레옹의 독재가 시작되었다는 것을 다음 날 파리 시민에게 알린 사람은 보나파르트가 아니라 경찰장관 푸셰이다. "경찰장관이 시민 여러분께 알립니다"라는 말로 그는 거짓으로 가득한 보고를 시작한다. "공화국의 관심사를 협의하기 위해 생클루에서 의회가 열렸습니다. 보나파르트 장군은 반란 음모를 밝히기 위해서 500인 의회에 나타났다가 하마터면 자객에게 암살당할 뻔했습니다. 그러나 공화국의 수호신은 장군을 지켰습니다. 공화국 국민들의 소원은 이제 이루어질 것이므로 (…) 다들 안심하시기 바랍니다. 약자들은 안심하시기 바랍니다. 강자가 당신들과 함께할 것입니다. (…) 두려움에 떨어야 할 자는 불안을 조장하고 여론을 교란시키고 질서를 문란하게 하는 자들뿐입니다. 정부는 이런 자들을 진압하기 위해서 만반의 조치를 취할 것입니다."

또 한 차례 푸셰는 운이 좋게도 다수파에게 편승했다. 백주에 아주 뻔뻔하고 노골적으로 승자에게 옮겨 갔기 때문에 점차 여러 부류의 사람들이 푸셰가 어떤 사람인지를 알아채기 시작한다. 몇 주 후에 파리 교외의 어느 극장에서 「생클루의 바람개비」란 제목의 재기발랄한 코미디가 공연된다. 조심스럽게 바람 부는 대로 새 바람으로

■1799년 브뤼메르 18일(11월 9일) 쿠데타를 일으킨 나폴레옹

갈아타는 푸셰의 처신을 이름만 조금 바꿔서 아주 재미있게 풍자하는 내용이었는데 모두가 그것을 이해하고 환호한다. 물론 푸셰는 검열관 자격으로 자신을 조롱하는 풍자극을 금지시킬 수도 있었겠지만 다행히도 그런 짓을 할 만큼 아둔하지는 않았다. 오히려 그는 자신이 변화무쌍하며 예측할 수 없는 사람이란 사실을 자랑 삼아 드러내기까지 한다. 그런 사실은 독특한 아우라를 뿜어내기 때문이다.

'사람들이 나에게 복종만 한다면, 나를 두려워만 한다면 나를 웃음거리로 삼아도 무방하다'고 그는 생각한다.

배반과 불신의 드라마

보나파르트가 그날의 승리자이고 푸셰가 은밀한 조력자이자 변절자라면 진짜 희생자는 총재정부의 영도자인 바라스이다. 이날 그는 배은망덕이 어떤 것인지를 세계사의 현장에서 배우게 된다. 2년 전 바라스는 보나파르트와 푸셰를 밑바닥에서 데리고 나와서 사람 구실을 하게 만들어 주었다. 그에게 고마워해야 마땅할 이 두 사람이 힘을 합쳐 그를 거꾸러트리고는 성가신 거지를 대하듯이 거액의 팁을 주고 쫓아버린 것이다. 마음씨 좋고 경박하며 향락을 좋아하는 호인 바라스는 누구에게나 기꺼이 자신의 몫을 건네주곤 했다. 작달막하고 올리브 색 얼굴을 한 나폴레옹 보나파르트가 박대를 당하고 거의 추방되다시피 했던 포병장교 시절, 그를 말 그대로 길거리에서 거두어들여서는 아직 대금도 치르기 전에 해져 버린 군복 외투에 장군의 금줄을 붙여 주었던 건 호인 바라스였다. 바라스는 다른 사람들을 제쳐 두고 불쑥 보나파르트를 파리 사령관으로 삼았고 그에게 자신의 정부情婦 조제핀을 넘겨주었다. 그의 주머니에 돈을 채워 주었으며 이탈리아 파견군의 총사령관이 될 것을 강권하였다. 따라서 보나파르트가 불멸의 업적을 남길 수 있도록 교량 역할을 한 사람은 다름 아닌 바라스이다. 마찬가지로 그는 푸셰를 6층에 있는 지저분한 다락방에서 끄집어냈고 단두대 형을 면하게 해 주었다. 모두가 푸셰에게 등을 돌렸을 때 바라스만이 푸셰가 굶지 않게 도와주었고 결국에는 그를 높은 지위에 오르게 하고 주머니를 금으로 가득 채워주지 않았던가! 그런데 평생을 바쳐 은혜를 갚아야 할 두 놈이 2년 후 작당을 해서 그를 진창으로 내던진 것이다. 그가 바로 이들을 그 진창에서 끌어올렸는데 말이다. 정말이지 세계사가 아무리 도덕 법전이 아니라 할지라도 브뤼메르 18일 나폴레옹과 푸셰가 바라스에게 한 짓처럼 철두철미하게 배은망덕했던 경우를 찾아내기는 쉽지 않다.

나폴레옹이 자신의 후원자를 배은망덕하게 다룬 것은 그가 천재였기 때문에 조금이나마 변명의 여지가 있다. 그의 강력함이 그에게 특별한 권리를 부여한다는 얘기다. 별을 목표로 삼고 나아가는 천재는 필요하다면 사람을 밟고 넘어가기도 하기 때문이다. 역사의 더욱 깊은 뜻과 보이지 않는 소명을 따르기 위해서 보잘것없는 일순간의 현상들을 마음대로 이용하기 때문이다. 이와는 달리 푸셰의 배은망덕은 극단적으로 비도덕적 인간이 자주 저지르는 일에 불과하다. 그런 인간은 아주 말초적으로 자신과 자신의 이익에만 반응한다. 푸셰는 그가 원하기만 한다면 눈 깜짝할 사이에 모든 과거를 잊어버릴 수 있다. 이어지는 푸셰의 경력을 보면 이런 특출한 능력을 입증하는 믿기 어려운 사례들이 즐비하다. 14일 후 푸셰는 열대의 섬으로 귀양갈 뻔한 자신을 구해 내고 추방되지 않게 도와준 은인 바라스에게 추방명령서를 보내고 그의 모든 서류를 몰수한다. 아마 그중에는 푸셰가 쓴 구걸하는 편지와 첩보 보고서도 있었을 것이다.

원한이 뼈에 사무친 바라스는 이를 악문다. 그가 회고록에서 보나파르트와 푸셰의 이름을 언급할 때면 이를 부드득 가는 소리가 들릴 정도다. 그에게 위안이 되는 것은 단 하나, 보나파르트가 푸셰를 거두었다는 사실이다. 언젠가는 둘 중 하나가 다른 하나에게 자신의 복수를 해 줄 것이라고 예언자처럼 그는 확신한다. 두 사람은 오래 친구로 남지는 않을 것이다!

물론 둘이 함께 일한 처음 몇 달 동안 시민 경찰장관은 아주 헌신적으로 시민 통령에게 봉사한다. 그 당시 공문서에서는 여전히 모든 공직자들의 직책 앞에 '시민'이라는 칭호를 앞세우고 있다. 야심만만한 보나파르트도 아직은 공화국의 제1시민이라는 사실에 만족한다. 보통 사람이라면 해내지 못할 어마어마한 과제에 직면한 보나파르트는 처음 몇 년 동안 젊은 천재의 능력을 여러 분야에서 풍부하게 발휘한다. 새 질서를 만들던 이 시대에서처럼 보나파르트가 걸출하고 창의력이 넘치면서 인간미 있는 모습을 보였던 때는 결코 없다. 혁명을 법제화하고 혁명의 업적을 보존하는 동시에 혁명의 과다한 동력을 줄이는 일, 승리로써 전쟁을 종결하고 힘차고 성실하게 평화를 누리며 이 승리에 진정한 의미를 부여하는 일, 이런 것들이야말로 숭고한 이념이 아닐 수 없다. 이치를 꿰뚫어 보는 혜안을 지닌 새 영웅은 하루 열 시간을 열정적으로 일하는 사람답게 강인한 에너지로 이 숭고한 이념에 헌신한다.

영웅신화는 언제나 기병대가 거둔 승리와 정복한 나라들만을 위대한 업적으로 치부하며 아우스터리츠와 아일라우와 바야돌리드 전투에서 승리했던 몇 해를 찬양하지만 그런 전투들은 나폴레옹 보나파르트가 이루어 낸 전대미문의 업적이라고는 할 수 없다. 그가 이룬 전대미문의 업적은 당파 싸움으로 분열되어 파탄 지경에 이른 프랑스를 다시 생명력 있는 국가로 만들어 낸 것이다. 그는 가치를 잃은 아시냐를 제대로 된 화폐로 교체하고 새로 나폴레옹 법전을 편찬하여 법과 풍속을 엄중하고도 인도적인 형태로 정형화한다. 이 정치의 귀재가 자신이 관할하는 모든 영역에서 완벽한 솜씨로 국가를 안정시키고 유럽을 평화롭게 했으니 이야말로 그의 참된 위업이 아닐 수 없다. 전쟁을 벌이던 시절이 아니라 새 질서를 만들던 이 시절에 보나파르트는 진정 창의력에 넘쳤다. 그의 장관들이 이 시절만큼 정직하고 충실하고 활기차게 그를 보좌했던 적은 결코 없었다.

푸셰 역시 나폴레옹에게는 완벽한 신하이다. 두 사람 다 폭력과 처형보다는 협상과 관용으로 내란을 종식시켜야 한다고 확신하고 있다. 몇 달이 지나자 푸셰는 나라를 완전히 안정되게 만든다. 그는 마지막으로 남아 있던 테러리스트와 왕당파의 본거지를 소탕하고 거리에서 폭력 사태가 벌어지는 일이 없도록 조치한다. 푸셰는 관료다운 에너지로 자질구레한 일들을 하나하나 정확히 처리함으로써 기꺼이 정치 지도자 보나파르트가 세운 큰 계획들을 아래에서 떠받친다. 위대하고 유익한 작업은 언제나 사람들을 뭉치게 하는 법이다. 신하는 제 군주를 발견했고 군주는 제 신하를 발견한 셈이었다.

언제 처음으로 보나파르트가 푸셰를 불신하게 되었는지는 신기하게도 날짜와 시간까지 분명히 밝힐 수 있다. 지금 이야기하려는 에피소드는 몇 년 동안 밀어닥친 숱한 사건들에 묻혀 거의 알려지지 않았다. 심리학자의 형안을 지닌 발자크만이 이 에피소드를 ─물론 작가의 상상력을 가미하여─ 세상에 알렸다. 발자크는 원래 대단치 않아 보이는 데에서 본질적인 것을 알아채고 사소한 디테일에서 지속적으로 영향을 미치는 원동력을 알아채는 데 이력이 난 사람이다. 그 사소한 사건은 이탈리아에서 벌어진 오스트리아 대 프랑스의 전쟁 중 일어난다.

1800년 1월 20일 파리, 장관과 주요 공직자들이 미묘한 분위기 속에 모여 있다. 한 전령이 마렝고의 전장에서 나쁜 소식을 가지고 왔다. 보나파르트가 대패하였으며 프랑스군이 총퇴각을 하는 중이라는 소식이다. 그 자리에 모여 있던 사람들은 누구나 당장 마음속으로 똑같은 생각을 한다. '패전 장군을 제1통령으로 둘 수는 없다.' 모두들 후임자를 생각한다. 이러한 조치가 필요하다는 것을 사람들이 얼마만큼 분명히 입 밖에 냈는지는 알려진 바가 없지만 나폴레옹의 형제들이 감을 잡은 걸 보면 어떻게 최고 통치자를 바꿀지에 대해 나직이 상의가 오간 것만은 확실하다. 카르노가 가장 과감하게 나서서 신속히 이전의 안전위원회를 부활시킬 것을 주장했다고 전해진다. 푸셰는 그의 성격상 패배한 통령에게 충성을 바치기보다는 필요하다면 옛 주인 편이 되고 경우에 따라서는 새 주인 편이 되려고 조심스럽게 침묵하고 있었을 것으로 보인다. 그러나 바로 다음 날 두 번째 전령이 도착해서 정반대의 보고를 한다. 마렝고에서 혁혁한 승리를 거두었다는 것이다. 마지막 순간에 드제 장군이 천재적인 군인의 직관력으로 보나파르트를 도우러 와서 패배를 승리로 바꾸어 놓았다는 것이다.

며칠 후 제1통령 보나파르트는 출정했을 때보다 백배는 더 강해진 모습으로 돌아와서는 자신의 권력을 공고히 한다. 그러고는 모든 장관과 친구들이 그가 패배했다는 첫 번째 소식을 듣자마자 그에게 등을 돌렸다는 사실을 즉시 누군가로부터 들은 게 분명하다. 첫 번째 희생자는 너무 많이 앞서 나갔던 카르노이다. 그는 장관직을 잃고, 푸셰를 포함한 다른 장관들은 직책을 유지한다. 푸셰는 워낙 조심스러워서 충성하지 않았다는 증거를 남기지 않았다. 물론 충성했다는 증거를 남기지도 않았다. 그는 한심한 꼴을 보이지는 않았지만 믿을 만한 인물임을 입증해 보이지도 않았다. 그러니 그의 변함없는 모습을 또 한 차례 확인시킨 셈이다. 만사가 잘 될 때는 믿을 만한 인물이지만 만사가 꼬일 때는 믿지 못할 인물이 바로 푸셰이다. 보나파르트는 그를 해고하지 않는다. 나무라지도, 벌하지도 않는다. 그러나 이날부터 그는 푸셰를 더 이상 신뢰하지 않는다.

역사에서 거의 잊힌 이 에피소드는 이런 결과 외에도 또 다른 심리적 후유증을 남긴다. 이 에피소드는 무력과 승리에 기반하여 세워진 정권은 단 한 번의 패전으로 무너지기 마련이라는 사실을 너무도 분명히 일깨우고 있다. 그러니 혈통과 조상이라는 자연스러운 정통성이 없는 모든 지배자는 반드시 늦기 전에 새로운 정통성을 창출해야 한다고 경고한다. 보나파르트 본인은 자신의 능력을 알고 있고 상승일로에 있는 타고난 천재답게 항상 낙관으로 가득 차 있기에 그러한 나직한 경고를 잊어버릴 수도 있지만 그의 형제들은 그럴 수 없다.

나폴레옹이 혼자 프랑스로 온 것이 아니라 욕심 많고 권력에 기갈난 대가족을 달고 왔다는 사실을 역사가들은 자주 간과하곤 한다. 어머니와 실직자였던 네 형제는 처음에는 자신들의 영도자인 나폴레옹이 부유한 공장주의 딸과 결혼해서 누이들에게 드레스를 두어 벌 장만해 주기만 해도 흡족했을 것이다. 그러나 이제 그가 뜻밖에도 최고 권력을 쥐게 되자 전 가족은 황급히 그에게 매달려서 한꺼번에 신분 상승을 하려고 든다. 그들도 나폴레옹처럼 통치권을 행사하고 싶기에 우선은 프랑스 전역을, 나중에는 전 세계를 보나파르트 가문의 영구한 세습재산으로 삼으려 한다. 그들은 천재다운 면모는 눈곱만큼도 없으면서 걸신이 들린 듯 지저분한 수단으로 대규모의 약탈을 행한다. 그들은 나폴레옹에게 세습 왕국을 구축하라고 엄청난 압박을 가한다. 민중의 총애에 좌우되는 그의 권력을 민중의 총애에 구애 받지 않는 영구한 권력으로 만들기 위해 만반의 조치를 취해야 한다는 것이다. 다시 말해서 나폴레옹이 가족 모두를 위해 통치권을 공고히 하고 왕이나 황제가 되어야 한다는 얘기다. 그리고는 조제핀과 이혼한 후 바덴 대공국의 공주와 결혼하라고 요구한다. 아직은 아무도 감히 러시아 황제의 누이나 합스부르크 가문의 딸을 떠올리지는 않는다. 그들은 끊임없이 술수를 써서 나폴레옹이 점차 예전의 동반자들을 멀리하게 만들고 예전의 신념에서 멀어지게 한다. 공화주의에서 반동으로, 자유에서 전제정치로 나폴레옹을 몰아간다.

통령의 아내 조제핀은 탐욕스럽게 선동을 계속하는 이 역겨운 일당 앞에서 홀로 어찌할 바를 모른다. 보나파르트가 독재정치를 향해 한발 나아갈수록 자신에게서 멀어진다는 사실을 그녀는 알고 있다. 세습군주제의 이념이 최우선으로 요구하는 바로 그것을 왕이나 황제에게 줄 수 없는 처지이기 때문이다. 다시 말해서 왕위 계승자를 낳아서 통치권의 영속성을 굳히는 일을 그녀는 할 수 없다. 보나파르트의 측근 중 극소수만이 그녀의 편이다. 그녀는 뿌릴 돈도 없이 늘 빚에 쪼들리고 있기 때문이다. 그 당시 그녀에게 가장 충성스러운 사람은 푸셰이다. 이미 오래전부터 그는 예기치 않은 성공을 거둔 보나파르트가 예기치 않은 방향으로 야심을 키워 가는 것을 의심을 품고 지켜본다. 보나파르트가 강직한 공화주의자를 무정부주의자나 테러리스트 취급하며 박해하려 드는 것 역시 그는 지켜본다. 그는 예리하고 의심에 찬 눈으로 장군의 뒤에 숨어 있던 황제가, 시민의 뒤에 숨어 있던 지배자 카이사르가 모습을 드러내는 것을 본다. 푸셰 본인은 국왕의 처형을 위해 투표권을 행사했던 전력이 있어서 좋든 싫든 공화제와 뗄 수 없는 관계이기에 공화제와 공화주의 국가의 존속에 모든 이해관계를 걸고 있다. 그는 군주제를 두려워하기에 때로는 은밀히, 때로는 공공연히 조제핀의 편에서 싸운다.

보나파르트 일가는 그런 그를 용서하지 않는다. 그들은 코르시카 사람 특유의 증오심에 차서 자신들의 업무를 방해하는 이 남자의 일 거수일투족을 엿보고 있다. 그가 실수를 하나 한다면 곧장 진창으로 던져 버리려는 심산이다.

그들은 오랫동안 초조하게 기다린다. 그러던 어느 날 푸셰를 넘어뜨릴 기회가 생긴다. 1800년 12월 24일 보나파르트는 하이든의 오라토리오 「천지창조」의 파리 초연을 관람하기 위해 마차를 타고 극장으로 가고 있다. 좁은 니케즈 거리를 지나고 있는데 마차의 바로 뒤에서 무언가가 폭발하면서 파편과 화약과 자잘한 산탄이 온천 수처럼 무시무시하게 치솟고 폭발물의 잔해가 튀어 나가 주변 건물을 뒤덮는다. 누군가가 악명 높은 시한폭탄을 이용해 암살을 시도한 것이다. 마부가 (만취해 있었다는 소문이 있다) 과속으로 말을 몰았던 덕에 제1통령은 목숨을 건질 수 있었다. 그러나 40명 남짓 되는 사람들의 몸이 동강이 난 채 피를 흘리며 거리에 쓰러지고 마차는 기압에 의해 위로 치솟았다가 총탄에 맞은 짐승마냥 비틀거린다. 보나파르트는 돌처럼 굳은 창백한 얼굴로 곧장 극장으로 가서 열광하는 관중에게 자신이 얼마나 태연자약한지를 보여 준다. 옆자리의 조제핀은 경련을 일으키며 눈물을 감추지 못하지만 그는 침착하게 아무런 표정 없이 하이든의 감미로운 멜로디에 귀를 기울인다. 그러고는 애써 침착한 태도로 우레와 같은 환호성에 감사를 표한다.

그러나 그가 극장에서 돌아오자마자 튈르리 궁에 모인 장관들과 추밀원 고문관들은 그가 보인 태연자약한 태도는 관중을 위한 연극에 불과했음을 알아차린다. 그는 특히 푸셰에게 분통을 터뜨린다. 그는 창백한 얼굴로 꼼짝도 않는 푸셰에게 사납게 달려든다. "당신은 경찰장관이니 오래전에 그런 음모의 낌새를 알아차렸어야 마땅하오. 하지만 당신은 예전에 같이 죄를 저질렀던 당신 친구 자코뱅들을 감싸느라 업무를 그르치고 있소." 푸셰는 차분히 반대 의견을 말한다. "지금까지는 이 암살 시도가 자코뱅 짓이라고 볼 증거가 전혀 없습니다. 제 개인 의견을 말씀 드리자면 모반자는 왕당파에 속하며 영국이 재정적으로 지원을 한 게 분명합니다." 그러나 그가 이렇게 차분히 항변하자 제1통령은 더욱 격노한다. "자코뱅 짓이오, 테러리스트 짓이라고! 이 악당들은 언제나 소동을 일으키고 작당을 해서 정부를 뒤엎으려 하지. 나를 죽일 수만 있다면 수천 명이 희생되어도 아랑곳하지 않는 악랄한 놈들이오. 이제 나는 이놈들을 벌해서 정의를 바로 세우고 장차 본보기가 되게 할 것이오." 푸셰는 감히 또 한 차례 이의를 제기한다. 그러자 코르시카 사람답게 다혈질인 보나파르트는 푸셰에게 덤벼든다. 조제핀이 끼어들어서 남편 팔을 잡고 진정시키지 않았더라면 주먹을 휘둘렀을 것이다. 그러나 보나파르트는 팔을 뿌리치고 자코뱅파가 저지른 살인과 범죄를 줄줄이 열거하며 푸셰를 질책한다. 파리의 12월 사건, 낭트에서 개최되었던 공화주의 결혼식, 베르사유에서 포로들을 학살한 일 등을 거론하는데 이 말인즉 자신이 '리옹의 도살자'의 과거를 아주 잘 기억하고 있다는 분명한 경고이다. 하지만 보나파르트가 호통을 치면 칠수록 푸셰는 더욱 완강하게 침묵한다. 비난의 화살이 빗발치고 나폴레옹의 형제들과 아첨꾼들이 마침내 약점을 보인 경찰장관을 경멸에 찬 눈빛으로 흘겨보지만 그의 얼굴은 철 가면을 쓴 듯, 근육 하나 움찔거리지 않는다. 그는 모든 비난을 냉랭하게 물리치고 튈르리 궁을 떠난다.

그의 실각은 피할 수 없어 보인다. 조제핀이 아무리 푸셰 편을 들어도 나폴레옹은 꿈쩍도 하지 않는다. "그놈이 바로 자코뱅들의 지도자가 아니었어? 그놈이 리옹과 루아르강가에서 저지른 짓을 내가 모를 리 있냐고! 리옹과 루아르강변에서 벌어진 일을 보면 푸셰가 어떤 놈인지 알 수 있어." 나폴레옹은 노여워하며 소리 지른다. 이제 사람들은 새 경찰장관이 누가 될지 추측하기 시작하고 벌써 조정의 아첨꾼들은 총애를 잃은 푸셰에게 등을 돌리기 시작한다. 이제 조제프 푸셰의 경력은 (몇 차례 그랬듯이) 끝장이 난 것처럼 보인다.

며칠이 지나도 상황은 좋아지지 않는다. 보나파르트는 자코뱅파가 암살을 시도했다는 의견을 굽히지 않고 엄벌을 요구한다. 푸셰가 보나파르트와 주변 사람들에게 자신은 다른 단서를 쫓고 있다고 넌지시 말하면 다들 그를 비웃고 경멸한다. 어리석은 사람들은 경찰장관이 순진해서 이렇게 명백한 사건을 해결하려고 하지 않는다고 웃으며 조롱한다. 그가 고집스럽게도 자신의 착오를 시정하려 하지 않자 그의 적들은 승리감에 젖는다. 푸셰는 아무런 대답도 하지 않는다. 그는 다투지도 않고 침묵을 지킨다. 침묵은 2주일 동안 이어진다. 급진주의자이며 자코뱅파였던 130명을 '열대의 단두대'라 불리는 기아나로 추방한다는 결정이 내려지고 푸셰는 이들의 명단을 작성하라는 명령을 받는다. 이때에도 그는 이의를 제기하지 않고 말없이 복종한다. 그는 눈 하나 깜빡하지 않고 자신의 친구 바뵈프의 추종자들인 최후의 '산악파'를 재판에 회부한다는 명령서를 작성한다. 이 재판에 회부된 토피노와 아레나는 나폴레옹이 이탈리아에서 수백만 프랑을 훔쳤고 그 돈으로 독재권을 매입하려 했다고 공개적으로 말한 죄 외에는 잘못한 게 없는데도 말이다. 푸셰는 자신이 무고하다고 확신하는 사람들이 유형이나 사형 선고를 받게 내버려 둔다. 마치 고해성사의 비밀을 지켜야 할 의무에 묶인 신부가 무고한 사람이 유죄 판결을 받는 것을 묵묵히 주시하듯이 그는 침묵한다.

얼마 전부터 푸셰는 올바른 단서를 쫓고 있다. 다른 사람들이 그를 비웃고 보나파르트가 어리석게 고집을 부린다고 날마다 그를 질책하는 동안 그는 사실은 왕당파 성향의 올빼미파가 암살을 도모했다는 최종적인 증거를 밀실에서 모은다. 그는 추밀원과 튈르리 궁의 접견실에서는 어떤 비난을 받더라도 아무렇지도 않은 척 냉랭한 태도를 보이지만 자신의 비밀 공간에서는 최고의 첩보원들과 미친 듯이 작업한다. 거액의 현찰을 상여금으로 제공하고 프랑스의 모든 스파이와 끄나풀을 동원하고 파리 시민 대다수를 증인으로 소환한다. 시한폭탄을 뒤에 달고 있던 암말은 산산조각이 났음에도 불구하고 신원이 확보되었고 이전의 소유자가 밝혀졌다. 그 남자는 말을 산 사람들을 정확히 묘사했다. 빼어난 솜씨로 작성된 '올빼미파의 전기' (푸셰는 망명자와 왕당파, '올빼미파 일당'을 인물 별로 서술한 사전을 만들었다) 덕분에 암살 도모자가 누구인지는 벌써 밝혀졌다.

그런데도 푸셰는 여전히 침묵하고 있다. 여전히 그는 적들이 기고만장해서 자신을 비웃게 내버려 둔 채 영웅의 꼿꼿함으로 버티고 있다. 마지막 실이 점점 빨리 얽히며 쉽사리 끊어지지 않을 그물이 완성되고 있다. 며칠만 지나면 독거미가 이 그물에 잡힐 것이다. 2, 3일만 더 버티자고 푸셰는 다짐한다. 왜 이렇게 버티는 걸까? 이번 일로 푸셰의 공명심은 자극을 받았고 자존심에 상처를 입었기 때문이다. 그는 보나파르트를, 자신의 무능을 비판한 사람들 모두를 꺾고 승리하려 한다. 이 승리는 자잘하고 어중간한 승리여서는 안 된다. 보나파르트는 마렝고에서 적을 몽땅 섬멸하며 승리를 거뒀다. 푸셰 역시 그런 승리를 거두려 한다.

2주일이 지난 후 그는 갑자기 반격을 시작한다. 음모를 속속들이 밝히고 모든 단서를 정확히 끼워 맞춘다. 푸셰가 예상했던 대로였다. 올빼미파 중에서 가장 악명 높은 카두달이 음모의 괴수였고 영국의 돈에 매수된 왕당파 무리가 하수인이었다. 푸셰의 적에게 이 소식은 청천벽력과도 같다. 자신들이 130명을 아무런 이유 없이 부당하게 처벌했으며 속내를 알 수 없는 사람인 푸셰를 너무도 뻔뻔히 비웃었다는 걸 깨달았기 때문이다. 완전무결한 경찰장관이라는 그의 공적인 위상은 그 어느 때보다도 강해지고 사람들은 이전보다 더 그를 존경하고 두려워하게 된다. 보나파르트는 분노와 감탄이 섞인 감정으로 계산의 달인을 우러러 본다. 이 무쇠 인간은 냉혹하게 따져 보고 옳게 행동했던 것이다! 내키지는 않지만 보나파르트는 이 사실을 시인해야 한다. "푸셰는 다른 많은 사람들보다 더 명석하게 판단하였다. 그가 옳다. 돌아온 망명자들과 올빼미파와 왕당파의 모든 사람들에 대해 경계를 소홀히 해서는 안 된다."

그러나 이 사건으로 푸셰는 보나파르트의 존경은 얻지만 그의 총애를 얻지는 못한다. 전제군주는 결코 자신의 실수와 부당함을 지적한 사람을 고맙게 여기지 않기 때문이다. 플루타르크는 전투 중 위기에 빠진 왕의 생명을 구했던 병사에 관한 일화를 들려준다. 어떤 현인이 병사에게 당장 도망가라고 충고했다고 한다. 하지만 병사는 그렇게 하지 않고 왕이 상을 주기를 바라다가 목숨을 잃었다는 이야기인데 정말이지 여기엔 영원한 진리가 담겨 있다. 제왕은 자신의 약점이 드러난 순간을 목격한 사람을 좋아하지 않는다. 독재자의 천성을 지닌 사람은 조언자가 단 한 순간이라도 자신보다 영리한 모습을 보여 주면 그 조언자를 좋아하지 않는다.

최고의 승리

푸셰는 이제 경찰 세계처럼 좁은 곳에서 거둘 수 있는 최고의 승리를 거두었다. 그러나 이 승리는 보나파르트가 지난 2년 동안 통령으로 재직하면서 거둔 승리에 비하면 얼마나 미미한가! 이 독재자는 연이은 승리에 가장 아름다운 승리를 더하며 화룡점정을 찍었다. 드디어 영국과 평화조약을 맺고 교황과 종교협약을 맺은 것이다. 보나파르트는 탁월한 창의력을 발휘하여 계획을 세우고 추진해 나갔기에 세계 최강의 두 권력은 더 이상 프랑스의 적수가 되지 못한다. 국가는 평온을 되찾고 재정은 체계를 갖추었으며 정파 싸움은 끝이 나고 온갖 대립은 완화된 상태이다. 재화는 다시 늘어나고 산업은 새로이 발전하고 예술은 활기를 띠기 시작한다. 아우구스투스의 시대가 도래한 것이다. 이제 아우구스투스가 자신을 카이사르라고 칭해도 되는 시점이 멀지 않다.

푸셰는 보나파르트의 거동과 생각 모두를 속속들이 알고 있기에 이 코르시카 사람의 공명심이 어디로 치닫고 있는지를 정확히 간파한다. 보나파르트는 공화국 안에서 최고 역할을 하는 것에 더 이상 만족하지 않는다. 그는 자신이 구해 낸 나라를 자신과 가족의 평생 소유물로 삼으려 한다. 공화국의 통령 보나파르트는 그런 공화주의에 반하는 야심을 공공연히 입 밖에 내지는 않지만 원로원이 자신에 대한 감사의 표시로 어떤 '특별한 판단'을 내리기를 바란다는 말을 슬쩍 심복들에게 전한다. 안토니우스와 같은 믿음직하고 충성스러운 신하가 나타나 자신을 황제로 옹립하기를 마음 깊숙이 갈망하고 있다. 꾀가 많고 유연한 푸셰가 그렇게 한다면 보나파르트는 그 공로를 평생 잊지 않을 것이다.

그러나 푸셰는 이 역할을 거부한다. 엄밀히 표현하면 공공연히 거부하지는 않는다. 그 대신 뜻을 받드는 척하면서 뒷전에서 보나파르트의 의도를 무산시키려고 한다. 그는 보나파르트의 형제들과 그 일당에 맞서서 조제핀과 한편이 된다. 그녀는 남편이 군주제로 가는 최후의 일보를 내디딜까 봐 불안해하며 걱정하고 있다. 그렇게 되면 자신이 더 이상 그의 아내로 머물 수 없음을 알고 있기 때문이다. 푸셰는 그녀에게 공공연히 반대하지 말라고 충고한다. "가만히 계십시오. 부군을 저지해 봤자 소용이 없습니다. 당신이 염려하면 그는 짜증을 냅니다. 제가 충고하면 그는 기분 나빠합니다." 그는 나름의 방식대로 물밑 작업을 해서 야심만만한 자의 소망을 물거품으로 만들려고 시도한다.

보나파르트가 여전히 겸손한 척하며 본심을 말하지 않고 있을 때 원로원은 '어떤 특별한 판단'을 내리고는 그것을 제안하려는 참이다. 이때 푸셰를 포함한 몇몇 사람들은 원로원 의원들에게 이렇게 속삭인다. "이 위대하신 분은 충성스러운 공화주의자이십니다. 이분이 원하시는 것은 제1통령의 임기가 10년으로 연장되는 것 말고는 없습니다." 원로원 의원들은 그렇게 한다면 보나파르트에게 경의를 표하고 그를 기쁘게 할 것이라고 확신하고는 엄숙하게 이 제안을 채택한다. 그러나 보나파르트는 원로원이 자신이 원한 바 없는 선물을 대령하자 분노에 치를 떤다. 이건 거지에게나 줄 선물이 아닌가! 이렇게 된 데에는 음모가 한몫했음을 꿰뚫어 본 그는 배후에서 이런 장난을 친 자가 누구인지를 알아챈다. 냉담한 말로 그는 사절을 돌려보낸다. 이미 황제의 금관을 쓴 듯 목에 힘을 잔뜩 준 사람에게는 알량한 10년의 임기는 알맹이를 파낸 호두 껍데기에 불과하다. 그런 건 발로 짓이겨 버리면 그만이다.

드디어 보나파르트는 겸양의 가면을 던져 버리고 명료하게 자신이 원하는 바를 알린다. 종신 통령이 되겠다는 것이다! 이 말은 그가 장차 황제가 되려고 한다는 사실을 그다지 숨기지 않고 내비치고 있어서 통찰력 있는 사람이라면 누구나 이를 이해한다. 그 당시 보나파르트는 엄청난 강자였기에 국민은 수백만의 찬성표로 그가 원하는 대로 법률을 바꾸고 그를 종신 지배자로(국민과 보나파르트는 그렇게 되리라고 믿었다) 뽑는다. 공화국은 끝이 나고 군주국이 시작되었다.

보나파르트의 형제자매들은 조제프 푸셰가 황제가 되려고 조바심치던 사람에게 결정적인 순간에 족쇄를 채우려 했던 것을 결코 잊지 않는다. 코르시카 씨족 사회에서 온 형제자매 무리는 그런 일을 잊는 법이 없다. 그들은 보나파르트에게 이제 확고히 권좌에 오른 지금 무엇 때문에 발판을 받쳐 들고 있는 성가신 놈이 필요하냐고 다그친다. 전 국민이 이구동성으로 종신집권제에 동의했고 여러 대립들도 다행히 해결되었고 분쟁거리도 없어졌는데 지나치게 설치는 파수꾼이 왜 필요하냐는 말이다. 그놈은 프랑스를 감시할 뿐 아니라 자신들의 음흉한 책략까지도 감시하지 않는가? 그러니 저놈을 치워 버리자! 끊임없이 사악한 짓을 계획하고 발목을 잡는 놈을 처치하자, 해고해 버리자! 그들은 망설이는 보나파르트를 집요하게 설득한다.

보나파르트도 실은 그들과 같은 생각이다. 푸셰는 너무 많이 알고 있고 언제나 더 많이 알려고 들기 때문에 그에게도 거추장스러운 인물이다. 보나파르트는 자신이 발하는 빛을 따라다니는 잿빛의 음흉한 그림자가 거추장스럽다. 그러나 유난히 업적이 많고 국내에서 무한한 존경을 받고 있는 장관을 해임하려면 평계가 있어야 한다. 그리고 푸셰 또한 보나파르트와 더불어 강자가 되어 있다. 그러니 그를 공공연히 적으로 만들지 않는 게 좋다. 푸셰는 모든 비밀에 손을 뻗치고 있으며 코르시카 일당의 깨끗하지 못한 속사정까지도 소름이 끼칠 만큼 잘 알고 있기 때문에 그를 대놓고 모욕해서는 안 된다. 그래서 그들은 푸셰가 노여움을 사서 면직되는 것처럼 세상에 보이지 않도록 하기 위해서 상대를 배려하는 외교적인 해결책을 생각해 낸다. 조제프 푸셰를 쫓아내는 대신 경찰청을 없애는 것이다. 그가 너무도 완벽하고 탁월하게 직무를 수행한 덕에 이제는 시민 감시 기관인 경찰청이 전혀 필요 없게 되었다고 나폴레옹 일당은 선언한다. 다시 말해서 장관을 해고하지 않은 채 경찰청을 없애고 경찰장관이란 직위를 없앰으로써 이목을 끌지 않고 푸셰 본인을 제거해 버린 것이다.

예민한 푸셰가 발길질을 당하며 밖으로 쫓겨난다는 느낌을 갖지 않도록 그의 퇴직은 주도면밀하게 준비된다. 그는 장관직을 잃은 것에 대한 보상으로 원로원 의원에 임명된다. 보나파르트는 면직된 푸셰에게 승진을 알리는 편지를 쓴다. "극도로 어려운 시국에 경찰장관으로 재직한 시민 푸셰는 항상 재능과 추진력과 정부에 대한 충성심을 발휘하며 모든 상황에 적절히 대처하였다. 이에 정부는 그를 원로원 의원으로 임명하는 바이다. 상황이 변하여 다시 경찰장관이 필요한 때가 온다면 정부의 신뢰를 받을 만한 인물은 푸셰 말고는 없다는 것을 정부는 익히 알고 있다."

공산주의자였던 푸셰가 자신의 오랜 적이었던 돈과 속 시원히 화해했다는 것을 잘 아는 보나파르트는 그가 유복하게 퇴직 생활을 보낼 수 있도록 거액의 재산을 하사한다. 경찰장관이 경찰청 재산을 총결산하면서 잔액 240만 프랑을 내어 놓자 보나파르트는 그 절반, 그러니까 120만 프랑을 뚝 잘라서 그에게 준다. 그는 불과 10년 전만 해도 "사람을 망치는 비천한 금속"을 미친 듯이 성토하며 돈을 경멸했지만 이제는 전향자답게 그 돈을 받는다. 그밖에도 그는 원로원 의원이라는 칭호에 걸맞게끔 영지를 하사받는다. 마르세유에서 툴롱에 이르는 작은 영주령 엑스인데 그 시가는 무려 1,000만 프랑에 달한다. 보나파르트는 푸셰의 사람됨을 잘 알고 있다. 푸셰는 정치 도박에 중독된 모사꾼이라서 잠시도 손을 가만히 두지 못한다. 그의 손을 묶어 둘 수는 없는 노릇이니 차라리 그 손에 금을 쥐어 주어서 쉽게 움직이지 못하게 만드는 편이 낫다. 역사를 통틀어서 조제프 푸셰보다 더 명예롭고 더 정성스러운 대접을 받으며 퇴직한 장관은 찾기 어렵다.

황제와 신하

1804년~1811년

1802년 조제프 푸셰, 아니 원로원 의원 조제프 푸셰 각하는 제1통령의 간곡한 소원을 받들어 공직 생활을 정리한다. 10년 전 출세를 하기 전처럼 다시 야인野人이 된 셈이다. 지난 10년은 믿기 어려운 세월이었다. 그동안 사람들이 숱하게 죽어 나갔고 숙명적인 일들이 잇달았으며 세상이 바뀌었고 삶은 위태로웠다. 그러나 조제프 푸셰는 그런 시대를 제대로 활용했다. 1794년에는 난로 하나 없는 처참한 다락방으로 도망쳐서 몸을 숨겼지만 이번에는 세루티 거리에 위치한 잘 꾸며진 멋진 저택을 사들인다. 아마 예전에는 "파렴치한 귀족"이나 "철면피 부자"의 소유였을 것이다. 페리에르(이후 로스차일드 가문이 거주하게 될 곳)에는 호사스러운 여름 별장을 장만한다. 프로방스에 있는 그의 영주령 엑스는 꼬박꼬박 그에게 수익금을 보낸다. 이외에도 푸셰는 무엇이든 황금으로 만드는 고귀한 연금술을 보란 듯이 능숙히 구사한다. 증권거래소에는 그의 혜택을 입은 사람들이 일하고 있는데 그들은 그를 사업에 끼워 준다. 푸셰는 땅을 사들여서 재산을 늘린다. 2, 3년이 지나면 최초의 공산주의 선언서를 쓴 이 남자는 프랑스 제2의 부호가 되고 전국에서 첫째가는 대지주가 될 것이다. 리옹의 호랑이는 재물을 물어 나르는 햄스터가 되었고 영리하고 알뜰한 자본가가 되었으며 이자를 불릴 줄 아는 기술자가 되었다.

그러나 푸셰는 정계에서 출세를 하고 어마어마한 재산을 모은 후에도 여전히 검소하게 생활한다. 태어날 때부터 검소함이 몸에 밴 데다가 수도원 교육을 받으며 끊임없이 검소함을 실천한 덕이다. 1,500만 프랑의 재산가 조제프 푸셰는 개인적으로는 매일 15수^{Sous}를 간신히 마련하던 다락방 시절과 다를 바 없이 산다. 그는 술 담배를 즐기지 않으며 도박을 하지도 않는다. 여자들에게 돈을 쓰지도 않고 외모를 꾸미느라 돈을 낭비하지도 않는다. 그저 성실한 시골 지주마냥 아이들(영양실조로 두 아이를 잃고 난 후 세 아이가 새로 태어났다)을 데리고 평화롭게 들판에서 산책을 즐기고 때로는 작은 모임을 열어서 아내의 친구들이 연주하는 음악을 감상한다. 그러고는 책을 읽거나 영리한 사람들과 대화를 나누는 것을 즐긴다. 이처럼 지극히 무미건조해 보이는 시민은 아무도 몰래 마음 밑바닥에 악마나 품을 법한 욕망을 숨기고 있다. 세계를 판돈 삼아 정치 도박을 벌이면서 짜릿한 위험을 즐기고 싶다는 욕망이다. 그의 이웃들은 전혀 그런 이면을 눈치채지 못한다. 그들의 눈에 푸셰는 성실한 지주이며 훌륭한 아버지이자 다정한 남편일 뿐이다. 관직에 있던 시절의 그를 알지 못하는 사람들은 명랑하고 과묵한 푸셰의 가슴 속에 다시 정치 전선에 나서서 개입하고 싶은 열정이 켜켜이 쌓여 격렬히 요동치고 있음을 꿈에도 상상하지 못한다.

권력이란 메두사의 머리와 같다! 한번 메두사의 얼굴을 본 사람은 마법에 걸려서 더 이상 메두사에게서 눈을 떼지 못한 채 붙잡히고 만다. 지배하고 명령하는 데서 오는 도취감을 한번이라도 맛본 사람은 그 도취감을 결코 단념할 수 없다. 세계사에서 권력을 자진해서 내어 놓은 경우가 얼마나 되는지 찾아 보라. 술라와 카를 5세는 수백만 인간의 운명을 손에 쥐고 있다는, 거의 신성모독에 가까운 쾌감을 실컷 누리고서 맑은 정신으로 그것을 단념했는데 이런 경우는 수천수만의 지도자 중 겨우 10여 명에 불과하다. 도박꾼이 도박을 끊지 못하고 술꾼이 술을 끊지 못하고 밀렵꾼이 사냥을 그만두지 못하는 것처럼 조제프 푸셰도 정치에서 손을 떼지 못한다. 그는 평온함을 고통스러워한다. 아무렇지도 않은 척 명랑하게 전원생활을 즐기지만 정치판에서 패를 쥐고 싶어서 손가락이 꿈틀거리고 사지가 욱신댄다. 그래서 그는 관직을 떠난 후에도 자발적으로 경찰업무를 계속한다. 글 쓰는 연습을 할 겸, 아주 잊힌 인물이 되지 않으려고 매주 제1통령에게 비밀 정보를 보낸다. 이런 작업을 하면 부담 없이 자신의 모사가 기질을 발휘하며 즐길 수 있지만 진정한 만족감을 얻지는 못한다. 그는 조용히 물러서 있는 것처럼 보이지만 사실은 드디어 다시 고삐를 손에 쥐게 될 순간을 애타게 기다리고 있다. 권력, 권력을 쥐고 세계의 운명을 좌지우지하는 순간이 오기를, 권력을 쥘 수 있기만을 기다리고 있다!

보나파르트는 푸셰가 정치 일선에 나서고 싶어서 조바심을 내고 있음을 여러 징후에서 알아차리지만 모르는 척한다. 이 사내는 소름이 끼치도록 영리하고 근면하지만 가까이 하고 싶은 사람은 아니다. 그래서 보나파르트는 정말 어쩔 수 없는 상황이 아니라면 푸셰를 어둠 속에 내버려 둘 것이다. 막후의 인물 푸셰가 특유의 힘을 지니고 있다는 사실이 알려지기 시작한 후로 그가 꼭 필요할 정도로 위험한 상황이 아니라면 아무도 푸셰를 신하로 삼으려 하지 않는다. 통령은 그에게 온갖 혜택을 베풀고 여러 사업에 그를 참여시킨다. 좋은 정보를 제공해 주는 데 대해 고마워하며 이따금 그를 추밀원에 초대한다. 특히 그가 돈을 벌고 부자가 되게끔 배려해 준다. 그래야 그가 조용히 있을 테니까 말이다. 그러나 보나파르트가 완강하게 거절하는 게 하나 있다. 푸셰를 다시 임명하고 경찰청을 새로 설치하는 것이다. 보나파르트가 막강하다면, 실수를 하지 않는다면 푸셰처럼 께름직하고 혼자 똑똑한 척하는 신하는 필요하지 않다.

그러나 푸셰 입장에서는 다행스럽게도 보나파르트가 실수를 저지른다. 보나파르트라는 자신의 성이 충분하지 않다고 여긴 데서 비롯된 실수이다. 그는 전대미문의 업적을 이룩한 사람답게 자신감에 넘쳐야 마땅한데도 불구하고 빛바랜 정통성과 타이틀이 주는 화려함을 탐낸다. 능력과 엄청난 카리스마를 겸비한 탓에 그 누구도 두려워할 필요가 없는 사람이 과거의 그림자 앞에서, 추방된 부르봉 왕가의 한풀 꺾인 명성 앞에서 불안해하다니 정말이지 세계 역사에 기록될, 용서받을 수 없는 실수가 아닐 수 없다. 그래서 그는 탈레랑의 그릇된 조언을 받아들여 국제법을 어기면서 헌병을 시켜 부르봉 가문의 왕자 앙기앵 공작을 중립지대에서 납치하여 총살한다. 이 사건에 대해서 푸셰는 명언을 만들어 낸다. "실수를 저지르다니, 범죄보다 더 나쁘다." 공작이 처형되자 사람들은 경악하면서 두려움과 불만과 증오의 감정을 보인다. 그러자 보나파르트는 다시금 천 개의 눈을 가진 괴물 아르고스의 보호를 받는 것이 좋겠다는 생각을 하게 된다.

이 외에도 중요한 이유가 하나 더 있다. 1804년 보나파르트 통령은 최고의 지위에 오르려 하는데 수완 좋고 철면피한 조력자가 필요하다. 발판을 받쳐 들 사람이 필요한 상황이 또 다시 온 것이다. 2년 전만 해도 종신 통령만 되면 더 바랄 것이 없다고 여겼지만 그 후 성공의 날갯짓을 거듭하며 드높이 날아오른 지금 종신 통령만으로는 부족하다. 여러 시민 중 제1시민 노릇은 이제 그만하고 싶고 신민臣民을 통치하는 군주가 되고 싶은 것이다. 그의 펄펄 끓는 이마를 식힐 수 있는 것은 오직 황제의 황금관뿐이다. 카이사르가 되려고 하는 자는 안토니우스 같은 사람을 필요로 한다. 푸셰는 오랫동안 부르투스 역할을 했지만 2년 동안 정치와는 동떨어진 삶을 사느라 기갈이 났던 탓에 시궁창이 되어 버린 원로원에서 황제의 관을 낚아올리는 일을 전혀 마다하지 않는다. 푸셰는 미끼 삼아 돈을 제공하고 답례를 약속하면서 낚시질을 한다. 이렇게 해서 세상 사람들은 진기한 광경을 목격하게 된다. 자코뱅클럽의 전 총재이자 현재 원로원 의원이신 푸셰 각하께서 원로원 복도를 누비며 사람들과 손을 맞잡는데 그 동작이 왠지 수상하다. 그러고는 오랫동안 상대를 재촉하며 귓속말을 하고 있다. 그 결과 드디어 몇 명의 아첨꾼이 고분고분 다음과 같은 청원서를 제출하기에 이른다. "저희들은 음모자들의 바람을 영원히 파괴시킬 제도, 현 정부가 통령의 사후에도 지속되도록 보장하는 제도가 만들어지기를 바랍니다."

이 글에서 지나치게 과장된 표현을 떼어 내면 종신 통령 보나파르트를 세습 황제 나폴레옹으로 바꾸자는 내용이 핵심이다. 원로원 의원들은 청원서에서 "귀하의 업적에 불멸의 형태를 부여하심으로써 업적을 완성하시라"고 보나파르트에게 비굴하기 짝이 없게 간청하는데 이것은 아마도 푸셰가 썼을 것이다. (그는 피가 뚝뚝 떨어지는 글뿐 아니라 기름이 번지르르 흐르는 글을 쓰는 데에도 능숙하다.) 조제프 푸셰, 그는 낭트 출신의 국민공회 의원이었고 자코뱅클럽의 총재였으며 리옹의 도살자에다가 폭군에 맞서 싸운 투사였다. 한마디로 그 누구보다도 확실히 공화주의를 표방했던 사람이었다. 하지만 푸셰만큼 씩씩하게 공화국의 무덤을 파기 위해서 삽질을 한 사람은 드물 것이다.

그러고는 어김없이 보상이 따른다. 예전에 시민 푸셰는 시민 통령 보나파르트에 의해 장관으로 임명된 바 있다. 1804년 원로원 의원 푸셰 각하는 2년 동안 유복한 유배 생활을 한 후 나폴레옹 황제 폐하에 의해서 재차 장관으로 임명된다. 조제프 푸셰는 다섯 번째로 충성을 맹세한다. 첫 번째 맹세는 당시 아직 왕의 지배하에 있던 정부에게 했고, 두 번째는 공화국, 세 번째는 총재정부, 네 번째는 통령 정부에게 했다. 그러나 푸셰는 겨우 45세이다. 또 한 차례 맹세를 하고 또 한 차례 충성을 다하고 또 한 차례 배신을 저지를 시간은 얼마든지 있을 것이다! 그는 쉬는 동안 쌓였던 힘으로 다시 정치의 풍랑이라는 옛 애인에게 달려간다. 새 황제에게 충성을 맹세했지만 정작 그가 헌신하는 대상은 자신의 요동치는 욕망뿐이다.

편치 않은 신하

10년 내내 나폴레옹과 푸셰는 세계 역사의 무대 위에, 혹은 무대 뒤편에 마주 서 있다. 이 둘은 숙명적으로 함께 사슬에 매인 신세다. 둘 다 이 관계가 좋지 않게 끝날 것을 내다보며 거기서 벗어나려 하지만 소용없는 일이다. 나폴레옹은 푸셰를 좋아하지 않고 푸셰도 나폴레옹을 좋아하지 않는다. 속으로는 상대를 지극히 싫어하면서도 두 사람은 서로를 이용한다. 상반된 양극이 서로 끌어당기듯이 둘은 함께 묶여 있다. 푸셰는 나폴레옹이 초자연적인 힘을 지니고 있다는 것을 잘 알고 있다. 그 힘은 거대하고 위태롭다. 앞으로 수십 년 안에 이렇게 걸출한 천재가 다시 세상에 나타나는 일은 없을 것이며 그런 천재의 신하가 되는 것은 값진 일이라는 사실을 푸셰는 알고 있다. 나폴레옹 역시 자신의 의중을 번개처럼 간파하는 사람은 푸셰 말고는 아무도 없음을 알고 있다. 푸셰는 냉철하고 명석한 밀정답게, 거울로 비추어 본 듯 또렷이 나폴레옹의 의중을 들여다보기 때문이다.

이 부지런한 남자는 선한 일이든 악한 일이든 맡길 수 있을 만큼 정치적 재능을 가졌지만 완전무결한 신하가 되기에는 단 한 가지가 부족하다. 바로 절대적인 헌신, 다시 말해 충성심이 그에게는 없다.

푸셰는 결코 누군가의 신하 노릇을 하지 않으며 가신 노릇은 결단코 하지 않는다. 그가 자신의 정신적 독립, 자신의 강력한 의지를 타인 때문에 고스란히 희생한 적은 단 한 번도 없다. 예전에 공화주의자였던 사람들은 이제 신흥 귀족이 되어서 전제군주 나폴레옹의 후광에 점점 더 깊이 빠져든다. 조언자였던 인물이 비위나 맞추는 아첨꾼으로 추락하면 할수록, 조제프 푸셰는 더욱 목에 힘을 주고 등을 꼿꼿이 세운다. 물론 황제가 독선적인 데다가 점점 더 전제군주처럼 굴기 때문에 대놓고 이의를 제기하거나 대놓고 반대 의견을 말할 수는 없다. 허물없는 동료들이 시민 대 시민으로 자유로이 의견을 교환하는 일이 튈르리 궁전에서 사라진 지는 이미 오래됐기 때문이다. 나폴레옹 황제는 오랜 전우는 물론이고 자신의 형제들조차도(그들은 뒤에서 킥킥댔을 것이다) 자신을 '폐하'라는 호칭으로만 부르게 하고 자신의 부인 외에는 어느 누구도 말을 놓지 못하게 한다. 그런 그가 장관들의 조언을 받을 리가 없다. 열린 목깃에 느슨한 옷을 입은 시민 푸셰 장관이 자연스러운 발걸음으로 시민 보나파르트 통령에게 다가가는 것은 옛이야기가 되어 버렸다. 이제 조제프 푸셰 장관은 금실로 수놓은 빳빳한 목깃이 달린 요란스러운 궁정 제복을 몸에 감고 그 위에 훈장을 단다. 그러고는 까만 비단 양말에 반짝반짝 광이 나는 구두를 신고 손에는 모자를 들고서 나폴레옹 황제를 알현

하러 간다. "무슈" 푸셰는 예전의 공모자이자 동료에게 우선 정중히 허리를 굽혀 절해야 한다. 그러고 나서야 "폐하"께 말씀을 올릴 수 있다. 그는 절을 하며 황제에게 다가가야 하고 절을 하며 물러나야 한다. 허물없이 의논을 하는 대신 무뚝뚝하게 내린 명령을 군말 없이 받아들여야 한다. 고집이 몹시 센 데다가 성미가 불같은 황제의 의견에 반대한다는 것은 결코 있을 수 없다.

어쨌든 드러내 놓고 반대하는 것은 있을 수 없다. 푸셰는 나폴레옹의 인품을 너무도 잘 알고 있어서 서로 의견이 다른 경우 자신의 의견을 관철시키려고 하지 않는다. 그는 황제 치하의 다른 아첨꾼들과 비굴한 장관들과 마찬가지로 명령과 지시를 수령한다. 다만 사소한 차이점이 있다면 그가 명령에 항상 순종하지는 않는다는 사실이다. 누군가를 체포하라는 명령을 받았는데 그 명령이 옳지 않다고 느끼는 경우 미리 위험에 처한 사람에게 은밀히 경고한다. 그 사람을 처벌하지 않을 수 없는 경우에는 이 처벌이 황제의 명령에 따른 것이지 자신이 원한 것은 아니라는 점을 사방팔방에 힘주어 알린다. 반대로 사람들이 좋아할 만한 친절한 조치를 명령할 때는 언제나 자신이 베푸는 것으로 보이게끔 한다. 처음부터 지배욕이 강했던 나폴레옹은 권력이 점점 커지면서 더욱 안하무인이 되고 독불장군이 되어 가는데 그 정도가 상상을 초월한다. 나폴레옹이 교만하게 굴수록 푸셰는 더욱 상냥하고 친절한 태도를 취한다. 이런 방법으로 황제의 비위를 거스르는 말을 한마디도 하지 않고 그저 사소한 눈짓과 미소와 침묵만으로 그는 혼자서 막강한 새 제국에 맞서는 반대 세력을 형성한다. 눈에 보이기는 하지만 결코 손으로 잡을 수는 없는 반대 세력이다.

황제에게 진실을 강요하는 따위의 위험한 노력은 그만둔 지 오래이다. 그런 방법은 황제나 왕에게는 먹히지 않는다는 것을 그는 알고 있다. 설사 그들이 예전에는 보나파르트라 불렸을지라도 마찬가지이다. 다만 그는 매일 올리는 보고서에 심술궂게도 솔직한 의견을 밀수품인 양 슬그머니 끼워 넣는다. '저의 견해로는'이라든지 '제 생각으로는'이라고 쓴다면 자신의 독자적인 견해와 생각 때문에 질책을 받을 것이기에 그는 대신 "들리는 소문에 따르면" 혹은 "어떤 외교관이 말하기를"이라고 자신의 보고서에 적는다. 이러한 방식으로 그는 날마다 민감한 새 정보가 담긴 수라상을 차리면서 황제의 가족을 다룬 부분에 늘 후추 알갱이를 조금 뿌려 놓는다. 나폴레옹은 자신의 누이들이 저지른 온갖 추잡하고 치욕스러운 짓들을 "악의에 찬 소문"이라고 기록한 보고서를 읽어야 한다. 읽다 보면 입술에 핏기가 가실 정도다. 게다가 자신에 관해 콕콕 찔러 대는 악평을 읽어야 한다. 푸셰는 이런 예리하게 공략하는 구절을 양념 삼아 솜씨 있게 보고서를 작성한다. 이 만만치 않은 신하는 말 한마디 하지 않은 채 달갑지 않은 진실을 무뚝뚝한 군주에게 갖다 바치고는 주인이 읽는 동안 공손하게 시치미를 뚝 떼고 서서 고집 센 주인이 곤혹스러워 하는 모습을 바라본다. 이렇게 푸셰는 일개 중위에 불과했던 황제에게 자잘한 복수를 한다. 황제의 의상을 걸친 보나파르트는 예전의 조언자들이 덜덜 떨면서 자기 앞에서 굽실거리기만을 바라고 있는데 말이다.

보다시피 두 사람 사이에 우호적 분위기는 전혀 없다. 푸셰가 나폴레옹에게 편안한 신하가 아닌 것처럼 나폴레옹 역시 푸셰에게 편안한 주군은 아니다. 나폴레옹이 상대를 믿는 마음에서 경찰 보고서를 책상에 놓고 가라고 느슨하게 굴었던 적은 단 한 번도 없다. 그는 눈을 부릅뜨고 조금이라도 모순되는 점이나 누락된 점이 없는지 한 줄 한 줄 보고서를 정독한다. 만일 그런 점이 발견되면 코르시카 사람답게 앞뒤 가리지 않고 소리를 버럭 지르며 철부지 아이를 꾸짖듯 장관을 꾸짖는다. 문지기와 열쇠 구멍으로 들여다본 사람과 동료 장관들은 이구동성으로 푸셰가 황제와는 달리 지극히 냉정하게 맞섰고 그래서 황제는 더욱 격분했다고 보고한다. 그러나 설사 이들의 증언이 없다 해도(당시의 회고록들은 모두 확대경을 들이대고 읽어야 한다) 사정을 짐작할 수 있다. 황제가 엄하게 호령하는 소리가 쩌렁쩌렁 편지에서 울리기 때문이다. "경찰이 언론을 제대로 감시하지 않는 것 같소"라는 말로 이 숙련된 대가를 가르치려 들거나 "경찰청에는 글을 읽을 수 있는 사람이 없다는 생각이 들 지경이오. 거기서 하는 일이 대체 뭐요?"라고 나무란다. 이런 말도 한다. "당신 직책의 범위 안에서 활동하고 외무부 관련 업무에는 끼어들지 마시오." 나폴레옹은 부관과 고문관 등 제3자가 배석한 자리에서도 가차 없이 푸셰에게 욕설을 퍼붓는다. 여러 문서에 이런 장면이 서술되어 있다. 나폴레옹은 분노가 극에 달하면 입에 거품을 물고 푸셰가 테러리스트 시절 리옹에서 했던 일을 열거하거나 그를 왕을 살해한 놈이며 배신자라

■ 황제 나폴레옹

고 부르기까지 한다.

그러나 푸셰는 냉철한 관찰자답게 10년을 함께 보내는 동안 나폴레옹이 분노를 터트리는 방식을 모조리 꿰뚫고 있다. 다혈질인 나폴레옹이 때로는 자제심을 잃고 분노에 휘말리기도 하지만 때로는 멀쩡한 정신으로 분노한 척 연극을 하기도 한다는 사실을 알고 있다. 정말로 천둥 번개가 치든, 혹은 연극 각본에 따라서 천둥 번개가 치든 그는 주눅 들지 않는다. 반면에 오스트리아 장관인 코벤츨은 황제가 값진 도자기를 그의 발밑에 내동댕이치자 떨면서 자지러들었다. 푸셰는 황제가 일부러 화난 척하든 정말로 화를 내든 당황하지 않는다. 폭포수처럼 욕설이 쏟아져도 그는 가면 같이 굳은 창백한 얼굴로 눈 하나 깜짝하지 않고 흥분한 기색조차 내비치지 않은 채 태연히 서 있다. 다만 방을 떠날 때 아마도 비웃는 듯, 악의에 찬 미소가 그의 얄팍한 입술에 감돌았을 것이다. "당신은 배반자야! 내가 쏘아 죽였어야 했어"라고 황제가 고함을 질러도 그는 평소와 똑같은 목소리로 "폐하, 신은 그렇게 생각하지 않습니다"라고 사무적으로 답한다. 수백 번 해직을 통고 받고 유형에 처하겠다거나 파면하겠다는 협박을 받지만 황제가 다음 날 다시 자신을 불러들일 것임을 확신하며 차분히 방을 떠난다. 그리고 그의 확신은 늘 들어맞는다. 나폴레옹은 푸셰를 불신하고 화를 내며 몰래 증오하기까지 하지만 마지막 순간까지 푸셰에게서 벗어나지 못하며 10년을 보낸다.

푸셰가 나폴레옹에게 이런 힘을 행사한다는 사실이 동시대인들에게는 수수께끼였지만 그 힘은 마법이나 최면술을 써서 얻은 게 아니라 노력을 통해 습득한 것이다. 숙련된 솜씨로 부지런히 일하고 체계적으로 관찰을 한 덕에 얻은 힘이다. 푸셰는 많은 것을 알고 있다. 아니, 지나치게 많은 것을 알고 있다. 그는 황제가 알려 준 것 뿐 아니라 황제가 알리고 싶어 하지 않는 것까지 온갖 비밀을 알고 있다. 마술사처럼 거의 모든 것을 알고 있기 때문에 온 국민 뿐 아니라 주군까지도 꼼짝 못하게 하고 있다. 푸셰는 황제의 부인 조제핀을 통해서 부부 생활의 가장 내밀한 세부 사항까지 알고 있고 바라스를 통해서 나폴레옹이 굽이굽이 출세의 계단을 오르면서 했던 일들 모두를 알고 있다. 또 재계 인사들과의 친분 덕에 황제의 사유재산의 제반 상황을 감시한다. 보나파르트 일가는 숱한 지저분한 일들을 저지르는데 이 역시 그의 눈을 벗어나지 못한다. 형제들이 도박을 하다가 사고를 치든 누이 폴린이 방탕한 성생활을 즐기든 그는 놓치지 않는다.

주군의 외도도 그의 눈을 벗어나지는 못한다. 나폴레옹이 밤 11시쯤 평소에는 입지 않는 외투를 입고 얼굴을 가리다시피 한 채 튈르리 궁전의 비밀 쪽문으로 나가서 몰래 정부를 만나고 온 다음 날 아침이면 푸셰는 마차가 어디로 갔는지 황제가 얼마나 오래 그 집에 머물렀으며 언제 돌아왔는지 훤히 알고 있다. 심지어 한번은 나폴레옹의 애인이 하찮은 배우 나부랭이와 정분이 났다는 사실을 그에게 알려 줘서 세계의 지배자에게 수치심을 안긴 적도 있다. 그는 황제의 비서를 매수해서는 황제의 밀실에서 작성되는 중요한 서류 일체를 필사본으로 넘겨받는다. 다양한 등급의 여러 시종들은 매달 경찰장관의 비자금에서 나오는 수당을 받고는 궁정에서 어떤 대화가 오갔는지에 관해 믿을 만한 보고를 한다. 나폴레옹은 낮이건 밤이건, 책상에 앉아 있을 때나 침대에 누워 있을 때나 지나치게 부지런한 신하의 감시를 받고 있다. 푸셰에게 비밀을 숨길 수는 없었기에 황제는 싫든 좋든 그에게 속마음을 털어놓을 수밖에 없다. 이처럼 모든 일을 낱낱이 아는 덕에 푸셰는 사람들에게 독보적인 권력을 행사하게 된다. 발자크는 이 힘을 경탄해 마지않는다.

푸셰는 황제가 어떤 업무를 처리하며 어떤 계획을 세우는지, 무슨 생각을 하며 무슨 말을 하는지를 주도면밀하게 감시한다. 마찬가지로 주도면밀하게 그는 자신에 관련된 모든 것을 황제에게 알리지 않으려고 애쓴다. 푸셰는 일찍이 어느 누구에게도 자신의 진짜 의도가 무엇이며 자신이 무슨 일을 하는지를 털어놓은 적이 없다. 황제도 예외가 아니다. 푸셰는 엄청난 양의 보고 자료에서 자신이 넘겨주고 싶은 것만을 넘겨준다. 다른 모든 자료는 경찰장관의 책상 서랍에 갇힌다. 아무도 이 최후의 요새를 들여다볼 수 없다. 푸셰가 온 정성을 다 바쳐서 지키려 하는 게 딱 하나 있다. 그는 예측할 수 없는 사람, 속내를 알 수 없고 접근하기 힘든 사람으로 남고자 한다. 반면 어느 누구도 그 앞에서 자신이 그런 사람이라고 주장할 수는 없을 것이다. 그는 이런 상황이 주는 짜릿한 쾌감을 잃지 않으려 한다. 나폴레옹은 푸셰에게 스파이를 두엇 붙여 보지만 소용이 없다. 푸셰는 그들을 조롱하거나 그들을 이용해서 나폴레옹이 전혀 틀린 엉터리 보고를 받게끔 한다.

해가 바뀌면서 양측이 상대를 대상으로 벌이는 첩보 활동은 점점 더 교활해지고 비열해진다. 양측은 대놓고 상대를 기만하려는 태도를 취한다. 정말이지 이 두 사람 사이에는 청정한 공기라곤 전혀 없다. 하나는 주군 노릇을 너무 많이 하려 들고 다른 하나는 신하 노릇을 너무 조금 하려 드는 탓이다. 나폴레옹이 강해지면 강해질수록 그는 푸셰를 성가셔하고 푸셰가 강해지면 강해질수록 그는 나폴레옹을 증오한다.

둘의 적대 관계는 성품이 다른 데서 비롯된 것인데 이 시기의 엄청난 긴장 상황이 점차 이 사적인 적대 관계의 배경으로 작용하게 된다. 세월이 갈수록 프랑스 내부에서는 상반된 두 의지가 점점 더 뚜렷이 윤곽을 드러낸다. 프랑스는 이제 평화를 바라지만 나폴레옹은 계속 전쟁을 벌이기를 바란다. 1800년의 보나파르트는 혁명의 상속자이자 혁명을 정리하는 자였으며 국가와 국민과 장관들과 한마음 한뜻이었다. 반면에 1804년의 나폴레옹 황제는 이미 더 이상 국가와 국민을 염두에 두지 않고 유럽과 세계와 불멸의 업적만을 염두에 두고 있다.

나폴레옹은 자신에게 맡겨진 과제를 탁월하게 해결한 후 자신의 넘치는 힘을 주체 못해서 더욱 어려운 새 과제를 스스로에게 부과한다. 그러다 보니 혼돈을 질서로 바꾼 사람이 자신의 업적인 질서를 마구잡이로 다시 혼돈으로 몰아가는 형국이 된다. 그렇다고 해서 다이아몬드같이 투명하고 예리한 그의 지성이 흐트러졌다는 얘기는 결단코 아니다. 나폴레옹은 신들린 듯한 일면을 지니고 있긴 해도 수학적 정확성과 치밀함을 갖춘 지성을 마지막 순간까지 잃지 않는다. 죽어가면서도 떨리는 손으로 그의 업적 중의 업적이 될 유언장을 써 내려 갈 정도이다. 그러나 그의 지성은 오래전에 지상의 척도를 넘어서 버렸다. 도저히 불가능해 보이는 것을 성취한 후에는 그렇게 될 수밖에 없었을 것이다. 세계를 걸고 벌이는 도박판에서 상식을 뛰어넘는 전대미문의 이익을 얻은 사람은 무한대의 판돈을 거는 걸 대수롭지 않게 여기게 될 테고 그러다가 이미 이룬 엄청난 업적을 능가할 한층 더 엄청난 업적을 이루려는 욕망에 휩싸일 수밖에 없을 것이다! 나폴레옹은 가장 비상식적인 모험을 할 때조차도 제정신이 아닌 적은 없었다. 알렉산드로스 대왕이나 카를 12세나 코르테스 역시 제정신이 아닌 적은 없었다. 이들과 나폴레옹은 전례 없는 승리를 거둔 후 사람의 힘으로 무엇이 가능한지를 지상의 척도로 재야한다는 사실을 잊어버렸을 뿐이다.

누군가가 명석한 사고력을 지녔음에도 불구하고 폭주하는 경우 마치 대자연의 장관이 펼쳐지듯 정신은 그 웅대함을 드러낸다. 그 광경은 맑은 하늘에 미스트랄 바람이 불면 프로방스에 펼쳐지는 장관만큼이나 찬란하다. 명석한 사고력을 지닌 채 폭주하는 사람은 수

십만의 사람들에게 범죄를 저지르게 되지만 바로 그 범죄로 인해 인류는 전설에서나 나올 법한 장면을 보게 된다. 알렉산드로스 대왕은 그리스에서 인도까지 원정을 가고 – 지금도 동화처럼 들린다 – 코르테스는 대서양을 항해하며 카를 12세는 스톡홀름에서 폴타바까지 행진하고 나폴레옹은 스페인에서 모스크바까지 60만 대군을 끌고 간다. 그리스 신화에서는 프로메테우스와 타이탄족이 신들에 맞서서 싸움을 벌였다면 우리의 근대사에는 용기와 만용이 어우러진 이런 위업들이 있다. 거기에는 오만과 영웅성이 공존한다. 아무튼 이 위업들은 지상에서 도달할 수 있는 최대치라는 점에서 신성모독에 가깝다.

나폴레옹은 황제의 관을 머리에 올려놓자마자 바로 이 최대치에 도달하려고 부단히 노력한다. 성공을 거듭할수록 목표는 커져만 가고 승리를 거둘수록 무모함도 커져 가며 운명을 이겨 낼수록 운명에 저돌적으로 도전하려는 욕망 또한 커져 간다. 그러니 나폴레옹 주위의 다른 인물들이 승리를 알리는 나팔 소리에 귀먹지 않고 성공에 눈멀지 않았다면 오싹한 느낌을 갖기 시작한 것은 너무도 당연하다. 탈레랑이나 푸셰처럼 영리하고 신중한 사람들이 거기 해당된다. 이들은 시대와 현재와 프랑스를 생각하지만 나폴레옹은 오로지 후세와 전설과 역사만을 생각한다.

이성과 정열이, 논리적 성격과 신들린 듯한 성격이 대립하는 일은 역사에서 영원히 반복된다. 19세기 초 프랑스에서 이 대립이 구체화된다. 전쟁은 나폴레옹을 위대하게 만들었고 미미한 존재이던 그를 황제의 옥좌에까지 올려놓았다. 그러니 그가 항상 전쟁을 하려 들고 한층 더 강대한 적을 상대하려 드는 것은 지극히 당연하다. 그가 전쟁에 투입한 병력의 숫자는 정말이지 어마어마하게 늘어난다. 1800년 마렝고 전투에서는 3만 병사로 승리했다면 5년 후에는 30만 병사를 전장에 보낸다. 다시 5년 후에는 100만이나 되는 병사를 징집한다. 온 국민이 수탈에 지치고 전쟁에 신물이 났는데도 말이다. 군대에서 제일 말단인 짐꾼이나 가장 멍청한 농부조차도 그런 전쟁 강박증과 추적 강박증(스탕달이 쓴 표현이다)이 결국 파국으로 치달을 거라는 사실을 주먹구구로 짐작할 수 있을 것이다. 모스크바 원정 5년 전에 푸셰는 메테르니히와 대화하면서 예언자 같은 말을 한다. "황제가 오스트리아를 격파하면 다음 차례는 러시아와 중국입니다."

오직 한 사람만이 마치 손으로 눈을 가린 듯 현 상황을 파악하지 못한다. 바로 나폴레옹이다. 아우스터리츠와 마렝고와 아일라우에서 승리의 순간을 체험한 사람은 세계사가 늘 2시간짜리 전투로 압축되어 있기를 바란다. 그러니 궁중 무도회에서 예복 차림의 궁신 무리를 영접하거나 화려한 오페라를 관람하거나 의원들의 지루한 연설을 들어도 스릴이나 만족을 느낄 수 없는 건 당연하다. 이미 오래전부터 그는 속보로 행군하는 부대의 선두에서 다른 나라들을 초토화하고 군대를 섬멸할 때에만 가슴이 뛰는 것을 느낀다. 손짓 하나로 다른 나라 왕들을 장기판의 말처럼 자리에서 몰아내고 다른 사람을 거기 앉힐 때, 앵발리드를 적군에게 빼앗은 군기로 빽빽이 채울 때, 새로 건립한 보물청을 전 유럽에서 강탈한 값진 물건들로 가득 채울 때에만 가슴이 뛰는 것을 느낀다. 그는 연대와 군단 등 군대 단위로만 생각한다. 프랑스의 전 국토와 전 세계가 무한정으로 자신에게 속한 소유물("내가 곧 프랑스이다La France c'est moi")이기에 병력으로 써도 된다고 여긴다.

그러나 그의 몇몇 신하들은 프랑스는 우선적으로 프랑스 자신의 것이라고 마음속 깊이 굳게 믿고 있다. 그러니 프랑스 국민이 코르시카에서 건너온 친척 일당을 왕으로 만들고 유럽 전체를 보나파르트 가문의 세습재산으로 만드는 일에 동원되어서는 안 된다고 생각한다. 해마다 전국 각 도시의 성문에는 징집 대상자 명단이 붙고, 18세, 19세의 청년들은 집에서 끌려 나와 포르투갈 국경이나 폴란드와 러시아의 눈 덮인 벌판에서 아무런 명분 없이, 혹은 대다수가 납득할 수 없는 명분을 위해서 죽어 간다. 이런 비극을 보며 신하들의 불만은 커져 간다. 명석한 신하들은 자국민이 지쳐서 인내심을 잃어 가는 것을 생생히 목격하는데도 황제는 항상 별을 올려다보고만 있다. 이제 양측은 점차 첨예하게 대립하게 된다. 나폴레옹이 교만한 전제군주처럼 굴면서 최 측근의 조언조차 거부하자 신하들은 어떻게 하면 미친 듯 굴러가는 바퀴를 멈춰서 낭떠러지로 떨어지기 전에 구할 수 있을지 은밀히 고민하기 시작한다. 이성과 정열이 완전히 두 동강이 나서 공공연히 서로 맞붙는 순간이 올 수밖에 없다. 나폴레옹과 그의 제일 영리한 신하 푸셰가 싸움을 시작하는 순간이다.

한편이 된 푸셰와 탈레랑

나폴레옹이 전쟁에 대한 사랑 때문에 절제를 잃어버리자 그에 대한 은밀한 반감으로 인해 드디어 푸셰와 탈레랑까지 뭉치게 된다. 나폴레옹의 조언자들 중 이 둘만큼 극렬한 적대 관계에 있는 이들은 또 없다. 이 두 장관은 나폴레옹의 신하들 중 가장 유능하며 인간 심리를 놓고 보면 그 시대에서 가장 흥미로운 인물이다. 두 사람은 서로를 싫어한다. 아마 여러 면에서 서로 비슷했기 때문이리라. 둘은 냉철하고 논리적으로 사고하는 현실주의자이며 냉소적인 성품이고 마키아벨리의 냉혹한 제자이다. 둘은 교회 기관에서 교육을 받았고 혁명의 열기 속에서 수련 과정을 마쳤다. 둘 다 돈과 명예가 오가는 경우에는 아무런 양심의 가책 없이 냉혈 인간처럼 굴 수 있다. 공화정부와 총재정부, 통령정부와 제정과 왕정에서 연이어 공직을 맡을 만큼 충성과는 거리가 먼 철면피들이다. 변절의 화신인 두 성격배우는 때로는 혁명가로, 때로는 원로원 의원으로, 때로는 장관으로, 때로는 왕의 신하로 분장을 하고 세계 역사 중 동일한 무대에서 끊임없이 마주친다. 둘 다 지성인 부류에 속하며 외교적 역할을 맡기 때문에 푸셰와 탈레랑은 상대를 경쟁자로 의식하게 되면서 악감정을 품고 서로를 증오한다.

둘 다 비도덕적인 인간형에 속한다는 점에서 유사점이 있지만 둘의 출신은 판이하다. 유서 깊은 귀족 가문 출생인 탈레랑은 페리고르 공작이라는 작위를 지니고 있으며 오툉의 대주교를 역임했다. 탈레랑이 프랑스의 한 교구의 수장으로서 보라색 주교복을 걸치고 있던 시기에 보잘것없는 소상인의 아들 조제프 푸셰는 미관말직인 사제 교사가 되어서 월 몇 수의 박봉으로 십여 명의 수도원 학생들에게 수학과 라틴어를 가르치고 있었다. 탈레랑이 런던 주재 프랑스 공화국의 대리 대사로 활동하며 삼부회의 대변자로 명성을 날리던 시절 푸셰는 정치 클럽에서 사람들의 비위를 맞추고 부지런히 활동한 덕에 간신히 의원직을 얻어 냈다. 탈레랑은 상류층 인사가 몸을 낮춰서

■ 샤를-모리스 드 탈레랑

혁명에 합류한 경우이다. 그는 군주가 의장마차에서 내리듯 환호성을 들으며 계단을 몇 개 내려와서 제3계급에 합류했지만 푸셰는 힘겹게 온갖 음모를 꾸며 가며 제3계급으로 올라왔다.

이렇게 출신이 판이한 까닭에 둘은 기본 성질은 같으면서도 각기 고유의 색채를 띤다. 탈레랑은 가식적인 행동을 하는 데 뛰어난 사람답게 마치 자선을 베푸는 세련된 명사처럼 무심하면서 냉담하게 신하로 일하는 반면에 푸셰는 출세를 노리는 관리답게 교활하면서도 부지런히 신하로 일한다. 둘이 서로 비슷한 경우에조차 차이점이 있다. 둘 다 돈을 좋아한다는 점에선 일치하지만 돈을 다루는 방식은 상이하다. 탈레랑은 귀족답게 도박과 여색에 돈을 펑펑 써 버리지만 상인의 아들인 푸셰는 돈에서 이자를 챙기고 절약해서는 자

본가답게 불리려고 한다. 탈레랑에게 권력은 향락을 위한 수단일 뿐이다. 권력자가 된 탈레랑은 사치와 여자와 예술과 산해진미 같은 지상의 모든 관능적 대상을 아주 멋지고 고상하게 누릴 수 있다. 반면에 푸셰는 백만장자가 되었어도 스파르타식으로 수도승처럼 검소하게 산다. 이렇듯 둘 다 사회적 출신 성분을 완전히 떨쳐 내지는 못한다. 페리고르 공작 탈레랑이 테러가 만연하던 가장 격렬한 시절에도 진정한 민중의 총아이자 공화주의자가 아니었듯이 조제프 푸셰는 오트란토 공작의 작위를 받고 금빛 찬란한 예복을 걸쳤을 때조차 진짜 귀족과는 거리가 멀다.

둘 중 더 많은 빛과 매력을 발산하는 사람은 탈레랑이다. 아마 더 중요한 사람 역시 탈레랑인 듯하다. 그는 예술을 즐기는 오래된 문화에서 성장했고 18세기의 에스프리를 접하며 유연한 정신을 연마한 인물이다. 살면서 겪는 스릴 넘치는 갖가지 유희 중에서 외교라는 유희를 좋아하지만 일하는 것은 싫어한다. 편지 한 장을 직접 쓰는 것조차 마지못해 할 정도이다. 참된 호색가에 세련된 향락을 즐기는 인물답게 고된 일은 다른 사람에게 떠맡기고는 그 결과가 나오면 아무런 관심이 없는 척 반지를 낀 가느다란 손을 뻗쳐서 결과만을 낚아채고 싶어 한다. 그는 쓱 한번 보기만 해도 아주 뒤죽박죽이 된 상황을 꿰뚫어 볼 만큼 직관력이 뛰어나다. 타고난 심리학자인데다가 훈련을 거듭한 탓에 그는 - 나폴레옹이 말했듯이 - 어떠한 생각이라도 간파해 내고는 본색을 드러내지 않은 채 상대방이 자신이 은밀히 원하는 대로 생각하게끔 조정할 줄 안다. 그의 장기는 위기의 순간에 대담히 방향을 바꾸고 신속히 구상을 하고는 유연하게 선회하는 능력이다. 그러나 그는 열심히 땀 흘리며 세부 사항을 다루는 저급한 일을 하지 않으려 한다. 최소 투자로 성과 내기를 좋아하며 가장 간결한 형태로 판단내리기를 즐긴다. 그런 사람답게 기지가 반짝이는 아포리즘을 만들어 내는 능력이 빼어나다. 그는 긴 보고서를 쓰는 일 없이 예리하게 갈고 닦은 보석 같은 한마디로 어떤 상황이나 어떤 사람을 정리해 낸다.

반면 푸셰는 신속히 세계를 머릿속에서 구성해 내는 직관력을 전혀 가지고 있지 않다. 그는 꿀벌처럼 이리저리 움직이며 모래알 같이 많은 사람들을 관찰해서 얻은 수천의 정보들을 끌어 모은다. 그러고는 그것들을 합산해 보고 맞추어 본 다음 비로소 구체적이고 반박할 수 없는 결과물을 산출해 낸다. 그의 방법이 분석적인데 반해 탈레랑의 방법은 직감적이다. 푸셰의 강점이 근면성이라면 탈레랑의 강점은 기민한 사고력이다. 게으르지만 임기응변의 천재인 탈레랑과 수천 개의 눈을 가진 계산의 달인 푸셰! 어느 예술가가 대조적인 두 인물로 완벽한 커플을 창조해 낸다 해도 푸셰와 탈레랑의 조합만큼 완벽하지는 못할 것이다. 역사는 이 커플을 나폴레옹의 신하로 만든다. 최고의 천재가 앞을 내다보는 신하와 현재를 관찰하는 신하, 정열적인 신하와 근면한 신하, 세계를 머릿속에서 구성해 내는 신하와 세계에 관한 지식을 가진 신하, 이 둘을 거느리게 된 셈이다.

그러나 같은 종족이지만 상이한 종자에 속하는 사람들은 격렬하게 서로를 미워하는 법이다. 탈레랑과 푸셰는 본능적으로 상대가 혈

족임을 알아보고는 서로를 혐오한다. 고상한 나리 탈레랑은 푸셰를 처음 본 날부터 부지런히 자잘한 일을 처리하며 정보를 주워 오고 새 소식을 일러바치는 이 싸늘한 첩자를 역겨워한다. 반면에 푸셰는 탈레랑이 경박하고 낭비벽이 심한 데다가 사람을 깔보는 듯 고상하게 굴며 빈둥대고 건성건성 일을 처리한다고 화를 낸다. 둘은 독설로 상대를 공격한다. 탈레랑은 미소 지으며 이렇게 말한다. "푸셰가 사람들을 멸시하는 이유는 자신이 어떤지를 너무 잘 알고 있기 때문이다." 푸셰는 탈레랑이 부재상으로 임명되자 이렇게 비웃는다. "부재상이 되어 나쁜 짓을 맘껏하면 되겠군." 둘은 상대를 골탕 먹일 수 있는 기회가 생기면 그 기회를 결코 놓치지 않는다. 상대를 해칠 기회가 생기면 기꺼이 그 기회를 부여잡는다. 순발력이 뛰어난 사람과 부지런한 사람 둘이 서로의 단점을 보완하기 때문에 나폴레옹에게 두 장관은 소중한 존재이다. 그리고 둘이 서로 지독히 증오한다는 사실이 나폴레옹에게는 크나큰 행운이다. 100명의 밀정을 시켜서 둘을 감시하는 것보다 더 효과적으로 하나가 다른 하나를 감시하기 때문이다. 탈레랑이 뇌물을 받거나 방탕한 잔치를 벌이거나 태만하게 업무를 처리하면 푸셰는 모조리 나폴레옹에게 고해바친다. 푸셰가 몰래 음모를 꾸미거나 사람들을 선동하면 즉시 탈레랑이 나폴레옹에게 알린다. 이렇게 해서 나폴레옹은 이 기묘한 커플의 보필을 받는 동시에 경호를 받게 된다. 탁월한 심리학자인 나폴레옹은 두 장관의 경쟁 관계를 가장 효율적으로 이용해서 그들이 열심히 일하게 부추기는 동시에 그들을 통제한다.

여러 해 동안 파리 시민은 호적수 푸셰와 탈레랑의 끈질긴 다툼을 보며 흥겨워한다. 두 사람이 옥좌 아래에서 이 코미디를 다양하게 변형해서 연기하면 사람들은 몰리에르의 연극을 보듯이 관람한다. 두 신하가 쉴 새 없이 서로 빈정대며 신랄한 기지로 상대를 몰아붙이는 것을 보며 즐거워한다. 둘의 주군은 올림피아의 신처럼 높이 자리 잡고 둘이 다투는 것을 유유히 내려다본다. 그러나 다들 개와 고양이가 재미있는 싸움을 보여 주기를 기대하고 있을 무렵 갑자기 두 명배우는 지금껏 하던 역할을 내려놓고는 진지하게 합동 공연을 시작한다. 두 사람 다 주군에게 분노하고 있었는데 처음으로 이 분노의 감정이 둘 사이의 경쟁의식보다 강해진 것이다.

1808년 나폴레옹은 또 다시 전쟁을 시작한다. 그가 벌인 전쟁 중 가장 무익하고 가장 무의미한 전쟁인 스페인 원정이다. 1805년에 그는 오스트리아와 러시아에게 승리를 거두고 1807년에는 프로이센을 박살 내고는 독일과 이탈리아의 소국가들을 속국으로 삼았다. 스페인을 적으로 삼을 하등의 이유가 없다. 하지만 멍청이 형 조제프도 왕이 되고 싶어 하는데 마침 마땅한 왕 자리가 없다. 그래서 나폴레옹은 국제법을 어기면서 스페인 왕조가 차지한 왕 자리를 빼앗기로 결정한다. 몇 년 후 나폴레옹은 이 전쟁에 관해 "얼간이들 때문에 쓸데없는 희생을 치렀다"고 고백한다. 다시 북이 울리고 군대가 행진한다. 애써서 긁어모은 돈이 국고에서 흘러 나가는데도 나폴레옹은 어리석게도 승리의 쾌감에만 빠져 있다. 전쟁의 광란이 심해지자 가장 둔감한 사람들조차도 이건 정말 미친 짓이라고 생각하게 된다. 전쟁을 도발한 당사자인 프랑스가 7년은 피를 흘려야 할 판이니 푸셰도 탈레랑도 이 전쟁을 반대한다. 황제가 둘 중 누구의 말도 귀담아 듣지 않자 둘은 슬그머니 서로에게 다가간다. 그들이 조언을 담은 편지를 보내면 황제가 화를 내면서 그 편지를 구겨서 구석에 밀쳐 둔다는 것을 두 사람은 알고 있다. 오래전부터 정치가들은 원수와 장군 같은 무신들을 전혀 견제하지 못하고 있다. 특히 코르시카 일족은 죄다 신속히 왕이 되어서 한심한 과거를 덮으려고 작정을 하고 있는데 정치가들이 이 일족을 전혀 견제하지 못하고 있는 상황이다. 그래서 이 둘은 대중 앞에서 항의하기로 한다. 말로 항의할 수 없는 상황이라서 정치 판토마임을 하기로, 말 그대로 쿠데타를 상연하기로 결정한다. 두 사람이 보란 듯이 동맹을 맺기로 한 것이다.

누가 이 장면을 이토록 탁월하게 연출해 냈는지, 탈레랑인지 푸셰인지는 알 수 없다. 이제 다음과 같은 상황이 펼쳐진다. 나폴레옹이 스페인에서 전쟁을 벌이는 동안 파리는 여전히 파티와 사교 모임에 빠져서 흥청대고 있다. 전쟁을 해마다 치르다 보니 사람들은 겨울에 내리는 눈이나 여름에 내리는 폭우에 익숙해지듯 전쟁에도 익숙해져 있다. 나폴레옹이 바야돌리드의 어느 더러운 숙소에서 작전 명령서를 작성하고 있던 1808년 12월의 어느 저녁, 생 플로랑탱에 있는 재상의 저택에서는 수천 개의 촛불이 반짝이고 속삭이듯 음악이 흐르고 있다. 탈레랑이 지극히 사랑하는 아름다운 여인들이 가득하고 고위 공직자들과 외교사절 등 사교계의 명사들이 모여 있다. 다들 흥겹게 담소를 나누며 춤을 추고 즐기는 중이다. 갑자기 이 구석 저 구석에서 사람들이 나직이 수군대기 시작하고 춤추던 사람들은 멈춰 선다. 놀란 손님들은 무리를 지어 몰려든다. 여기에 올 일이 전혀 없는 사람이 들어온 것이다. 깡마른 카시우스(부르투스와 공모하여 카이사르를 암살한 로마의 정치인-옮긴이), 아니 푸셰이다. 탈레랑이 푸셰를 극도로 증오하고 경멸한다는 사실을 모르는 사람은 없다. 게다가 푸셰는 이 집에 발을 들여놓은 적이 단 한 번도 없다. 그런데 이게 웬일인가! 외무장관 탈레랑이 다리를 절며 경찰장관 푸셰에게 다가가 몹시 정중하게 그를 맞이하고 있다. 반가운 손님이나 친구를 대하듯이 상냥하게 인사를 건네며 친근하게 푸셰의 팔을 잡는다. 그러고는 모든 사람이 보게끔 다정히 팔짱을 끼고는 푸셰와 단 둘이 걸어간다. 둘은 옆방으로 들어가서 긴 의자에 자리 잡고 나직이 담소를 나눈다. 거기 있는 사람들은 궁금해서 죽을 지경이다.

다음 날 아침 파리 시 전체가 이 놀라운 사건에 대해 알고 있다. 화젯거리라곤 온통 둘이 갑자기 보란 듯이 화해를 했다는 얘기뿐이다. 누구나 이 화해가 무엇을 의미하는지 안다. 개와 고양이가 이렇게 급속도로 동맹을 맺는 경우는 주인에게 맞설 때뿐이다. 푸셰와 탈레랑이 친구가 되었다면 이는 두 장관이 주군 나폴레옹에게 공공연히 반기를 들고 있다는 의미이다. 둘이 정말 무슨 음모를 꾸미고 있는지 알아내기 위해서 스파이들은 분주히 뛰어다니기 시작한다. 각국의 외교관들은 국가원수에게 직접 보고서를 쓰느라 분주히 펜을 움직인다. 메테르니히는 속달우편으로 빈에 이렇게 보고한다. "두 사람이 화해함으로써 극도로 지쳐 버린 국민의 소망에 상응하는 일이 생길 수도 있다." 그러나 나폴레옹의 형제자매들 역시 경계 태세로 들어가서는 이 기막힌 소식을 파발꾼 편에 급행으로 황제에게 보낸다.

파발꾼 편에 이 소식은 쏜살같이 스페인으로 날아가고 나폴레옹은 마치 채찍에 맞은 것처럼 파발꾼보다도 더 빠른 속도로 파리로 돌아온다. 그는 편지를 받자마자 심복도 방에 불러들이지 않고 입술을 깨문 채 즉시 복귀 명령을 내린다. 탈레랑과 푸셰가 가까워졌다니 이는 전투에서 한 번 진 것보다 더 끔찍한 일이다. 그는 정말이지 제정신이라면 도저히 불가능할 정도로 속도를 내서 돌아온다. 17일 바야돌리드를 출발해서는 18일 부르고스에 도착하고 19일에는 바욘에 도착한다. 어디서도 지체하지 않고 채찍질에 지친 말만 여러 차례 황급히 바꿔 가며 달려서 22일에는 돌개바람처럼 튈르리 궁에 불어닥친다. 그러고는 23일에는 탈레랑의 재기 발랄한 희극에 연극의 한 장면으로 화답한다. 그는 장관과 장군들을 비롯하여 고위직 신하 전부를 주도면밀하게 엑스트라로 세워 놓는다. 황제의 뜻에 맞서서 조금이라도 반항하는 사람이 있다면 가만두지 않겠다는 결의를 널리 알리기 위해서이다. 푸셰는 벌써 하루 전에 불러서 밀실에서 호되게 나무랐다. 그런 일을 자주 겪은 푸셰는 그저 잠잠히 듣고 있다가 약아빠진 말로 변명하고 늦지 않게 피해 나온다. 이렇게 비굴한 놈은 발로 툭툭 걷어차는 걸로 족하다고 황제는 생각한다. 그러나 탈레랑은 푸셰보다 더 강하고 대단한 자이니만큼 대중 앞에서 죗값을 치러야 한다. 이어지는 장면은 여러 차례 묘사된 바 있다. 이보다 더 박진감 있는 장면은 역사를 통틀어서 얼마 없을 것이다.

먼저 황제는 불쾌한 어조로 자신의 부재중에 몇몇 사람이 음모를 꾸민 것 같다고 막연히 말을 시작한다. 그러나 탈레랑이 태연히 아무 상관없다는 듯한 태도를 취하자 나폴레옹은 기분이 상해서 험악하게 탈레랑을 향한다. 하지만 탈레랑은 미동도 없이 대리석 벽난로 선반에 팔을 걸치고 특유의 나른한 자세로 비스듬히 서 있다. 나폴레옹은 원래는 조정 장관들이 모두 지켜보는 자리에서 탈레랑을 웃음거리로 만드는 식으로 벌하려 했지만 돌연 정말로 격노한다. 황제는 연장자 탈레랑에게 극도로 야비한 욕설들을 퍼붓는다. 도둑놈이고 서약을 어긴 자이며 변절자인 데다가 돈만 받으면 제 아비도 팔아 넘길 놈이라고 말이다. 앙기앵 공작을 죽인 것도, 스페인 전쟁이 일어난 것도 죄다 탈레랑 탓이라고 비난한다. 나폴레옹은 혁명의 베테랑이며 프랑스 최고의 외교관인 페리고르 공작에게 온갖 상스러운 욕을 마구잡이로 쏟아 낸다. 장터의 아낙네가 이웃 여편네를 복도에서 욕할 때라도 이보다 더 상스러울 수는 없을 것이다.

청중은 얼어붙는다. 다들 민망해 하며 황제가 이 순간 체통을 잃었다고 느낀다. 그러나 탈레랑은 그 누구도 뚫지 못할 철갑을 몸에 두른 듯 어떤 공격을 받더라도 평정을 유지하는 사람이다. 자신을 공격하는 팸플릿을 읽다가 잠이 든 적이 있다는 일화가 전해질 정도다. 그는 표정 하나 바꾸지 않는다. 그런 야비한 욕설을 모욕으로 느끼기에는 너무나도 오만한 까닭이다. 천둥 번개가 지나가자 말없이 미끄러운 마루 위를 절룩거리며 나가서는 대기실에서 하인이 걸쳐 주는 외투를 입으며 냉정히 말한다. "저 위대한 사람이 가정교육을 못 받았다니 참 딱하군." 이렇게 독을 머금은 짤막한 말을 날려 보내서 방금 요란스런 주먹질을 한 상대에게 주먹으로 맞는 것보다 훨씬 더 뼈아픈 타격을 가한다.

같은 날 저녁 탈레랑은 시종장 직에서 파면된다. 남을 시기하는 무리들은 푸셰가 해고되었다는 기사가 실렸나 보려고 며칠 동안 호기심에 차서 「모니퇴르」를 펼쳐 든다. 그러나 그들의 예상은 빗나간다. 푸셰는 끄떡없다. 언제나 그는 돌격할 때면 자신의 피뢰침 역할을 해 줄 강한 자를 마련해 놓고 그 뒤에 몸을 숨겨 왔다. 지난날을 돌이켜 보자. 리옹에서 푸셰와 함께 학살을 자행했던 콜로는 열대 지역의 섬으로 추방되었지만 푸셰는 끄떡없었다. 총재정부에게 대항하던 시절 그의 공범자 바뵈프는 총살당했지만 푸셰는 끄떡없었다. 그의 후원자 바라스는 국외로 도망가야 했지만 푸셰는 끄떡없었다. 그리고 이번에도 앞에 내세운 인물인 탈레랑은 실각하지만 푸셰는 끄떡없다. 정부가 바뀌고 국가 형태가 바뀌고 사상이 바뀌고 사람도 바뀐다. 18세기에서 19세기가 될 무렵 회오리바람이 몰아치면서 모든 것이 쓰러지고 쓸려 나가지만 단 한 사람만이 어떤 정부가 들어서건, 어떤 신념이 지배하건 한결같이 언제나 같은 자리에서 끄떡없이 버티고 있다. 바로 조제프 푸셰이다.

푸셰, 지도자로서 능력을 발휘하다

푸셰는 권력을 유지한다. 아니, 그 이상이다. 나폴레옹의 조언자

중 가장 영리하고 노련하며 자주적이던 탈레랑이 파면되고 예스맨에 불과한 사람이 후임자가 되자 그는 더 많은 영향력을 행사하게 된다. 그런데 더 중요한 일이 일어난다. 경쟁자 탈레랑이 떠났을 뿐 아니라 성가신 주인까지도 얼마 동안 자리를 비우게 된 것이다. 나폴레옹은 매년 새 전쟁을 시작하곤 하는데 1809년에는 오스트리아를 적으로 택한다.

나폴레옹이 파리를 떠나서 정무를 감독하지 못하면 푸셰는 더 바랄 나위 없이 행복하다. 주인은 멀면 멀수록 더 좋고 오래 떠나 있으면 있을수록 더 고맙다. 오스트리아나 스페인이나 폴란드 어디든 상관없다. 푸셰로서는 나폴레옹이 다시 이집트로 간다면 제일 기뻤을 것이다. 나폴레옹은 너무도 강한 빛을 발산하기 때문에 주변 사람 모두는 그의 그림자에 덮여 버린다. 비범하고 창의적인 사람이 권위적이고 오만하게 굴기까지 하니 그와 한 자리에 있는 다른 사람들은 무기력해질 수밖에 없다. 그러나 나폴레옹이 100마일 밖에서 전투를 지휘하고 원정 계획을 세우는 동안 푸셰는 고국의 이곳저곳에서 주군 노릇을 할 수 있고 운명을 결정할 수 있다. 에너지 넘치는 완강한 주인에게 휘둘리는 꼭두각시 이상의 존재가 될 수 있다.

마침내 푸셰에게 기회가 온다. 첫 기회이다. 1809년은 나폴레옹에게는 운명의 해이다. 그의 군사적 입지는 겉보기에는 좋아 보이지만 실제로는 그 어느 때보다도 더 위험에 처해 있다. 프로이센을 제압하긴 했지만 독일을 제대로 통제하지는 못하는 상황에서 나폴레옹은 프랑스 주둔군 1만 명을 배치하여 10만 명의 독일군을 감시하게 한다. 이 10만 명은 누군가가 선동만 하면 무기를 들고 궐기하려고 벼르고 있는 데다가 1만의 프랑스군은 무장도 제대로 갖추지 못한 형편이다. 아스페른 전투에서 승리한 오스트리아가 한 번 더 승리를 거둔다면 엘베강에서 론강에 이르는 지역에서 폭동이 일어날 것이고 독일 민중은 분노를 터트릴 것이다. 이탈리아에서도 프랑스군은 문제에 봉착해 있다. 프랑스군이 프로이센에게 굴욕을 안기자 독일 전체가 분개했던 것과 마찬가지로 프랑스가 교황을 무례하고 난폭하게 다루자 이탈리아 전체가 분개한다. 게다가 프랑스는 지쳐 있다. 황제 휘하의 군사 강국 프랑스는 스페인의 에브로강에서 폴란드의 바이크셀강에 걸쳐서 유럽 전역에 분산되어 있다. 누군가가 프랑스에게 새로운 타격을 가하는 데 성공한다면 불안한 상태에 있는 청동의 거상巨像이 그 타격으로 인해 넘어지지 말란 법도 없지 않은가! 나폴레옹의 철천지원수 영국이 바로 이것을 노리고 있다. 황제의 군대가 아스페른과 로마와 리스본에 분산되어 있을 무렵 영국은 프랑스의 심장을 치고 들어가기로 결정한다. 먼저 됭케르크의 항구들을 점령하고 안트베르펜을 탈취한 다음 벨기에 사람들이 폭동을 일으키게 만들려는 것이다. 나폴레옹과 그의 시종들은 대포로 무장한 노련한 정예부대를 거느리고 멀리 원정을 나갔으니 프랑스는 무방비 상태라고 영국은 추정한다.

그러나 푸셰가 자리를 지키고 있다. 1793년 국민공회 시절 1만 명의 신병을 2, 3주 안에 징집해 냈던 인물이다. 그의 에너지는 이후에도 줄어들지 않았지만 그는 눈에 뜨이지 않게 에너지를 사용해야 했고 자잘한 책략이나 음모를 꾸미는 데 에너지를 소진해야 했다. 그러다가 이제 그에게 과제가 생긴다. 프랑스 국민과 전 세계에게 조제프 푸셰가 그저 나폴레옹의 꼭두각시만은 아니며 유사시에는 황제 못지않게 단호하고 과감하게 행동할 수 있다는 것을 보여 주는 일이다. 그는 열정적으로 이 과제를 향해 돌진한다. 드디어 하늘이 내려 주신 기회가 왔다. 한 나라 군대의 운명과 한 나라의 사기가 오직 한 인물에게 달려 있지 않다는 사실을 분명히 증명할 절호의 기회이다. 그는 포고문에서 나폴레옹이 없어도 세상이 무너지지는 않는다고 아주 자극적으로 강조한다.

"천재이신 나폴레옹 황제 덕에 프랑스가 영광을 누리고 있지만 나폴레옹 황제께서 부재중이셔도 우리가 적을 무찌를 수 있다는 사실을 유럽에 증명해 보이자"고 그는 여러 시장들에게 쓴다. 그러고는 이 대담한 말을 독단적으로 행동에 옮긴다. 7월 30일 영국군이 발헤른 섬에 상륙했다는 보고를 받자마자 경찰장관 겸 임시 내무장관 푸셰는 국민방위군을 소집할 것을 요구한다. 혁명이 지나간 이후 마을에서 재단사나 자물쇠 제조공, 제화공이나 농부로 조용히 일하는 사람들이 소집 대상이다. 다른 장관들은 어이없어한다. "아니, 황제의 허락도 받지 않은 채 혼자 그렇게 광범위한 조치를 취하겠다는 것이오?" 특히 군무장관은 자격이 없는 민간인이 자신의 신성한 영역에 끼어들자 몹시 분노하며 목소리를 높여 반대한다. "먼저 쇤브룬에 계신 황제께서 방위군을 동원해도 된다고 허가를 하셔야 합니다. 황제가 무슨 지시를 하실지 기다려야 합니다. 나라를 소란스럽게 해서는 안 됩니다."

그러나 파발꾼이 황제에게 갔다가 답을 들고 파리에 오려면 보통 2주일이 걸린다. 푸셰는 나라를 소란스럽게 하는 것 따위는 두려워하지 않는다. 나폴레옹도 나라를 소란스럽게 하지 않는가? 마음속으로 푸셰는 소란이 일어나고 폭동이 일어나기를 바란다. 그런 심정으로 결연히 모든 책임을 떠맡는다. 북소리가 울려 퍼지는 가운데 위기에 처한 지역의 모든 남자들은 즉각 방어전에 임하라는 명령이 황제의 이름으로 떨어진다. 다만 황제는 이 모든 조치에 대해 전혀 모르고 있다. 푸셰는 과감한 조치를 하나 더 취한다. 임시로 편성한 북부군의 총사령관으로 베르나도트를 임명한 것이다. 이 사람은 나폴레옹의 형에게 매제가 되는 사람이기는 했지만 나폴레옹은 그를 휘하의 장군들 중에서 제일 미워했고 견책한다는 취지에서 국외로 발령을 냈다. 푸셰는 황제와 장관들과 모든 정적들의 뜻을 거스르며 베르나도트를 불러들인다. 황제가 자신의 조치를 찬성하든 말든 상관없다. 결과가 좋으면 그가 옳았다는 것이 밝혀질 테니 말이다.

결정적인 순간에 이렇게 대담하게 행동하다니 푸셰는 정말이지 어느 정도는 위대한 면모를 지닌 인물이다. 가만 있지 못하고 일을 좋아하는 성격의 푸셰는 큰 과제를 맡게 되기를 초조하게 갈망해 왔지만 항상 작은 과제들만 맡아 왔다. 그에게는 애들 장난만큼이나 쉬운 과제들이었다. 그러니 남아도는 힘은 아무런 의미도 없는 음흉한 음모를 꾸미는 데 쓰일 수밖에 없다. 그러나 정말로 세계의 운명이 걸린 과제이자 자신의 역량에 상응하는 과제를 맡게 되면 푸셰는 빼어난 솜씨로 과제를 완수한다. (리옹에서도 그랬고 후일 나폴레옹이 실각한 후 파리에 남은 푸셰는 또 한번 역량을 보일 것이다.) 나폴레옹은 블리싱겐은 난공불락이라고 서한에 적었지만 이 도시는 며칠 후 영국군의 수중에 떨어진다. 푸셰가 예언한 대로이다. 그러나 그동안 푸셰는 황제의 허락 없이 군대를 새로 조직하고 이 군대는 안트베르펜을 탈환한다. 이렇게 해서 영국의 침입군은 많은 비용을 들였음에도 불구하고 완패를 당하고 만다. 국내에 남아 있던 일개 장관이 감히 독자적으로 군기를 펼쳐 들고 돛을 올려서 항로를 정하다니, 나폴레옹이 정권을 잡고 난 이래 이런 일은 처음이다. 그가 이렇게 독단적인 행동을 취하지 않았더라면 프랑스를 절체절명의 위기에서 구해 내지 못했을 것이다. 이 시점부터 푸셰는 새로운 자신감을 얻게 된다.

그동안 재상과 군무 대신은 쇤브룬에 편지를 보내서 푸셰에 대한 여러 불만을 털어놓는다. "민간인에 불과한 장관이 뻔뻔하게도 월권행위를 하려 합니다." "푸셰가 국민방위군을 소집하고 국가를 전시 상태로 만들었습니다!" 모두들 나폴레옹이 이 오만한 행위를 벌하고 푸셰를 파면하리라고 기대한다. 그러나 놀랍게도 황제는 푸셰가 만인의 반대를 뿌리치고 신속히 결단을 내린 것이 옳았다고 말한다. 푸셰의 조치가 효과 만점이었다는 것을 아직 알지도 못한 상황인데도 말이다. 재상은 호된 질책을 듣는다. "그런 비상사태에서 당신은 위임 받은 권한을 거의 행사하지 않았으니 기가 막힐 따름이오. 당신은 소식을 듣자마자 당장 국민방위군을 소집했어야 했소. 2만이든 4만이든 5만이든 되는 대로 모았어야 했단 말이오." 그리고 군무장관은 이런 편지를 받는다. "해야 할 일을 한 사람은 푸셰밖에 없소. 나라가 위태로운 순간에 아무 일도 안 하고 버티는 건 옳지 않다고 느꼈던 사람도 푸셰뿐이오." 이렇게 해서 겁이 많고 조심스럽고 무능한 장관들은 푸셰에게 눌렸을 뿐 아니라 나폴레옹이 푸셰 편을 드는 바람에 기가 꺾인다. 이제 푸셰는 탈레랑과 재상을 제치고 프랑스 제일의 자리를 꿰어 찬다. 명령에 순종할 뿐 아니라 명령을 내릴 수도 있다는 걸 보여 준 유일한 사람이기 때문이다.

푸셰는 위기의 순간에 훌륭하게 대처할 수 있다는 사실을 언제든 보여 줄 것이다. 그를 극도로 어려운 상황에 빠트려 보라. 그는 대담하고 명석하게 그 상황을 처리해 낼 것이다. 더할 나위 없이 뒤엉킨 실타래를 그에게 건네어 보라. 그는 그걸 풀어 낼 것이다. 그러나 그는 손을 뻗쳐 잡는 기술에는 능숙하지만 유감스럽게도 그것과 자매간인 다른 기술을 전혀 모르고 있다. 이것이야말로 정치 기술 중에서 백미인데도 말이다. 그것은 잡고 있는 것을 제때에 다시 놓아주는 기술이다. 푸셰는 손을 일단 밀어 넣으면 다시 빼내지 못한다. 그리고 실타래를 풀어내면 곧장 그것을 다시 인위적으로 새로 헝클어트려서 가지고 놀려는 악마와 같은 욕망에 사로잡힌다. 이번에도 그는 똑같이 행동한다.

그가 신속하고 기민하게 대처한 덕분에 비겁하게 측면을 공격한 영국군은 패배한다. 막대한 인명과 물자를 잃은 데다가 위신까지 잃고는 배를 타고 귀국한다. 이제 안심하고 종전을 알리며 소집된 병사들에게 감사장과 훈장을 수여하고 귀가시키는 일만 남는다. 그러나 푸셰의 공명심은 잠에서 깨어나 버렸다. '황제 노릇을 하는 것은 정말이지 멋졌다. 세 주州에서 참전을 독려하고 명령을 내리고 포고문을 쓰고 연설을 하고 용기 없는 동료들을 닦달할 수 있었다. 그런데 이제 이 멋진 시간이 벌써 끝이란 말인가? 나의 추진력이 시시각각으로 발전해 가는 것을 느끼며 즐거워지려는데 벌써 끝이라고? 안 될 말이다.' 푸셰는 그럴 의사가 없다. 적이 없으면 가상의 적을 만들어서라도 전쟁과 방어 놀이를 계속하고 싶을 뿐이다. 계속 참전의 북을 울리고 나라를 들쑤시고 불안을 야기하고 사회를 격렬히 요동시키고 싶을 뿐이다. 그래서 그는 영국군이 마르세유에 상륙을 기도한다는 구실로 다시 동원 명령을 내린다. 피에몬트와 프로방스, 심지어 파리에서까지 국민방위군을 소집하는 바람에 사람들은 놀란다. 육지와 해안을 아무리 뒤져도 적 한 명 보이지 않는데도 소집령을 내리는 이유는 단 하나이다. 사람들을 조직하고 동원하는 즐거움을 오랫동안 누리지 못하던 푸셰가 이제 그 즐거움에 푹 빠져 있기 때문이다. 오랫동안 일을 벌이고 싶은 욕망을 억누르고 있다가 세계를 호령하는 나폴레옹이 부재중인 걸 틈타서 그 즐거움을 제대로 만끽할 수 있기 때문이다.

그런데 이 군대는 대체 누구를 상대로 싸울 것인가? 온 국민이 의아해 한다. 영국군은 코빼기도 보이지 않으니 말이다. 점차 푸셰에게 호의적인 동료들마저도 의심을 품게 된다. 저 의중을 알 수 없는 사람은 어쩌자고 무모하게 군대를 소집하는 걸까? 푸셰가 스스로의 활동 능력에 남모를 쾌감을 느끼며 도취해 있을 뿐이라는 사실을 동료들은 이해하지 못한다. 아무리 찾아도 총검 하나 보이지 않고 적은 한 명도 보이지 않는데 적에 맞서 싸울 병사가 나날이 엄청난 양으로 동원되다 보니 사람들은 푸셰가 야심 찬 계획을 품고 있는 건 아닐까 의심하게 된다. 어떤 사람은 그가 반란을 준비하고 있다는 의견이고 또 어떤 사람은 만일 황제가 아스페른에서처럼 또 한번 패배를 당한다든지 아니면 프리드리히 슈탑스 같은 사람이 또 나타나서 이번에는 황제를 암살하는 데 성공한다면 곧장 푸셰는 과거의 공화제를 선포할 작정이라고 생각한다. 이제는 푸셰가 제정신이 아니라는 편지와 푸셰가 음모를 꾸미고 있다는 편지가 줄줄이 쇤브룬의 황제 숙소로 날아든다.

나폴레옹은 초반에는 푸셰의 활약에 호의를 품고 있었지만 마침내는 황당해 한다. 그러고는 푸셰가 너무 커 버렸기 때문에 다시 그의 콧대를 꺾어야겠다고 생각한다. 이어지는 편지들은 이전의 편지와는 달라도 너무 다르다. 나폴레옹은 푸셰를 질책하면서 "풍차와 싸우는 돈키호테"라고 부른다. 그러고는 예전처럼 엄한 어조로 이렇게 쓴다. "짐은 피에몬트, 랑그도크, 프로방스, 도피네에서 국민방위군이 소집됐다는 보고를 받았소. 당신 제정신이오? 대체 국민방위군으로 무얼 하려는 거요? 국민방위군은 필요가 없지 않소? 더구나 내 명령 없이는 이런 일을 해서는 안 되는 거요." 이제 푸셰는 쓰디쓴 마음으로 주군 놀이를 그만두고 내무장관 직을 내놓아야 한다. 다시 구석자리에 서서 명망이 자자한 주군을 보필하는 경찰장관 역을 맡아야 한다. 아, 주군은 너무 빨리 돌아왔다.

어찌됐건 푸셰는 공을 세웠다. 조국이 백척간두의 위기에 처했을 때 다른 장관들은 겁에 질려 있었지만 유일하게 적시에 올바르게 행동한 것이다. 비록 도를 넘긴 했지만 말이다. 그래서 나폴레옹은 이미 여러 사람들에게 부여하였던 명예를 푸셰에게도 주지 않을 수 없다. 피로 비옥해진 프랑스 땅 위에는 신흥 귀족이 쑥쑥 자라고 있다. 장군과 장관과 하수인들도 이름을 고귀하게 만드는 판국이니 만큼 옛날 귀족을 적대시하던 푸셰 역시 귀족이 될 차례가 된 것이다.

이전에 그는 조용히 백작의 작위를 받았다. 그러나 왕년의 자코뱅 푸셰는 이름의 사다리를 더 높이 올라가게 될 것이다. 1809년 8월 15일 코르시카 출신의 평범한 소위였던 사람은 헝가리왕이자 오스트리아 황제의 궁전인 쇤브룬의 호화로운 거실에서 사제 교사직을 뿌리치고 나와 공산주의자가 되었던 사람을 위해 당나귀 가죽으로 만든 양피지에 서명하고 그것을 봉인한다. 이 양피지 문서의 효력에 따라서 조제프 푸셰는 이제부터 오트란토 공작이라는 칭호를 갖게 된다. 푸셰는 오트란토에서 싸운 적이 없고 남부 이탈리아에 위치한 오트란토의 풍광을 본 적도 없다. 하지만 울림이 좋고 이국적으로 들리는 귀족의 이름은 골수 공화주의자였던 시절을 가리는 데에는 안성맞춤이다. 이 이름을 멋지게 발음하면 사람들은 이 공작이 리옹의 학살자였고 평등의 빵을 강요하고 사유재산을 징발하던 푸셰라는 사실을 잊어버릴 것이다. 푸셰가 기사의 긍지를 느낄 수 있도록 공작 가문의 상징이 될 반짝반짝 빛나는 문장이 수여된다.

그런데 기묘한 일이다. 나폴레옹 본인이 푸셰의 성격을 아슬아

슬하게 암시하려고 한 걸까, 아니면 궁중에서 일하는 문장 전문가가 심리학자 노릇을 하며 장난을 친 걸까? 오트란토 공작의 문장 가운데 부분에는 황금 기둥이 하나 있다. 황금을 지극히 사랑하는 푸셰에게는 안성맞춤이다. 그리고 이 황금 기둥 둘레를 뱀 한 마리가 휘감고 있다. 아마 오트란토 공작이 외교관처럼 유연하게 처신함을 은밀히 암시하는 것 같다. 나폴레옹은 정말이지 영리한 문장 전문가를 휘하에 거느리고 있었던 게 분명하다. 이처럼 조제프 푸셰의 성격을 쏙 담아내는 문장을 고안해 낸다는 건 아무나 할 수 있는 일이 아니다.

황제에게 맞서다

1810년

본보기가 될 만한 위인이 등장하면 한 세대 전체가 망가지거나 눈부신 성장을 하게 된다. 나폴레옹 보나파르트 같은 사람이 등장하면 그의 주변에 있는 동시대인 모두가 양자택일을 해야 한다. 하나는 나폴레옹 앞에서 자신을 낮추고 그의 위대함 앞에서 흔적 없이 사라지는 것이고 다른 하나는 나폴레옹을 본보기로 삼아서 자신의 힘을 무한정으로 넓히는 것이다. 나폴레옹 주변의 남자들은 그의 노예나 호적수, 둘 중 하나가 되어야 한다. 그처럼 걸출한 인물과 함께하는 사람은 중용의 길을 지속적으로 갈 수 없다.

푸셰는 나폴레옹 때문에 마음의 균형을 잃은 사람들 중 하나이다. 나폴레옹은 만족할 줄 모르는 데다가 늘 정상궤도를 넘어서려는 광적인 욕망을 지닌 사람이다. 이처럼 위험한 본보기로 인해 푸셰의 영혼은 손상된다. 푸셰 역시 나폴레옹처럼 자신의 권력의 경계선을 끊임없이 늘려 나가려 한다. 마음 편히 한자리에 머물러 있거나 유유히 일상을 즐길 능력을 잃은 지는 이미 오래다. 그러니 개선장군 나폴레옹이 쇤브룬에서 귀국하여 다시 주도권을 장악했을 때 푸셰가 얼마나 실망했겠는가! 자신의 판단에 따라 일을 처리할 수 있었던 지난 몇 달은 너무나 황홀했다! 그동안 군대를 소집하고 국가의 결정을 널리 알리는 등 겁먹은 동료들 위에 자리 잡고 대담한 조치를 취했다. 한 나라를 다스리는 주군 노릇을 했고 세계의 운명이 걸린 커다란 도박판에서 놀았으니 정말 황홀했다! 그러던 조제프 푸셰는 이제 다시 경찰장관으로 만족해야 한다. 불만에 가득 찬 사람들과 신문에서 조잘대는 사람들을 감시해야 하고 첩자들이 제출한 보고서를 참조하여 날마다 지루한 소견서를 작성해야 한다. 탈레랑이 어떤 여자와 밀회를 즐기고 있는지, 어제 주식거래소에서 이윤이 폭락한 게 누구 탓인지 하는 하찮은 일에 신경을 써야 한다. 이건 아니다. 자신의 손으로 세계적 사건들을 다루며 거대한 차원의 정치를 조종하는 일을 방금 해낸 푸셰는 그런 일들을 하찮게 여기며 고작 종이 쪼가리를 다루고 있다고 스스로를 한심하게 여길 뿐이다. 푸셰는 애달아서 무슨 사건이 일어나기를 갈망하고 있다. 한번 높은 판돈을 걸고 도박을 한 사람은 자질구레한 일에 적응하지 못한다. 나폴레옹의 옆에 있더라도 업적을 이룰 수 있다는 것을 한번 보여 주자! 이 생각이 그의 뇌리를 떠나지 않는다.

그러나 나폴레옹은 모든 것을 이루었다. 러시아와 독일과 오스트리아와 스페인과 이탈리아를 정복한 그에게 유럽에서 가장 오랜 왕가의 황제는 딸을 아내로 준다. 그는 교황을 폐위시켰고 천 년에 걸친 교황령을 무너트렸고 파리를 중심으로 전 유럽에 걸친 세계 제국을 세웠다. 이런 사람 옆에서 어떤 업적을 이뤄 낸란 말인가? 공명심에 사로잡힌 푸셰는 혈안이 되어서 그럴듯한 과제를 찾으려고 사방팔방을 들여다본다. 그러다 보니 정말 할 일이 하나 있다. 세계 제국이라는 대형 건물에는 지붕이 부실해서 제일 꼭대기가 휑하니 비어 있다. 이 유일한 빈자리가 바로 영국과의 평화이다. 이게 성사되어야 건물이 완성된다. 조제프 푸셰는 이제 유럽 제국을 완성할 최후의 업적을 단독으로 이루어 내려고 한다. 나폴레옹 없이, 나폴레옹에 맞서서 말이다.

영국은 1795년이나 1809년이나 한결같이 프랑스에게는 불구대천의 원수이고 가장 위험한 적수이다. 아콘의 성문 앞에서든, 리스본의 성채 앞에서든 세계 구석구석에서 나폴레옹의 의지는 앵글로색슨족의 냉철하고 신중하며 조직적인 힘과 충돌하였다. 나폴레옹이 유럽의 내륙 전체를 정복하는 동안 앵글로색슨족은 세계의 다른 절반인 바다를 장악했다. 나폴레옹은 앵글로색슨족을 막아 낼 수 없고 앵글로색슨족은 나폴레옹을 막아 낼 수 없다. 양측은 거의 20년 전부터 상대를 제압하려고 갖은 노력을 아끼지 않고 있다. 이처럼 비이성적인 싸움을 계속하는 동안 양측의 국력은 상당히 약해졌다. 어느 쪽도 인정하지는 않았지만 양쪽 다 조금은 지쳐 있다. 영국이 적대국과의 거래를 억압한 후부터 프랑스와 안트베르펜과 함부르크의 은행들은 파산한다. 템스강은 팔리지 않은 상품을 실은 배들로 꽉 차 있다. 프랑스와 영국의 주가는 계속해서 하락한다. 양국의 상인과 은행가와 분별 있는 사람들은 대화를 시도하며 아주 조심스럽게 협상을 시작한다.

그러나 나폴레옹은 멍청이 형 조제프가 스페인의 왕이 되고 누이동생 카롤린이 나폴리의 왕이 되는 게 더 중요하다고 여긴다. 그래서 그는 어렵사리 네덜란드를 통해 착수한 평화 협상을 중단하고는 프랑스의 동맹국들에게 영국 배를 쫓아내고 영국 화물을 바다에 쏟아 버리라고 으름장을 놓는다. 그러고는 러시아에 편지를 보내서 대륙봉쇄령에 복종하라고 협박한다. 다시 한번 정열이 이성을 질식시킨 것이다. 전쟁이 영원히 계속될 것 같은 위험한 조짐이 보인다. 이를 막으려면 마지막 순간에 평화론자들이 용기를 내어 행동을 개시해야 한다.

푸셰 역시 조기에 중단된 영국과의 협상에 관여하고 있었다. 그는 황제와 네덜란드왕에게 프랑스의 자산가를 중개자로 알선했다. 이 사람은 네덜란드의 자산가를, 네덜란드 자산가는 영국 자산가를 중개자로 알선했다. 전시에는 물론이고 다른 시절에도 돈으로 맺어진 관계는 굳건한 법이다. 이런 탄탄한 황금 다리를 거쳐 화해를 위한 시도가 정부에서 정부로 전달되었다. 그러나 황제는 불쑥 협상을 중지하라고 무뚝뚝하게 명령했다. 푸셰는 이 명령이 못마땅하다. 왜 협상을 중지해야 하나? 협상하고 흥정하고 약속을 한 후 상대를 우롱하는 것이야말로 그가 가장 좋아하는 일이다. 그래서 그는 터무니없는 계획을 세운다. 자신의 재량으로 계속 협상을 하지만 표면상으로는 황제의 위임을 받고 협상하는 척하려는 것이다. 그렇게 하면 푸셰의 중개인과 영국의 당직자는 황제가 자신들을 통해서 평화를 이루려고 한다고 믿게 되지만 사실 전부를 조종하는 사람은 오트란토 공작 하나 뿐이다.

정말이지 제정신으로는 할 수 없는 파렴치한 일이다. 황제의 이름을 도용하고 자신의 장관직을 남용하다니, 이런 철면피한 행위는 세계 역사에서도 유례가 없을 정도이다. 그러나 푸셰는 음모를 꾸미기 위하여 태어났고 음모를 꾸미기로 작정한 사람이다. 그러니 비밀스러운 일을 도모하고 애매하면서 복잡하게 얽힌 장난을 치는 일, 한 사람이 아니라 세 사람 혹은 네 사람을 동시에 우롱하는 것이야말로 그에게는 최고의 향락이 아닐 수 없다. 선생님의 등 뒤에 찡그린 얼굴을 들이대는 개구쟁이 학생처럼 푸셰는 황제의 등 뒤에서 예정에 없던 일을 벌이는 것을 좋아한다. 겁 없는 아이가 뻔뻔한 짓을 하고 사기를 치는 게 재미있어서 매를 맞거나 교실에서 쫓겨날 위험을 감수하는 것과 다를 바 없다. 지금 그는 황제의 위임을 받은 척하면서 실제로는 황제의 뜻을 거스르며 프랑스와 영국의 평화에 대해서 영국 외무부와 협상하고 있다. 여태까지 그는 수많은 정치적 이탈을 즐겨 왔지만 이처럼 대담하고 독단적이고 위험한 일을 저지른 적은 한번도 없었다.

그의 계획은 절묘하다. 그는 자신과 친분이 있는 은행가 우브라르를 이 일에 합류시킨다. 우브라르는 암거래를 일삼는 자산가들 중 한 사람이며 몇 차례 감방을 드나들기도 했다. 나폴레옹은 이 평판 나쁜 악당을 혐오하지만 푸셰는 개의치 않고 우브라르와 주식거래소에서 함께 일해 왔다. 우브라르라면 안전하다고 그는 생각한다. 우브라르를 여러 번 궁지에서 구해 준 적이 있고 우브라르를 제대로 조종할 수 있기 때문이다. 그를 네덜란드의 유력한 은행가 르 라부셰르에게 보내자 르 라부셰르는 아무런 의심 없이 자신의 장인인 런던의 은행가 베어링에게 도움을 청한다. 베어링은 다시 르 라부셰르를 영국 내각과 연결시켜 준다. 이제 팽이는 미친 듯이 뱅뱅 돌기 시작한다. 당연히 우브라르는 푸셰가 황제의 위임을 받고 행동하고 있다고 믿고는 그의 통지문을 공식적으로 네덜란드 정부에 전달한다. 이런 경로를 거쳤다는 사실만으로 영국은 진지한 협상 제안을 받았다고 믿는다. 영국은 나폴레옹과 협상하는 줄 알지만 실은 푸셰와 협상하고 있을 따름이다. 물론 푸셰는 이 은밀한 작업이 황제에게 알려지지 않도록 조심한다. 그는 먼저 이 협상이 무르익게 하고 어려운 점들을 조정한 다음 불쑥 황제와 프랑스 국민 앞에 난국을 해결한 신의 모습으로 등장하려 한다. 그러고는 당당히 이렇게 말하고자 한다. "영국과의 평화가 이제 이루어졌습니다. 모두가 애타게 원했지만 프랑스 외교관 가운데 그 누구도 해내지 못했던 일입니다. 그 일을 나 오트란토 공작이 열심히 노력해서 혼자 해냈습니다."

덜미를 잡힌 푸셰

그러나 애석하게도 작은 우연이 이 비할 데 없이 흥미진진한 프로젝트를 망쳐 버린다. 나폴레옹은 젊은 아내 마리 루이즈와 함께 동생 루이를 방문하러 네덜란드로 갔다. 화려한 환영 행사에 참석하며 정치를 잊고 지내던 나폴레옹은 어느 날 동생 루이왕과 대화를 나누다가 영국과의 합의가 어느 정도 진척되었냐는 질문을 우연히 받는다. 루이 역시 다른 사람들과 마찬가지로 영국과의 비밀 협상은 황제의 동의하에 진행되고 있다고 단정하고 있었다. 나폴레옹은 의아해 한다. 그러고는 가증스러운 우브라르를 방금 안트베르펜에서 마주쳤던 걸 얼핏 기억해 낸다. 대체 무슨 일이 일어나고 있는 걸까? 그놈이 영국과 네덜란드를 빈번히 왕래한다는 건 무슨 의미일까? 그러나 나폴레옹은 놀라움을 감추고는 무심한 태도로 네덜란드 은행가가 주고받은 편지들을 기회가 닿는 대로 확보해서 자신에게 넘기라고 동생에게 부탁한다. 곧 나폴레옹은 편지를 손에 쥔다. 네덜란드에서 파리로 돌아오는 길에 편지를 읽어 보니 정말로 그가 전혀 모르고 있는 협상이 진행 중이다. 머리끝까지 화가 치민 나폴레옹은 곧장 오트란토 공작이 자신의 영역을 몰래 침범하여 밀렵을 하고 있다는 낌새를 챈다. 그러나 이 교활한 놈을 상대하느라 자신도 교활해진 덕에 의심이 드러내지 않고 정중한 태도로 푸셰를 대한다. 그러지 않으면 노련한 푸셰는 경계심을 품고 빠져나갈 대책을 강구할 게 뻔하다. 나폴레옹은 헌병 사령관인 사바리 로비고 공작에게만 사정을 털어놓는다. 그러고는 이목을 끌지 말고 신속히 은행가 우브라르를 체포하고 그의 서류 일체를 확보하라고 명령한다.

6월 2일 명령을 내린 지 세 시간이 지난 후 나폴레옹은 장관들을 생 클루 성으로 소집한다. 그러고는 오트란토 공작에게 거칠게 다짜고짜 묻는다. "우브라르가 여행을 하고 다닌 걸 어느 정도까지 알고 있소? 그자를 암스테르담에 보낸 게 바로 당신 아니오?" 푸셰는 깜짝 놀라긴 했지만 자신이 함정에 빠졌다는 걸 아직 눈치채지 못한다. 그래서 덜미를 잡혔을 때 늘 하듯이 행동한다. 일찍이 혁명정부 시절 쇼메트를 부인하고 총재정부 시절 바뵈프를 부인한 것처럼 공범자를 단호히 떨쳐 내고는 자신만 빠져 나오려 한다. "아, 우브라르 말씀이십니까? 그자는 온갖 일에 끼어들기 좋아하는 넉살 좋은 놈입니다. 게다가 그가 벌인 일은 정말이지 아무 짝에도 쓸모없는 애들 장난에 불과합니다." 그러나 나폴레옹은 단호하게 물고 늘어진다. "이 사건을 결코 대단치 않은 음모로 넘길 수는 없소." 그러고는 호통을 친다. "감히 군주의 등 뒤에서 적과 교섭한다는 건 의무를 망각한 행위요. 교섭에 어떤 조건을 내걸었는지 군주는 알지도 못하고 있고 알게 되어도 그 조건을 승인하지는 않을 것이오. 이토록 의무를 훼손하는 행위는 솜방망이 정부라 할지라도 용납하지 않을 것이오. 우브라르를 당장 체포해야 하오."

이제 푸셰는 불안해진다. 우브라르를 체포하다니 그건 막아야 한다! 그놈은 비밀을 죄다 털어놓을 것이다. 그래서 푸셰는 황제가 체포 명령을 취소하게 하려고 갖가지 구실을 갖다 붙인다. 그러나 황제는 이미 자신의 비밀경찰이 우브라르를 감옥에 가두었다는 것을 알기에 본색이 탄로 난 푸셰가 하는 말을 들으며 비웃는다. 이제 나폴레옹은 이 대담무쌍한 음모를 꾸며낸 자가 누구인지 간파한다. 그리고 곧 우브라르에게서 압수한 서류에서 푸셰가 벌인 사건의 전모가 드러난다.

이제 오랫동안 쌓이고 쌓였던 불신의 먹구름에서 번개가 친다. 다음 날인 일요일 미사를 마친 나폴레옹은 (2년 전에 교황을 체포하긴 했지만 오스트리아 황제의 사위가 된 후 다시 경건한 신자가 되어 있다.) 모든 장관과 고위 공직자들을 아침 접견을 구실로 불러들인다. 그런데 보이지 않는 사람이 하나 있다. 오트란토 공작이다. 현역 장관인데도 그는 초대를 받지 못했다. 황제는 신하들을 탁자에 둘러앉게 하고는 단도직입적으로 묻는다. "어떤 장관이 자신의 지위를 남용해서 주군 몰래 외국과 교섭을 시작했소. 경들은 이 일을 어떻게 생각하오? 그 장관은 자기 혼자 생각해 낸 토대에 근거해서 협상을 하고 그렇게 해서 나라 전체의 정치를 웃음거리로 만들었소. 이처럼 의무를 훼손한 행위를 응징하려면 어떤 처벌을 내려야 한다고 우리 법전에 쓰여 있소?" 이처럼 준엄한 질문을 던지고는 신하들을 둘러본다. 당연히 자신의 꼭두각시인 고문들이 다투어 추방이라든지 기타 굴욕적인 처분을 제안하리라고 기대하면서 말이다.

장관들은 공격의 화살이 누구를 겨누고 있는지 당장 알아차린다. 그러나 놀랍게도 아무도 입을 떼지 못하고 곤혹스러워 한다. 마음속으로는 모두들 푸셰가 평화를 위해 열심히 노력한 게 옳다고 여긴다. 그리고 그저 신하에 불과한 그들은 푸셰가 전제군주를 상대로 뻔뻔스런 장난을 쳤다는 사실에 통쾌해 한다. 탈레랑(그는 장관은 아니지만 고위 공직자 자격으로 이 중요한 회합에 불려 왔다)은 마음속으로 회심의 미소를 지으며 2년 전 자신이 겪었던 굴욕을 떠올린다. 그가 좋아하지 않는 두 사람, 나폴레옹과 푸셰가 지금 난처한 처지에 있으니 흥겨울 따름이다. 마침내 재상 캉바세레스가 침묵을 깨고 중재에 나선다. "이것은 의심할 바 없이 엄벌에 처해 마땅한 과오입니다. 다만 문제의 인물이 직무에 너무 열을 올린 나머지 그런 실수를 범했다면 달리 볼 수도 있겠습니다." "직무에 너무 열을 올린 나머지?" 나폴레옹은 버럭 화를 낸다. 이 대답은 그의 마음에 들지 않는다. 그는 용서를 하려는 게 아니라 독자적 행동을 한 사람은 누구든 단호히 엄벌에 처해진다는 것을 보여 주려 한다. 나폴레옹은 격앙된 어조로 배석한 사람들에게 사건의 추이를 들려주고는 후임자를 천거하라고 요청한다.

그러나 장관들 중 누구도 이처럼 언짢은 사건에 끼어들려고 나서지 않는다. 모두에게 나폴레옹 다음으로 두려운 사람이 푸셰이기 때문이다. 결국은 언제나처럼 탈레랑이 기지가 넘치는 말장난으로 난감한 순간을 넘긴다. 그는 옆자리의 동료에게 나지막이 말한다. "의심할 바 없이 푸셰가 실수를 했습니다. 그렇다 해도 내가 그의 후임자를 정해야 한다면 다시 푸셰를 쓰는 수밖에 다른 도리가 없겠습니다." 나폴레옹은 자동인형에다가 용기 없는 환관으로 전락해 버린 장관들을 못마땅해 하며 회의를 중단하고 재상을 자신의 방으로 불러들인다.

"정말이지 이 사람들 의견을 물어 봤자 헛수고요. 방금 보았다시 피 그들에게 유익한 제의를 기대한다는 건 바보짓이요. 내가 먼저 결정을 내린 후 그저 요식행위로 그들에게 물어본 것뿐임을 당신은 모르지 않을 것이오. 나는 이미 선택했소. 로비고 공작이 경찰장관 이 될 것이오." 로비고 공작이 그런 편치 않은 후임 자리를 원하는지 아닌지 표명할 기회도 주지 않고 그날 저녁 황제는 공작에게 무뚝 뚝하게 명령한다. "당신은 경찰장관이오. 선서를 하고 업무를 시작 하시오!"

푸셰가 파면되었다는 소식은 당장 세간의 화제가 된다. 전체 여 론은 그의 편에 선다. 이 표리부동한 장관이 수많은 이들의 호감을 얻게 된 이유는 이렇다. 자유에 익숙해진 프랑스 국민은 혁명 덕에 출세한 나폴레옹이 거리낌 없이 러시아 전제군주처럼 구는 것을 못 마땅해 했는데 푸셰가 이에 맞서 저항을 한 것이다. 그리고 전쟁광 인 황제의 뜻을 거스르며 영국과 평화를 맺으려 한 것이 처벌을 받 아 마땅한 범죄라고 보는 사람은 아무도 없다. 왕당파와 공화주의자 들과 자코뱅파를 포함한 모든 정파뿐 아니라 외국의 사신들까지도 이구동성으로 푸셰야말로 나폴레옹 휘하에 마지막으로 남아 있던 직언을 아끼지 않는 장관이었다며 그가 실각했으니 평화 계획은 명 백히 실패했다고 개탄한다. 나폴레옹은 심지어는 궁전과 침실에서 도 조제프 푸셰의 변호인과 마주해야 한다. 두 번째 아내 마리 루이 즈는 첫 번째 아내 조제핀과 마찬가지로 푸셰 편이다. 아버지 오스트리아 황제가 푸셰야말로 자신의 주변에서 신뢰할 만한 유일한 사람이라고 추천했는데 그 사람이 해직되었다고 그녀는 당혹해 한다. 나폴레옹의 미움을 받았다는 이유로 한 남자의 사회적 명망이 높아진 것이야말로 그 당시 프랑스의 참된 분위기를 극명히 보여 주고 있다. 신임 경찰장관 사바리는 사람들이 푸셰의 파면에 얼마나 큰 충격을 받았는지를 아주 정확히 요약하고 있다. "내가 경찰장관에 임명되었다는 소식을 들은 사람들은 페스트가 발생했다는 소식을 들었을 때보다 더 극심한 공포에 휩싸였다." 조제프 푸셰, 그는 진정 지난 10년 동안 황제와 더불어 강자로 부상했던 것이다.

이러한 파면의 여파가 어떤 경로를 거쳤는지는 모르나 돌고 돌아 나폴레옹에게까지 알려진 게 분명하다. 푸셰를 관직에서 단칼에 쫓아낸 지 얼마 지나지 않아서 나폴레옹은 급히 태도를 바꾸고는 해직된 푸셰에게 늦게나마 1802년 처음 해직되었을 때처럼 금전적 보상을 두둑이 한다. 그러고는 푸셰를 해직시킨 게 아니라 다른 자리로 이직시키는 것으로 포장한다. 오트란토 공작은 경찰장관직을 잃은 대신 추밀원 고문관이라는 명예직을 얻으며 로마 주재 대사로 임명된다. 황제는 공인이 아닌 한 개인의 입장에서 푸셰에게 고별장을 보내는데 여기에는 공포와 분노, 비난과 감사, 증오와 화해 사이에서 흔들리고 있는 나폴레옹의 심정이 너무도 잘 드러나 있다.

"오트란토 공작, 경이 나를 위하여 어떤 일들을 해 왔는가를 나는 알고 있소. 경이 나에게 의리를 지키고 열성을 다해 봉사한 것을 믿어 의심치 않소. 그럼에도 불구하고 이제는 경에게 장관직을 맡길 수 없소. 그렇게 한다면 나는 스스로의 위신을 너무 많이 해치게 될 것이오. 군주는 경찰장관직을 맡은 사람을 전폭적으로 무한히 신뢰할 수 있어야 하오. 경이 어떤 중대한 사건을 다루면서 나와 국가의 안녕을 위험에 방치한 이후부터는 경에 대한 신뢰는 더 이상 존재하지 않소. 경의 행위는 그 동기가 칭찬할 만한 것이었다 할지라도 용서될 수 없다고 나는 보고 있소. 경찰장관의 의무가 무엇인지에 관해 경은 이상한 견해를 품고 있소. 당신의 견해는 국가의 이익과는 부합되지 않소. 경의 의리와 충성을 의심하지는 않지만 경은 내가 끊임없이 고생스럽게 감시하지 않으면 안 될 사람이오. 나는 그런 고생을 하고 싶지 않소. 경은 어떤 일이 나의 뜻과 의도에 부응하는지 알지도 못하면서 독단적으로 여러 가지 일을 저지르기 때문에 감시하지 않으면 안 될 인물이오. (…) 경이 행동 방식을 바꿀 거라는 희망은 더 이상 품고 있지 않소. 벌써 여러 해 전부터 내가 불만을 노골적으로 드러냈는데도 경은 조금도 변하지 않았기 때문이오. 경은 자신의 의도가 순수하다는 것을 확신한 나머지 선을 행하려는 의도일지라도 큰 재앙을 불러올 수 있음을 이해하려 들지 않았소. 경의 재능과 충성에 대한 나의 믿음은 변함이 없소. 나의 믿음을 경에게 보여 주고 경을 신하로 삼아 그 재능과 충성을 이용할 기회가 곧 오기를 바라는 바이오."

이 편지는 나폴레옹이 푸셰에게 어떤 감정을 품고 있는지, 그의 가장 깊숙한 속내를 열어 보이는 비밀 열쇠이다. 독자는 수고스럽더라도 이 짧은 명문을 한번 더 읽어 보시기 바란다. 그러면 문장 하나하나에 의지와 그것에 반하는 의지, 상대를 인정하는 마음과 거부하는 마음, 상대에 대한 두려움과 은밀한 존경심이 교차되고 있다는 걸 느낄 것이다. 노예를 거느리기를 바라던 독재자는 자주적인 사람을 마주치자 격분하고 있다. 그래서 그 사람을 처치하려고 하지만 그 사람을 적으로 만들까 봐 두렵다. 그 사람을 잃어버려서 애석하지만 다른 한 편으로는 그 위험스러운 사람을 떨쳐 내서 행복하다.

푸셰의 반격

그러나 나폴레옹의 자부심이 엄청나게 커진 것만큼이나 푸셰의 자부심 역시 커져 있다. 게다가 일반의 호감을 얻고 나자 조제프 푸셰는 더욱 자신만만해진다. '안될 말이다. 오트란토 공작을 그렇게 간단히 쫓아낼 수는 없다. 조제프 푸셰를 몰아내면 경찰청이 어떤 꼴이 되는지 나폴레옹은 보게 될 것이다. 그리고 내 후임자는 장관직을 맡은 게 아니라 벌집을 쑤시고 들어앉았다는 걸 깨닫게 될 것이다. 감히 푸셰를 대치하려는 사람이라면 겪어야 할 시련이다. 사바리는 손가락도 놀릴 줄 모르는 데다가 버르장머리 없고 외교에는 풋내기이다. 그런 놈을 위해서 내가 10년에 걸쳐 이 둘도 없는 장치를 만들어 낸 줄 아는가? 그 솜씨 없는 놈이 어설프게 이 장치를 주물럭거리고는 선임자인 내가 밤낮을 가리지 않고 애써 일해서 고안해 낸 것을 자신의 업적인 척 다루게 둘 수는 없다. 두 사람이 생각하는 것처럼 그렇게 호락호락 나가 주지는 않을 것이다. 조제프 푸셰 같은 사람은 다른 사람들처럼 허리를 숙이는 데 그치지 않고 이

빨을 보이기도 한다는 것을 나폴레옹과 사바리, 이 두 사람은 곧 알게 될 것이다.'

푸셰는 고개를 떨군 채 떠나지는 않겠다고 결심한다. 거짓 평화를 맺고 아무렇지도 않은 척 항복을 하고 싶지는 않다. 물론 공공연히 저항을 할 만큼 어리석지 않고 그런 짓은 그에게 어울리지 않는다. 그는 다만 사소한 장난을 하나 치려 한다. 재치 있고 발랄한 장난을 쳐서 파리 시민을 즐겁게 만들고 사바리에게 오트란토 공작의 사냥 구역에 발을 들여놓으면 멋들어진 갈고랑이에 걸린다고 가르쳐 주려는 것이다. 독자는 조제프 푸셰가 악마나 가질 법한 기묘한 특성을 지니고 있다는 사실을 항상 잊지 말아야 할 것이다. 그는 극도로 격분하면 잔인한 장난을 치려 든다. 그가 용기를 내면 남자다워지는 게 아니라 괴이하리만치 방자해져서 위험을 자초한다. 누군가가 그의 감정을 상하게 하면 그는 결코 대놓고 맞받아치지 않지만 몹시 격분했을 경우에는 바보나 함직한 우스꽝스러운 짓으로 맞받아쳐서 상대를 바보로 만든다. 내성적이고 폐쇄적인 푸셰가 품고 있는 격렬한 본능은 그러한 순간에 와르르 터져 나온다. 장난을 치는 것처럼 보이지만 사실은 분노하고 있는 순간에 푸셰의 천성은 가장 또렷이 드러난다. 마음 깊숙이 자리한 격정과 상식적인 악을 뛰어넘는 악마의 면모가 드러나는 것이다.

후임자에게 매서운 장난을 치자! 상대는 순진한 멍청이인 만큼 장난을 치기는 어렵지 않을 것이다. 후임자가 취임 인사 차 방문하자 오트란토 공작은 예복을 차려 입고 아주 정중한 표정을 지으며 맞이한다. 로비고 공작 사바리가 모습을 보이자마자 푸셰는 따뜻한 말을 듬뿍 쏟아 내며 사바리를 열렬히 환영한다. "황제께서 아주 훌륭한 선택을 하셨습니다. 장관이 되신 것을 축하드립니다. 저는 직무를 수행하느라 지치고 너무 오랫동안 힘들었는데 당신이 저 대신 직무를 맡아 주신다니 정말 감사합니다. 이제 그 엄청난 일에서 해방되어 얼마 동안 쉬어도 된다니 정말 행복하고 만족스럽습니다. 일을 엄청나게 하면서도 일한 티가 나지 않는 게 바로 경찰장관이니까요. 공작께서도 곧 아시게 될 겁니다. 더구나 일에 익숙하지 않으실 테니 말입니다. 그래서 말씀인데 제가 전혀 예상치 않고 있다가 면직이 되는 바람에 경찰청이 좀 어수선합니다. 제가 신속히 정리를 한다면 공작께 도움이 될 듯합니다. 물론 그러려면 며칠이 걸립니다. 로비고 공작께서 동의하신다면 제가 기꺼이 그 일을 떠맡겠습니다. 그러면 그동안 제 아내도 편안히 이사 채비를 할 수 있을 겁니다."

사람 좋은 로비고 공작 사바리는 달콤한 말 속에 숨은 가시를 알아채지 못한다. 심술궂고 교활하다고 알려진 푸셰가 이토록 상냥한 사람이라는 사실에 놀라워하며 즐거울 따름이다. 오트란토 공작의 대단한 호의에 정중히 감사를 표하기까지 한다. "필요하신 만큼 언제까지든 관청에 계십시오." 그러고는 허리를 숙여 인사하고 이 착한 사람이 어째서 과도한 오해를 받고 있을까 딱해하며 푸셰와 악수를 나눈다.

속아 넘어간 후임자를 보내고 문을 닫는 순간 조제프 푸셰는 어떤 표정을 지었을까? 그 표정을 볼 수 없고 그려 놓은 것도 없다는 사실이 정말 안타깝다. '바보 같은 놈, 내가 정리를 해 줄 거라고 정말 믿다니! 난 최고의 비밀들을 10년 동안 고생해 가며 모아 붙였어. 그런데 그걸 일목요연하게 서류철에 끼워서 너처럼 아둔한 놈에게 바칠 것 같으냐? 내가 고안해 낸 기계는 톱니는 톱니끼리, 바퀴는 바퀴끼리 착착 들어맞아서 소리 하나 없이 굴러가지. 눈에 띄지 않게 전국에서 정보를 빨아들여서 가공해 내는 기적과 같은 걸작이야. 내가 네놈을 위해서 이 기계에 기름칠을 하고 청소까지 해 줄 것 같으냐? 바보 같은 놈, 네놈이 깜짝 놀라게 해 주마!'

당장 황당한 일이 벌어진다. 푸셰는 친한 친구를 불러 도움을 청한다. 둘은 조심스럽게 사무실 문을 걸어 잠그고 급히 서류 묶음에서 중요한 비밀 서류 일체를 뜯어낸다. 조제프 푸셰는 언젠가 무기가 될 수 있는 모든 서류들을 사적 용도로 쓰기 위해 확보한다. 누군가를 고발하거나 배반하는 내용이 담긴 서류가 여기 해당된다. 그 밖의 서류는 사정없이 소각해 버린다. 부자 동네인 포부르 생 제르맹에서 누가 밀정으로 일하는지, 군대나 궁정에서 누가 밀정으로 일하는지 사바리가 알 이유는 없지 않은가? 그런 걸 알게 되면 일하는 게 너무 편해질지도 모른다. 그러니 이 명부는 태워 버리자! 어차피 중요한 정보를 물어오지 않던 건물 관리인과 창녀 등 별 소용없는 떠버리와 허풍선이의 명단은 사바리에게 줘 버리자. 둘은 순식간에 마분지 상자들을 비우고 외국에 체류 중인 왕당파와 비밀 통신원의 이름이 적힌 귀중한 명단을 없앤다. 그러고는 일부러 자료들을 온통 무질서하게 흩트려 놓고 서류 목록을 없애고 서류들에 틀린 번호를 붙여 놓고 암호를 뒤바꾸어 놓는다. 동시에 푸셰는 곧 장관이 될 사바리를 보필할 직원들 중 가장 핵심적인 직원들을 포섭한다. 그들이 스파이가 되어서 이전의 상관, 아니 진정한 상관에게 계속 비밀리에 정보를 보내도록 말이다.

푸셰는 거대한 기계장치의 나사를 차례차례 풀어서 빼 놓는다. 톱니바퀴가 더 이상 서로 맞물리지 않으니 아무것도 모르는 후임자는 이 기계를 전혀 가동시킬 수 없게 된다. 러시아 민족이 나폴레옹이 오기 전에 신성한 도시 모스크바를 불태워서 황제가 머물 쾌적한 숙소 하나 남기지 않았던 것처럼 푸셰는 자신이 사랑해 마지않는 평생의 걸작을 파괴하고 폭파한다. 밤낮을 가리지 않고 나흘 내내 난로에서는 연기가 피어오르고 악마의 작업은 계속된다. 주변에서 아무도 낌새를 채지 못하고 있는 사이에 제국의 비밀은 잡을 수 없는 물질이 되어 굴뚝을 빠져나갔거나 페리에르로 이송되어 푸셰의 장롱에 담긴다.

그러고는 아무것도 모르는 후임자에게 아주 정중하고 친절하게 허리를 굽혀 인사하면 된다. "자, 앉으십시오!" 악수를 하고 감사의 말을 들으며 비웃음을 감추면 그만이다. 오트란토 공작은 원래는 급행 마차를 타고 로마로 가서 대사직을 맡아야 한다. 그러나 그는 일단 페리에르에 있는 자신의 성으로 간다. 그곳에서 푸셰는 속아 넘어간 후임자가 선임자의 장난을 알아채고 분노해서 날뛰게 될 날을 즐거운 마음으로 손꼽아 기다리고 있다.

'내가 정말 이 작은 연극을 멋지게 창작하고 세련되게 연기하며 겁 없이 마무리했군. 대단하지 않은가?' 유감스럽게도 조제프 푸셰는 이 발랄한 사기극을 벌이면서 사소한 사고의 오류를 하나 범하고 만다. 그는 경험이 없고 공작이 된 지 얼마 안 되는 풋내기 장관에게 장난을 쳤다고 생각할 뿐 이 인물이 장난을 결코 용납하지 않는 군주에 의해 장관으로 임명되었다는 사실을 깜빡 잊어버린 것이다. 그렇지 않아도 나폴레옹은 의심스러운 눈초리로 푸셰의 거동을 주시하고 있다. 인수인계가 너무 오래 걸리는 게 못마땅했는데 푸셰는 로마로 떠나지 않고 계속 미적대고 있다. 게다가 푸셰의 조력자인 우브라르를 조사한 결과 뜻밖의 사실이 밝혀졌다. 푸셰가 이미 우브라르에 앞서 다른 중개자를 거쳐 영국 내각에 문서를 보냈다는 것이다. 나폴레옹을 상대로 한 장난이 좋게 끝난 경우는 여태껏 없다.

6월 17일 갑자기 날 선 편지가 등을 후려치는 채찍처럼 페리에르로 날아든다. "오트란토 공작, 당신은 웰즈리 경의 의중을 떠 보려고 파간이라는 사람 편에 통신문을 하나 보냈고 파간은 웰즈리 경의 답서를 당신에게 건넸소. 그 답서에 대해 나는 아는 바가 없소. 이 서류 일체를 내게 보내시오." 이 호령 소리는 죽은 사람이라도 깨울 만큼 쩌렁쩌렁 울린다. 그러나 푸셰는 자신감에 취해서 방자해진 탓에 답을 서두르지 않는다. 그동안 튈르리 궁은 엎친 데 덮친 격으로 발칵 뒤집힌다. 사바리가 경찰청의 서류들이 유실된 것을 발견하고 아연실색하며 황제에게 알렸기 때문이다. 즉시 두 번째 편지가 날아들어 오고 세 번째 편지가 이어진다. "경찰청 서류 일체"를 즉각 넘기라는 내용이다. 내각 서기관이 몸소 명령서를 전달한다. 불법으로 유출된 서류를 오트란토 공작에게서 즉각 회수하라는 위탁을 받고 온 것이다. 장난은 끝나고 전투가 시작된다.

장난은 정말로 끝났다. 푸셰는 이제라도 그걸 깨달아야 했다. 하지만 그는 마치 마귀에 홀리기라도 한 것처럼 세계 최고의 강자 나폴레옹과 진지하게 겨루려고 한다. 그는 황제의 사절에게 사실과는 전혀 다르게 거짓말을 한다. "대단히 유감스럽게도 가진 편지라곤 하나도 없습니다. 죄다 태워 버렸지요." 물론 아무도 푸셰의 말을 믿지 않는다. 나폴레옹이야 두말 할 것 없다. 그래서 한번 더 사람을 보내 더욱 준엄하고 강도 높게 경고한다. "황제가 성미가 급하시다는 걸 잊지 마십시오."

그러나 이제 경솔함은 고집이 되고 고집은 뻔뻔스러움이 되고 뻔뻔스러움은 도전으로 이어진다. 푸셰는 서류 한 장 가진 게 없다는 말을 되풀이하며 왜 황제의 개인 문서를 없애 버렸는지를 설명하는데 그의 말은 노골적인 협박이나 다름없다. "황제 폐하께서는 저를 신뢰하신 나머지 폐하의 형제분들 중 누군가가 폐하의 심기를 불편하게 할 때면 그분을 자기 본분으로 되돌아가도록 조처하라고 저에게 의뢰하셨습니다. 당시 형제분들 모두가 불만을 토로했기 때문에 저는 그런 불만을 담은 편지를 파기하는 것을 제 의무로 여겼습니다. 황제 폐하의 누이 분들 역시 중상모략을 피할 수 없는 처지였습니다. 그래서 황제께서는 영광스럽게도 저에게 그런 소문들을 전부 알려주시면서 대체 누이가 어떤 어리석은 짓을 했기에 그런 소문이 나게 되었는지 조사해 보라고 의뢰하셨습니다." 그는 비웃듯이 이렇게 말한다. 그의 말뜻은 너무도 분명하다. 자신이 많은 것을 알고 있으니 자신을 하인 다루듯 해서는 안 될 거라고 푸셰는 황제에게 언질을 주고 있다. 사절은 푸셰의 공갈 협박을 알아듣는다. 아마 그토록 대담무쌍한 답변을 무난한 말로 바꾸어 황제에게 전하느라 고심했을 것이다.

이제 황제는 격노한다. 하도 펄펄 뛰는 바람에 마사 공작이 나서서 그를 진정시켜야 한다. 마사 공작은 이 불쾌한 사건을 종결짓기 위해서 자신이 직접 그 고집쟁이를 만나 숨겨 놓은 서류를 내놓게 만들겠다고 나서기까지 한다. 또 한 차례 경고를 전달한 건 새 경찰 장관인 로비고 공작이다. 그러나 푸셰는 누구에게든 한결같이 정중하고 단호히 대답한다. "정말 유감이고 또 유감이지만 비밀을 엄수하려는 마음이 지나친 나머지 서류를 모두 태워 버렸습니다." 한 남자가 프랑스 황제에게 공공연히 반항을 하다니, 이런 일은 처음이다.

푸셰는 너무 나가 버렸다. 비밀을 누설할 기미를 보이면 나폴레옹이 겁을 낼 거라고 생각했다면 푸셰는 나폴레옹을 너무 만만하게 본 셈이다. 나폴레옹이 10년 내내 푸셰를 만만하게 본 것과 마찬가지로 말이다. 러시아의 알렉산드르 황제와 오스트리아 황제와 작센 왕이 다투어 사위로 삼으려 했던 남자, 독일과 이탈리아의 모든 왕들을 초등학생처럼 벌벌 떨게 만드는 남자, 바로 그 남자에게 모든 장관들 앞에서 반항을 한다는 게 있을 법한 일인가? 유럽의 전체 군대가 나서도 제압할 수 없는 그 남자에게 미라처럼 창백한 말라깽이 모사꾼이, 공작이 된 지 얼마 되지도 않은 놈이 복종을 거부하겠다고? 말도 안 된다. 나폴레옹 같은 사람은 그런 장난을 용납하지 않는다. 즉각 그는 사설 경찰팀장 뒤부아를 불러서는 "한심하고 비열한 푸셰"에게 목청껏 온갖 저주를 퍼붓는다. 화가 치밀어 오른 채 발을 쾅쾅거리며 방을 오가다가 불쑥 소리를 지르기 시작한다. "그 야비한 놈은 신과 국민공회와 총재정부를 배신하고 팔아넘겼소. 나에게도 똑같은 짓을 하고 싶겠지만 그건 안 될걸. 나는 바라스가 아니야. 나를 그렇게 쉽게 우롱할 수는 없을 거야. 그러니 그놈이나 정신 바짝 차려야 할 게야. 그놈이 내 문서와 훈령을 가지고 있다는 걸 난 알고 있소. 그놈에게 내가 그것들을 돌려 달라고 요구한다고 전하시오. 거절하거든 그놈을 당장 헌병 10명에게 넘겨서 감옥에 집어 넣으시오. 내 맹세코 얼마나 빨리 재판을 끝낼 수 있는지 그놈에게 보여 줄 것이오."

이제 사태는 폭발 직전이다. 푸셰 같은 사람조차 등골이 오싹해지기 시작한다. 곧 뒤부아가 오고 전직 경찰장관 오트란토 공작은 자신의 옛 부하가 자신의 모든 서신들을 봉인하는 것을 묵묵히 지켜보아야 한다. 만전을 기하여 중요한 서류들을 이미 오래전에 다른 곳에 두지 않았더라면 위험한 일이 벌어질 뻔했다. 그제야 자신이 분별없는 짓을 했다는 생각이 들기 시작한다. 황급히 그는 편지를 연달아 쓴다. 황제에게, 다른 장관들에게 편지를 보내서 그 누구보다도 솔직하고 정의로우며 신념이 투철하고 충성스러운 장관인 자

신이 의심을 받고 있다고 한탄한다. 그
중 한 편지에는 이런 문구가 있다. "제
성격에 변절이란 있을 수 없습니다." 이
기막힌 문장에 사람들은 몹시 흥겨워한
다. (천 개의 성격을 가진 푸셰가 자기 손으로 이런
말을 정말로 썼다.) 15년 전 로베스피에르
와 문제가 있었을 때처럼 그는 빨리 화
해를 해서 재난을 방지하려고 한다. 황
제를 직접 만나서 해명을 하거나 용서
를 빌기 위하여 그는 마차를 타고 파리
로 간다.

■ 경찰장관 푸셰의 친필 서류

　　그러나 그러기에는 이미 늦어 버렸다. 그가 너무 오래 도박을 했
고 너무 오래 장난을 쳤기 때문에 화해나 타협은 불가능하다. 공개
적으로 나폴레옹에게 도전한 사람은 공개적으로 치욕을 당해야 한
다. 그는 편지를 한 통 받는다. 나폴레옹이 여태껏 장관들에게 쓴 편
지 중 이처럼 가혹하고 살벌한 편지는 또 없을 것이다. 아주 짧은 편
지지만 받는 사람은 발로 걷어차이는 느낌이다. "오트란토 공작, 나
는 앞으로는 경을 신하로 삼지 않으려 하오. 24시간 안에 당신의 영
지로 출발하기를 명하오." 로마의 대사로 임명했던 것에 관해서는
한마디도 없이 노골적으로 거칠게 해고하고는 추방을 명령한 것이
다. 동시에 새 경찰장관은 이 명령이 즉시 실행되도록 감시하라는
명령을 받는다.

푸셰의 워털루

너무 큰 긴장감을 안고 너무 무모한 도박을 했던 탓일까? 이제 예상치 않은 일이 일어난다. 푸셰가 완전히 무너져 버린 것이다. 몽유병자가 아무것도 모른 채 지붕과 지붕 사이를 누비다가 누군가가 큰 소리를 지르는 바람에 갑자기 깨어나서는 자신의 위험한 처지에 경악하며 추락하듯이 말이다. 단두대 2보 앞에서도 차분했고 명석하게 사고했던 사람이 나폴레옹의 일격을 받고는 비참하게 무너져 버린다.

1810년 6월 3일은 조제프 푸셰의 워털루이다. 혼비백산한 그는 외무장관에게 달려가 외국행 여권을 받고는 마차에 올라 모든 정류장에서 말을 바꿔 가며 한 번도 지체하지 않고 이탈리아까지 단숨에 질주한다. 이탈리아에서도 그는 뜨거운 부뚜막 위에서 파닥파닥 뛰는 쥐처럼 사방팔방으로 부산하게 옮겨 다닌다. 황제가 명령한 대로 자신의 영지로 가는 대신 파르마에 나타났다가 피렌체에 모습을 보이고 피사에 나타났다가 리보르노에 모습을 보인다. 그는 공황 상태여서 한곳에 머무르지 못한다. 그저 나폴레옹의 세력이 미치는 곳을 벗어나서 그 무서운 손이 미치지 못하는 곳으로 가야 한다는 생각에 내몰릴 뿐이다. 그가 보기에는 이탈리아도 충분히 안전하지 못하다. 어쨌건 이곳은 아직 유럽이고 유럽 전체는 그 무서운 남자에게 예속되어 있다. 그래서 그는 안전하고 자유로운 나라 미국으로 건너가기 위해 리보르노에서 배 한 척을 세 낸다. 하지만 그는 폭풍과 뱃멀미에 시달린 데다가 영국 군함이 겁나서 되돌아온다. 이제 그는 넋이

나가 버린 상태에서 다시 마차를 타고 지그재그로 이 항구에서 저 항구로, 이 도시에서 저 도시로 옮겨 다니며 나폴레옹의 누이들과 소국의 군주들과 친구들에게 도와달라고 애걸한다. 그는 사라졌다가 나타나기를 반복한다. 경찰은 그의 동선을 확보하려 하지만 번번이 놓쳐 버리는 바람에 짜증이 나 있다. 한마디로 말해서 그는 완전히 정신 나간 사람처럼 행동하고 겁을 먹고 망상에 사로잡혀 있다. 동아줄처럼 튼튼한 신경을 지닌 그가 처음으로 여지없는 신경쇠약 환자의 모습을 보여 주고 있다. 나폴레옹은 그저 주먹을 휘두르겠다는 제스처만으로 그의 신하 중 가장 대담하고 냉혹한 푸셰를 산산이 박살 낸다. 그의 제스처가 적수에게 이보다 더 큰 효력을 발휘했던 적은 없었다.

푸셰는 몇 날 몇 주를 숨었다가 모습을 드러내기를 거듭하며 동분서주한다. 이 시기에 그가 무엇을 하려고 했고, 어디로 가려고 했는지 구체적으로 아는 사람은 없다. (탁월한 푸셰 전기를 쓴 마들랭도 아는 바가 없으며 아마 푸셰 자신도 몰랐을 것이다.) 분명 그는 달리는 마차 안에서만 나폴레옹의 복수를 피할 수 있다고 믿은 듯하다. 정작 나폴레옹은 말 안 듣는 신하를 정말로 처치하겠다는 생각을 잊은 지 오래이다. 나폴레옹은 그저 서류를 돌려받으려는 의지를 굽히지 않았을 뿐이다. 그는 의지를 관철시킨다. 히스테리에 걸린 푸셰가 말을 죽어라 채찍질하며 이탈리아를 종횡무진 누비며 질주하는 동안 파리에 남은 그의 아내는 남편에 비해 몹시 분별력 있게 행동한다. 아내는 남편을 대신해서 항복한다. 오트란토 공작부인이 남편을 구하기 위하여 그가 음흉하게 감추어 둔 서류들을 신중한 경로로 나폴레옹에게 건네준 것은 의심할 여지가 없다. 푸셰가 협박 삼아 언급한 아주 사적인 문서들이 단 하나도 언론에 노출되지 않았기 때문이다. 황제는 바라스 수중에 있는 문서를 모두 사들여서 없애 버렸고 출세의 길에서 알게 된 다른 친구들이 가진 문서도 같은 방식으로 처리했다. 푸셰가 가진 문서들 중 나폴레옹과 관계가 있는 서류들은 흔적도 없이 사라진다. 나폴레옹 본인이 아니면 나폴레옹 3세가 공식적인 나폴레옹 서술에 부합하지 않는 모든 문서들을 전부 없애 버린 게 분명하다.

이제 푸셰는 드디어 그의 영지인 엑스로 돌아와도 좋다는 황제의 허락을 받는다. 무시무시한 뇌우는 지나갔다. 번개가 쳐서 신경에 손상을 입었지만 깊숙이 위치한 골수는 무사하다. 9월 25일, 쫓겨 다니던 사내는 그의 영지에 도착한다. "창백하고 지쳐 있었고 생각과 말에는 조리가 없었다. 전적으로 혼란 상태임을 알 수 있었다." 그러나 그는 신경 질환을 치유할 시간을 충분히 가지게 될 것이다. 나폴레옹에게 한번 저항한 사람은 오랫동안 모든 공적인 업무에서 배제되기 때문이다. 공명심이 강한 우리의 주인공은 자신이 벌인 잔인한 장난의 대가를 지불해야 한다. 파도는 그를 다시 아래로 던져 버린다. 3년 동안 푸셰는 지위도, 관직도 없이 지내야 한다. 세 번째 유배가 시작되었다.

의도하지 않은 간주곡

1810년~1815년

조제프 푸셰는 세 번째 유배 생활에 들어갔다. 퇴직 장관 오트란토 공작은 엑스의 호화로운 성에서 마치 한 나라의 군주처럼 거주하고 있다. 그는 이제 52세이고 정치인으로 살면서 온갖 정치 도박판에서 긴장된 순간들을 경험했고 성공과 좌절을 두루 맛보았다. 운명의 파도가 때로는 밀물로, 때로는 썰물로 모습을 바꿔 가며 끊임없이 장난치는 것을 질리도록 경험하였다. 권력자의 총애를 받았고 권력자에게 버림받는 아픔도 맛보았다. 하루 끼니를 걱정했을 만큼 가난했던 적이 있지만 어마어마한 부를 모았다. 인기를 끌기도 하고 미움을 받기도 했으며 칭송을 받기도 했고 배척당하기도 했다. 이제 그는 돈방석에 앉아 유유히 휴식을 즐겨도 된다. 상원의원, 경찰장관에

추밀원 고문관직까지 역임한 공작 각하 신분에 억만장자이니 아무에게도 예속되지 않고 자신의 의지대로 살면 된다. 그는 제복을 차려 입은 마부가 모는 호화로운 마차를 타고 여유롭게 주변을 둘러보고 귀족의 자택을 방문하기도 한다. 그의 영지 사람들은 그에게 경의를 표하며 파리 사람들은 은밀히 그에게 호감을 표명한다. 그는 날마다 멍청한 관리과 오만한 주군을 상대하느라 진땀을 흘리지 않아도 된다. 오트란토 공작의 만족스런 모습을 액면 그대로 믿는다면 그는 작업 현장과 동떨어진 곳에서 유쾌하게 지내고 있다. 그러나 그의 회고록 중 한 대목을 보면 만족스런 외관이 가장에 불과하다는 것을 알 수 있다. (회고록 대부분은 신빙성에 의심이 가는 내용을 담고 있지만 이 대목만은 의심의 여지없이 푸셰의 육성이다. 나는 이 전기를 쓰면서 1824년 파리에서 출간된 『오트란토 공작의 회고록』을 거의 참조하지 않았다. 이 회고록을 작성한 사람이 오트란토 공작이 아니라는 사실은 너무도 분명하기 때문이다. 그러나 이 회고록은 부분적으로는 믿을 만한 자료를 담고 있다. 푸셰가 회고록을 준비하는 과정에 얼마나 간여하였는지 지금까지도 학자들이 연구하고 있지만 뚜렷한 성과는 없다. 회고록의 진위 여부에 관한 한 당분간은 하인리히 하이네가 한 말이 유효하다. 하이네는 "알다시피 거짓말쟁이" 푸셰는 "거짓된 면모를 계속 유지한 나머지 사후에도 거짓된 회고록을 출간했다"고 비아냥거렸다.) "나는 모든 것을 알려고 하는 뿌리박힌 습관을 떨쳐 내지 못하고 있었다. 유배 생활은 쾌적했지만 단조로웠던 탓에 지루했고, 그러다 보니 그 오랜 습관에 더 심하게 빠져 버렸다."

그는 '은퇴 생활의 즐거움'을 프로방스의 온화한 풍경에서 찾지 않고 파리에서 오는 보고서와 첩보를 담은 쪽지들을 정리하는 데서 찾았다고 고백한다. "믿을 만한 친구들과 충성스러운 심부름꾼의 도움을 받아서 나는 비밀리에 서신을 교환하고 있었다. 그 외에도 파리에서 정기적으로 보고서를 받으며 서신의 내용을 보완할 수 있었다. 한마디로 나는 엑스에 내 사설 경찰을 갖고 있었다."

나폴레옹이 자신을 신하로 쓰지 않으려 하자 부지런한 푸셰는 신하로서 했던 일을 스포츠 삼아 하고 있다. 더 이상 내각의 일원은 아니지만 적어도 다른 사람의 눈을 빌려서라도 열쇠 구멍으로 내각을 들여다보고, 다른 사람의 귀를 빌려서라도 회의장에 함께 있고자 한다. 그가 무엇보다도 알고 싶은 게 하나 있다. 자신이 시대의 역사를 결정지을 도박장에 밀고 들어가서 다시 일할 기회가 생길지 여부이다.

그러나 오트란토 공작은 아직 한참 더 구석에서 기다려야 할 것이다. 나폴레옹이 그를 필요로 하지 않기 때문이다. 나폴레옹은 권력의 절정에 도달해 있다. 유럽을 정복하고 오스트리아 황제의 사위가 된 데다 바라던 대로 얻은 아들을 로마의 왕으로 책봉한다. 독일과 이탈리아의 모든 군주들은 황송하게도 자신들을 군주 자리에 머물게 해 주신 나폴레옹께 성은이 망극하다며 슬슬 기고 있다. 마지막 남은 유일한 적 영국마저 동요하며 갈팡질팡하고 있다. 나폴레옹은 너무도 강해졌기 때문에 조제프 푸셰처럼 기민하긴 해도 신뢰하기 힘든 조력자를 아쉬움 없이 포기할 수 있다. 조용히 그리고 여유 있게 생각에 잠길 시간이 넉넉한 지금에야 비로소 공작은 자신이 얼마나 교만했는지를 깨달았을 법하다. 모든 남자들 중 가장 강한 나폴레옹과 힘을 겨루려 하다니 정말 정신 나간 짓이라고 말이다.

푸셰는 황제가 증오하는 사람이라는 영예조차 누리지 못한다. 운명의 총아가 되어 아찔하게 높은 자리로 솟구쳐 오른 나폴레옹은 푸셰를 예전에 자신의 털가죽 안에 둥지를 틀었던 작은 벌레 이상으로는 취급하지 않는다. 물어뜯는 버릇이 있는 벌레를 한번 세게 쳐서 떨쳐 버렸고 그걸로 끝이었다. 나폴레옹에게 푸셰는 이미 끝장난 인물이기에 그가 성가시게 달라붙든, 아예 보이지 않든 관심 밖이다. 실각한 푸셰가 파리에서 두 시간 거리인 페리에르 성으로 다시 돌아와도 된다고 드디어 허락할 정도이다. 나폴레옹이 이제 푸셰를 높이 평가하지도 않고 두려워하지도 않는다는 것을 이보다 더 극명히 보여 줄 수는 없다. 물론 푸셰가 더 가까이 오게 두지는 않는다. 황제에게 감히 반항했던 푸셰는 파리와 튈르리 궁에 발을 들일 수 없다.

허송세월하던 2년 동안 조제프 푸셰는 딱 한 번 궁전으로 불려간다. 나폴레옹은 러시아 원정을 준비하고 있는데 모두가 이를 만류하자 푸셰의 의견도 들어 보려 한다. 푸셰의 말을 믿는다면 그는 열을 올리며 반대하고 건의서까지 건넨다. (푸셰가 나중에 허위로 작성했을 수도 있는) 이 건의서는 그의 회고록에 실려 있다. 그러나 나폴레옹은 오래전부터 자신의 의지를 뒷받침하는 의견만 들으려 하고 상대가 자신의 말에 맹목적으로 찬성하기만을 원한다. 나폴레옹에게 전쟁을 하지 말라고 권하는 자는 황제의 위대함을 의심하느냐는 눈총을 받는다. 이렇게 푸셰는 냉대를 받고 그의 성으로 돌아가서 한가로운 유배 생활을 이어 가고 그동안 황제는 60만 대군을 이끌고 모스크바를 향하여 출발한다. 나폴레옹이 벌인 일 중 가장 대담하고 가장 어리석은 일이 시작된다.

애처가 푸셰의 비극

조제프 푸셰의 진기하고 변화무쌍한 삶에는 기묘한 리듬이 있다. 그가 상승세를 타면 만사가 잘 풀리지만 추락을 하게 되면 운명은 그에게 등을 돌린다. 지금 그는 황제의 총애를 잃고 정치의 중심지에서 뚝 떨어진 외딴 성에서 쓰디쓴 심정으로 하릴없이 무작정 기다릴 수밖에 없는 신세이다. 실의에 찬 푸셰는 마음을 다잡기 위해 도움이 필요하다. 믿고 대화를 나눌 수 있는 사람, 다정한 위로의 말을 건네 줄 사람이 필요하다. 하필이면 바로 그때 20년 동안 변함없이 정성을 다해 그를 격려하며 위험한 인생길에서 길동무가 되어준 유일한 사람인 아내를 잃는다. 다락방에서 보낸 첫 번째 유배 시절 지극히 사랑하던 두 아이가 저세상으로 갔는데 세 번째 유배 시절에는 반려자가 그를 두고 저세상으로 간다. 겉보기에는 무정한 이 사내는 아내를 잃게 되자 뼈를 깎는 고통을 느낀다. 모든 정파와 신념에 충성하지 않고 변심을 거듭하는 폐쇄적 성격의 소유자이지만 박색인 아내를 일편단심으로 사랑한 좋은 남편이고 그 누구보다도 자상한 아버지이기 때문이다. 무미건조한 관료형 인간이라는 가면 뒤에 신경질적이고 교활한 도박사의 면모가 숨어 있듯이 믿어서는 안 될 위험한 사람 푸셰 뒤에는 프랑스 지방에서 흔히 볼 수 있는 선량한 시민이자 남편의 면모가 수줍게, 보이지 않게 숨어 있다. 가정이라는 가장 좁은 범위 안에서만 마음을 놓고 편안해 하는 외로운 남자가 숨어 있다. 이 교활한 모사가는 마음 깊숙이 박힌 선량함과 정직함을 집에서 아내를 조용히 사랑하는 데 썼던 것이다. 아내는 오직 남편을 위해서 살았다. 단 한 번도 궁중에서 개최하는 축제나 만찬, 환영 파티에 모습을 드러내지 않았고 단 한 번도 남편이 벌이는 위태로운 도박에 끼어들지 않았다. 그녀는 일반의 시선이 닿지 않는 사생활이라는 기본 영역에 꼭 숨어서는 진득하지 못하고 정치 도박을 즐기며 변절을 일삼는 정치인 남편이 짐을 덜고 평형을 유지할 수 있게 배려했다. 그런데 그가 가장 도움을 필요로 하는 시기에 이 버팀목이 뽑혀 버린 것이다.

돌처럼 단단하고 차가운 심장을 지닌 것 같던 푸셰는 처음으로 큰 충격에서 헤어나지 못한다. 그는 편지에서 처음으로 아주 따뜻하고 진심이 담긴데다 인간미 있는 어조를 사용한다. 어떤 반미치광이가 황당한 무장 폭동을 일으켰을 때 그의 후임자인 로비고 공작이 머뭇대다가 감금당하는 바람에 파리 시민들의 웃음거리가 되어 버린 일이 있었다. 그러자 푸셰의 친구들은 후임자가 너무 어리석으니 경찰장관직에 복귀하도록 애써 보라고 푸셰를 다그치지만 그는 정계로 돌아가는 일은 결코 없을 거라고 거절한다. "난 인간의 모든 어리석은 행각에 마음을 닫아 버렸습니다. 권력은 더 이상 나를 자극하지 않습니다. 나는 그저 조용히 쉬고 싶을 따름입니다. 그게 현재의 내 심경에 딱 맞는 일이지요. 정치판은 시끄럽고 어수선하고 위험스럽게만 보입니다."

아픔을 통해 배움을 얻고서야 이 똑똑한 사람은 처음으로 제대로 똑똑해진 것 같다. 행복하게 20년을 함께한 아내가 그의 곁에서 죽는 것을 본 이후, 늙어 가는 남편은 쉴 새 없이 무의미한 공명심에 쫓기던 시대를 뒤로 하고는 마음의 긴장을 풀고 조용히 쉬고 싶다는 욕구를 절실히 느낀다. 푸셰는 음모를 좋아하던 습성을 영영 잃어버린 것처럼 보인다. 쉴 새 없이 활동하던 야심가이던 그가 마침내 권력에의 의지를 놓아 버린 것처럼 보인다.

그러나 이 무슨 비극적 아이러니일까? 휴식을 몰랐던 푸셰가 난생 처음으로 오직 휴식을 원하고 관직을 마다하는 이때, 그의 적수 나폴레옹은 억지로 그에게 관직을 떠맡긴다.

나폴레옹이 푸셰에게 다시 한번 자신의 신하가 되라고 요구한 것은 푸셰를 아껴서가 아니다. 좋아하거나 믿어서도 아니고 오히려 믿지 못해서이고 본인이 갑자기 위태로운 처지가 되었기 때문이다. 황제는 처음으로 패배자가 되어 돌아왔다. 군대의 선두에서 위풍당당하게 말을 달리며 펄럭이는 깃발에 둘러싸여 파리의 개선문을 통과하는 대신 아무도 알아보지 못하도록 모피 외투로 턱을 감싸고 깜깜한 밤중에 슬그머니 돌아와야 했다. 그가 모집한 군대 중 가장 출중한 군대는 러시아의 눈보라 속에서 동사했다. 백전백승의 영웅이라는 후광을 잃게 되자 친구들은 모두 달아나 버렸다. 엊그제만 해도 그의 앞에서 허리를 펴지 못하고 굽실대던 왕과 황제들은 나폴레옹이 패배하자 돌연 자신이 군주임을 기억해 내고 허세를 부린다.

이제 세계가 무기를 들고 가혹한 주군에 맞선다. 러시아에서는 카자흐족이 말을 타고 몰려오고 스웨덴에서는 옛날에 연적이었던 베르나도트가 적이 되어 진격한다. 장인인 프란츠 황제는 보헤미아에서 전쟁 준비를 하고 있고 약탈당하고 억압받던 프로이센은 복수심에 불타서 들고 일어난다. 여러 차례 경솔하게 전쟁을 벌이면서 뿌렸던 불화의 씨앗이 이제 불타 버리고 짓밟히고 유린된 유럽의 대지에서 싹을 피운다. 이 씨앗은 이 해 가을 라이프치히의 들판에서 무르익을 것이다. 유일무이한 세계 의지의 화신 나폴레옹이 10년에 걸쳐 세운 거대한 건물 곳곳이 흔들리고 삐걱거린다. 보나파르트의 형제들은 스페인과 베스트팔렌과 네덜란드와 이탈리아의 왕좌에서 쫓겨나서 도망친다.

이제 나폴레옹이 최대한의 에너지를 발휘해야 할 때이다. 그는 앞날을 예리하게 예측하기 위해 열 배나 더 많이 일하면서 최후의 결전을 준비한다. 아직 군용 배낭을 짊어질 수 있거나 말을 탈 수 있는 프랑스인은 모조리 징집된다. 스페인과 이탈리아 곳곳에서 실력을 입증한 군대들이 불려 온다. 러시아의 겨울이 얼음 이빨로 박살낸 병력을 보충하기 위해서이다. 수천 명의 사람들이 밤낮을 가리지 않고 공장에서 검과 대포를 제조한다. 정부는 숨겨 두었던 금으로 금화를 주조하고 튈르리 궁의 밀실에 모아 두었던 화폐를 꺼내 오고 요새를 점검한다. 동쪽 군대와 서쪽 군대가 무거운 발걸음으로 라이프치히를 향해서 진군하는 동안 정부는 사방팔방으로 외교 관계를 굳건히 다진다. 취약하고 불안전한 곳이 한군데라도 있어서는 안 된다. 프랑스를 에워싼 단단한 가시철조망 어디에도 구멍이 나 있어서는 안 된다. 일어날 수 있는 모든 일을 사전에 방지해 두어야 하고 전방과 마찬가지로 후방도 안전하게 점검해 봐야 한다. 러시아 원정 때처럼 어떤 바보나 악당이 나폴레옹에 대한 국민의 믿음을 흔들리게 하거나 혼돈스럽게 하는 일이 또 다시 생겨서는 안 되기 때문이다. 의심스러운 자는 단 하나도 국내에 남겨 두어서는 안 된다. 위험한 놈은 한 놈도 감시의 그물을 벗어나게 해서는 안 된다.

황제는 최후의 결전을 앞두고 권력의 지형에 영향을 끼칠 수 있는 모든 요소를 고려한다. 모든 가능성과 위험을 고려한다. 그러다 보니 위험 요소가 될 수 있는 누군가를 생각해 낸다. 바로 조제프 푸셰다. 역시 나폴레옹은 푸셰를 잊지 않았다. 자신이 강력한 위치에 있는 동안 무시할 수 있었을 뿐이다. 처지가 불안전해진 지금 나폴레옹은 다시 안전 조치를 취해야 한다. 적이 될 수 있는 사람은 후방에 남겨 둘 수 없다. 파리에는 더욱 둘 수 없다. 나폴레옹은 푸셰를 자신의 친구로 여기지 않기 때문에 그를 파리 밖으로 보내기로 결심한다.

그런데 이 불안한 모사꾼을 체포하고 요새에 감금할 만한 구체적인 이유가 없다. 그렇다고 자유로이 내버려 둘 수도 없는 노릇이다. 그러니 가급적 파리에서 멀리 떨어진 곳에 있는 관직을 하나 주어서 장난을 치지 못하게 손을 단단히 묶어 두는 게 최선책이다. 드레스덴에 자리 잡은 프랑스 총사령부는 정무와 전쟁 준비로 분주한 와중에 명예롭게 보이는 동시에 푸셰를 안전하게 묶어 둘 수 있는 관직을 찾지만 그런 자리를 쉽게 발견하지 못한다. 하지만 나폴레옹은 이 어둠 속을 활보하는 인물을 파리에서 쫓아내지 못해서 조바심이 난다. 결국 적당한 관직을 찾지 못하자 급기야는 푸셰를 위한 직책을 고안해 내기까지 한다. 다시 말해서 나폴레옹은 푸셰에게 동화 속 나라의 관직을 부여한다. 프로이센 점령 지대를 통치하라는 것이다. 두말할 것 없이 아주 멋진 자리이고 명예로운 최상급 자리이지만 유감스럽게도 거기에는 결점이 하나 있다. "만일 프로이센을 점령한다면"이라는 단서가 달려 있기 때문이다. 다시 말해서 나폴레옹이 프로이센을 정복한 후에야 비로소 푸셰는 통치권을 행사할 수 있다. 그런데 지금까지의 전황으로 보아 그러한 조짐은 없다. 블뤼허가 작센 전선의 측면에서 이미 황제를 상당히 압박하고 있기 때문이다. 있지도 않는 직위에 푸셰를 임명한다는 건 코미디에 불과하다. 황제가 5월 10일 오트란토 공작에게 쓴 편지를 보면 그 정황을 알 수 있다. "만일 내가 프로이센왕의 영토를 점령하면 즉시 경을 내 곁으로 불러서 이 영토의 최고 통치자로 임명할 생각이라는 것을 경에게 알린 바 있소. 이 일에 대해서 파리 사람들이 알아서는 안 되오. 경은 경의 영지로 가는 것처럼 가장하여야 하오. 사람들이 경이 영지에 있다고 여길 때 사실은 여기 와 있어야 하오. 황후만이 경이 이리로 올 것이라는 사실을 알고 있소. 경이 곧 다시 내게 봉사하며 충성심을 보여 주리라 기대하고 있소."

황제가 이런 편지를 썼다는 사실은 그가 조제프 푸셰의 충성심을 결코 믿지 않고 있음을 보여 준다. 오트란토 공작은 즉시 주군의 진짜 의도를 꿰뚫어 보지만 마지못해 드레스덴으로 출발한다. 회고록에는 이렇게 쓰여 있다. "황제가 나를 파리에 남겨 두는 것이 두려워서 인질로 옆에 두려고 나를 불러들였다는 걸 나는 단번에 알아차렸다." 그런 만큼 장래 프로이센의 통치자는 드레스덴에 있는 황제를 만나러 가는 일을 서두르지 않는다. 황제가 국사에 관해 그의 의견을 듣고 싶어 하는 게 아니라 그의 손을 묶어 두려 한다는 사실을 알기 때문이다. 5월 29일이 되어서야 푸셰는 도착한다. 황제는 "너무 늦게 왔소, 공작!" 황제가 그에게 건넨 첫 인사이다.

드레스덴 총사령부는 푸셰에게 프로이센의 통치를 맡긴다는 우스꽝스러운 제안에 대해서는 당연히 한마디 언급도 하지 않는다. 그런 농담을 하기에는 사태가 너무 진지하기 때문이다. 그러나 지금 푸셰는 확실히 나폴레옹의 수중에 있다. 다행히도 근사한 자리가 하나 비게 되어서 나폴레옹은 푸셰를 사건 현장에서 멀리 떨어진 곳으로 보낼 수 있다. 다름 아닌 일라리아의 총독 자리인데 먼저 자리처럼 푸셰를 동화 속 나라나 달로 보낼 수는 없지만 파리에서 수백 킬로미터나 떨어진 곳으로 보낼 수 있다. 나폴레옹의 옛 동료인 쥐노 장군이 일라리아주를 통치하고 있었는데 갑자기 미쳐 버린 탓에 말 안 듣는 놈을 넣어 둘 감방이 하나 비게 된 셈이다. 황제는 빈정대는 표정을 감추지도 않은 채 조제프 푸셰에게 통치권을 위임한다. 푸셰는 늘 그렇듯이 맞서지 않고 공손히 허리를 숙이고는 즉시 임지로 출발하겠다고 말한다.

일라리아라는 이름은 오페레타에서 따온 것처럼 들린다. 사실 일라리아는 프랑스가 지난번 평화조약 당시 패전국들에게 빼앗은 프리아울, 케른텐, 달마티아, 이스트리아와 트리에스테라는 땅뙈기들을 합쳐서 만든 조각보 같은 국가이다. 단일한 이념도, 의미나 목적도 없는 국가이고 수도 류블랴나는 소규모 농업으로 먹고사는 미미한 지방 도시이다. 술 취한 지배자의 뜻을 따라, 외교 관계는 작동하지 않는 상황에서 탄생한 정체불명의 기형아가 바로 일라리아이다. 일라리아는 국가로서의 생존 능력이 없다. 그곳에 부임한 푸셰는 금고가 거의 비어 있고 수십 명의 관리들은 하는 일 없이 축 쳐져 있으며 병사들도 얼마 없다는 것을 파악한다. 주민은 정부에 호의적이지 않으며 프랑스군대가 퇴각하기만을 기다리고 있는 것 같다. 너무 서둘러 날림 공사를 해서 만든 인조 국가의 들보 여럿이 벌써 부서지려 하기 때문에 대포만 몇 번 쏜다면 이 취약한 건물은 무너져 내릴 것이 분명하다. 조금만 지나면 장인어른인 프란츠 황제가 사위 나폴레옹을 향해 대포를 쏠 것이고 일라리아의 영광은 끝이 날 것이다. 푸셰는 얼마 안 되는 병력으로라도 제대로 저항해 보자는 생각조차 할 수 없다. 병사들이 대부분 크로아티아 사람들이어서 일단 사격전이 벌어지면 옛 전우들에게 넘어갈 것이기 때문이다.

그래서 그는 취임 첫날부터 아예 퇴각할 준비에 초점을 맞춘다. 퇴각이 임박했음을 교묘히 숨기기 위해서 밖으로는 아무 근심 없는 통치자처럼 허세를 부린다. 무도회와 사교 모임을 개최하고 낮에는 위풍당당하게 열병식을 치르지만 밤에는 금고와 정부의 서류들을 몰래 트리에스테로 빼돌린다. 주군이자 통치자로서 그가 해야 할 일은 가능한 한 손실을 줄이면서 차근차근 일라리아에서 후퇴하는 것뿐이다. 이런 상황에서 그는 특유의 냉정함으로 신속히 상황을 해결하며 아주 탁월하게 전략적 철수를 진행한다. 류블랴나에서 괴르츠로, 괴르츠에서 트리에스테로, 트리에스테에서 베네치아로 차근차근 아무런 손실 없이 퇴각을 지휘한다. 푸셰는 짧은 근무지였던 일라리아에서 관리들을 모두 데리고 돌아오며 금고와 귀중한 서류들을 거의 빠짐없이 챙긴다. 그러나 이처럼 보잘것없는 지역을 잃는다는 게 무슨 의미가 있겠는가! 같은 시기에 나폴레옹은 이번 전쟁에서 가장 중요한 최후의 전투인 라이프치히 전투에서 패배하고 그 결과 세계의 지배권을 잃는다.

이제 푸셰는 자신의 과제를 완수했다. 그것도 아주 완벽하고 명예롭게 말이다. 이제 일라리아가 없어져서 통치할 수 없으니 자유의 몸이라고 생각한 푸셰는 당연히 파리로 돌아가려 한다. 그러나 나폴레옹은 그렇게 내버려 두지 않았다. 무슨 일이 있어도 지금 같은 시점에 푸셰 같은 사람을 파리로 돌아가게 해서는 안 된다. 나폴레옹은 "현 상황에서 푸셰를 파리에 둘 수는 없다"는 말을 드레스덴에서 했는데 이 말은 라이프치히에서 패전한 후에는 몇 곱절 더 유효하다. 황제는 다섯 배나 더 많은 적을 방어해야 하는 엄청난 과제에 직면한 와중에서도 이 골칫덩이를 위해 급히 다른 사명을 생각해 낸다. 자신이 전쟁을 치르는 동안 푸셰가 해를 끼치지 못하게 만들기 위해서이다. 그에게 지금 일종의 외교관 업무를 맡기고 음모를 꾸밀 수 있게 해 주자. 그가 파리로 손을 뻗치지 못하도록 하기만 하면 된다!

나폴레옹은 우선 나폴리로 가라고 푸셰에게 명령한다. (나폴리는 아주 멀다.) 나폴리의 왕이며 나폴레옹의 매제인 뮈라는 프랑스 제국보다는 자신의 왕국에 신경을 쓰고 있으니 이 참에 그에게 의무를 환기시켜 군대를 이끌고 황제를 도우러 오라고 설득하라는 사명을 푸셰에게 준다. 푸셰가 이 명령을 어떻게 수행했는지는 ─ 나폴레옹 휘하의 장군이었던 뮈라를 정말로 황제에게 충성하도록 설득하려 했는지 아니면 그를 부추겨서 더 심하게 황제를 배반하게 했는지 ─ 역사에서 분명히 밝혀지지 않았다. 어쨌든 황제는 주된 목적을 달성한다. 푸셰가 넉 달 동안 1,000마일이나 멀리 떨어진 알프스 저편에서 끊임없이 협상을 벌이게 만들었으니 말이다. 오스트리아군과 프로이센군과 영국군이 파리로 진격하는 동안 푸셰는 쉴 새 없이 로마와 피렌체와 나폴리를, 루카와 제노바를 시계추처럼 왔다 갔다 하면서 시간과 에너지를 소모하지만 사명을 이루지는 못한다. 여기에도 오스트리아군이 파죽지세로 진격해 들어오기 때문이다. 일라리아를 잃은 프랑스는 푸셰가 두 번째로 파견된 영토인 이탈리아도 잃게 된다. 마침내 3월 초에 나폴레옹 황제는 골칫덩이 푸셰를 쫓아 보낼 나라 하나 못 가진 신세가 될 뿐 아니라 본국 프랑스에서조차도 더 이상은 무언가를 금지하거나 명령할 수 없는 처지가 된다.

3월 11일 조제프 푸셰는 알프스를 넘어 귀향길에 오른다. 황제가 탁월한 선견지명으로 조처한 덕에 프랑스 안에서 벌어지는 온갖 정치 공작에는 개입하지도 못한 채 지난 4개월을 허송세월하고 난 후였다. 마침내 사슬에서 풀려났을 때는 정확히 나흘을 지각해 버린다.

지각생의 자리는 없다

리옹에 도착한 푸셰는 세 적국의 군대가 파리로 진격하고 있다는 소식을 듣는다. 그렇다면 며칠 안에 나폴레옹은 실권하고 새 정부가 들어설 것이다. 당연히 그는 야심을 느끼며 초조해진다. 죽에 손가락을 넣어서 가장 큰 건포도 알을 낚아 올리고 싶어지는 건 당연하다. 그러나 파리로 가는 지름길은 진격하는 군대 때문에 차단되어서 툴루즈와 리모주를 거쳐 먼 길을 돌아가야 한다. 4월 8일이 되어서야 그가 탄 역마차는 파리 경계선을 통과한다. 푸셰는 단번에 자신이 너무 늦게 왔음을 깨닫는다. 너무 늦게 왔다는 것은 잘못을 저질렀다는 뜻이다. 나폴레옹이 자신을 은밀히 골탕 먹이고 농락하던 푸셰를 제대로 응징한 셈이다. 탁월한 선견지명을 발휘하여 혼탁한 정치판에서 낚아 올릴 게 있는 동안 푸셰를 먼 곳에 억류해 두었으니 말이다. 파리는 이미 항복했다. 나폴레옹은 폐위되고 루이 18세가 왕이 된다. 새 정부는 탈레랑의 영도하에 완벽한 모양새를 갖춘다. 이 망할 절름발이는 제때 있을 곳에 있었고 푸셰보다 빨리 노선을 바꿨다. 러시아 황제는 탈레랑의 집에 머물고 있고 새 국왕은 그를 신임하며 신주단지처럼 모신다. 탈레랑은 자기 마음대로 내각의 모든 자리를 채웠고 야비하게도 오트란토 공작을 위한 자리를 남겨 두지 않았다. 탈레랑이 활약하는 동안 오트란토 공작은 일라리아를 통치하고 이탈리아에서 외교 협상을 벌이느라 쓸데없이 시간을 낭비했던 것이다. 아무도 그를 기다리지 않았고 아무도 그를 배려하지 않았다. 아무도 그에게 부탁 하나 하지 않고 조언이나 도움을 바라지도 않는다. 그의 생에서 종종 겪었던 일이 다시 한번 현실이 된다. 조제프 푸셰는 과거의 인물이 된다.

나폴레옹의 숙적인 자신을 이토록 냉담히 방치하다니! 오랫동안 그는 이 현실을 부정하려 한다. 그는 한자리 차지하겠다는 의사를 공개적으로 또는 비밀리에 밝힌다. 그러고는 탈레랑의 접견실과 왕의 동생 집과 영국대사관과 원로원 회의실 등 여기저기 모습을 보인다. 하지만 아무도 그에게 귀 기울이지 않는다. 그는 나폴레옹에게 편지를 보내서 미국으로 이주하라고 조언한다. 동시에 이 편지의 사본을 루이 18세에게 보내어 왕의 환심을 사려고 한다. 하지만 아무런 답도 오지 않는다. 그는 장관들에게 자신을 요직에 기용해 달라고 청탁한다. 장관들은 그를 정중하고 냉담하게 맞이할 뿐 돕지는 않는다. 몇몇 부인들이 나서서 푸셰를 전면에 내세우기도 하고 예전에 푸셰에게 신세를 진 사람들이 그를 추천해 보지만 아무 소용이 없다. 그는 정치계에서 결코 저질러서는 안 되는 실수를 범해 버렸다. 지각을 한 것이다! 빈자리는 이미 없고 오트란토 공작을 배려해서 자발적으로 자신의 자리를 내놓으려는 고관도 없다. 야심가 푸셰는 다시 짐을 꾸려서 페리에르의 성으로 돌아갈 수밖에 없다. 아내가 사망한 지금 그의 조력자는 하나밖에 없다. 바로 시간이다. 시간은 여태껏 언제나 그를 도왔고 이번에도 도울 것이다.

아니나 다를까! 이번에도 시간은 그를 돕는다. 얼마 지나지 않아서 푸셰는 전운을 감지한다. 귀가 밝은 사람이라면 페리에르에 있어도 왕좌가 삐걱대는 소리를 들을 수 있다. 새 군주 루이 18세는 실수에 실수를 거듭한다. 그는 혁명을 무시하려 든다. 20년 동안 시민이 지배하는 세상을 겪은 프랑스가 다시 스무 개의 귀족 가문 앞에 굽실거리지 않으려 한다는 사실을 잊으려 든다. 나아가 친위대 소속의 장교와 장군들이 위험 요소라는 사실을 간과한다. 봉급이 반으로 줄어들자 이들은 왕이 치사한 구두쇠라고 불만에 차서 투덜거린다. 나폴레옹이 돌아오기만 한다면 다시 전쟁이 화려하게 펼쳐질 것이고 그러면 당장 원정을 나서서 여러 나라를 약탈하고 찬란한 경력을 쌓으며 신나게 살아갈 수 있을 거라고 말이다. 수상쩍은 메시지가 한 부대에서 다른 부대로 전달되고 이미 군대 내부에서는 서서히 모반이 준비되고 있다. 푸셰는 자신이 탄생시킨 경찰과의 관계를 언제나 지극히 긴밀하게 유지해 왔기 때문에 갖가지 정보를 듣는다. 그러고는 생각에 빠진다. 왕이 나 오트란토 공작을 경찰장관으로 임명했더라면 온갖 정보를 얻을 수 있었을 거라는 생각에 넌지시 미소 짓는다. 하지만 궁중의 간신배들에게 경고를 해 줄 필요는 없지 않은가? 지금까지 정부가 전복되고 바람의 방향이 바뀌면 늘 푸셰는 상승세를 탔다. 그래서 그는 아무 말 없이 숨어서 꼼짝하지 않고 결전을 앞둔 씨름 선수처럼 숨을 죽이고 있다.

나폴레옹의 복귀

1815년 3월 5일, 파발꾼이 들이닥쳐서 뜻밖의 소식을 튈르리 궁에 전한다. 나폴레옹이 엘바섬을 탈출하여 600명의 군인을 거느리고 3월 1일 프레쥐스에 상륙했다는 것이다. 궁중의 신하들은 이 소식을 무시하며 웃어넘긴다. '사람들은 나폴레옹 보나파르트를 두고 야단법석을 떨지만 그놈은 제정신이 아니다. 물론 우린 전부터 그걸 알고 있었다. 이 멍청이는 고작 600명 병력을 가지고 전국의 군대와 유럽의 지지를 받는 국왕과 맞붙으려고 하니 그저 웃을 일이다. 흥분할 필요도 없고 걱정할 일도 아니다. 헌병을 조금 보내서 이 한심한 모험꾼을 제압하면 그만이다.' 나폴레옹의 옛 전우인 네Ney 원수는 그를 체포하라는 명령을 받는다. 네 원수는 질서를 파괴하는 놈을 체포할 뿐 아니라 "쇠창살이 박힌 우리에 넣어서 전국을 끌고 다니겠다"고 국왕에게 큰소리를 친다. 루이 18세와 그의 측근은 적어도 처음 일주일 동안은 아무 근심 없이 파리를 활보하고 다니고 「모니퇴르」는 사건의 전모를 일관되게 웃음거리로만 보도한다. 그러나 곧 안 좋은 소식이 점점 늘어난다. 나폴레옹은 어느 곳에서도 저지당하지 않는다. 그를 막기 위해 진격한 군대가 그의 진로를 차단하기는커녕 그에게 가세하는 바람에 처음에는 소수였던 나폴레옹의 군대는 보강된다. 나폴레옹을 체포해 쇠창살이 박힌 우리에 넣어서 끌고 다니겠다던 네 원수마저도 군기를 휘날리며 옛날의 주군에게 투항한다. 이미 나폴레옹은 그레노블을 접수하고 뒤이어 리옹을 접수한다. 일주일만 더 지나면 그의 예언은 이루어질 것이고 황제의 독수리 깃발은 노트르담 탑 위로 나부낄 것이다.

이제야 조정朝廷은 공포에 사로잡힌다. 어떻게 해야 하나? 이 걷잡을 수 없는 눈사태를 어떤 제방으로 막아 내야 하나? 국왕과 그를 보좌하는 백작과 공작들은 자신들이 어리석었음을 너무 늦게 깨닫는다. '우리가 국민으로부터 유리된 채 1792년에서 1815년까지 프랑스에서 혁명 비슷한 것이 일어났다는 사실을 억지로

■ 루이 18세

잊으려고 했구나! 그렇다면 지금이라도 빨리 국민의 환심을 얻자! 우리가 국민을 진정 사랑하고 국민의 소원과 권리를 존중한다는 것을 어떻게 해서든지 멍청한 국민에게 보여 주자. 그리고 신속히 공화주의와 민주주의에 맞게 통치하자!' 언제나 너무 늦은 후에야 비로소 황제와 왕은 자신의 가슴속에 민주주의의 심장이 뛰고 있음을 발견한다.

그러나 어떻게 해야 공화주의자들의 지지를 얻을 수 있을까? 아주 간단하다. 그들 중 하나를 내각에 들여 놓으면 된다. 진짜 공화주의자 하나만 있으면 부르봉의 백합기를 빨갛게 치장할 수 있을 것이다! 그러나 그런 인물을 어디서 찾아야 하나? 귀족들은 고심하다가 갑자기 조제프 푸셰라는 사람을 떠올린다. 이 사람은 2, 3주 전에

모든 접견실을 돌아다니며 고관들을 예방했고 왕과 장관들의 책상을 수많은 건의서로 뒤덮었다. '그래, 이 사람이야말로 언제 어디서나 부려 먹을 수 있는 사람이다. 그러니 빨리 이 사람을 은거 생활에서 끌어내자!' 어떤 정부가 난관에 처하거나 유능한 중개자나 협상가, 질서를 창출할 사람을 필요로 할 때면 그 정부는 늘 ─ 총재정부든, 통령정부든, 황제치하든, 왕국이든 상관없이 ─ 깃발을 들고 행렬을 이끌 줄 아는 남자 조제프 푸셰에게 눈을 돌린다. 결코 믿음이 가지 않는 성격을 지녔지만 외교적 수완을 갖춘 믿음직한 일꾼이기 때문이다.

2, 3주 전만 해도 푸셰를 냉대하며 무시하던 백작과 공작들이 이제 다급한 처지가 되니 너무도 정중하게 그를 찾아와서는 장관의 직위를 맡기려고 한다. 아니, 강권하다시피 한다. 오트란토 공작으로서는 이전에 당한 굴욕을 보상받는 셈이다. 그러나 전직 경찰장관은 현재의 정치적 상황을 너무도 잘 알고 있기에 자신의 명예를 실추시키면서까지 위기에 처한 부르봉 왕조를 구할 생각이 없다. 그렇게도 절실히 자신과 같은 의사를 필요로 하는 환자라면 단말마의 고통을 겪고 있음에 틀림없다고 푸셰는 직감한다. 그래서 정중하게 여러 가지 구실을 대며 거절하고는 조금만 일찍 자신에게 부탁했었더라면 좋았을 거라고 슬그머니 내비친다. 나폴레옹의 군대가 점점 더 가까이 진격해 오자 조정은 자존심 따위는 버리고 아주 절박하게 푸셰에게 정부의 요직을 맡아 달라고 간청하고 다그친다. 심지어는 루이 18세의 친동생이 단 둘이 은밀히 만나자고 제안하기까지 한다. 그러

나 이번에도 푸셰는 입장을 고수한다. 신념 때문이 아니라 썩은 생선에 구미가 당기지 않아서이다. 루이 18세와 나폴레옹 사이를 왔다 갔다 하는 게 즐겁기도 하다. 그는 이런 말로 왕의 동생을 진정시킨다. "너무 늦었습니다. 왕께서는 몸을 피하셔야 합니다. 나폴레옹이 벌이는 모험이 오래 지속되지는 않을 것입니다. 제가 그동안 황제를 저지하기 위해 최선을 다할 것입니다. 그저 저를 믿어 주십시오." 이렇게 그는 왕정의 호감을 얻는다. 만일 부르봉 가문이 승리를 거두면 자신이 그들의 조력자라고 생색을 낼 수 있다. 만일 나폴레옹이 승리하면 부르봉 가문의 제안을 거절했다고 자랑스럽게 내세울 수 있다. 그는 여러 차례 양다리를 걸쳐서 일신의 안전을 보장하는 수법을 성공적으로 구사해 왔으니 이번에도 똑같이 하면 된다. 그는 이제 황제와 국왕, 두 군주를 동시에 충성스럽게 섬기는 신하가 되려고 한다.

하지만 이번에는 아주 재미있는 일이 생길 것이다. 푸셰가 삶의 중대한 전환점을 통과할 때면 그 숙명적 장면은 여러 차례 비극에서 희극으로 바뀌곤 했다. 부르봉 가문은 그동안 나폴레옹에게서 배운 게 하나 있다. 푸셰 같은 사람을 위험한 시기에 결코 배후에 두어서는 안 된다는 사실이다. 나폴레옹이 맹렬한 기세로 파리로 진격할 즈음 도주를 3일 앞둔 왕은 푸셰를 체포하라고 경찰에게 명령한다. 푸셰는 국왕의 장관이 되기를 거절한 수상한 자이니 즉시 체포하여 파리에서 추방하라는 명령이다.

■루이 18세와 나폴레옹 사이를 왔다 갔다 하는 푸셰를 풍자하는 캐리커처

당시의 경찰장관은 이 달갑지 않은 체포 명령을 받고 실행에 옮겨야 한다. 역사를 돌아보면 곳곳에서 놀랍고도 재미난 일이 벌어지는 경우가 종종 있는데 지금이 바로 그렇다. 경찰장관 부리엔은 나폴레옹의 죽마고우이자 사관학교 동창생이며 이집트 전선의 전우였고 여러 해 나폴레옹의 비서로 근무했다. 그런 만큼 나폴레옹의 지인들을 모두 잘 알고 있고 푸셰 역시 아주 잘 알고 있다. 왕이 오트란토 공작 푸셰를 체포하라는 명령을 내리자 부리엔은 다소 놀라며 그렇게 하는 게 정말 잘하는 일인지 조심스럽게 반문한다. 왕이 단호하게 명령을 되풀이하자 부리엔은 재차 머리를 흔들며 말한다. "간단하지는 않을 겁니다. 그는 수많은 그물망과 수로를 자유자재로 넘나드는 노회한 미꾸라지입니다. 그러니 그를 밝은 대낮에 올가미를 채워 잡는다는 건 불가능합니다. 푸셰 같은 대어를 낚으려면 시간이 더 많이 필요하고 아주 절묘한 작전이 필요합니다."

어쨌든 부리엔은 명령을 내린다. 1815년 3월 15일 오전 11시, 경찰은 넓은 대로에서 오트란토 공작의 마차를 둘러싸고는 부리엔의 명령으로 당신은 체포되었다고 말한다. 푸셰는 늘 그렇듯이 냉정함을 잃지 않은 채 멸시하듯 미소 짓고는 이렇게 말한다. "전직 원로원 의원을 대로상에서 체포한다는 건 있을 수 없는 일이오." 너무나 오랫동안 그의 부하로 일해 왔던 경찰들이 깜짝 놀라서 얼떨떨해 하는 동안 그는 마부에게 다시 말을 몰라며 날카롭게 소리친다. 마차는 그의 저택을 향해 질주한다. 경찰들은 멍하니 입을 쩍 벌리고 선 채 달리는 마차가 일으키는 먼지를 삼키고 있다. 부리엔의 말이 옳았다. 로베스피에르와 나폴레옹의 손아귀를 무사히 빠져 나왔고 국민공회의 명령에도 불구하고 무사했던 남자를 붙잡는다는 건 쉬운 일이 아니다.

우롱당한 경찰들이 푸셰의 도주를 알리자 부리엔은 더욱 치밀하게 작전을 세운다. 이 일을 처리 못하면 권위를 잃게 된다. 푸셰가 현직 경찰장관을 갖고 놀게 둘 수는 없다. 즉시 부리엔은 세루티가의 저택을 겹겹이 포위하고 대문을 감시하라고 지시한다. 중무장을 한 분대가 도주자를 붙잡기 위해서 계단을 오른다. 그러나 푸셰는 부리엔을 위한 두 번째 장난을 준비하고 있다. 그는 몹시 힘들고 긴장된 처지에 놓이면 상상을 초월하는 출중한 계략으로 상대를 골탕 먹이는 데 성공하곤 했는데 이번에도 그런 일이 일어난다. 우리가 몇 차례 보았듯이 푸셰는 위기에 처하면 장난을 치고 사람들을 실컷 속이고 싶은 욕구에 사로잡힌다. 이 노회한 사기꾼은 자신을 체포하려는 관리들을 아주 정중히 맞이하고 체포 영장을 훑어본다. "맞습니다. 체포 영장이 확실합니다. 당연한 얘기지만 저는 국왕 폐하의 명령에 항거할 생각은 추호도 없습니다. 여러분, 잠시 여기 응접실에 앉아 계십시오. 저는 잠깐 사소한 일을 처리해야 합니다. 그러고 나서 여러분과 함께 가겠습니다." 이렇게 푸셰는 매우 정중하게 그들에게 다짐하고는 옆방으로 들어간다. 관리들은 그가 옷을 차려 입기를 공손히 기다린다. 사실 원로원 의원에 전직 장관에다가 고위 공직자였던 사람을 소매치기 다루듯이 옷소매를 부여잡고 손에 수갑을 채울 수는 없는 노릇이다. 그들은 공손히 기다린다. 한동안 기다리다가 시간이 너무 길어진다는 의심이 든다. 옆방으로 들어가 보니 푸셰는 온데간데없다. 정계가 한참 난리를 치르는 와중에 정통 코미디 한 장면이 펼쳐진 것이다. 56세의 푸셰는 경찰관들이 공손히 응접실에서 자신을 기다리고 있는 동안에 그의 나이 치고는 놀라울 만큼 민첩하게 정원의 담벼락에 걸쳐 둔 사다리를 타고 담을 넘어 옆집 정원으로 가 버린다. 아직 영화가 없던 시절에 영화의 한 장면을 보여 준 셈이다. 옆집에는 나폴레옹의 제수인 오르탕스 왕비가 사는데 그는 거기서 다른 안전한 곳으로 피신한다.

그날 저녁 파리 사람들은 경찰이 골탕 먹은 얘기를 들으며 포복절도한다. 물론 그런 장난은 오랫동안 계속될 수는 없다. 파리 시에서는 유명 인사인 오트란토 공작이 언제까지 숨어 지낼 수는 없기 때문이다. 하지만 푸셰는 이번에도 정확히 계산을 하고 있었다. 이제는 몇 시간만 버티면 된다고 말이다. 지금 왕과 심복들은 밀어닥치는 나폴레옹의 기병대에 의해서 체포되지 않도록 신경을 써야 하는 처지이다. 튈르리 궁 사람들은 황급히 짐을 싼다. 루이 18세가 격분해서 체포 명령을 내린 덕에 푸셰는 황제에게 충성을 다했다는 공식적인 증거를 내세울 수 있게 된다. 물론 나폴레옹은 푸셰의 충성을 믿지 않을 것이다. 그러나 이 정치의 곡예사가 멋지게 술책을 부렸다는 이야기를 듣자 나폴레옹은 웃음을 참지 못한다. 그러고는 분노와 경탄을 동시에 느끼며 이렇게 말한다. "그렇게 약아빠진 놈은 세상 어디에도 없을 걸세."

8

나폴레옹과
최후의 결전을 벌이다

1815년 백일천하

1815년 3월 19일 밤, 튈르리 궁 앞의 드넓은 광장은 깜깜하고 인기척 하나 없다. 자정이 되자 열두 대의 마차가 궁의 안마당으로 들어온다. 초라한 옆문 하나가 열리면서 횃불을 치켜든 하인이 나온다. 그 뒤에는 어떤 뚱뚱한 남자가 충실한 귀족 둘의 부축을 좌우로 받으며 힘겹게 발걸음을 떼고 있다. 천식에 걸려서 헐떡이는 이 남자는 바로 루이 18세이다. 15년의 유배 생활을 마치고 돌아온 지 얼마 되지도 않은 왕이 병든 몸으로 다시 자신의 나라를 등지고 야반도주를 하다니, 그 자리에서 지켜보는 사람들은 왕을 동정한다. 노쇠한 몰골에 위엄을 잃은 늙은 왕의 비극적 모습에 사람들은 마음 아파한다. 시종들이 왕을 들어 올려 마차에 태우는 동안 대부분의 사람들은 무릎을 굽혀 절한다. 말이 마차를 끌기 시작하고 다른 마차들이 그 뒤를 따른다. 몇 분 동안은 왕을 호위하는 기마병대가 딱딱한 자갈길 위를 딸그락거리며 달리는 소리가 들린다. 그러고는 드넓은 공간은 다시 깜깜해지고 고요하다. 그렇게 3월 20일의 아침이 밝아온다. 엘바에서 돌아온 나폴레옹 황제는 그에게 남은 백일 중 첫 번째 아침을 맞이한다.

호기심 많은 사람들이 먼저 모여든다. 상인들과 한량들과 산책객들은 귀를 쫑긋 세우고 궁전 주변을 배회하면서 사냥감처럼 쫓기는 신세가 된 왕이 과연 황제를 피해 도망쳤는지 궁금해 한다. 각자의 기질과 정치적 성향에 따라서 불안해하거나 기뻐하면서 사람들은 서로 정보를 속삭인다. 10시에는 사람들이 빽빽이 모여들어서 광장을 채운다. 항상 대중이 집결해야 비로소 용기가 나는 법이다. 벌써 "황제 만세!"와 "국왕 타도!"라고 뚜렷이 외치는 소리가 들리기 시작한다. 그러고는 돌연 기병대가 등장한다. 왕정 시절 봉급이 절반으로 깎였던 장교들이다. 그들은 전쟁을 본업으로 삼는 황제가 돌아오면 다시 전쟁이 일어나서 일감이 생기고 봉급을 전액 받게 될 것이며 훈장을 달고 승진을 할 수 있을 거라는 예감에 들뜬다. 그들은 요란스럽게 환호하면서 엑셀만의 지휘하에 아무런 방해도 받지 않고 튈르리 궁을 점거한다. (권력 교체가 아주 수월하게 피 한 방울 흘리지 않고 이루어진 덕에 주식거래소의 주가는 즉시 오른다.) 총 한 발 쏘지 않았는데도 정오에는 삼색기가 다시 유서 깊은 왕궁 위에 펄럭이고 있다.

황제 덕을 보려는 수백 명의 사람들은 벌써 도착해 있다. 황제의

"충신들"과 궁전에 출입하던 귀부인들과 하인들, 시종장과 주방장과 이전의 추밀원 고문관들과 의전관들이다. 모두 부르봉 치하에서는 일자리를 얻을 수 없고 돈을 벌 수도 없는 사람들이다. 나폴레옹이 혁명의 폐허로부터 궁정으로 끌어올린 신흥 귀족도 보인다. 장군과 장교와 귀부인 모두가 성장을 하고 있다. 다이아몬드가 번쩍이고 긴 칼과 훈장이 보인다. 여러 방들이 활짝 열리고 새 군주를 맞을 준비가 한창이다. 왕의 문장紋章은 신속히 제거된다. 안락의자의 비단 덮개에는 왕가의 백합 대신 나폴레옹 가문의 꿀벌이 반짝거리고 있다. 다들 시간을 맞춰서 중요한 자리에 출석해 원래부터 '충신'이라는 인상을 남기려고 열을 올린다. 어느새 날이 저문다. 무도회나 성대한 환영 파티가 열릴 때처럼 제복을 차려 입은 하인들은 가로등과 촛대에 불을 밝힌다. 다시 황제의 것이 된 튈르리 궁의 창문들이 저 멀리 개선문까지 빛을 뿜어내는 바람에 군중은 호기심에 차서 튈르리 궁의 정원으로 모여든다.

마침내 저녁 9시가 되자 마차 한 대가 아주 빠른 속도로 달려온다. 다양한 계급과 서열의 기수들이 전후좌우에서 마차를 둘러싸고 엄호하며 말을 달리고 있다. 이들은 열광적으로 군도를 흔든다. (머지않아 그 군도를 전 유럽의 군대에 맞서는 데 쓰게 될 것이다.) 운집한 군중 속에서 "황제 만세!"라는 환호성이 폭발하듯이 터져 나오고 창문으로 내다보는 사람들이 이 환호성에 메아리로 화답한다. 열광한 군중들이 성난 파도처럼 한꺼번에 마차를 덮치는 바람에 황제의 생명이 위험한 상황까지 벌어진다. 병사들은 군도를 세워 들고 황제를 보호해야 한다. 그러고는 신성한 제물을 나르듯 위대한 전쟁의 신 나폴레옹을 들어 올려 경건히 어깨에 메고는 귀가 따갑도록 포효하는 군중을 뚫고 계단을 올라서 옛 궁전으로 들어간다. 병사들의 어깨 위에 올라탄 나폴레옹은 행복에 겨운 나머지 두 눈을 감은 채 마치 몽유병자와 같은 묘한 미소를 짓는다. 20일 전에 귀양살이를 하던 엘바섬을 떠난 그가 다시 프랑스 황제가 된 것이다. 이것이 나폴레옹 보나파르트가 누린 최후의 승리이다. 그는 현실적으로는 불가능한 도약을 해낸다. 어둠을 뚫고 날아올라서 권력의 최고 지점에 착륙하다니 꿈에서나 있을 법한 일이 아닌가! 그런 일을 체험하는 것은 이번이 마지막이 될 것이다. 황제를 연호하는 소리가 철썩이는 파도처럼 그의 귓바퀴를 감도는 것도 이번이 마지막이다. 그는 1분, 아니 족히 10분은 눈을 감은 채 두근대는 가슴으로 권력이라는 신비의 영약靈藥을 음미한다. 그러고는 궁전의 모든 문을 닫으라고 지시하고 장교들을 물러나게 하고 장관들을 불러들인다. 일을 시작하려는 것이다. 운명이 선물한 것을 방어해 내야 한다.

홀 안을 꽉 채운 사람들은 돌아온 주군을 기다리고 있다. 그러나 그들을 둘러본 후 나폴레옹은 실망한다. 그에게 충성을 지킨 사람들 중에는 가장 뛰어나고 가장 영리하고 가장 중요한 인재가 없다. 눈에 보이는 것은 아첨꾼과 공손한 사람들, 관직을 탐내는 사람과 호기심에 찬 사람들뿐이다. 제복을 단정히 입을 줄 아는 사람들은 넘치지만 머리를 제대로 쓸 줄 아는 사람은 보이지 않는다. 그와 더불어 출세 가도를 달린 용맹한 원수들 거의가 아무런 이유 없이 나타

■엘바섬을 떠나는 나폴레옹

나지 않고 있다. 그들은 자신들의 영지에 머무르거나 왕에게 옮겨
갔다. 중립을 지키고 있으면 그나마 다행이고 대개는 적이 되어 있
다. 장관들 중에서는 가장 똑똑하고 수완이 좋은 탈레랑이 보이지
않고 왕으로 새로 임명했던 사람들 중에서는 자신의 형제와 누이들
이 보이지 않는다. 더구나 아내와 아들마저 보이지 않는다. 한자리
차지하려는 사람들은 넘치지만 그중 쓸 만한 재목은 거의 보이지 않
는다. 수천 명의 환호성에 피가 들끓고 승리감에 젖어 있던 나폴레
옹은 명석하게 현 상황을 조망한다. 위험을 직시하고 나니 처음으로
오한을 느낀다.

그때 갑자기 대기실에서 웅성거리는 소리가 들리더니 여러 사람

들이 놀라며 떠들썩하게 기뻐한다. 제복과 수놓은 연미복을 차려 입은 사람들은 정중히 비켜서며 사람이 지나갈 길을 만든다. 마차 한 대가 조금 늦게 도착한 것이다. 이렇게 조금 늦는 사람은 오기는 오되 와서 기다리지는 않고 신하가 되겠다고 자청하긴 하지만 하찮은 간신배처럼 간절하게 애걸하지는 않겠다는 심산이다. 마차에서 그 유명한 오트란토 공작이 내린다. 메마른 몸매에 창백한 얼굴, 속내를 드러내지 않는 싸늘한 눈을 지닌 공작은 천천히 무심하게 사람들이 열어 준 길을 걸어오며 고맙다는 말도 하지 않는다. 그가 어떤 경우에서든 침착함을 유지한다는 것은 세상 사람들이 다 아는 바이다. 바로 이런 침착한 태도에 사람들은 열광한다. "오트란토 공작께 길을 비켜 주시오." 그의 하인들은 외친다. 그를 잘 알고 있는 사람들은 그 외침을 바꾸어 되풀이한다. "푸셰에게 한자리 내어 주시오. 지금 황제가 가장 필요로 하는 사람이 바로 푸셰라오!" 황제가 결정을 내리기 전에 이미 군중은 푸셰를 선택하고 그를 요구하고 있다. 그는 관직의 후보자가 아니라 위풍당당한 권력자로 등장한다. 나폴레옹은 푸셰를 기다리게 하지 않고 곧장 자신에게 오라고 부른다. 어쨌든 푸셰는 자신의 장관들 중 최고참이며 자신의 정적들 가운데 가장 충성스러운 사람이다. 이집트에서 도망친 보나파르트 장군을 통령이 되게 도왔고 충성과 불충을 넘나들며 그의 편이 되었던 사람이다. 그들이 처음 만났을 때 무슨 말을 나누었는지 알려지지 않았듯이 이날의 대화 내용 역시 알려져 있지 않다. 이날 한 시간 뒤 방에서 나온 푸셰는 다시 나폴레옹의 장관이 되어 있다. 세 번째로 나폴레옹의 경찰장관이 된 것이다.

힘센 자와 꾀 많은 자의 대결

나폴레옹이 오트란토 공작을 장관으로 임명했다는 기사가 실린 「모니퇴르」의 잉크가 채 마르기도 전에 황제와 장관은 벌써 상대와 다시 관계 맺은 것을 남몰래 후회한다. 푸셰는 더 많은 것을 기대했기에 실망한다. 야심에 불타는 푸셰는 오래전부터 최고위직이라고는 할 수 없는 경찰장관 직위가 불만스러웠다. 1796년 당시 끼니도 제대로 해결하지 못하며 박해받고 무시당하던 왕년의 자코뱅 조제프 푸셰에게 경찰장관직은 구원이며 포상이었지만, 1815년인 지금 백만장자에다가 대중의 인기를 누리는 오트란토 공작에게 경찰장관직은 보잘것없는 한직閑職에 불과하다. 성공을 거듭하면서 그의 자의식도 커진다. 그는 세계의 운명을 걸고 벌이는 게임에만 흥미를 느낀다. 유럽 외교의 무대에서 유럽 대륙을 도박용 탁자로 삼고 개개 나라의 운명을 판돈으로 걸고는 박진감 넘치게 주사위를 굴리고 싶을 뿐이다. 그와 견줄 수 있는 유일한 인물인 탈레랑이 10년 동안 그의 앞길을 막아 왔지만 이제 이 위험한 경쟁자는 나폴레옹에 맞서 전 유럽의 군대를 황제의 적으로 만들기 위해 빈에서 활약 중이다. 그러니 이제 외무부 장관직을 수행할 능력을 갖춘 사람은 자신밖에 없다고 푸셰는 생각한다. 하지만 푸셰를 믿지 못하는 나폴레옹은 수완이 아무리 뛰어나더라도 결코 신뢰할 수 없는 사람에게 가장 중요한 장관직을 넘기려 하지 않는다. 마지못해 경찰장관직을 건네

줄 따름이다. 이 위험한 야심가에게 물어뜯기지 않으려면 적어도 한 조각의 권력은 던져 주어야 한다는 걸 알기 때문이다. 그러나 나폴레옹은 푸셰의 넓지도 않은 관할 구역에조차 첩보원을 두고 이 믿지 못할 인물을 감시한다. 푸셰와 견원지간인 로비고 공작을 헌병사령관으로 임명한 것이다. 이렇게 해서 둘이 새로이 관계를 맺은 첫날부터 해묵은 게임이 다시 시작된다. 나폴레옹은 자신의 사설 경찰을 시켜 경찰장관의 뒤를 밟는다. 푸셰는 황제의 정치와 병행해서 혹은 황제의 뒤에 숨어서 자신의 정치를 한다. 양자는 서로 속이며 자신이 상대를 속인다는 것을 숨기지도 않는다. 누가 장기적으로 우위를 차지할 것인지, 힘센 자인지 꾀 많은 자인지, 정열적인 자인지 냉혈한인지 결정이 나야 한다.

푸셰는 내키지는 않지만 경찰장관직을 맡는다. 그가 거절하지 않았다는 데 주목하자. 정신의 도박사 푸셰는 훌륭한 솜씨와 열정을 지녔지만 치명적인 결점을 하나 지니고 있다. 구석 자리에 있는 걸 참지 못한다는 것이다. 세계의 운명을 건 게임이 벌어지면 단 한 시간도 그저 구경만 하고 있지 못한다는 것이다. 그는 끊임없이 카드를 손에 들고 있어야 한다. 으뜸 패를 내고 카드를 섞으며 사기를 치고 남을 속이고 판돈을 곱절로 불리고는 승리해야 한다. 강박 증상에 시달리는 환자처럼 늘 도박용 탁자에 앉아 있어야 한다. 그 탁자가 왕의 것이든, 황제의 것이든, 공화국의 것이든 상관없다. 그저 한 몫 끼어 뜨거운 죽에 손가락을 집어넣을 수 있으면 되는 것이지 그것이 무슨 죽인지는 중요하지 않다. 장관이 되기만 한다면 정부가 우익이건 좌익이건, 통치자가 왕이건 황제이건 상관없다. 권력의 뼈다귀를 뜯어먹을 수만 있으면 그만이다. 푸셰는 사람들이 그에게 던져 주는 찌꺼기 권력을 거부할 만한 도덕적, 윤리적 힘을 결코 가지지 못할 것이고 그저 본능적인 영리함이나 자존심에서 찌꺼기 권력을 거부하지도 않을 것이다. 항상 그는 사람들이 그에게 주는 모든 직책을 맡을 것이다. 그에게는 인간도 사물도 아무 가치가 없다. 오직 도박만이 그의 전부이다.

나폴레옹 역시 마지못해 푸셰를 다시 신하로 삼는다. 그는 10년을 이 어둠 속을 활보하는 인물과 함께한 만큼 이 사람은 어느 누구에게도 봉사하지 않으며 언제나 도박의 쾌감을 쫓고 있을 뿐이라는 사실을 모르지 않는다. 이 사람은 위태로운 순간이 오면 자신을 고양이 송장처럼 내팽개치고 떠나 버릴 것이다. 그는 이미 지롱드파, 테러리스트들, 로베스피에르, 테르미도르파를 배반했고, 자신의 은인인 바라스와 총재정부, 공화국, 통령정부를 버리고 배반했지 않은가! 그러나 나폴레옹은 푸셰가 필요하다. 아니, 필요하다고 생각하고 있다. 푸셰가 나폴레옹의 천재성에서 헤어 나오지 못하듯이 나폴레옹도 푸셰의 유능함에서 헤어 나오지 못한다. 그를 내친다면 자신의 생명이 위험해질 것이라고 나폴레옹은 생각한다. 나폴레옹조차도 이렇게 불안한 처지에 감히 푸셰를 적으로 만들 엄두를 내지 못한다. 그래서 그는 푸셰를 신하로 삼는 차악次惡을 택한다. 푸셰에게 직권과 관직을 주어서 에너지를 분산시키고 충실하지 못한 신하 노릇이나마 하도록 시킨 것이다.

후일 세인트헬레나섬에 유배된 패배자 나폴레옹은 푸셰를 떠올리며 이렇게 말한다. "내게 진실을 들려준 건 배신자들뿐이었다." 사무친 원한을 토로하는 대목에서조차도 메피스토펠레스만큼이나 비상한 능력을 갖춘 푸셰를 경탄하는 마음을 숨기지 못한다. 천재가 가장 못 견뎌 하는 것이 범속함이기 때문이리라. 푸셰가 자신을 기만한다는 것을 알면서도 나폴레옹은 어쨌든 푸셰는 자신을 이해한다고 생각한다. 목이 마른 사람은 물에 독이 들어 있음을 알면서도 그 물을 향해 손을 뻗치는 법이다. 나폴레옹은 충실하고 무능한 사람보다는 믿을 수 없지만 영리한 사람을 신하로 삼는 길을 택한다. 10년을 치열하게 대립했던 사람들이 어중간한 우정을 나눈 사람들보다 서로 더 긴밀한 사이가 되는 경우는 놀랍게도 종종 있다.

10년이 넘게 푸셰는 나폴레옹을 섬겼다. 장관으로서 군주를 섬기고 두뇌가 되어 천재를 섬기면서 항상 하급자 역할을 했다. 둘이 최후의 결전을 벌이는 1815년에는 실은 처음부터 나폴레옹이 약자이다. 그는 한번 더 영광스러운 순간을 만끽할 수 있었지만 그것이 마지막이었다. 뜻하지 않게도 운명은 독수리의 날개를 달고서 그를 외딴 섬에서 황제의 옥좌로 실어 날랐다. 그를 제압하기 위해 파견된 군대들은 수백 배나 더 우세했지만 그를 보자마자 그에게 합류한다. 600명을 거느리고 탈출한 유배자 나폴레옹은 20일 만에 군대의 선두에 서서 파리로 돌진하고 수천 명이 내지르는 우레 같은 환성을 들으면서 다시 프랑스왕의 침대에서 잠이 든다. 그러나 다음 날 눈을 뜨니 삭막한 현실이 그를 에워싸고 있지 않은가! 밤새 꾸었던 멋진 꿈은 순식간에 빛을 잃는다. 그는 다시 황제가 되긴 했으나 이름뿐인 황제이다. 일찍이 그의 발치에 무릎을 꿇었던 세계는 이제는 그를 주군으로 인정하지 않고 있다. 그는 평화를 보장한다는 열정적인 편지와 성명서를 써 보내지만 모두들 어깨를 으쓱해 보일 뿐 예의상의 답장조차 보내지 않는다. 각국의 황제와 국왕과 제후들에게 보낸 사자는 밀수입품 상인 취급을 받으며 국경에서 체포되고 사정없이 쫓겨난다. 나폴레옹의 편지 한 통이 우여곡절 끝에 빈에 도착하지만 메테르니히는 협상 장소에서 뜯지도 않은 편지를 탁자에 팽개친다.

나폴레옹 주변은 적막하다. 오랜 친구와 동료들은 사방팔방으로 흩어져 버렸다. 베르티에, 부리엔, 뮈라, 외젠 보아르네, 베르나도트, 오주로, 탈레랑은 자신들의 영지에 틀어박혀 있지 않으면 그의 적을 지지하고 있다. 그는 황후와 로마왕이 내일이라도 그에게 돌아올 것처럼 그들의 방을 화려하게 치장시켜 놓고 자신과 다른 사람들을 기만하려고 안간힘을 쓴다. 하지만 마리 루이즈는 정부情夫 네페르 백작과 시시덕거리고 있고 그의 아들 로마왕은 쇤브룬 궁전에서 프란츠 황제의 감시하에 오스트리아 군복을 입은 장난감 병정을 가지고 놀고 있다. 그가 친히 통치하는 나라조차도 삼색기를 인정하지 않으려 든다. 프랑스 남부와 서부에서는 반란이 일어난다. 농부들은 끊이지 않는 징발에 염증이 나 있었다. 그런데 헌병들이 또 대포를 끌 말을 징발하려고 하자 총을 발사하며 맞선 것이다. 거리에 누군가가 시국을 풍자하는 포스터를 붙여 놓았는데 이 포스터에 따르면 나폴레옹은 아래의 지령을 내리고 있다.

"제1조 매년 30만 명의 희생자를 황제에게 제공해야 한다.
제2조 상황에 따라서 황제는 이 숫자를 300만으로 늘릴 수 있다.
제3조 모든 희생자는 우편 마차로 대도살장에 보내질 것이다."

두말할 필요 없이 세계는 평화를 원한다. 제멋대로 돌아온 이 불청객이 평화를 보장하지 않는다면 분별 있는 사람 모두는 그를 아주 멀리 쫓아 보낼 작정이다. 이 군인 황제는 난생 처음으로 자신과 세상이 평화를 누리기를 진심으로 원한다. 물론 세상이 그의 지배권을 인정한다면 말이다. 그러나 이 무슨 비극적 운명일까! 이제 세상은 그가 평화를 원한다는 것을 믿지 않는다. 선량한 시민들은 자신들의 연금을 잃을까 봐 걱정이 태산이기에 봉급이 반감되었던 장교들이나 직업적인 싸움꾼들(그들에게 평화란 일거리를 앗아 가는 것일 뿐이다)처럼 나폴레옹의 귀환에 열광하지 않는다. 나폴레옹이 시민들에게 마지못해 선거권을 부여하자 그들은 곧장 나폴레옹의 코빼기를 친다. 그가 15년 동안 강압적으로 박해했고 빛도 못 보게 만들었던 1792년의 혁명가 라파예트와 랑쥐네를 선출한 것이다.

이제 그 어디에도 동맹국 하나 없고 프랑스 안에서도 참된 추종자는 얼마 없다. 나폴레옹의 측근 중에서도 상의할 수 있는 사람은 거의 없다. 울적해진 황제는 텅 빈 궁전을 심란하게 헤매고 다닌다. 신경이 쇠약해지고 활력이 줄어든 탓에 때로는 자제심을 잃고 호통을 치기도 하고 때로는 맥없이 무기력증에 빠지기도 한다. 대낮에 낮잠을 자려고 눕는 일도 종종 있다. 몸이 지쳐서가 아니라 마음이 지쳤기 때문이다. 영혼에서 퍼지는 피로감은 육중한 무게가 되어 몇 시간이나 그를 짓누른다. 어느 날인가 카르노는 황제가 방에서 눈물을 흘리며 아들인 로마왕의 초상화를 멍하니 바라보는 걸 목격한다. 황제의 측근들은 행운이 자신을 떠났다고 그가 탄식하는 소리를 듣는다. 아마 본능적으로 자신이 이미 성공의 정점을 넘어섰음을 감지한 것 같다. 그의 의지는 극에서 극으로 치달으며 갈피를 잡지 못하고 있다. 승리에 익숙해져 있던 나폴레옹은 마지못해 승산이 없는 전쟁을 하러 나가지만 어떤 협상에도 응할 각오를 하고 있다. 그러나 승리의 여신이 의기소침하게 머리를 숙인 사람을 선택하는 경우는 결코 없다.

백일천하의 실세 푸셰

1815년의 나폴레옹은 운명이 자신에게 대여한 주군과 황제라는 외관을 임시로 걸치고 있을 뿐이라서 그가 가진 권력은 실체가 없는 그림자에 불과하다. 반면에 그의 곁에 있는 푸셰는 바로 이때 에너지가 넘친다. 지속적으로 열정에 휩싸여 날뛰는 사람과는 달리 강철같이 단단한 이성의 칼날을 늘 간계의 칼집에 꽂아 두는 사람은 쉽게 망가지지 않는다. 제정의 부활로 시작되어 제정의 몰락으로 끝난 백일천하 시절만큼 푸셰가 노련하고 교활하고 기민하고 대담하게 두뇌를 가동시킨 적은 없다. 구원자를 갈구하는 모든 시선은 나폴레옹이 아니라 푸셰를 향한다. 온갖 정파가 황제보다도 황제의 장관인 푸셰를 더 신뢰하는 있을 수 없는 일이 일어난다. 루이 18세와 공화주의자들, 왕당파, 영국과 오스트리아 정부 모두가 푸셰 말

■ 질베르 뒤 모티에 드 라파예트

고는 그 누구와도 제대로 협상할 수 없다고 여긴다. 도깨비불처럼 번득이다가 돌개바람처럼 몰아치는 종잡을 수 없는 천재 나폴레옹과는 달리 타산적이고 냉철한 이성을 갖춘 푸셰는 지쳐서 평화를 갈망하는 세상 사람들에게 미래에 대한 희망을 준다. "보나파르트 장군"을 황제라고 부르기를 거부하는 사람들도 모두 푸셰 개인이 지닌 명성에 경의를 표한다. 프랑스 황제가 보낸 밀사들은 국경에서 가차 없이 체포되고 투옥되는 반면 오트란토 공작의 밀사는 마치 마법의 열쇠라도 가진 듯 수월하게 똑같은 국경을 넘나든다. 웰링턴, 메테르니히, 탈레랑, 오를레앙, 러시아 황제와 그 밖의 여러 왕들은 모두 예우를 갖추고 흔쾌히 그의 밀사를 맞아들인다. 이제껏 모두를 속여

왔던 푸셰가 단번에 세계의 운명이 걸린 도박판에서 유일하게 믿음직한 도박사로 통하게 된 것이다.

그가 손가락만 까딱하면 만사가 원하는 대로 처리된다. 예를 하나 들어 보자. 방데 지방에 반란이 일어나서 피비린내 나는 싸움이 벌어지기 일보직전이다. 그러자 푸셰는 사자를 방데로 보내서 사태를 아주 솔직히 분석하게 한다. "대체 무엇 때문에 또 프랑스인이 피를 흘려야 합니까? 2, 3개월만 지나면 황제가 승리하든지 패배하든지 할 겁니다. 싸우지 않아도 당신들 품으로 굴러들어 올 게 확실한 것을 두고 싸울 까닭이 없지 않습니까? 무기를 내려놓고 기다리시오!" 푸셰는 이 조치만으로 내란을 막아낸다. 왕당파의 장군들은 이처럼 사무적이고 냉정한 설명을 받아들이고 평화협정을 맺는다. 국내외의 모든 사람들은 맨 먼저 푸셰의 의견을 묻는다. 의회의 결의 하나도 푸셰 없이는 마무리되지 않는다. 나폴레옹이 무언가 하려 할 때마다 신하가 나서서 그가 힘을 못 쓰게 방해하지만 나폴레옹은 그러는 신하를 무기력하게 지켜보는 수밖에 없다. 푸셰가 국내 선거를 나폴레옹에게 불리하도록 조종한 결과 공화주의 성향의 의회가 탄생하고 푸셰는 이 의회를 나폴레옹의 전제군주적 의지를 차단하는 기구로 활용한다. 나폴레옹은 푸셰로부터 자유로워지고 싶지만 불가능한 일이다. 그가 독재자로 군림하던 시절에는 거북한 신하 오트란토 공작을 2, 3백만 프랑 정도 주어서 퇴직시켰지만 그런 시절은 지나갔다. 지금은 황제가 오트란토 공작을 장관 자리에서 밀어내기보다는 오히려 장관이 황제를 옥좌에서 밀어내기가 더 수월할 것이다.

이 몇 주 동안 푸셰는 고집스러우면서도 신중하게, 다의적 해석이 가능하면서도 명료하게 정치를 해 나갔다. 세계 역사에서의 외교 활동 중 가장 완벽한 대목으로 간주될 정도이다. 개인적으로 푸셰를 싫어하는 이상주의자 라마르틴조차 마키아벨리즘의 천재 푸셰에게 경의를 표하지 않을 수 없을 정도이다. 그는 이렇게 쓴다. "그가 자신이 맡은 역할을 흔들림 없이 아주 대담하고 용감히 해냈다는 것을 인정하지 않을 수 없다. 나폴레옹이 가슴속에 품은 수치심과 분노를 터트리는 첫 순간에, 자신의 목이 날아갈지도 모를 상황에서 그는 날마다 목숨을 걸고 책략을 꾸몄다. 국민공회 시절 활약한 인사들 중 푸셰만이 망가지지 않고 여전히 저돌적인 모습을 보여 주었다. 그는 한편으로는 다시 살아난 전제정치와 새로이 싹트는 자유 사이에 끼어 있었고 다른 한편으로는 자신의 이익을 위해 조국을 희생시킨 나폴레옹과 단 한 사람 때문에 도살당하지 않으려는 프랑스 사이에 끼어 있어서 운신의 폭이 좁았다. 이런 상황에서 그는 대담한 도박을 벌였다. 황제를 압박했고 공화주의자들의 비위를 맞추었고 프랑스 국민을 진정시켰으며 동시에 전 유럽에 인사를 건넸고 루이 18세에게 미끼를 던졌고 각국의 조정과 담판을 벌였고 탈레랑과 가식적인 편지를 주고받았다. 이러한 방식으로 그는 모두를 오리무중에 빠트렸다. 그는 백 개의 얼굴을 요구하는 어려운 역할을 소화했다. 숭고하면서도 비열한 역할이었고 어마어마한 역할이었다. 하지만 역사는 오늘날까지도 이 역할에 제대로 주목하지 않는 실수를 범하고 있다. 그가 비록 고귀한 영혼을 가지지는 않았어도 애국심과 영웅다운 용기를 지니고 있었기에 신하의 신분으로 주군과 같은 높이에 서고 장관의 신분으로 통치자 위에 서서 제정과 왕정복고와 자유사상 사이에서 중재자 역할을 해낼 수 있었던 것이다. 물론 그는 표리부동한 중재자였다. 역사는 푸셰를 비난하지만 그가 백일 동안 대담한 태도를 보이며 정파들을 탁월하게 조종하고 권모술수를 거장답게 구사했음을 부인할 수는 없을 것이다. 그렇기에 품위 있는 성격과 덕을 갖추지 못한 사람도 진정한 정치 지도자일 수 있다면, 푸셰는 이 세기의 일류 정치 지도자의 반열에 속한다고 본다."

시인이자 정치 지도자였던 동시대인 라마르틴은 사건의 여파가 아직 채 가시지 않은 상황에서 이처럼 명료하게 평가하고 있다. 50년 후 1,000만 명의 시체가 이미 썩어 없어지고, 불구가 된 사람들도 묘지에 묻히고, 폐허가 되었던 유럽이 회복된 후 나폴레옹 전설이 시작되면서 푸셰는 이전보다 더욱 가혹하고 부당한 평가를 받게 된다. 이는 당연한 일이다. 영웅의 전설은 항상 역사의 후방 지대에서 만들어진다. 후방에 있는 사람은 몸소 겪어본 적도 없고 겪을리도 없는 온갖 덕행을 전방에 있는 사람에게 요구한다. 영웅전설도 다를 바 없다. 영웅 전설은 제대로 겪어 본 적도 없고 겪을 리도 없는 온갖 덕행을 당연한 것처럼 요구한다는 점에서 후방에 있는 사람들과 흡사하다. 영웅 전설은 무수한 인명을 희생하라고 요구하며 영웅이 광기를 부릴지라도 그에게 모든 것을 바치고 장렬히 죽으라고, 아무 소용이 없어도 충성을 다하라고 요구한다. 나폴레옹 전설은 초

지일관 흑백논리를 택하고 있기에 그 안에는 영웅에게 충성한 자와 영웅을 배신한 자만이 존재한다. 더구나 이 전설은 초반기의 통령 나폴레옹과 후반기의 폭주하는 독재자 나폴레옹을 구분하지 않는다. 통령 나폴레옹은 지혜롭게 맹활약하며 조국에 평화와 질서를 다시 가져다주었지만 독재자 나폴레옹은 전쟁광이었고 자신의 사적인 권세욕을 채우기 위해서 냉혹하게도 세계를 살육의 도가니로 만들었다. 그러고는 메테르니히에게 "나 같은 사내에게는 백만 명의 목숨 정도는 대수롭지 않다(튀르크 몽골의 전쟁광 티무르의 말)"고 말했다.

나폴레옹이 악령에라도 들린 듯 이성을 잃고 파멸의 구렁텅이로 자신을 몰아갈 때 탈레랑, 부리엔, 뮈라 등 몇몇 분별 있는 프랑스인들은 그의 어리석은 야망에 제동을 걸고자 했다. 그들은 그의 폭주하는 마차에 충견 내지는 노예로 묶여서 그와 운명을 같이하지 않았다. 나폴레옹 전설은 마치 시인 단테라도 된 것처럼 분노에 치를 떨면서 이들 모두를 지옥으로 보내 버린다. 푸셰는 그중에서도 최악의 배신자이고 악마의 변호인으로 간주된다. 나폴레옹 전설은 푸셰가 1815년 이미 루이 18세와 유럽 연맹에 매수되었다고 서술한다. 그가 다시 내각에 들어간 이유는 황제의 등 뒤로 접근했다가 적당한 순간에 단도로 황제의 등을 찌르기 위해서라는 것이다. 3월 20일 국왕이 황급히 궁을 떠날 무렵 왕당파에게 이런 말을 전했다고도 한다. "왕을 구해 내십시오. 왕정을 구해 내는 일은 제가 맡겠습니다." 그리고 장관직에 취임한 날 그의 하인에게 속내를 털어놓았다고 한다. "나의 첫째 의무는 황제가 계획하는 것 모두를 방해하는 것이다.

세 달이 지나면 나는 황제보다 강력한 위치에 있을 것이다. 그가 그 때까지 나를 총살시키지 않는다면 그는 내 앞에 무릎을 꿇어야 할 것이다." 예언으로 보기에는 유감스럽게도 날짜가 너무 구체적으로 들어맞으니 아마 나중에 꾸며 낸 말일 것이다.

푸셰가 애당초 루이 18세의 지지자였고 매수된 후 왕의 스파이 노릇을 하기 위해 나폴레옹의 내각에 들어갔다고 추정한다면 이는 너무도 가혹하게 그를 과소평가하는 것이다. 그럴 경우 푸셰가 화려하리만치 복합적인 심리와 불가사의한 마성의 소유자라는 사실을 못 보고 지나치는 치명적 오류를 범하게 된다. 그는 완벽한 비도덕주의자이고 마키아벨리스트이니만큼 푸셰가 이런 배신을 하지는 않을 거라든지 배신 자체를 할 만한 사람이 아니라는 말을 하려는 게 아니다. 그러나 그러한 천박한 짓은 도박의 모험을 즐기는 저돌적 정신의 인간에게는 너무 단순하다. 한 사람을 속이는 것으로 – 설사 그가 속이는 사람이 나폴레옹 같은 거물이라 할지라도 – 푸셰는 만족할 수 없다. 모든 사람을 속이는 것이야말로 그의 유일한 낙이다. 그는 누구에게도 확약을 하지 않고 모두를 유혹하고 싶어 하며 모든 정파를 데리고 노는 동시에 모든 정파를 적으로 삼아 놀고 싶어 한다. 결코 미리 짜인 계획에 따라 행동하지 않고 기분 내키는 대로 변신의 신 프로테우스처럼 행동하려 한다. 그는 외교관 기질로 가득 찬 사람이기에 프란츠 모어(프리드리히 폰 실러의 희곡 『도적떼』(1872년)의 등장인물로 악당의 전형 – 옮긴이)나 리처드 3세(Richard Ⅲ, 1452년~1485년. 영국 요크 왕가 최후의 왕. 정당한 왕위 계승자인 조카들을 제치고 왕위에 오른다. 후세의 역사가들에 의하여 음모와 책략에 능한 악당으로 묘사되며 셰익스피어의 비극 『리처드 3세』(1592년)를 통해 이 이미지가 굳어진다－옮긴이) 같은 노골적인 모사꾼 역할로는 열광할 수 없다. 당사자인 자신이 놀랄 정도로 수시로 색깔이 바뀌는 역할을 맡아야만 그는 열광한다. 어려움을 접하면 그는 그 어려움 자체를 사랑하기에 난도를 일부러 두 배, 네 배로 끌어올린다. 그래서 한 번 배신을 하는 데 그치지 않고 여러 번 배신을 하고 모두를 배신하는 원초적 배신자가 되는 것이다.

실제로 푸셰를 가장 깊이 알고 있는 나폴레옹은 세인트헬레나섬에서 의미심장한 말을 한다. "내가 아는 정말로 완벽한 배신자는 단 한 사람뿐이다. 바로 푸셰이다." 완벽한 배신자는 기회에 따라 배신하는 사람이 아니라 배신의 재능이 완벽하게 천성이 되어 버린 사람이다. 푸셰가 바로 그랬다. 그가 배신을 하는 것은 어떤 의도가 있어서, 혹은 작전에 필요해서가 아니다. 그의 가장 근원적 천성 때문이다.

그의 본성을 더 잘 이해하기 위해서는 전쟁 중 활약한 이중 스파이의 경우를 유사한 예로 살펴보는 게 좋을 듯하다. 이중 스파이들은 외국 기관에 기밀을 누설하지만 그들의 목적은 누설한 것보다 더 값진 기밀을 외국에서 훔쳐 오는 데 있다. 이렇게 첩보를 가지고 이 나라 저 나라로 오락가락하는 사이에 그들은 마침내는 자신이 본래 어느 나라를 위해서 일하고 있는지 스스로도 알지 못하는 지경까지 간다. 양쪽에서 돈을 받는 만큼 그 어느 쪽에도 충성을 바치지 않는 직업이 이중 스파이이다. 그들은 양측을 오고 가며 표리부동하게 구는 위험한 도박에 마음을 뺏긴다. 그러다 보면 보수에 대해서는 거의 무관심해지고 자신의 목숨을 내걸고 악마적인 쾌감을 누리는 데에만 푹 빠져 들게 된다.

마지막 순간 저울이 한편으로 기울면 도박의 열정은 지나가고 이성이 다시 행동을 개시하며 이익을 챙기려고 하는 법이다. 승리가 결정되면 푸셰는 결정을 내린다. 국민공회 시절에도, 총재정부에서도 그랬고 통령정부에서도 제정 치하에서도 그는 그렇게 행동했다. 싸움이 한창일 때면 누구 편도 들지 않지만 싸움이 끝날 때면 늘 승자 편에 서는 게 푸셰다. 그루쉬가 제때에 부대를 이끌고 워털루로 왔더라면 푸셰는 (적어도 한동안은) 나폴레옹의 장관으로 남았을 것이다. 나폴레옹이 전투에서 패하자 푸셰는 나폴레옹을 버리고 떠난다. 푸셰는 백일천하 시절 자신의 입장에 대해서 아무런 변명 없이 특유의 냉소적 태도로 이렇게 말했다. "나폴레옹을 배반한 것은 내가 아니라 워털루였다."

어쨌든 경찰장관이 이렇게 표리부동하게 노름을 벌이니 나폴레옹이 격노하는 것은 당연하다. 이번에는 자신의 목이 걸려 있다는 것을 나폴레옹도 알기 때문이다. 10년 전처럼 매일 아침 검은 예복을 입은 비쩍 마른 남자는 창백하고 핏기 없는 얼굴로 나폴레옹의 방으로 들어선다. 그러고는 제반 상황에 대해 나무랄 데 없는 보고를 한다. 그의 보고는 명료하고 빼어나다. 어느 누구도 이보다 더 사태를 잘 조망하지는 못할 테고 세계의 정세를 더 명료히 묘사하지는 못할 것이다. 이 탁월한 사람은 모든 것을 꿰뚫고 모든 것을 본다고 나폴레옹은 직감한다. 그리고 푸셰가 자신이 아는 모든 것을 황제에게 말해 주지 않는다는 것 역시 직감한다. 외국의 사신들이 오트란토 공작의 집에 드나들고 있다는 사실을 나폴레옹은 알고 있다. '내가 임명한 장관은 오전과 정오와 밤에는 수상한 왕당파의 밀사를 문을 굳게 잠그고 맞이한다. 장관은 여러 논의를 하고 여러 사람과 관계를 맺지만 거기에 관해서 황제인 내게는 일언반구도 없다. 푸셰는 그저 정보를 얻기 위해서 그러는 거라고 하지만 정말 그런 걸까? 아니면 몰래 음모를 꾸미는 걸까?' 쫓기는 처지에서, 수백 명의 적에게 포위당한 처지에서 나폴레옹에게 이런 불확실한 상황은 얼마나 고통스러웠을까!

나폴레옹은 푸셰에게 때로는 친근하게 물어보기도 하고 때로는 집요하게 경고도 해 보고 때로는 의심을 드러내며 난폭한 말을 퍼부어 보지만 아무 소용이 없다. 그의 얄팍한 입술은 여전히 굳게 닫혀 있고 두 눈은 유리구슬처럼 아무런 감정도 담고 있지 않다. 푸셰에게 가까이 간다는 건 불가능하다. 그에게서 비밀을 빼내는 것 역시 불가능하다. 그래서 나폴레옹은 어떻게 푸셰를 잡을까 궁리하며 애를 태운다. '상대가 쥔 카드 패를 죄다 꿰뚫고 있는 이 사내가 나를 배신하고 있는지 아니면 적을 배신하고 있는지 알려면 어떻게 해야 하나? 이 붙잡을 수 없는 놈을 붙잡으려면 어떻게 하면 될까? 의중을 헤아릴 수 없는 놈의 진의를 파악하기 위해서는 어떻게 해야 하나?'

마침내 구원의 순간이 온다. 단서를, 꼬리를 잡은 것이다! 거의 증거를 잡은 셈이다. 황제는 경찰장관을 감시하기 위해 비밀경찰을 붙여 놓았는데 바로 이 비밀경찰이 4월에 이런 보고를 한다. "빈 은 행의 직원이라고 칭하는 자가 파리에 도착해서는 곧장 오트란토 공작을 찾아갔습니다." 즉시 그 심부름꾼은 체포되고 경찰장관 푸셰 모르게 엘리제 궁으로 끌려와 나폴레옹 앞에 선다. 심부름꾼은 당장 총살형에 처하겠다는 협박을 오랫동안 받고는 마침내 비밀 잉크로 쓰인 메테르니히의 편지를 푸셰에게 건네주었다고 자백한다. 그 편지에는 바젤에서 중재자들이 만나 협의를 하자는 내용이 담겨 있다는 것이다. 나폴레옹은 입에 거품을 물며 격노한다. 적국의 장관이 그런 책략이 담긴 편지를 자신의 장관에게 보내다니 대역죄가 분명하다. 불충한 신하를 당장 체포하고 서류를 압수하는 게 당연하다. 그러나 그의 심복들은 그를 말린다. "아직 증거가 없습니다. 오트란토 공작은 아시다시피 워낙 조심스러워서 그의 서류를 압수해 보았자 음모의 흔적을 발견할 수 없을 것입니다." 그래서 황제는 우선 푸셰의 충성을 시험해 보기로 한다. 푸셰를 불러서는 평소와는 다르게 가식적인 태도(나폴레옹은 푸셰 장관에게서 이런 태도를 배웠다)로 정세에 관해 이런저런 이야기를 하다가 오스트리아와 협상을 하는 게 가능할지 묻는다. 푸셰는 아직 심부름꾼이 사건의 전모를 누설한 사실을 모르기에 메테르니히가 보낸 편지에 관해 전혀 언급하지 않는다. 황제는 태연하게, 겉보기에는 아주 태연하게 푸셰를 내보내고는 장관이 자신을 배신했다고 확신한다.

푸셰의 유죄를 더 명확히 입증하기 위하여 그는 끓어오르는 분노를 누르며 세련된 코미디를 연출한다. 등장인물들의 역할이 뒤바뀌며 한바탕 소동이 벌어지는 몰리에르풍의 희극이 펼쳐진다. 나폴레옹 측은 밀사를 통해서 메테르니히의 심복을 만나려면 어떤 암호를 대야 하는지 알아냈다. 황제는 심복을 보내서 마치 푸셰의 심복인 것처럼 행세하도록 시킨다. 오스트리아의 밀사는 분명 황제의 심복에게 온갖 기밀을 털어놓을 것이고 드디어 황제는 푸셰가 자신을 배반했다는 증거를 갖게 될 뿐 아니라 얼마만큼 배반했는지도 알게 될 것이다. 같은 날 저녁 나폴레옹의 사자는 출발한다. 이틀 후에 푸셰는 본색이 탄로 날 것이고 자기가 놓은 덫에 걸려들 것이다.

하지만 아무리 제아무리 빨라도 뱀장어나 뱀 같은 냉혈동물을 맨손으로 잡을 수는 없는 법이다. 황제가 기획한 코미디는 최고의 희극이 모두 그러하듯이 원래의 줄거리에 역행하는 또 다른 줄거리를 가지고 있다. 달리 말해서 이 코미디는 이중의 층으로 이루어져 있다. 나폴레옹이 푸셰의 등 뒤에 비밀경찰을 붙여 놓았듯이 푸셰 역시 나폴레옹의 등 뒤에서 서기를 매수해 비밀리에 정보를 입수하고 있다. 푸셰의 정보원들은 황제의 정보원들 못지않게 민첩하게 일한다. 나폴레옹의 밀사가 바젤의 드라이 쾨니히 호텔에서 벌어질 가면극에 참여하려고 출발한 바로 그날, 푸셰는 이미 위험을 감지하고 있었다. 나폴레옹의 심복 중 하나가 그에게 코미디가 예정되어 있다고 알려 주었던 것이다. 불시에 기습을 당하기로 되어 있는 푸셰

■ 클레멘스 메테르니히

는 주군을 불시에 기습 공격한다. 다음 날 아침 여느 날처럼 그는 보고를 하고 있다. 한참 말을 이어 가다가 갑자기 자신의 이마를 툭 치면서 지극히 사소한, 아주 하찮은 일을 깜박 잊어버리기라도 했다는 듯이 이렇게 말한다. "아, 이럴 수가! 폐하, 메테르니히의 편지를 받았다고 말씀 드린다는 게 그만, 워낙 중요한 일들이 많다 보니 잊어버린 모양입니다. 그의 사자가 글자를 보이게 만드는 가루약을 제게 주지 않아 메테르니히가 장난을 쳤다고 생각했습니다. 그러다 보니 오늘에야 보고를 올리게 됐습니다." 이제 황제는 더 이상 참지 못하고 소리를 지른다. "당신은 배반자요, 푸셰. 진작 당신을 교수형에 처했어야 했소."

"폐하, 저는 그렇게 생각하지 않습니다." 그 누구보다도 차가운 피를 가진 경찰장관은 조금도 흔들리는 기색 없이 싸늘하게 답한다. 나폴레옹은 분노에 치를 떤다. 악마 같은 놈이 재수 없게도 선수를 쳐서 고백을 하고는 빠져나간 것이다. 이틀 후 바젤에 갔던 밀사는 그곳에서의 밀담에 대해 보고를 하지만 거기에는 결정적 증거가될 만한 것은 없고 불쾌한 내용만 가득하다. 오스트리아 밀사의 언행에서는 푸셰가 외국과 결탁하고 있다는 증거가 나오지 않았다. 그가 주군의 등 뒤에서 그가 제일 좋아하는 장난, 다시 말해서 어느 편에 가담하더라도 문제가 없게끔 모든 가능성을 한 손에 쥐는 노름을 하고 있다는 정도만 확인된다. 그러나 밀사는 불쾌한 정보를 가득 가지고 온다. 유럽 열강들은 프랑스에 어떠한 형태의 정부가 들어서 건 용납할 수 있지만 나폴레옹 보나파르트를 수반으로 하는 정부만 은 용납하지 않을 것이라는 사실이다. 황제는 진노해서 입술을 깨문 다. 그의 전투력은 마비 상태이다. 그는 어둠 속을 활보하는 인물을 등 뒤에서 몰래 쏘려고 했지만 정작 본인이 치명적인 상처를 입고 말았다.

푸셰가 선방善防을 하는 바람에 절호의 기회를 놓쳤음을 나폴레 옹은 알고 있다. 측근들에게 그는 이렇게 말한다. "그놈이 나를 배반 하고 있다는 것은 불을 보듯 뻔하다. 그놈이 메테르니히와 서신 교 환을 하고 있다고 나에게 털어놓기 전에 그놈을 쫓아냈어야 했는데 정말 유감이다. 지금은 그 좋은 기회도 놓쳤고 아무런 구실이 없다. 그냥 쫓아내면 그놈은 내가 의심이 많아서 모든 사람을 희생시키는 폭군이라고 사방팔방에 퍼트리고 다닐 것이다."

황제는 예리한 판단력으로 자신이 열세라는 사실을 깨닫는다. 그 러나 그는 이 이중인격자를 자기편으로 끌어들이든지 그게 아니라 면 기습을 해서 박살을 내든지 하려고 마지막 순간까지 싸운다. 그 는 온갖 수단을 다 동원해 본다. 신뢰하는 척해 보기도 하고 친절을 베풀기도 하고 너그럽게 대하기도 하고 신중하게 다가가도 보았지 만 그의 집요한 노력은 모든 면이 반지르르 갈려 있는 싸늘한 돌에 부딪힌 것처럼 무기력하게 튕겨져 나온다. 다이아몬드를 부셔 버리거나 던져 버릴 수는 있지만 꿰뚫을 수는 없는 것과 같은 이치이다.

의심에 시달리는 바람에 나폴레옹은 마침내 자제력을 잃는다. 카르노의 일화를 하나 들어 보자. 황제가 자신을 괴롭히는 자 앞에서 얼마나 무력한지가 극적으로 드러난다. 나폴레옹은 각료 회의 도중에 조금도 동요하지 않는 푸셰에게 고함을 지른다. "오트란토 공작, 당신은 나를 배신하고 있소. 나는 그 증거를 가지고 있소." 그러고는 탁자에 놓인 상아로 된 칼을 잡는다. "자, 이 칼을 받으시오. 그리고 내 가슴을 찌르시오. 차라리 그렇게 하는 게 지금 당신이 하고 있는 일보다는 더 충성스러울 것이오. 내가 마음만 먹으면 당신을 총살시킬 수 있소. 온 세계가 이 조치에 찬성할 것이오. 어째서 내가 그렇게 하지 않느냐고 당신이 묻는다면 답은 이렇소. 당신을 경멸하기 때문이오. 당신을 내 저울에 달아 봤자 1온스만큼도 무게가 나가지 않기 때문이오."

그의 불신은 분노로 변했고 그의 고통은 증오로 변했다. 이렇게 될 정도로 자신을 자극한 사내를 나폴레옹은 결코 용서하지 않을 것이다. 푸셰도 알고 있다. 그러나 그는 황제의 권세가 유지될 가능성이 지극히 희박하다는 점을 명확히 계산하고 있다. "4주 안에 이 폭군은 끝장날 것"이라고 푸셰는 예리하게 내다보며 멸시하는 투로 친구에게 말한다. 그러니 지금 황제와 결탁할 생각은 전혀 없다. 대세를 결정짓는 전투가 끝나면 나폴레옹이나 푸셰 둘 중 하나는 사라져야 한다. 나폴레옹은 전쟁에서 승리하면 제일 먼저 사자를 파리로 보내서 푸셰를 파면시키고 어쩌면 체포하라는 지시도 내릴 것이라고 공언했다. 푸셰도 이 사실을 알고 있다. 시계를 20년 전으로 돌려 1793년으로 껑충 뛰어 보자. 그때도 지금과 똑같은 상황이었다. 당시 최고 권력자인 로베스피에르는 2주일 후에는 푸셰의 목이든 자기 목이든 둘 중 하나는 떨어져 나갈 것이라고 결연히 말했다. 오트란토 공작은 그때 이후 자신감을 얻게 되었다. 한 친구가 나폴레옹의 분노를 북돋우지 말라고 충고하자 그는 자신만만하게 옛날 로베스피에르가 자신을 위협했던 일을 거론하면서 미소를 지었다. "하지만 그놈 목이 떨어져 나갔지."

패장 나폴레옹

6월 18일 앵발리드 성당 앞 대포가 갑자기 쾅쾅 울리기 시작한다. 파리 시민들은 환호하며 펄쩍 뛰어오른다. 그들은 15년 전부터 이 둔중한 소리를 들어 왔다. 승리를 알리는 소리다. 전투에서 큰 승리를 거둔 것이다. 「모니퇴르」는 블뤼허와 웰링턴이 완패를 당했다고 보도한다. 열광한 사람들이 무리를 지어서 몰려드는 바람에 대로는 마치 일요일처럼 인파로 가득하다. 며칠 전만해도 일반적인 분위기는 오락가락했었는데 갑자기 황제의 인기가 치솟으며 다들 황제에게 충성을 바치려 든다. 다만 가장 민감한 척도인 주가는 4포인트 내려간다. 나폴레옹의 승리는 전쟁이 연장된다는 것을 뜻하기 때문이다. 아마 울려 퍼지는 포성을 들으며 속으로 덜덜 떠는 사람이 딱 하나 있을 것이다. 다름 아닌 푸셰이다. 전제군주가 승리를 거두면 그의 목은 날아가게 되어 있다.

그러나 비극적 반전이 기다리고 있다. 파리에서 프랑스 대포가 축포를 쏘는 바로 그 시간 워털루에서는 영국 대포가 프랑스 보병대와 친위대를 박살 내고 있다. 수도 파리가 아무것도 모르고 찬란한 빛을 내뿜는 동안 준마를 탄 프로이센 기병대는 오합지졸이 되어 달아나는 프랑스군대를 쌩쌩 뒤쫓고 있다.

아무것도 모르는 파리 시민들은 그다음 날에도 마음을 푹 놓고 있다. 6월 20일이 되어서야 비로소 무시무시한 소식들이 흘러 들어온다. 창백해진 사람들은 입술을 떨며 뒤숭숭한 소문들을 서로 속삭인다. 모든 신문은 마치 마비라도 된 것처럼 침묵하고 있지만 의회와 길거리, 주식거래소와 병영 등 온갖 곳에서 사람들은 파국이 닥쳤다고 수군거리며 숙덕댄다. 다들 대화를 나누기도 하고 주저하기도 하고 투덜거리기도 한다. 한탄을 하거나 희망을 품기도 한다. 수도 파리는 갑자기 소강상태에 빠진다.

활동하는 사람은 하나뿐이다. 바로 푸셰이다. 그는 당연히 다른 사람들보다 먼저 워털루 소식을 듣는다. 그러고는 곧장 나폴레옹을 성가신 시체 취급한다. 시체는 가급적 빨리 치워 버려야 한다. 그는 곧장 무덤을 파려고 삽을 집어 든다. 신속히 승자와 친교를 트기 위해서 그는 지체하지 않고 웰링턴 공작에게 편지를 쓴다. 동시에 심리학자다운 탁월한 선견지명으로 의원들에게 경고한다. 나폴레옹은 제일 먼저 의회를 해산하려고 시도할 것이다. "황제는 그 어느 때보다도 사나워져서 돌아올 겁니다. 그러고는 당장 독재를 요구할 겁니다." 그러니 신속히 몽둥이를 들고 방어에 나서야 한다! 저녁 무렵 의회는 이미 뜻을 모으고 내각은 황제에 반기를 들기로 한다. 나폴레옹은 권력을 다시 장악할 마지막 가능성을 잃는다. 이 모든 일은 그가 파리에 발을 들여놓기도 전에 마무리된다. 지금 이 시간의 지배자는 이미 나폴레옹 보나파르트가 아니다. 드디어, 드디어, 드디어 조제프 푸셰가 지배자가 된 것이다.

먼동이 트기 직전 밤의 장막을 수의처럼 휘감은 초라한 마차 한 대(블뤼허는 원래 황제가 타는 마차를 약탈했다. 물론 그 안에 있는 옥좌와 군도와 서류까지 수중에 넣었다)가 파리의 성문을 지나 엘리제 궁을 향해 달리고 있다. 6일 전 "용기 있는 프랑스인이라면 승리하거나 죽거나 둘 중 하나를 택해야 하는 순간이 왔다"고 비장한 출정 성명을 썼던 나폴레옹은 승리하지도, 죽지도 않았지만 6만 명이 워털루와 리니에서 그를 위해 전사하였다. 이제 그는 권력을 유지하기 위해 신속히 돌아왔다. 예전에 이집트와 러시아에서도 지금과 똑같이 행동했었다. 파리에 가까워지자 그의 마차는 일부러 천천히 달렸다. 몰래 어둠에 싸여 도착하기 위해서였다. 그는 곧장 튈르리 궁으로 가서 프랑스 의회에 모습을 보이는 대신 구석에 위치한 아담한 엘리제 궁으로 간다. 거기서 폭발 직전의 신경을 추스르려는 것이다.

만신창이가 된 사내가 마차에서 내리며 두서없는 말들을 횡설수설 중얼거리고 있다. 어쩔 수 없었던 패배를 뒤늦게 설명하고 변명하려는 시도이다. 뜨끈한 목욕탕에서 피로를 풀고 나서 그는 각료들을 소집한다. 각료들은 패배한 황제가 열병 환자처럼 황당무계한 이야기를 늘어놓는 것을 불안한 마음으로 들으며 때로는 분노하고 때로는 동정을 느낀다. 그들은 존경심을 내보이지만 마음에서 우러나는 존경심은 사라진 지 오래다. 황제는 재차 10만 병사를 징집하고 준마를 징발하겠다는 망상을 펼친다. 그러고는 각료들에게 2주 후에는 20만 대군을 이끌고 동맹군에게 맞설 것이라고 계산해 보인다. 하지만 각료들은 지독히 수탈을 당한 프랑스에서는 100명의 군사조차 모을 수 없음을 정확히 알고 있다. 푸셰를 포함한 장관들은 고개를 숙인 채 서 있다. 권력의지의 화신인 이 거인이 이렇게 열에 들떠 헛소리를 하지만 그래 봤자 어떻게든 권력을 놓지 않으려고 마지막 몸부림을 치는 데 불과하다는 것을 그들은 잘 알고 있다. 정확히 푸셰가 예언한 대로 나폴레옹은 독재를 요구한다. 군사 권력과 정치 권력을 통합하여 한 사람의 손에, 바로 그의 손에 쥐어 달라고 요구한다. 어쩌면 나폴레옹이 독재를 요구한 것은 장관들로부터 거부당하기 위해서였는지도 모른다. 그러면 후일 역사의 법정에서 장관들 때문에 승리할 마지막 가능성을 놓쳤다고 책임을 전가할 수 있지 않겠는가! 이런 우회적 방법으로 패배의 책임을 회피하는 경우를 바로 이 시대 역사에서 볼 수 있다.

모든 장관들은 이처럼 정신 나간 헛소리를 하며 괴로워하는 황제에게 가혹한 말로 상처를 주는 일을 수치스럽게 여긴다. 그래서 다들 조심스럽게 의견을 표명한다. 푸셰만은 말할 필요를 느끼지 않기에 침묵한다. 나폴레옹이 권력을 향해 마지막으로 돌격하는 것을 저지하기 위해서 이미 오래전부터 작업을 했고 만반의 안전 조치를 취했기 때문이다. 의사는 죽어 가는 사람이 격렬하게 몸부림치는 것을 냉정히 임상학적으로 관찰하고 언제 맥박이 멎고 죽음에 저항하기를 멈출지 미리 예측해 보곤 한다. 바로 그러한 의사의 객관적인 호기심으로 푸셰는 발작을 하는 듯한 연설에 아무런 동정심 없이 귀를 기울인다. 그의 얇고 핏기 없는 입술에서는 한마디 말도 나오지 않는다. 죽어 가는 남자, 패배한 남자, 운명에 버림받은 남자가 절망해서 내뱉는 말들이 무슨 의미가 있겠는가! 황제가 엘리제 궁에서 자신의 무리한 망상에 다른 사람들이 도취되기를 바라고 열을 올리다가 홀로 도취해 있는 동안 천 발짝 거리에 있는 튈르리 궁에서는 의회가 소집되어 푸셰가 지시한 대로 가혹하게 논리적인 결정을 내리고 있다. 이 사실을 푸셰는 알고 있다.

푸셰 자신은 테르미도르 9일 때와 마찬가지로 6월 21일에도 의회에 나타나지 않는다. 어둠 속에서 포병대를 배치하고 전투 계획을 짰고 공격에 나설 남자와 공격 시간을 정했으니 굳이 나타나지 않아도 된다. 라파예트가 나설 것이다. 그는 나폴레옹과는 비극적 대립 관계에 있는 인물이다. 둘의 대립은 거의 기괴할 정도이다. 25년 전 귀족 청년 라파예트는 미국 독립전쟁의 영웅이 되어서 귀국했고 젊은 나이에 이미 신구 두 세계에서 명성을 누리고 있었다. 혁명의 기수이자 새 이념의 개척자이며 민중의 총아였던 그는 일찍부터, 너무 일찍부터 권력의 황홀경을 모두 맛보았다. 그러다가 불쑥 저 밑바닥에서, 아니 바라스의 침실에서, 작달막한 코르시카 인이 튀어나온 것이다. 해진 외투에 닳아빠진 구두를 신고 소위 계급을 단 작자는 2년

만에 라파예트가 쌓아 온 것을 모두 앗아 갔고 라파예트의 자리와 명성까지 차지해 버렸다. 그런 일을 잊는 사람은 없다. 마음이 상한 귀족은 원망에 가득 차서 시골 영지에 은거한다. 그동안 황제의 화려한 망토를 두른 나폴레옹은 유럽의 군주들을 신하 취급하며 새로운 전제정치를 시작한다. 천재의 전제정치가 예전의 귀족정치를 대체하게 되는데 이것은 귀족정치보다 더 엄격하다. 떠오르는 태양 나폴레옹은 한 줄기 햇살을 라파예트 후작의 외진 영지에 비추는 혜택조차 베풀지 않는다. 후작이 소박한 옷차림으로 파리에 왔을 때 벼락출세를 한 사내는 그를 거들떠보지도 않는다. 금실로 수놓은 상의를 입은 장군들과 피투성이 전장을 거쳐 출세한 원수들 앞에서는 이미 세월의 먼지가 쌓인 라파예트의 명성은 빛을 잃는다. 이렇게 라파예트는 잊히고 20년 동안 아무도 그의 이름을 언급하지 않는다. 그의 머리는 허옇게 세고 당당하던 체구는 오그라들고 초췌해진다. 군대에서도 원로원에서도 그를 부르지 않는다. 라파예트는 사람들로부터 무시당한 채 라그랑주에서 장미와 감자를 재배하고 있다. 야심가라면 그런 수모를 잊을 리 없다. 1815년 민중이 혁명 시절을 떠올리면서 옛날 민중의 총아였던 그를 다시금 대표자로 선출하고 나폴레옹이 어쩔 수 없이 라파예트에게 말을 건네자 그는 차갑게 날을 세우며 대답한다. 적의를 숨기기에는 너무 자긍심이 강하고 정직하며 올곧은 성품이기 때문이다.

그러나 이제 그는 푸셰에게 등을 떠밀려 앞으로 나선다. 마음속에 겹겹이 증오를 쌓아 온 탓인지 현명하고 힘찬 모습이다. 사람들은 왕년의 혁명의 기수가 연단에서 연설하는 것을 다시 듣게 된다. "오랜만에 내가 다시 목청을 높입니다. 옛날 자유의 벗들은 내 목소리를 듣고 아실 겁니다. 이렇게 나선 것은 조국이 위험에 처했음을 여러분에게 말하지 않을 수 없기 때문입니다. 조국의 앞날은 오직 여러분에게 달려 있습니다." 아주 오랜만에 자유라는 말이 다시 사용된다. 이 순간 그 말은 나폴레옹으로부터 자유로워지는 것을 의미한다. 라파예트는 이 연설을 함으로써 의회를 해산하고 한 번 더 쿠데타를 일으키려는 시도를 원천 봉쇄한다. 의원들은 의회는 영구히 해산하지 않을 것이며 의회를 해산하려고 시도하는 자는 누구든 조국을 배신한 자로 간주될 것임을 열광적으로 결정한다.

이처럼 가혹한 메시지가 누구를 향한 것인지는 너무도 분명하다. 이 메시지를 받은 나폴레옹은 코뼈기를 얻어맞은 기분이다. "원정을 나가기 전에 이놈들을 몰아냈어야 했어. 이제 너무 늦었군." 그는 노발대발하며 말한다. 사실은 너무 늦지 않았고 되돌릴 수 없는 것도 아니었는데 말이다. 더 늦기 전에 퇴위 문서를 건넸다면 자신의 아들이 황제가 되게 할 수 있었고 자신은 자유의 몸이 될 수 있었을 것이다. 혹은 엘리제 궁을 나서서 천 보를 걸어 회의장에 모습을 드러냈더라면 그와 마주한 겁 많은 양 떼들은 어쩔 수 없이 그의 뜻을 따랐을지도 모른다. 그러나 그 누구보다도 활력에 넘치던 인물이 가장 중요한 결정을 내려야 하는 순간 마치 영혼이 마비되기라도 한 듯 이상하게도 망설이기만 하는 일이 종종 있다. 세계사에서는 이처럼 어이없는 현상이 어느 시대건 되풀이된다. 몰락을 앞에 둔 발렌

슈타인과 테르미도르 9일 밤의 로베스피에르, 그리고 최근에 벌어진 전쟁의 지도자들이 그런 모습을 보였다. 그들은 아무리 성급하게 행동한다 해도 더 나빠질 것은 없는 상황에서 망설이는 바람에 비운을 자초하였다.

나폴레옹은 장관들을 앞에 놓고 이런 저런 이야기를 하고 토론을 벌이지만 그들은 건성으로 듣고 있을 뿐이다. 그는 자신의 미래가 결정될 시간에 쓸데없이 과거의 모든 실수를 거론한다. 남들을 탓하고 황당무계한 망상을 펼치며 격앙된 모습을 보여 준다. 진짜로 격앙되기도 했고 연극 삼아 강조한 부분도 있다. 하지만 그는 용기 있는 모습을 보여 주지 않는다. 그는 말만 할 뿐 행동하지 않는다. 마치 한 인간의 삶에서 역사는 항상 되풀이되어야 한다는 듯 그는 브뤼메르 18일 때처럼 의원들을 설득하기 위해서 동생 뤼시앵을 대변자로 보낸다. 유추해석이 정치에서 가장 위험한 오류라는 사실을 망각한 조치가 아닐 수 없다. 당시 뤼시앵은 "나의 형은 승리자"라고 설득력 있는 주장을 할 수 있었고 용맹한 친위병과 든든한 장군들이 공모자로 그를 동반하고 있었다. 게다가 지난 15년 동안 1,000만 명이 죽었다는 것을 나폴레옹은 불행하게도 잊어버렸다. 이제 연단에 선 뤼시앵이 프랑스 국민이 배은망덕하게도 자신의 형을 곤경에서 돕지 않는다고 비난하자 프랑스 민족의 분노가 갑자기 라파예트의 입을 통해 터져 나온다. 민족은 환멸을 느끼고 있었고 자신을 죽음으로 내몬 사람에 대한 분노를 마음속에 꾹꾹 담아 두었던 것이다. 라파예트의 명언은 화약통에 날아든 불씨처럼 그 분노를 폭발시키며 단번에 나폴레옹의 마지막 희망을 박살 낸다. 라파예트는 뤼시앵에게 호통을 친다. "대체 무슨 말이요? 우리가 당신의 형을 위해 충분히 일하지 않았다니! 감히 우리를 비난하려는 거요? 곳곳에 널린 우리의 아들과 형제의 유골이 우리의 충성을 입증하고 있지 않소! 그걸 잊었단 말이오? 아프리카의 모래사막, 구아탈키비르와 타호의 해안, 바이크셀강변, 모스크바의 빙판에서 10년이 넘는 긴 시간 동안 3백만 명의 프랑스군이 한 사람을 위해서 싸우다 죽었소. 바로 그 한 사람은 오늘도 우리의 목숨을 담보로 유럽과 맞서 싸우려 하고 있소. 한 사람을 위해서 그만큼 했으면 충분하고도 남소. 이제 우리의 의무는 조국을 구하는 것이오." 모두 우레와 같은 박수갈채를 보낸다. 이런 상황이니 나폴레옹도 자발적으로 물러나야 할 시기가 왔음을 깨달았으리라고 사람들은 생각한다. 그러나 권력과 이별하는 것만큼 어려운 일은 없는 법이다. 나폴레옹은 주저한다. 그 탓에 그의 아들은 황제가 될 기회를 잃고 그는 자유를 잃게 될 것이다.

이제 푸셰는 인내심을 잃는다. 성가신 사내가 제 발로 가지 않으면 쫓아내는 수밖에 없다. 신속히 적절한 조치를 취하면 어마어마한 후광을 지닌 인물도 결국 무너져 내릴 것이다. 그날 밤, 그는 자신을 따르는 의원들에게 지시를 내린다. 다음 날 아침 의회는 즉각 명령조로 나폴레옹에게 퇴위를 요구한다. 그러나 나폴레옹은 뼛속까지 권력욕으로 가득 찬 사람답게 이런 요구를 받고도 물러서지 않고 여전히 이곳저곳과 협상을 벌인다. 결국 푸셰가 신호를 보내자 라파예트가 결정적인 발언을 한다. "황제가 퇴위를 주저한다면 내가 그의 폐위를 건의할 것이다."

의원들은 세계를 지배했던 자가 명예롭게 퇴위할 수 있도록 그에게 한 시간을 준다. 권력욕의 화신이 스스로 포기할 수 있도록 한 시간의 유예를 준 것이다. 그러나 나폴레옹은 이 시간을 정치적으로 활용하지 않고 극적인 장면을 연출하는 데 써 버리고 만다. 1814년 퐁텐블로에서도 장군들을 앞에 두고 똑같은 방식으로 행동한 바 있다. 그는 노발대발 고함을 지른다. "뭐라고, 날 강제로 퇴위시키려는 거요? 그렇다면 나는 퇴위하지 않을 것이오. 의회는 자코뱅파와 야심에 눈이 먼 놈들의 소굴에 지나지 않소. 진즉에 의원들의 민낯을 프랑스 민족에게 보여 주고 의회를 없애 버렸어야 했소. 하지만 미루어 두었던 조치를 실행에 옮길 시간이 반드시 다시 올 것이오."

그러나 그는 더욱 집요하게 퇴위를 강요당할 뿐이고 그럴수록 그가 치러야 할 대가는 커진다. 1814년 당시에는 장군들이 그를 조심스럽게 설득했는데 이번에는 장관들이 똑같은 일을 한다. 푸셰만이 침묵을 지키고 있다. 새로운 소식들이 잇달아 들어오고 시계 바늘은 잔인하게도 유예된 시간의 끝을 향해 달리고 있다. 마침내 황제는 푸셰에게 시선을 던진다. 동석한 사람들에 따르면 그 시선에는 냉소와 격렬한 증오가 담겨 있었다. 나폴레옹은 경멸 어린 태도로 푸셰에게 호령한다. "의원들한테 진정들 하라고 전하시오. 내 그들 뜻대로 하리다." 당장 푸셰는 연필을 들고 "공공연히 망신을 주지 않고도 해결할 수 있다"는 내용의 쪽지를 써서 자신의 수족인 의원에게 보낸다. 나폴레옹은 구석진 방으로 가서 동생 뤼시앵에게 자신의 퇴위 성명을 받아 적게 한다.

몇 분 후 그는 다시 각료들이 있는 회의실로 돌아온다. 누구에게 이 묵직한 내용을 담은 문서를 넘겨줄 것인가? 황제는 아이러니컬하게도 자신에게 퇴위 성명을 쓰라고 강요했던 바로 그 사람, 이제 꼼짝도 하지 않고 기다리고 있는 냉혹한 저승사자에게 그 문서를 넘겨준다. 말 없이 문서를 내밀자 푸셰도 힘겹게 쟁취한 문서를 말 없이 받아 들고 허리를 굽혀 절한다. 하지만 푸셰가 나폴레옹에게 절하는 것은 이번이 마지막이다.

오트란토 공작 푸셰는 여태까지는 의회 회의장에 모습을 보이지 않았다. 이제 승리가 결정되자 그는 회의장에 등장해서는 세계사를 바꿀 종이를 손에 들고 천천히 계단을 오른다. 이 순간 모사꾼의 앙상한 손은 자부심에 겨워 파르르 떨렸을지도 모른다. 두 번씩이나 프랑스에서 가장 강한 남자를 상대로 승리를 거두지 않았는가! 6월 22일 현재 그는 테르미도르 9일을 다시 한번 겪고 있다. 충격으로 할 말을 잃은 의원들 앞에서 푸셰는 퇴위한 주군을 위해 몇 마디 싸늘한 고별사를 별다른 동요 없이 읊는다. 방금 생겨난 무덤에 싸구려 조화를 던지는 꼴이다. 이것으로 감상적인 제스처는 끝이다! 거인의 손에서 빼앗은 권력을 임자 없이 바닥에 굴러다니게 내버려 두었다가는 날쌘 놈이 가로챌 수도 있기 때문이다. 이제 손을 뻗쳐 권력을 거머쥐고 이 순간을 이용해야 한다. 여러 해 전부터 바라던 순간이 아니던가! 그래서 푸셰는 즉시 임시정부를 만들자는 건의서를 제출한다. 5명의 위원을 선출해 총재정부를 세우자는 것이다. 그는 드디어 자신이 선출되리라고 확신한다. 그러나 그는 그토록 오래 갈 망해 왔던 독자적인 권력을 코앞에서 놓칠 위기에 처한다. 우직한 공화주의자 라파예트는 성벽을 부수는 선봉장의 역할을 훌륭히 해 낸 후 선거에서 가장 위험한 경쟁자였지만, 푸셰는 음흉한 수법으로 그를 저지하는 데 성공한다. 하지만 첫 번째 선거에서 카르노는 324표를 얻고 푸셰는 293표를 얻는 데 그친다. 그러니 카르노가 새 임시정부의 의장이 되어야 마땅하다.

그러나 목표를 눈앞에 둔 이런 결정적 순간에 노회한 도박사 푸셰는 다시 한번 너무도 매혹적이며 파렴치한 술책을 부린다. 선거 결과에 따르면 의장직은 당연히 카르노 차지이고 푸셰는 이 정부에서도 이전처럼 2인자에 머물러야 한다. 하지만 그는 마침내 1인자에다가 절대적인 지배자가 되고자 한다. 그러려면 지극히 기발한 간계를 쓰는 수밖에 없다. 5인 위원회가 열린 날 카르노가 자신의 몫인 의장석에 앉으려 하자 푸셰는 너무도 당연한 일이라는 듯이 동료들에게 조직을 구성하자고 제의한다. "조직을 구성한다니 무슨 말입니까?" 카르노가 놀라서 묻는다. "우리 중 누가 서기장 겸 의장이 될지 선출하자는 것입니다." 천진난만하게 푸셰가 대답한다. 그러고는 겸손한 척하면서 곧 이렇게 덧붙인다. "물론 저는 당신이 의장이 되도록 한 표를 던지겠습니다." 그의 술책에 말려든 카르노는 정중히 대답한다. "저는 당신에게 제 한 표를 드리겠습니다."

그러나 푸셰는 이미 비밀리에 위원들 중 둘을 포섭해 놓았다. 카르노가 속았다는 사실을 미처 깨닫기도 전에 푸셰는 3:2로 승리하고 의장석에 앉는다. 이제 가장 교활한 사내 조제프 푸셰는 나폴레옹과 라파예트에 이어 제일 인기가 많은 카르노도 운 좋게 따돌린 후 프랑스의 운명을 결정짓는 지배자가 된다. 6월 13일에서 18일까지의 5일 동안 황제는 주권을 상실했고 6월 17일에서 22일까지의 5일 동안 조제프 푸셰는 주권을 가로챈다. 드디어 신하의 신분을 벗어나 처음으로 프랑스의 최고 지배자가 된 것이다. 이제는 자유롭게, 신처럼 자유롭게 세계 정치에 뛰어들어 상대를 혼돈에 빠트리며 그토록 사랑하는 도박을 즐길 수 있게 된 것이다.

제일 먼저 취한 조치는 황제를 쫓아내는 것이다. 나폴레옹의 그림자만 어른거려도 푸셰는 마음이 언짢다. 군주 시절 나폴레옹은 속내를 알 수 없는 푸셰가 파리에 있으면 마음이 편치 않았던 것처럼 푸셰는 회색 외투를 걸친 나폴레옹이 수천 마일 멀리 떨어져 있지 않으면 숨 쉬기가 거북할 지경이다. 그는 나폴레옹을 대면해서 말하는 것을 피한다. 감상적이 될 이유는 없지 않은가? 용건이 있으면 구술한 것을 받아 적게 하고는 호의적으로 보이게끔 장밋빛 종이에 싸서 나폴레옹에게 보내는 게 고작이다. 그러나 푸셰는 정중함을 덧씌우는 이런 하찮은 수고조차 금세 그만둔다. 그러고는 몰락한 나폴레옹에게 그가 아무런 힘도 가지고 있지 않다고 일깨우는 무정한 짓을 한다. 나폴레옹이 군대에 작별을 고하기 위해 쓴 비장한 성명서를 주저 없이 책상 아래로 던져 버린 것이다. 다음 날 아침 나폴레옹은 「모니퇴르」에 황제의 고별사가 실리지 않은 것을 발견하고 어이없어 한다. 푸셰가 발표를 금지했던 것이다. '푸셰 그놈이 황제인 내가 원하는 일을 금지했단 말인가!' 아직도 나폴레옹은 예전에 자신의 신하였던 자가 너무도 뻔뻔하게 자신을 무시하는 현실이 실감이 나지 않는다. 하지만 시시각각 푸셰의 가혹한 주먹은 나폴레옹을 가격하며 압박의 수위를 높인다. 결국 나폴레옹은 말메종으로 이주하고 그곳에서 끝까지 버틴다. 블뤼허가 이끄는 기병대가 진격해 오고 푸셰는 시시각각 제발 정신을 차리고 떠나라고 매섭게 경고하지만 나폴레옹은 그곳을 뜨지 않으려 한다. 자신이 실각했다는 사실을 깨달을수록 권력을 놓지 않으려고 더욱 안간힘을 쓴다. 그러다가 여행용 마차가 이미 마당에 서 있는 판국에 그는 대단한 일을 해 보겠다는 아이디어를 낸다. 전직 황제인 자신이 일개 장군의 신분으로 군대의 선두에 서서 승리를 거두거나 죽을 때까지 싸우겠다는 것이다. 그러나 사무적인 푸셰는 그러한 로맨틱한 제안을 진지하게 받아들이지 않는다. 그는 화를 내며 외친다. "도대체 이 사람은 우리를 조롱하려는 건가? 그가 군대의 선두에 모습을 보이면 유럽 전체를 다시 자극하게 될 것이다. 그리고 나폴레옹 같은 사람이 권력에 마음이 없다고 믿어서는 안 된다."

나폴레옹의 의사를 전한 장군은 호된 꾸지람을 듣는다. 황제를 호송하는 일은 제쳐 두고 어찌 감히 그런 헛소리를 전하고 다니느냐고 말이다. 푸셰는 즉시 성가신 사내가 출발하게 조치하라고 명령하고 나폴레옹에게는 아무런 답도 하지 않는다. 패자에게는 잉크 한 방울도 아깝다는 게 푸셰의 생각이다.

임시 정부의 수반

이제 그는 자유롭다. 이제 목표에 도달했다. 나폴레옹을 제거한 후 오트란토 공작 푸셰는 56세의 나이에 절대 권력의 정상에 홀로 서 있다. 혼돈스러웠던 사반세기 동안 수많은 시행착오를 거치며 이 자리에 온 것이다. 상인의 아들로 태어난 창백한 얼굴의 소년은 사제 교사가 되어서 삭발을 하고 음울한 시간을 보내다가 민중을 대표하는 의원으로 출세했고 지방 파견의원으로 활약하다가 황제의 신하 오트란토 공작이 되었고 마침내는 신하라는 신분을 떨쳐 내고 프랑스 유일의 통치자가 된다. 모사꾼이 사상가를 이기고 재주 있는 자가 천재를 이긴 것이다.

푸셰 주변의 걸출한 인물들은 모조리 나락으로 추락했다. 미라보는 사망했고 마라는 살해되었으며 로베스피에르와 데물랭과 당통은 단두대의 이슬로 사라졌고 푸셰와 함께 파견의원으로 활약했던 콜로는 열대에 있는 기아나 섬으로 추방당했으며 라파예트는 정치 생명을 잃었다. 혁명을 함께했던 동지들은 모두 멀리 떠났고 자취를 감췄다. 이제 푸셰가 모든 정당의 신뢰를 받고 선출되어서 프랑스의 운명을 결정하는 동안 세계의 지배자였던 나폴레옹은 남루한 옷으로 변장을 하고 일개 장군의 비서 행세를 하며 가짜 여권을 가지고 해안으로 도망치는 중이다. 뮈라와 네는 총살될 날을 기다리고 있고 나폴레옹 덕에 왕 행세를 하던 보나파르트 일가는 다스릴 나라 하나 없이 빈털터리가 되어서 이리저리 숨을 곳을 찾아다니는 신세이다. 다시없을 세계의 전환기를 이끈 세대는 한때는 명성을 떨쳤지만 지금은 모조리 몰락했고 오직 푸셰만이 출세 가도를 달려왔다. 암암리에 계획을 세우고 물밑 작업을 끈기 있고 집요하게 이어 온 덕분이다. 지금 내각과 원로원과 국회는 그의 노련한 손 안에서 말랑말랑한 밀랍처럼 맥을 못 추고 평소에는 교만하던 장군들도 연금을 잃을까 떨면서 어린 양처럼 새 의장을 떠받든다. 프랑스 시민과 민중은 그가 결정을 내리기를 기다리고 있다. 루이 18세는 그에게 사자를 보내고 탈레랑도 안부를 전한다. 워털루의 승리자 웰링턴은 친밀히 소식을 전한다. 세계의 운명을 조종하는 실이 공개적으로 푸셰의 손을 거쳐 가는 건 처음이다.

엄청난 과제가 그를 기다리고 있다. 파괴된 패전국을 진격해 오는 적으로부터 보호해야 하며 격앙된 민중이 아무 소용없는 저항을 벌이지 않게 막아야 한다. 합당한 강화 조건을 얻어 내고 올바른 국가 형태는 무엇이며 누가 올바른 지배자인지 찾아내야 한다. 혼돈에서 새로운 규범과 지속적인 질서를 창출해야 한다. 이 모두가 노련한 솜씨와 지극히 민첩한 정신을 요구하는 일이다. 사실 다들 혼란스러워하며 평정을 잃은 시기에 푸셰는 활기에 차서 기민하게 대책을 강구한다. 그는 경이로울 만큼 안정적인 솜씨로 두 개, 아니 네 개의 방안을 동시에 진행시킨다. 모든 사람과 우호적인 관계를 유지하지만 사실은 모두를 우롱하면서 자신이 생각하기에 옳고 이득이 되는 일만을 하려 든다. 의회에서는 나폴레옹의 아들을 새 지배자로 원하는 척하고 카르노 앞에서는 공화국을 원하는 척하다가 대불 연합군 앞에서는 오를레앙 공작을 원하는 척하지만 슬그머니 옛 국왕 루이 18세를 향해 다가간다. 전혀 눈에 띄지 않게 슬그머니 솜씨 좋게 방향을 트는 바람에 가까이 있는 동료도 그의 진짜 목표가 무엇인지 알아차리지 못할 지경이다. 그렇게 푸셰는 뇌물이 오고 가는 수렁을 지나 왕당파에게 가서는 자신에게 위탁된 정부를 두고 부르봉 왕가와 흥정을 벌인다. 그러면서 내각과 의회에서는 한결같이 보나파르트주의자, 공화주의자 행세를 한다. 현실적으로 보면 그의 해법 말고는 다른 정답이 없었다. 수탈당하고 파괴되고 외국 군대에 짓밟힌 프랑스를 보호하면서 마찰 없이 정부를 이양하려면 국왕에게 신속히 항복을 하는 길밖에 없었기 때문이다. 오직 푸셰만이 특유의 현실감각으로 당장 이 필연성을 파악한다. 그러고는 내각과 민중과 군대와 의회와 원로원의 반대를 무릅쓰고 이 과업을 자신의 의지와 힘으로 관철시킨다.

이 시기의 푸셰는 온갖 지혜를 다 가지고 있지만 궁극적인 최고의 지혜, 가장 순수한 지혜 하나만은 가지고 있지 않다. 바로 일을 위해서 나와 나의 이익을 잊을 수 있는 지혜이다. 여기서 그의 비극이 비롯된다. 그가 그런 지혜를 가지고 있었더라면 현재의 위대한 업적을 이룬 후 권력을 포기해야 마땅했다. 1,000만 내지는 2,000만 프랑을 가진 부호인 그가 56세의 나이에 성공의 절정에서 그렇게 했더라면 그의 시대와 역사는 그를 존경하며 우러러 보았을 것이다.

하지만 20년 동안 권력을 갈망해 온 사람이라면, 20년 동안 권력으로 먹고 살긴 했지만 그것만으로는 배를 채울 수 없었던 사람이라면 권력을 포기하지 못할 것이다. 푸셰는 밀려나기 전에는 단 일 분이라도 먼저 스스로 물러나지 못한다는 점에서는 나폴레옹과 똑같다. 이제는 배신할 주군도 없으니 푸셰는 자신을, 자신의 과거를 배신하는 것 말고는 다른 길이 없다. 정복당한 프랑스를 예전의 지배자에게 돌려주는 것은 이 순간 현실에 맞는 행위이자 정치적으로도 올바르고 대담한 조치였다. 그러나 이런 결정의 대가를 왕정의 장관직이라는 알량한 가격으로 책정한 것은 비열한 짓이었고 범죄를 넘어서는 바보짓이었다. 그런데 야심의 노예가 되어 판단력을 잃은 푸셰는 그저 좀 더 오랫동안 손가락을 죽 그릇에 담그기 위해서 이런 바보짓을 범하고 만다. 이것은 푸셰가 범한 최초의 바보짓이자 최대의 바보짓이며 돌이킬 수 없는 바보짓이다. 이리하여 그는 영원히 역사 앞에서 비굴한 인물이 되어 버린다. 능숙히, 민첩히, 참을성 있게 천 개의 계단을 올라갔던 푸셰는 단 한 번 부적절한 일, 하지 않아도 될 일을 하는 바람에 천 개의 계단을 굴러떨어지게 된다. 그가 왕 앞에 무릎을 꿇은 것이다.

장관직을 보장받는 대가로 루이 18세에게 정부를 팔아넘기는 일이 어떻게 성사되었는지를 알려 주는 흥미로운 기록이 다행히도 하나 남아 있다. 푸셰가 워낙 조심스러웠기 때문에 그가 벌인 외교 협상을 고스란히 담은 기록은 몇 개뿐인데 그중 하나가 바로 이 기록이다. 백일천하 당시 왕의 지지자 중 결연한 태도로 군대를 모아서 나폴레옹에게 저항한 사람이 딱 하나 있었다. 바로 툴루즈 출신의 비트롤르 남작이다. 그가 포로가 되어서 파리로 호송되자 황제는 그를 즉시 총살형에 처하려고 했지만 푸셰가 이를 말렸다. 푸셰는 늘 그렇듯 적을 살살 다루려고 했다. 언제 적의 도움이 필요할지 모르기 때문이었다. 그래서 군사재판이 끝날 때까지 비트롤르 남작을 군대 형무소에 감금하는 것으로 결론이 났다. 6월 23일 수감 중인 남작의 부인은 푸셰가 프랑스의 통치자가 되었다는 소식을 듣는다. 당장 그녀는 푸셰에게 달려가서 비트롤르를 석방해 달라고 간청하고 푸셰는 곧 허락한다. 부르봉 가문의 호의를 얻어 두어야 자신에게도 유리하기 때문이다. 다음 날 석방된 왕당파의 지도자 비트롤르 남작은 감사 인사차 오트란토 공작을 찾는다.

공화주의적 절차에 의해 선출된 통치자와 골수 왕당파, 이 두 사람은 우호적인 분위기에서 정치 이야기를 한다. 푸셰가 남작에게 묻는다. "자, 이제 무엇을 할 생각입니까?" "헨트로 가려 합니다. 마차를 문 앞에 대기시켜 놓았습니다." "그렇게 하는 게 좋겠습니다. 여기서 당신은 안전하지 않으니까요." "혹시 국왕 폐하께 전할 말씀은 없으십니까?" "아니오. 없습니다. 전혀 없습니다. 다만 폐하께서 저의 충성을 믿어 주셨으면 한다고 전해 주십시오. 폐하를 다시 튈르리 궁으로 모시는 일은 유감스럽게도 제 뜻대로 되는 게 아니라고 부디 전해주십시오." "제가 보기에는 폐하의 복귀 문제는 오직 공작 손에 달려 있는 것 같은데요?" "남작이 생각하는 것처럼 쉽지는 않습니다. 어려운 일이 많습니다. 그러나 의회가 나서는 바람에 사정이 간단해졌습니다. 남작도 아시지요?"미소 지으며 푸셰가 말한다. "의회가 나폴레옹 2세를 옹립하겠다고 선언했습니다.""아니, 나폴레옹 2세라니요?""네. 그렇습니다. 그렇게 할 수밖에 없었습니다." "하지만 그건 말도 안 되는 얘기 아닙니까?""옳으신 말씀입니다. 제가 그 일에 관해 곰곰이 생각하면 할수록 나폴레옹 2세를 임명하는 것은 어리석은 짓이라는 확신이 듭니다. 그러나 아직도 너무나 많은 사람들이 나폴레옹이라는 이름에 집착하고 있습니다. 남작은 상상도 못하실 정도입니다. 제 동료들 중 몇 사람, 특히 카르노는 나폴레옹 2세로 결론이 나면 모든 일이 잘 될 거라고 확신하고 있습니다.""이런 철부지 장난이 얼마나 더 계속되리라 보십니까?""나폴레옹 1세로부터 벗어나려면 많은 시간이 필요합니다. 아마 그만큼 많은 시간 동안 계속될 것 같습니다.""그렇다면 어떻게 해야 합니까?""제가 그걸 알 도리가 없지 않습니까? 요즘 같은 시절에는 내일을 내다보는 것도 쉽지 않습니다.""하여튼 동료인 카르노 씨가 그토록 나폴레옹에게 집착한다니 오트란토 공작께서도 의회의 제안을 물리치시기가 어려울 것 같습니다.""흠, 남작은 카르노를 잘 모르십니다. '프랑스 국민'의 정부라고 한번 외치기만 하면 카르노는 의회의 제안을 내팽개칠 겁니다. 프랑스 국민이라는 말을 들으면 그가 어떻게 돌변할지 한번 상상해 보십시오."

공화제에 의해 정부의 수반으로 선출된 오트란토 공작은 자신의 동료를 조롱하면서 왕당파의 밀사와 함께 웃고 있다. 두 사람은 상대방을 이해하기 시작한다. "그렇다면 다행입니다." 비트롤르 남작이 다시 대화를 이어 간다. "공작께서 나폴레옹 2세와 '프랑스 국민' 다음에는 부르봉 왕가를 생각하시길 바랍니다." "당연합니다." 푸셰가 대답한다. "그다음에는 오를레앙 공작이 물망에 오르게 됩니다." "뭐라고요? 오를레앙 공작이라고요?" 비트롤르 남작이 놀라서 소리친다. "오를레앙 공작이라니요? 프랑스 왕관이 그런 식으로 경매시장에서 모두의 거래 대상이 되어 버린다면 국왕 폐하께서 그런 왕관을 받아들이실 거라고 생각하십니까?" 푸셰는 아무 말 없이 미소 짓는다.

그러나 비트롤르 남작은 이미 푸셰의 저의를 이해한다. 느슨한 잡담 같지만 사실은 교활한 복선이 깔린 대화를 통하여 푸셰는 남작에게 자신의 의도를 알려 주었다. 만일 자신이 마음만 먹는다면 루이 18세의 복귀는 쉽지 않을 것이며 루이 18세 대신 나폴레옹 2세나 프랑스 국민이나 오를레앙 공작을 추대할 수도 있다는 사실을 남작에게 확실히 일깨워 준 것이다. 그러고는 '나 푸셰는 개인적으로 이 가능성들 중 그 어느 것에도 각별히 마음이 쏠리지 않기에 만일 (…) 하겠다면 루이 18세를 위해서 이 세 가지 가능성을 접어 둘 준비가 되어 있다'고도 넌지시 알린다. '만일' 뒤의 말은 생략되었지만 비트롤르 남작은 그 말을 이미 이해했다. 아마 상대의 미소에서, 아니면 몸짓에서 알아차렸을 것이다.

남작은 돌연 여행을 취소하고 파리에서 푸셰 곁에 있기로 결정한다. 물론 자유로이 왕과 서신 왕래를 해도 된다는 조건하에서이다. 남작은 우선 25개의 여권을 발부해 달라는 조건을 내건다. 국왕의 거주지인 헨트로 자신의 밀사를 보내는 데 필요하다는 것이다. "50개든 100개든 당신이 원하시는 만큼 해 드리겠습니다." 공화국의 경찰장관은 공화국의 적을 대표하는 사람에게 쾌활하게 대답한다. "그리고 제가 매일 한 번씩 공작과 면담하는 것을 허락해 주셨으면 합니다." 공작은 기분 좋게 대답한다. "한 번이라니요, 그걸로는 충분치 않습니다. 두 번으로 합시다. 아침에 한 번, 저녁에 한 번."

이제 비트롤르 남작은 안심하고 파리에 남아서 푸셰의 비호를 받으며 국왕과 협의할 수 있다. 그리고 만일 (…) 하겠다면 국왕은 아무런 문제없이 파리에 입성할 수 있다는 사실을 국왕에게 전달한다. 푸셰가 말하지 않았지만 비트롤르 남작이 알아듣고 전한 내용은 이렇다. '만일 루이 18세가 오트란토 공작을 새 왕정의 장관직에 임명한다면 국왕은 아무런 문제없이 파리에 입성할 수 있다.'

푸셰에게 장관직을 던져 주고 편안히 파리에 입성하라는 제안을 받자 평소에는 둔감한 편인 부르봉 왕족 루이 18세는 노발대발한다. 그 가증스러운 이름을 내각 명단에 올리자고 처음 건의한 사람들에게 "절대 안 된다!"고 호통을 친다. 사실 얼마나 말도 안 되는 일인가! 국왕 시해자이며 형의 사형 선고서에 서명한 놈들 중 하나이자 파계한 사제이고 광포한 무신론자에다가 나폴레옹의 신하인 자를 궁정에 들이라니 지나친 요구가 아닐 수 없다! "절대 안 된다!" 그는 화를 내며 소리친다. 그러나 우리는 역사 속의 국왕과 정치가와 장군들이 절대 안 된다는 말을 한 후 어떤 일이 일어났는지 알고 있다.

그 말은 거의 언제나 항복의 서막을 의미한다. '파리를 얻기 위해서라면 이 정도는 해야 하지 않을까? 앙리 4세가 프랑스왕이 되기 위해 가톨릭으로 개종한 후에도 내 조상인 선왕先王들께서는 지배권을 얻기 위해서 신념과 양심의 희생을 감수하지 않았던가! 지금 내 처지도 이와 비슷하다.' 사방에서 압박을 받자 루이 18세는 점차 마음이 흔들린다. 궁신들과 장군들과 웰링턴은 물론이고 탈레랑은 아예 발 벗고 나서서 그를 설득한다. (결혼까지 한 주교인 그는 현재 몸담고 있는 궁정에서 자신보다 더 악당으로 보일 동료가 필요하다.) 그들은 이구동성으로 이렇게 단언한다. "폐하께서 아무런 저항을 받지 않고 파리에 입성하시게 해 줄 수 있는 사람은 오직 푸셰뿐입니다! 이 남자는 정당과 신념을 가리지 않기에 왕이 되려는 사람들 모두에게 언제나 최적의 받침대가 되어 주었습니다. 이번에도 유혈 사태를 막을 수 있는 건 이 남자밖에 없습니다. 그리고 그는 옛날에는 자코뱅이었지만 이미 오래전에 선량한 보수주의자가 되어서 지난날의 과오를 뉘우치고 나폴레옹을 보기 좋게 배신했습니다."

마침내 왕은 양심의 가책을 덜기 위해 고해성사를 한다. 그가 "불쌍한 형, 형이 지금 내 모습을 본다면 (…)" 하고 외쳤다는 이야기가 있다. 그러고는 푸셰를 비밀리에 뇌일리에서 맞이하겠다고 말한다. 왜 비밀리에 만나려는 걸까? 선거에 의해 선출된 국민의 지도자가 장관직을 대가로 자신의 조국을 팔아 버렸다는 사실이 새어 나가서는 안 되기 때문이다. 또 왕이 되려고 하는 자가 왕관을 위해서 자신의 명예를 팔아 버렸다는 사실 역시 새어 나가서는 안 되기 때문이다. 왕년의 자코뱅과 곧 왕이 될 사람은 근대사를 통틀어 가장 파렴치한 거래를 비밀리에 성사시킨다. 파계한 주교만이 유일한 증인으로 배석한다.

뇌일리에서는 셰익스피어나 아레티노의 작품을 방불케 하는 소름 끼치게 비현실적인 장면이 펼쳐진다. 성왕聖王 루이의 후손인 루이 18세는 자신의 형을 살해한 사람 중 하나이며 일곱 번이나 서약을 깨트린 푸셰(그는 국민공회와 제국과 공화국 시절 내내 실권자였다)를 맞이하여 그의 여덟 번째 충성 서약을 받고자 한다. 주교였다가 공화주의자로 변신한 후 황제의 신하가 되었던 탈레랑은 자신의 동료를 안내한다. 절름발이 탈레랑은 좀 편히 걸으려고 자신의 팔을 푸셰의 어깨 위에 걸친다. "패덕자가 배신자의 부축을 받고 있다"고 샤토브리앙은 조소한다. 이렇게 두 무신론자 겸 기회주의자는 형제처럼 사이좋게 성왕 루이의 후손에게 다가가서는 먼저 깊이 몸을 숙여 절한다. 그러고는 탈레랑이 왕에게 자신의 형을 살해한 자를 장관으로 추천하는 민망한 절차를 떠맡는다. 푸셰는 워낙 마른 편이지만 오늘은 평소보다 더 창백하다. 그는 "폭군", "전제군주" 앞에서 무릎을 꿇고 충성을 맹세하며 폭군의 손에 입을 맞춘다. 그 손 안에는 자신 때문에 흘렀던 부르봉 가문의 피가 흐르고 있다. 리옹 시절 신의 교회를 약탈하고 무리를 지어서 교회를 욕보였던 푸셰는 신의 이름으로 서약을 하고 있다. 정말이지 푸셰 같은 사람조차도 자신의 파렴치함에 당혹할 지경이다!

그래서일까? 오트란토 공작은 왕의 알현실을 나올 때 여전히 창백한 얼굴을 하고 있다. 이제 거꾸로 절름발이 탈레랑이 그를 부축해야 할 정도다. 그는 말 한마디 하지 않는다. 냉소주의자 탈레랑은 카드놀이를 하듯이 미사를 치를 만큼 뻔뻔스러운 사람답게 빈정대는 말을 해 보지만 푸셰는 망연자실 침묵을 지킬 뿐 탈레랑의 말에 반응하지 않는다. 밤늦게 푸셰는 국왕이 서명한 장관 임명장을 주머니에 넣고 파리로 돌아온다. 내일 그는 튈르리 궁으로 가서 아무것도 모르는 동료들을 모두 내쫓을 것이고 모레에는 추방령을 내릴 것이다. 아마도 동료들과 한 자리에 있을 때 그의 마음이 편치는 않았을 것 같다.

그 누구보다도 불충했던 신하 푸셰, 그는 한 번은 자유로운 처지였다. 하지만 비굴한 영혼을 가진 사람은 결코 자유를 견디지 못하는 법이다. 그런 사람은 강박증 환자처럼 자유로부터 도피해서 다시 새로운 종속 관계로 돌아간다. 어제까지만 해도 강력한 지배자였던 푸셰는 다시 주군 앞에 몸을 낮추고 자유로웠던 자신의 손을 다시 권력이라는 '노예선'에 묶어 버린다. 그러고는 이 노예선을 타고 운명을 조종할 수 있을 거라고 착각한다. 그러나 그는 곧 노예의 표지인 낙인이 찍힌 신세가 될 것이다.

다음 날 아침 동맹국의 군대가 진입한다. 몰래 약속한 대로 군대는 튈르리 궁을 점령하고 의원들의 출입을 막는다. 푸셰는 몹시 놀란 척하면서 이 상황을 빌미로 삼아서 동료들에게 이렇게 제안한다. "무력에 항의하기 위해서 내각이 사퇴합시다." 그의 격앙된 행동에 동료들은 속아 넘어간다. 그래서 약속대로 권좌는 갑자기 비어 버린다. 하루 종일 파리에는 정부가 없다. 이제 루이 18세는 파리의 성문으로 다가가기만 하면 된다. 새 경찰장관이 돈을 주고 동원한 사람들은 루이 18세를 구세주라고 열렬히 환호하며 맞아들인다. 프랑스는 다시 왕국이 된다.

이제야 비로소 푸셰의 동료들은 그가 얼마나 교활하게 자신들을 따돌렸는지를 알게 된다. 「모니퇴르」를 보고는 푸셰가 얼마에 팔렸는지도 알게 된다. 이 순간 좀 고루하긴 하지만 바르고 강직하며 나무랄 데 없는 카르노는 분통을 터트린다. "이제 나는 어디로 가란 말이냐, 이 배신자야?" 카르노는 왕이 갓 임명한 경찰장관에게 경멸을 가득 담아 버럭 소리 지른다.

그러나 푸셰 역시 경멸을 감추지 않고 대답한다. "네가 가고 싶은 대로 가 버려, 멍청이야!"

왕년의 자코뱅파이자 테르미도르파의 마지막 노장 둘은 이 간결한 대화로 근대사에서 가장 경이로운 드라마를 마무리한다. 프랑스 대혁명이 펼친 환각과 같은 휘황찬란한 장면들과 세계사를 뒤흔든 나폴레옹의 행진은 끝이 난다. 모험을 펼치던 영웅의 시대는 가고 부르주아 시대가 시작된다.

몰락 그리고 무상함

1815년~1820년

백일천하라는 나폴레옹 주연의 막간극이 끝난 후 1815년 7월 28일 국왕 루이 18세는 백마가 이끄는 호화로운 마차를 타고 다시 파리로 입성한다. 푸셰가 열심히 준비한 덕에 국왕은 시민들의 열렬한 환영을 받는다. 환영 인파가 마차를 에워싸고 집집마다 걸린 부르봉 왕가의 흰 깃발이 바람에 나부낀다. 미처 깃발을 마련하지 못한 사람들은 급히 수건이나 식탁보를 지팡이에 달아서 창문가에 걸쳐 놓는다. 저녁에는 수많은 불빛이 도시를 환히 밝히고 기쁨에 겨운 사람들은 영국과 프로이센 점령군의 장교들과 춤추기까지 한다. 성난 고함 소리 하나 들리지 않아서 사전 예방책으로 배치된 헌병들은 할 일이 없다. 정말이지 그리스도의 뜻을 가장 잘 따르는 국왕의 새 경찰장관은 새 주군을 맞을 준비를 완벽하게 해 두었다. 한 달 전까지만 해도 튈르리 궁에서 나폴레옹 황제를 공손히 모셨던 충실한 신하 오트란토 공작은 이제 같은 장소에서 루이 18세를 기다리고 있다. 22년 전 바로 이 장소에서 그는 루이 18세의 형인 '폭군' 루이 16세에게 사형 판결을 내렸던 바 있다. 그러나 그는 이제 성왕 루이의 후손에게 공손히 절을 하며 서류에는 "폐하를 진심으로 섬기는 충성스러운 신하"라고 서명한다. (친필로 쓰인 10개 이상의 보고서에는 이런 글귀가 한 자 한 자 적혀 있다.) 그가 벌인 미치광이 곡예 중에서 가장 아찔한 재주를 부린 셈이었다. 하지만 이 재주를 마지막으로 줄타기와 같던 그의 정치 역정은 막을 내리게 될 것이다.

일단은 만사가 무난히 흘러가는 듯 보인다. 권력을 아직 굳히지 못한 국왕은 푸셰 같은 사람에게 의존하는 것을 마다하지 않는다. 게다가 이 재간꾼은 이런 저런 술수를 아주 능숙하게 구사하기 때문에 당분간은 왕에게 없어서는 안 될 존재이다. 우선 선거를 치르려면 푸셰가 필요하다. 궁정의 조신들은 의회 의석 중 안정적 다수를 차지하기를 바라고 있는데 '입증된' 공화주의자이며 서민 출신의 푸셰는 표를 몰아오는 역할을 하기에는 최적의 인물이다. 그 외에도 왕정은 피비린내 나는 불쾌한 일을 여러 차례 처리해야 한다. 그렇다면 해진 장갑을 끼고 하는 게 낫지 않겠는가? 해진 장갑은 나중에 던져 버리면 그만이고 왕은 손을 더럽히지 않아도 된다.

그런 지저분한 일은 당장 며칠 내에 처리하는 것이 좋다. 망명 중인 국왕은 백일 동안 정권을 찬탈한 나폴레옹에게 봉사한 자들을 사면할 것이며 그 누구도 처벌하지 않겠다고 엄숙히 약속하였다. 하지만 배고플 때 생각과 배부른 후 생각은 같지 않은 법이다. 왕이 되기 전에 약속했던 것을 왕이 된 후에도 지켜야 한다고 여기는 왕은 드물다. 왕당파는 자신들이 줄곧 충성을 지켰다는 허영심에 차 있기에 국왕의 입지가 다시 공고해지자 이제 백일천하 때 부르봉의 백합기에 등을 돌린 자들을 모두 처벌해야 한다고 매섭게 요구한다. 루이 18세는 자신보다도 더 골수 왕당파인 사람들에게 심한 압박을 받게 되자 결국은 뜻을 굽힌다. 그리고 경찰장관은 처벌 대상자 명단을 작성하는 난감한 작업을 떠맡게 된다.

오트란토 공작은 이 지시가 마음에 들지 않는다. '정말로 이런 사소한 일 때문에 사람들을 처벌해야 한단 말인가? 그 사람들은 더 강한 사람인 승자에게 투항함으로써 가장 이성적인 행동을 했을 뿐인데 그것 때문에 처벌을 받아야 한다고?' 그리고 복고왕정의 경찰장관은 그 처벌 대상자 명단에 제일 먼저 오를 이름은 당연히 나폴레옹의 경찰장관 오트란토 공작, 즉 자신의 이름이라는 사실을 너무도 잘 알고 있다. 이 난감한 상황을 어찌 해야 하나! 일단 푸셰는 꾀를 써서 이 불편한 지시를 피하려고 한다. 요청받은 대로 30명 내지 40명의 주모자 명단을 작성하는 대신 300명 내지 400명의 이름이 적힌 2절지 문서(그 명단에 심지어 1,000명의 이름이 있었다는 주장도 있다)를 제출해 모두를 놀라게 만든다. 그러고는 이들을 모두 처벌하든지 아니면 아무도 처벌하지 말든지 하라고 요구한다. 국왕이 그렇게 많은 사람을 처벌할 용기를 내지는 못할 것이고 그렇게 되면 이 성가신 일은 무산되리라는 계산에서이다. 그러나 유감스럽게도 내각의 의장은 푸셰만큼이나 교활한 여우 탈레랑이다. 그는 자신의 친구 푸셰가 명단을 작성하라는 지시로 인해 곤경에 처해 있음을 즉시 알아챈다. 그럴수록 푸셰가 이 지시를 실행하지 않을 수 없게끔 더욱 압력을 가해야한다! 탈레랑은 매정하게도 푸셰의 명단에서 50명 정도의 이름만 남기고는 다 지워 버린다. 이제 푸셰는 이들을 사형과 추방형에 처한다는 문서에 서명하는 난감한 일을 떠맡아야 한다.

이때 푸셰는 모자를 쓰고 궁전을 나와서 영영 작별을 고했어야 했다. 그러나 이미 여러 차례 언급했듯이 푸셰에게는 약점이 하나 있다. 이 야심가는 온갖 지혜를 다 가졌지만 제때에 체념하는 지혜만은 갖고 있지 않다. 그래서 그는 자발적으로 장관직에서 물러나느니 차라리 시기와 미움과 원한을 한 몸에 받는 쪽을 택한다. 이제 처벌 대상자 명단이 공개되자 사람들은 격분한다. 이 명단에는 프랑스에서 가장 유명하고 고귀한 이름들이 실려 있고 끝에는 왕년의 자코뱅 푸셰의 서명이 있다. 공화국의 창시자이며 '승리의 제조자'인 카르노와 수많은 전투를 승리로 이끈 명장이자 러시아 원정 때 프랑스 패잔병을 구해 낸 네 원수 또한 명단에 이름을 올린다. 백일천하가 끝난 후 푸셰와 함께 임시정부에 있던 동료들 모두와 국민공회 시절과 혁명 시절의 동료 중 아직 남아 있던 사람들도 명단에 오른다. 모두가 지난 20년 동안 나름의 업적을 이루어 프랑스에 명예를 안겨 준 사람들이지만 이 끔찍한 명단에 이름이 오른 이상 사형되거나 추방되어야 한다. 그런데 빠진 이름이 딱 하나 있다! 조제프 푸셰, 오트란토 공작의 이름이 보이지 않는다.

하지만 찬찬히 들여다보면 그의 이름도 보인다. 오트란토 공작의 이름 역시 명단에 적혀 있다. 그러나 피고발자와 처벌 대상자를 열거한 본문에는 나폴레옹의 장관 푸셰의 이름은 없다. 그는 동료 모두를 사형에 처하거나 추방시키는 형리의 자격으로, 왕정의 장관으로 명단에 이름을 올린 것이다.

몰락의 조짐

왕년의 자코뱅이 이렇게까지 스스로를 비하하며 양심을 내팽개쳤으니 국왕도 푸셰에게 어느 정도 사례를 하지 않을 수 없다. 오트란토 공작은 최고의 영예를 누리게 되지만 그것이 마지막이 될 것이다. 5년 전에 상처한 푸셰는 재혼하기로 결정했다. 그런데 이전에는 그토록 격렬하게 "귀족의 피"로 땅을 적시려던 사람이 하필이면 귀족과 결혼하려고 든다. 그의 신부인 카스텔란 백작의 딸은 고위 귀족이므로 예전에 그가 느베르 시절 즐겨 하던 연설을 인용하면 "법의 칼 아래 죽어야 마땅한 범죄자 무리"의 일원이다. 그러나 극렬 자코뱅 시절 피비린내를 즐기던 조제프 푸셰는 그 후 자신의 견해를 철저히 바꾸었음을 여러 차례 생생히 보여 준 바 있다. 1815년 8월 1일 조제프 푸셰는 교회로 간다. 1793년 당시처럼 "광신의 추악한 상징"인 십자가에 달린 그리스도 상과 제단을 망치로 두들겨 부수러 간 게 아니라 귀족 출신의 신부와 함께 겸허히 주교관을 쓴 성직자의 축복을 받기 위해서이다. 1793년에 그가 성직자들을 조롱하기 위하여 당나귀 머리에 주교관을 씌웠던 것을 독자는 기억할 것이다. 오트란토 공작이 카스텔란 백작의 영애와 결혼하는 경우 지켜야 할 절차가 있는 법이다. 오랜 귀족의 관례에 따라서 궁전과 귀족 양측의 으뜸가는 가문이 이들의 결혼 계약서에 함께 서명한다. 그리고 제1증인 루이 18세가 친필로 세계 역사에서 둘도 없을 이 문서에 서명한다. 국왕은 당연히 가장 합당한 증인이지만 신랑에 의해 살해된 루이 16세의 동생이라는 점에서 가장 합당하지 않은 증인이다.

"정말이지 있을 수 없는 일이다. 세상이 뒤집혀도 이런 일은 있을 수 없다. 왕을 단두대로 보낸 인간 백정이 왕의 동생에게 결혼식 증인이 되어 주십사 부탁을 드리다니 파렴치하기 그지없다." 귀족들은 분통을 터트린다. 그저께부터 왕당파에 합류한 이 한심한 변절자 놈이 마치 궁전을 드나드는 진짜 귀족인 것처럼 행세한다고 불평한다. "혁명의 가장 지저분한 찌꺼기"인 이 남자는 내각을 욕되게 하는 역겨운 존재이다. 대체 이런 놈을 왜 그냥 두고 봐야 하는가? 물론 그는 왕을 다시 파리로 모셔오는 것을 도왔고 프랑스 최고의 인재들을 처벌하는 일에 대가를 받고 협력하였다. 그러나 이제는 그를 쫓아낼 때이다.

국왕이 파리 입성을 초조히 기다리고 있을 때 유혈 사태 없이 파리를 차지하려면 오트란토 공작을 경찰장관으로 임명해야만 한다고 왕을 압박하던 바로 그 귀족들은 돌연 오트란토 공작 같은 사람은 아예 모른다는 태도를 취한다. 그들은 조제프 푸셰라는 사람이 리옹에서 수백 명의 성직자와 귀족들을 대포로 박살 냈고 루이 16세를 사형시키자고 요구했다는 사실만을 집요하게 떠올린다. 오트란토 공작은 왕의 접견실을 통과할 때 여러 귀족들이 자신에게 인사를 하지 않거나 멸시하는 태도로 등을 돌리는 것을 알아차린다. "리옹의 도살자"를 맹렬히 규탄하는 글들이 갑자기 쏟아져 나와서 널리 퍼진다. "혁신 프랑크 당"을 비롯한 신종 애국 단체들이 생겨나는데 이것들은 20세기 초부터 생겨난 극우 민족주의 단체("프랑스왕의 수행원"과 "깨어 있는 헝가리인"등)의 원조이다. 이 단체들은 집회를 열고 부르봉 왕정은 즉각 이 쓰레기 정치인을 제거하라고 노골적으로 요구한다.

그러나 푸셰가 쉽게 권력을 내어 놓을 리 없다. 그는 악착같이 권력을 물고 늘어진다. 그 당시 푸셰를 감시했던 첩자의 비밀 보고서를 보면 그가 사방팔방으로 비빌 언덕을 찾았음을 알 수 있다. 프랑스에는 아직 적국의 통치자들이 남아 있으니 그들이 마음만 먹는다면 푸셰를 과격 왕당파로부터 보호할 수 있을 것이다. 푸셰는 러시아 황제를 방문하고 날마다 몇 시간을 워털루의 영웅 웰링턴이나 영국 대사와 회담하는 등 온갖 외교 수단을 동원한다. 국내에 적군이 진입한 것에 대해 항의를 제기해서 민심을 얻으려 하는 한편 과장된 보고를 올려서 국왕이 겁을 먹게 만들기도 한다. 그는 웰링턴을 루이 18세에게 보내서 자신을 옹호하게끔 하고 은행가와 귀부인들과 마지막까지 남은 친구들을 총동원한다. 그는 물러날 생각이 없다. 이 자리를 얻기 위해서 양심까지 팔아 버렸으니 이대로 고분고분 물러날 수는 없지 않은가! 실제로 푸셰는 2, 3주 동안은 일급 수영 선수처럼 온갖 영법泳法을 자유자재로 구사하며 정치의 급류를 헤치고 나가는 데 성공한다. 이 기간 그는 자신감에 찬 모습을 보였다고 첩자는 보고한다. 정말로 자신감에 차 있었을지도 모른다. 지난 25년 동안 항상 출세를 거듭해 왔으니 말이다. 나폴레옹과 로베스피에르 같은 거물도 처치했는데 몇몇 멍청한 귀족 때문에 근심할 이유가 없지 않은가! 인간을 무시하는 이 사내는 인간을 두려워하지 않은 지 오래다. 세계사의 위인들을 따돌리고 혼자 살아남은 그가 아닌가!

그러나 세상인심에 통달한 이 늙은 능구렁이가 배우지 못한 게 하나 있다. 이것은 아무도 배울 수 없는 것이다. 바로 유령과 싸우는 법이다. 푸셰는 왕궁에 과거의 유령이 복수를 노리며 배회하고 있다는 사실을 잊어버렸다. 그 유령은 루이 16세와 마리 앙투아네트의 친딸, 앙굴렘 공작부인이다. 그녀는 가족 중 유일하게 학살을 피해 살아남았다. 루이 18세는 어쨌든 푸셰 덕에 왕좌에 오른 만큼 자코뱅이었던 그를 용서할 수 있었다. 재산을 물려받은 동생이 형을 잃은 아픔을 잊게 되는 일은 최고위층에서도 자주 볼 수 있다. (역사는 이를 입증할 것이다.) 게다가 루이 18세는 공포정치를 몸소 체험하지 않았으니 용서하기가 어렵지 않았다. 반면에 루이 16세와 마리 앙투아네트의 딸 앙굴렘 공작부인은 어린 시절의 몸서리치는 광경을 고스란히 뇌리에 간직하고 있다. 지울 수 없는 기억과 그 무엇으로도 달랠 길 없는 증오를 품고 있다. 너무도 많은 일을 몸소 겪었기에 공포의 대상이었던 자코뱅파 중 어느 누구도 용서할 수 없다.

어린 소녀는 어느 날 저녁 생클루의 성에서 상퀼로트의 무리가 문지기들을 살해하고 피로 물든 신발을 신은 채 어머니와 아버지 앞에 마주 섰던 끔찍한 광경을 보며 무서워 떨었다. 그러고는 아버지와 어머니, 남동생과 함께 네 식구가 마차에 강제로 실려서 매 순간을 죽음의 공포에 떨며 파리의 튈르리 궁으로 끌려왔다. 네 식구를 에워싸고 "빵집 주인, 빵집 아낙, 빵집 애들"이라고 조롱하던 민중의 아우성이 지금도 귀에 생생하다. 8월 10일은 또 어땠던가! 천민의 무리는 어머니가 거처하는 방의 문을 도끼로 내리쳤고 아버지를 놀려 대며 빨간 모자를 강제로 씌우고 가슴에는 창을 겨누었다. 그러고는 탕플르 감옥에서 몸서리치는 나날을 보내야 했다. 누군가가 소녀에게는 어머니 같던 랑발 공작부인의 피투성이 머리를 창끝에 매달아 창문으로 불쑥 들이밀었던 그 소름 끼치는 순간도 겪었다. 산발이 된 공작부인의 머리카락은 피로 범벅이 되어 있었다. 단두대로 끌려가는 아버지와 이별했던 저녁을 어떻게 잊을 수 있겠는가? 어린 남동생을 떠나보내야 했고 동생은 비좁은 방에서 방치된 채 죽어 가지 않았던가? 빨간 모자를 쓴 푸셰의 동료들은 소녀를 하루 종일 심문하며 어머니 마리 앙투아네트가 어린 아들과 벌인 음탕한 짓을 재판에서 증언하라며 괴롭혔는데 그걸 잊으란 말인가? 그리고 어머니! 매달리는 딸을 억지로 떼어 놓고는 덜컹거리는 수레를 타고 단두대로 끌려가던 어머니를 어찌 한순간이라도 기억에서 지울 수 있겠는가?

결단코 그럴 수는 없을 것이다. 루이 16세와 마리 앙투아네트의 딸, 탕플르 감옥의 어린 죄수는 이러한 공포의 순간들을 루이 18세 처럼 신문에서 읽었거나 제3자에게서 들은 게 아니라 온 몸으로 겪 어야 했다. 그러면서 아이의 영혼은 겁에 질려 움츠러들었고 아픔에 몸부림을 치다가 결국 영영 아물지 못할 깊은 상처를 입게 된다. 앙 굴렘 공작부인은 아버지를 죽이고 어머니를 괴롭히던 자들, 어린 시 절 끔찍한 장면들을 연출했던 자코뱅파와 혁명 투사들에 대한 증오 를 여전히 품고 있을 뿐 아직도 앙갚음을 하지 못한 채였다.

그런 기억은 사라지지 않는다. 숙부가 임명한 장관 푸셰는 그녀 에게는 아버지의 살인자들 중 하나이다. 그래서 그녀는 결코 푸셰 에게 손을 내밀지 않을 것이며 같은 공간에서 같은 공기를 마시지 도 않겠다고 맹세했다. 그녀는 궁정의 인사들이 모두 모인 자리에 서 노골적으로 자신이 얼마나 푸셰를 경멸하고 증오하는지를 드러 내며 분위기를 자극한다. 그리고 이 국왕 시해자, 자신의 신조를 배 반한 자가 참석하는 모든 행사와 모임에 불참한다. 그녀가 변절자에 대한 치열한 증오심을 이토록 공공연히 드러내며 모욕적인 태도를 취하자 모두들 잊었던 명예심을 서서히 되찾기 시작한다. 마침내 왕 족 모두가 한 목소리로 루이 18세에게 '이제 왕정이 안정을 찾았으 니 형님을 살해한 자를 톡톡히 망신 주어 튈르리 궁에서 쫓아내자' 고 요구하기에 이른다.

루이 18세가 푸셰의 도움이 필요했던 시기에 그를 장관으로 삼 자는 주장을 마지못해 받아들인 일을 독자는 기억할 것이다. 이제 국왕은 더 이상 필요 없는 존재가 된 푸셰를 기꺼이, 아주 유쾌하게 떨쳐 낸다. "가련한 공작부인이 그 구역질나는 얼굴을 마주치도록 내버려 둘 수는 없다"고 국왕은 미소 지으며 말한다. 푸셰는 아직 아무 눈치도 못 채고 '폐하의 가장 충실한 신하'라고 서명하고 있는데 말이다. 국왕은 또 다른 변절자 탈레랑에게 지시를 내린다. 국민공회와 나폴레옹 시절의 동료 푸셰에게 아무도 튈르리 궁에서 그를 보기를 원치 않는다고 딱 잘라 말하라는 것이다.

탈레랑은 기꺼이 이 지시를 떠맡는다. 그렇지 않아도 더욱 매서워진 왕당파의 바람에 맞추어 돛을 펼치기가 힘든 판국이다. 그러니 거추장스러운 짐을 내던진다면 자신이 모는 행운의 배는 가급적 빨리 순항할 수 있을 거라고 그는 생각한다. 그의 내각에서 가장 거추장스러운 짐은 왕의 시해자이며 자신의 공범이었던 푸셰이다. 푸셰를 내쫓는다는 건 사실 난처한 일이다. 하지만 처세의 달인 탈레랑은 세련되고 재치 있게 이 일을 처리한다. 푸셰에게 퉁명스럽게 혹은 비장하게 해직을 통고하는 건 탈레랑답지 않다. 격식을 차리는 데에는 일가견이 있는 우아한 귀족인 탈레랑은 푸셰 씨에게 드디어 집으로 갈 시간이 됐다는 것을 절묘한 방법으로 깨우쳐 주려 한다. 18세기 풍 귀족의 마지막 주자 탈레랑은 코미디를 연출하고 간계를 꾸며 낼 때는 언제나 살롱을 무대로 택하곤 한다. 이번에도 역시 그는 다짜고짜 해직을 통고하는 일을 몹시 기품 있게 격식을 갖춰서 해낸다.

12월 14일 탈레랑과 푸셰는 한 저녁 모임에 참석한다. 사람들은 식사를 하며 여유롭게 대화를 나눈다. 탈레랑은 누구보다도 쾌활해 보인다. 많은 사람들이 그의 주변에 자리를 잡는다. 아름다운 여인들과 고위 공직자들, 젊은이들은 최고의 이야기꾼이 하는 말을 들으려고 호기심에 차서 몰려든다. 정말이지 오늘 그는 그 어느 때보다도 더 재미나게 이야기보따리를 펼친다. 아주 오래전 국민공회의 체포 명령을 피해서 미국으로 도망갔던 시절 이야기이다. 그는 이 웅대한 나라를 찬양하며 열광한다. "아, 그곳은 정말 너무나 멋집니다. 한치 앞도 보이지 않을 만큼 빽빽한 숲속에는 소박함을 잃지 않은 인디언 종족들이 살고 있고 아직도 사람 발길이 닿지 않은 강들이 콸콸대고 있답니다. 포토맥강이 도도히 흐르고 이리 호수가 바다처럼 펼쳐져 있습니다. 이 웅대하고 로맨틱한 세계 한가운데 새로운 인류가 있습니다. 무쇠 같은 몸에 못하는 일이 없고 숱한 싸움을 거치며 살아남은 사람답게 강인합니다. 자유를 무엇보다도 소중히 여기며 자신들의 법을 모범적으로 준수하는 사람들입니다. 그들의 잠재력은 무궁무진합니다. 정말이지 거기 있으면 배울 것이 많습니다. 거기 있으면 더 나은 새 미래를 느끼게 됩니다. 맥 빠진 우리 유럽보다 천배는 더 활기에 넘치는 곳입니다. 거기서 살고 거기서 일해야 합니다." 그는 열광적으로 목청을 높인다. "북미 합중국 대사 자리보다 더 매혹적인 일자리는 없는 것 같습니다."

그러고는 갑자기 가슴이 벅차서 말을 잇지 못하겠다는 듯이 이야기를 멈추고는 푸셰에게 묻는다. "오트란토 공작, 그런 자리로 가고 싶지 않으십니까?"

푸셰는 창백해진다. 상대가 무슨 말을 하는지 알아차린 것이다.

그러고는 분노에 치를 떤다. '이 늙다리 여우는 정말이지 교활하고 능란하군. 궁정 사람들이 다 보는 앞에서 나를 장관직에서 쫓아내다니!' 그는 아무 대답도 하지 않는다. 몇 분 후 그는 작별 인사를 하고 집으로 가서 사직서를 쓴다. 탈레랑은 유쾌하게 자리를 지킨다. 그리고 집으로 돌아가는 길에 심술궂은 미소를 지으며 친구들에게 속내를 털어놓는다. "이번에는 내가 그놈 목을 비틀어 끝장을 내버렸다네."

사정없이 내쫓긴 푸셰의 체면을 조금이나마 세워 주기 위해서 왕정은 해임 장관에게 다른 작은 직책을 맡으라고 제안한다. 그래서 「모니퇴르」에는 국왕 시해자 조제프 푸셰가 경찰장관직에서 해임되었다는 기사가 아니라 루이 18세 폐하께옵서 오트란토 공작을 드레스덴의 대사로 임명하셨다는 기사가 실린다. 다들 당연히 그가 이 직책을 거절할 것이라고 예상한다. 그의 지위나 이제까지 세계사에서의 위치를 참작하면 정말 하찮은 자리이기 때문이다. 하지만 예상은 보기 좋게 빗나간다! 푸셰가 조금만 냉철하게 생각했더라면 국왕의 시해자인 자신은 반동적인 왕정에서는 영구히 퇴출된 신세이며 몇 달 후에는 보잘것없는 뼈다귀에 불과한 대사직마저도 도로 빼앗길 것이라는 사실을 깨달았어야 했다. 그러나 한때는 늑대처럼 대담한 영혼을 지녔던 푸셰는 권력에 눈이 먼 나머지 개처럼 비굴하게 처신한다. 나폴레옹은 최후의 순간까지 자신의 지위에 집착했으며 황제라는 호칭이 더 이상 아무런 의미가 없는 상황에서도 이 걸치레 호칭을 끝까지 고집했다. 마찬가지로 그의 신하인 푸셰 역시 허울뿐인 장관직은 물론이고 미관말직일지라도 놓지 않으려 든다. 끈끈한 점액처럼 권력에 찰싹 달라붙은 것이다. 이 영원한 신하는 울분을 누르고 이번에도 주군에게 복종한다. "폐하께서 하명하신 대사의 직을 감사히 받들겠습니다." 2,000만 프랑에 달하는 재산을 지닌 57세의 사내는 반년 전에 자신이 왕으로 복귀시킨 루이 18세에게 이런 공손한 편지를 보낸다. 그는 짐을 꾸려서 온 가족과 함께 드레스덴으로 이주한다. 그러고는 그곳의 작은 저택을 호사스럽게 꾸미고 마치 말년을 그곳에서 프랑스왕의 대사로 보내기라도 할 것처럼 군다.

그러나 그토록 오랫동안 그가 두려워하던 일이 곧 들이닥친다. 푸셰는 거의 25년 동안 필사적으로 부르봉 왕가의 복귀를 막으려 했다. 루이 16세의 사형에 찬성했던 자신을 부르봉 왕가가 그냥 두지 않을 거라고 직감했기 때문이다. 그러나 어리석게도 그는 왕당파 틈에 슬그머니 끼어들어서 충성스러운 왕의 신하로 변장한다면 모두를 속일 수 있을 거라고 생각을 바꾸었다. 그런데 이번에는 다른 사람은 속이지 못하고 자기 자신만 속아 넘어간 꼴이 되어 버렸다. 드레스덴의 새 거처에 도배를 하고 책상과 침대를 장만하기가 무섭게 프랑스 의회는 청천벽력 같은 결정을 내린다. 이제 오트란토 공작에 관해 언급하는 사람은 아무도 없다. 이런 이름의 고위 공직자가 도운 덕분에 새 국왕 루이 18세가 환호를 받으며 파리에 입성할 수 있었다는 사실을 기억하는 사람도 없다. 모두들 푸셰라는 성을 가진 '왕의 시해자'만을 거론한다. 낭트 출신의 조제프 푸셰가 1792년 왕을 처형하라고 요구했고 리옹에서 대학살을 자행하지 않았던가!

마침내 의회는 334 대 32라는 압도적인 표 차로 "신의 선택을 받은 왕의 옥체를 감히 해친 자"를 평생 프랑스에서 추방하고 결코 사면하지 않기로 결정한다. 두말할 필요 없이 이 결정에 따라 푸셰는 굴욕적으로 대사직을 잃게 된다. 이제 그는 더 이상 각하가 아니며 레종 도뇌르 훈장을 받은 기사도 아니다. 원로원 의원도, 장관도, 고위 공직자도 아니다. 사람들은 일말의 동정도 없이 조롱과 멸시를 퍼부으며 일개 시민에 불과한 푸셰를 걷어차서 거리로 쫓아낸다. 작센왕은 당장 공문을 보내서 푸셰가 개인 자격으로 드레스덴에 체류하는 것을 원치 않는다고 전한다. 국민공회 투사들 중 마지막까지 정계에 남아 수천 명을 국외로 추방했던 그가 20년이 지난 지금 투사들의 뒤를 따라 욕을 먹으며 추방당하고 고향 잃은 신세가 된 것이다. 이제 권력을 잃고 법의 보호를 받지 못하는 처지로 몰락한 그에게 온갖 정파의 사람들은 한 목소리로 증오를 쏟아 낸다. 이전에는 권력자인 그의 환심을 사려고 몰려들었던 바로 그 사람들이다. 이제는 푸셰가 어떤 술책을 부려도, 항의하고 탄원해 보아도 소용이 없다. 권력욕의 화신이 권력을 잃으면 세상에서 가장 비참한 존재가 되는 법이다. 게다가 그는 정치 생명을 상실한 정치인이며 술책을 부릴 데조차 없는 모사꾼이니 이보다 더 비참해지기도 힘들 것이다. 늦기는 했지만 푸셰는 죗값을 톡톡히 치르게 될 것이고 엄청난 이자

까지 떠안게 될 것이다. 단 한 번도 어떤 이념이나 인류의 도덕적 열정에 봉사한 적 없이 항상 입장을 바꿔 가며 다른 사람들로부터 덧없는 이익을 취하려고만 노력했다는 것이 그의 죄목이다.

갈 곳 없는 신세

이제 어디로 가야 하나? 오트란토 공작은 프랑스에서 추방되었어도 처음에는 전혀 걱정하지 않는다. '내가 대체 어떤 사람인가! 러시아 황제의 총아이고 워털루의 영웅 웰링턴과 격의 없는 사이이며 가장 막강하다고들 하는 오스트리아 재상 메테르니히의 친구가 아닌가? 베르나도트 가문이 스웨덴왕이 된 건 내 덕이고 바이에른의 군주들도 내 덕에 군주 자리에 올랐으니 다들 내게 빚진 게 많지 않은가! 나 푸셰는 여러 해 전부터 모든 외교관들과 막역한 사이이다. 유럽의 군주들과 국왕들 모두 나의 환심을 사려고 필사적으로 노력했다. 내가 슬쩍 눈치만 주면 모든 나라가 앞다투어 추방된 정치 거물에게 피난처를 제공하는 영광을 얻으려고 나설 것이다.'

세계 역사를 한번 들여다본 사람이라면 이렇게 생각하지 않을 것이다. 권력자가 권력을 잃으면 전과는 전혀 다른 대접을 받게 된다. 그는 러시아 조정에 여러 차례 변죽을 울렸지만 초청장은 오지 않고 웰링턴도 아무런 소식을 전하지 않는다. 벨기에는 국내에 이미 왕년의 자코뱅파가 너무 많다는 이유로 그를 받아들이지 않는다. 바이에른 왕국은 조심스럽게 말을 돌리고 오랜 친구 메테르니히 공작은 이유 없이 쌀쌀하게 군다. "아, 그러십니까! 오트란토 공작께서 그러고 싶으시다면 오스트리아 영토로 들어와도 됩니다. 오스트리아는 너그러운 마음으로 공작의 체류를 묵인하려 합니다. 하지만 빈으로 와서는 절대 안 됩니다. 당신이 빈에 머무는 것은 있을 수 없는 일입니다. 이탈리아로 가서도 절대 안 됩니다. 빈에서 멀지 않은 동북부 주를 제외한 다른 지방의 소도시를 택하신다면 조용히 처신하겠다는 조건하에 공작의 체류를 허가하겠습니다."

정말이지 오랜 친구 메테르니히는 푸셰를 맞이하려고 서두르는 기색은 전혀 없다. 백만장자 오트란토 공작이 자신의 전 재산을 오스트리아의 부동산이나 국채증권에 투자하겠다고 나서보기도 하고 자신의 아들을 오스트리아 제국의 군대에 복무시키겠다고 제안해도 오스트리아 장관은 여전히 신중한 태도를 취하며 거리를 둔다. 오트란토 공작이 빈을 방문하겠다고 하자 메테르니히는 정중히 거절한다. "안 됩니다. 조용히 개인 신분으로 프라하로 가시는 게 좋을 겁니다."

이렇게 해서 조제프 푸셰는 슬그머니 드레스덴에서 새 체류지인 프라하로 간다. 정식으로 초대를 받아서 당당하게 체류하는 게 아니라 묵인된 존재로 머무는 것이다. 네 번째이자 마지막으로 그는 유배 생활을 시작한다. 그것은 가장 참혹한 유배가 될 것이다.

프라하 사람들도 정상에서 나락으로 떨어진 손님을 그다지 반기지 않는다. 특히 이곳에서 잔뼈가 굵은 귀족들은 갑자기 들이닥친 불청객을 냉대한다. 보헤미아 귀족들은 여전히 프랑스 신문을 구독하고 있는데 지금 그 신문들은 복수심에 불타서 "푸셰 씨"를 맹공격하는 기사들을 가득 담고 있기 때문이다. 이 골수 자코뱅이 1793년 리옹에서 교회를 약탈하고 느베르에서 국고를 털었다고 상세히 보도하는 기사를 자주 신문에서 읽을 수 있다. 겁쟁이 기자들은 예전에는 경찰장관의 매서운 주먹 앞에서 벌벌 떨며 울분을 삼키기만 했지만 이제는 아무런 힘이 없는 푸셰에게 거리낌 없이 침을 뱉는다. 상황이 뒤바뀌는 건 정말 순식간이다. 한때 세계의 절반을 감시하던 사내는 이제 감시를 당하는 처지가 되었다. 그의 제자인 전직 관리들은 그가 독창적으로 도입한 경찰의 작업 방식을 예전의 거장을 감시하는 데 쓴다. 비밀정보국은 오트란토 공작에게 가는 편지나 공작이 보내는 편지를 모두 입수하여 개봉하고 베껴 놓는다. 경찰 첩자들은 푸셰의 대화를 다 엿듣고 보고하며 그가 누구를 만나는지 염탐하고 어디를 가는지 감시한다. 푸셰는 어디 있든 감시당하고 포위되고 도청을 당하고 있다고 느낀다. 잔인하게도 자신이 고안한 기술과 지식이 아주 노련한 솜씨로 그 누구보다도 노련한 자신을 해치는 데 쓰이고 있는 것이다.

푸셰는 이런 굴욕을 겪지 않으려고 도움을 청해 보지만 아무 소용이 없다. 루이 18세에게 편지를 보내지만 국왕은 파면된 신하에게 답장을 보내지 않는다. 푸셰도 이전에 폐위된 나폴레옹이 보낸 편지에 답하지 않았으니 자업자득이다. 메테르니히 후작에게 편지를 보내면 후작은 자기 부서의 하급 관리를 시켜서 퉁명스럽게 '그렇다, 아니다'라고 답하는 게 고작이다. 다시 말해서 푸셰는 모든 사람이 달려들어 매질을 하더라도 조용히 맞고 있어야 하며 투덜대지 말고 야단법석도 떨지 말아야 한다는 얘기다. 사람들이 푸셰를 가까이 했던 이유는 단지 그가 두려워서였다. 더 이상 그를 두려워할 필요가 없게 되자 모두 그를 무시한다. 최고의 정치 도박사는 이렇게 끝장이 난다.

■ 푸셰의 두 번째 부인 가브리엘레 푸셰

25년 동안 운명이 위협적으로 그의 목덜미를 움켜쥐었던 순간이 몇 번 있었지만 그때마다 그는 날렵하게 운명의 손아귀에서 빠져나오곤 했다. 마침내 그가 꼼짝도 못하게 되자 운명은 이 패배자를 사정없이 후려갈긴다. 정치인으로서 굴욕을 겪은 것도 모자랐는지 조제프 푸셰는 프라하에 머무는 동안 사생활에서도 뼈아픈 굴욕을 겪게 된다. 1817년 프라하에서 일어났던 작은 에피소드는 마치 소설가가 지어내기라도 한 듯이 너무도 재치 있게 푸셰가 어떤 내적 굴욕을 겪었는지를 상징적으로 보여준다. 비극을 겪은 푸셰에게 이제 불행은 섬뜩한 캐리커처의 얼굴을 하고 나타난다. 그는 남들의 웃음거리가 된다. 정치인 푸셰에 이어서 이제는 남편 푸셰가 굴욕을 당할 차례이다.

추측하건대 26세의 아름다운 귀족 처녀가 창백하고 대머리에 해골같이 생긴 56세의 홀아비에게 연애 감정을 품지는 않았을 것이다. 그러나 이 구혼자는 별다른 매력은 없지만 1815년에는 프랑스에서 둘째가는 부자로서 2,000만 프랑의 재산을 가지고 있었으며 공작이자 왕정의 장관으로서 명망을 누리고 있었다. 예쁘지만 가진 것 없는 시골 백작의 딸은 결혼 후 프랑스에서 제일 우아한 귀부인이 되어서 궁중의 파티와 포부르 생 제르맹의 사교계를 주름잡을 수 있을 거라고 생각했고 사실 그건 충분히 가능한 일이었다. 실제로 시작은 제법 그럴싸했다. 황송하게도 국왕 폐하께서 두 사람의 결혼 증서에 친히 서명하셨고 하객들 중에는 귀족과 조신들이 넘쳤다. 오트란토 공작부인은 파리에 있는 호사스러운 저택과 프로방스에 있는 두 개의 영지와 성에서 안주인 노릇을 할 수 있었다. 야심에 찬 처녀는 2,000만 프랑으로 멋지게 살기 위해서 누렇게 들뜬 얼굴을 한 재미없는 56세의 대머리 노인을 남편으로 맞았다. 그러나 빛나는 청춘을 판 대가로 얻은 것은 저주가 깃든 황금뿐이었다. 백작 영애는 너무 서두르지 말았어야 했다. 채 신혼 분위기가 가시기도 전에 그녀는 명망 높은 장관의 부인이 아니라 프랑스인들이 가장 멸시하고 증오하는 남자의 부인이 되어 버렸기 때문이다. 국외로 추방된 일개 시민, 온 세상이 무시하는 푸셰가 남편이라니! 온갖 특권을 누리던 공작은 온데간데없고 쭈글쭈글하고 노여움 많고 짜증만 내는 노인네가 그녀 곁에 남게 되었다.

사정이 이러하니 26세의 아내가 티보도라는 청년과 프라하에서 "애정 어린 우정"을 맺었다는 건 그다지 놀랍지 않다. (티보도의 아버지 역시 왕년의 공화주의자로 추방을 당한 처지였다.) 둘의 관계가 어디까지 우정이고 어디까지 애정이었는지는 알 길이 없다. 그러나 이 관계로 인해 한바탕 소동이 나고 푸셰는 티보도가 자신의 집에 오는 것을 금지한다. 민망하게도 이 부부간의 갈등은 세상에 알려지고 만다. 왕당파 신문들은 여러 해 동안 푸셰 앞에서 덜덜 떨었던 만큼 기회만 오면 그를 호되게 공격하려고 벼르던 터이다. 이 신문들은 그의 가정불화에 대해서 악의에 찬 보도를 한다. 젊은 공작부인이 오쟁이 진 늙다리 남편을 프라하에 남기고 연인과 함께 달아났다는 황당한 거짓말을 퍼트려서 독자들을 즐겁게 한다. 오트란토 공작은 프라하에서 모임에 나가면 부인들이 웃음을 애써 참으며 꽃 같이 젊은 아내와 볼품없는 자신의 몰골을 비아냥거리는 시선으로 비교한다는 걸 알아차린다. 소문을 꾸며 내는 데 이력이 났고 평생 험담과 추문을 악용했던 푸셰는 이제 악랄한 비방을 당하는 것이 얼마나 끔찍한 일인지를 뼈저리게 느낀다. 그런 중상모략과 싸워 봤자 이길 수 없으니 그것을 피해 달아나는 것이 가장 영리한 길이리라! 이처럼 불행한 처지가 되자 그는 자신이 얼마나 밑바닥으로 추락했는지를 절감한다. 유배지 프라하는 지옥이 되어 버린다. 그는 다시 메테르니히 후작에게 이 끔찍한 도시를 떠나서 오스트리아의 다른 도시로 가게 해 달라고 간청한다. 답이 올 때까지는 한참이 걸리지만 결국 메테르니히는 너그럽게도 린츠로 가라고 허락한다. 푸셰는 예전에는 자신을 떠받들던 세상이 자신을 증오하고 조롱하는 것에 환멸을 느끼며 지쳐 버렸다. 이제 자존심이 꺾인 사내는 린츠로 물러난다.

비밀을 무덤에 묻다

린츠! 오스트리아 사람들은 이 지명을 들으면 보통 슬그머니 웃는다. 이 이름이 절묘하게도 프로빈츠(시골이라는 뜻 - 옮긴이)라는 단어와 운이 맞아떨어지기 때문이다. 린츠에는 농촌 출신 소시민인 선박 노동자와 수공업자들이 살고 있다. 대개는 가난한 사람들이고 린츠 토박이인 오스트리아 시골 귀족이 조금 있다. 린츠는 프라하처럼 위대하고 영광스러운 전통을 가지고 있지 않다. 오페라도, 도서관도, 극장도 없으며 귀족의 화려한 무도회도 없고 축제도 없다. 한마디로 졸음이 절로 오는, 촌티가 풀풀 나는 지방 도시이고 퇴역 군인들의 은신처로 안성맞춤인 곳이다.

이곳에 한 노인이 같은 또래의 젊은 여인 둘을 데리고 이주한다. 하나는 아내이고 다른 하나는 딸이다. 그는 호사스러운 저택을 세내고 저택을 고상하게 수리하라고 맡긴다. 린츠의 상인들과 사업가들로서는 기뻐할 일이다. 그들은 이제껏 린츠에서 이런 백만장자를 접한 적이 없었다. 이 흥미로운 이방인들은 재력이 있기에 어쨌든 신분이 높다고 할 수 있다. 몇 안 되는 시골 귀족들은 이 이방인들과 교제를 시작하려 한다. 귀족들은 푸셰보다는 카스텔란 백작의 영애로 태어난 그의 아내를 대놓고 우대한다. 나폴레옹이라는 작자(그 또한 귀족들의 눈에는 사기꾼에 불과하다)가 그 말라깽이를 공작으로 만들어 주었다지만 그들의 눈에 푸셰는 소매상인의 아들이며 평민에 불과하다. 관리들은 가급적 푸셰와 교류하지 말라는 비밀 지령을 빈으로부터 받는다. 열정적인 활동가였던 푸셰는 이제 완전히 격리되어서 산다. 대부분의 사람들은 그를 멀리한다. 한 동시대인은 자신의 회고록을 통해 어떤 무도회에서 본 푸셰를 생생하게 묘사한다. "공작부인은 환대를 받았지만 푸셰는 푸대접을 받는다는 걸 한눈에 알 수 있었다. 그는 중간 정도의 키에 탄탄한 몸집이지만 뚱뚱하지는 않았고 얼굴은 추했다. 무도회에 올 때는 항상 금단추가 달린 푸른 연미복에 흰 바지와 흰 양말을 차려 입고 있었다. 가슴에는 큼직한 오스트리아 레오폴트 훈장이 달려 있었다. 대개 그는 혼자 벽난로 가에 서서 사람들이 춤추는 것을 보고 있었다. 프랑스 제국에서 무소불위의 권력을 휘둘렀던 장관이 이제 홀로 쓸쓸히 서 있다가 어떤 관리가 말을 걸어 오거나 장기를 한 판 두자고 청하면 기뻐하는 것을 보자니 지상의 권력과 위대함이 무상하다는 생각이 절로 들었다."

열정적 정신을 지닌 이 사내는 희망을 버리지 않는다. 언젠가 다시 한번 정계에 화려하게 복귀할 거라는 희망이다. 그를 마지막 순간까지 지탱하는 건 바로 이 희망이다. 피로에 지치고 기력이 다하고 조금은 둔해지고 살이 쪘지만 푸셰는 자신과 같이 공적이 많은 사람은 다시 관직에 등용될 것이라는 망상을 떨쳐 낼 수 없다. '운명은 예전에도 여러 차례 어둠 속에 있던 나 푸셰를 끌어내서 정치인들이 세계를 놓고 벌이는 신성한 도박의 현장으로 도로 데려다 놓지 않았던가! 이번에도 그렇게 될 것이다!' 그는 쉬지 않고 프랑스에 있는 친구들과 비밀리에 서신을 교환한다. 늙은 거미는 여전히 비밀 정보망을 짜고 있지만 아무도 린츠의 서까래에 걸린 거미줄에 눈을 돌리지 않는다. 푸셰는 가명으로 「한 동시대인이 오트란토 공작에 대해 말한다」라는 제목의 글을 발표한다. 이 글은 푸셰의 재능과 성품을 아주 생동감 있게, 거의 서정적인 문체로 칭찬하고 있다. 동시에 그는 오트란토 공작이 회고록을 쓰고 있다는 소식을 사적인 편지들을 통해 용의주도하게 퍼트려서 자신의 적들을 협박하려 한다. 머지않아 회고록이 브로크하우스 출판사에서 발간되며 루이 18세에게 헌정될 것이라고 말이다. 이런 수단으로 전직 경찰장관 푸셰는 자신에게 아직도 화살이 몇 개 남아 있고 그것은 치명적인 독화살이라는 것을 너무 뻔뻔한 놈들에게 상기시키려 한다.

그러나 이상하게도 이제는 누구도 그를 두려워하지 않는다. 린츠를 떠날 기회는 전혀 오지 않는다. 그 누구도 그를 불러내 데려가려고 하지 않는다. 그의 조언과 도움을 구하는 사람도 없다. 프랑스 의회가 다른 기회에 국외 추방자의 복귀 문제를 논의하게 되지만 푸셰의 이름은 언급조차 되지 않는다. 그는 이제 미움의 대상도, 흥미의 대상도 아니다.

그는 온갖 역할을 훌륭하게 연기한 위대한 배우였건만 세계 무대를 떠난 지 3년이 지나자 사람들은 이 배우를 잊어버린다. 침묵은 유리로 된 상여처럼 그를 에워싸고 있다. 오트란토 공작이란 인물은 이미 사람들에게는 존재하지 않는다. 그저 기운 없고 짜증을 잘 내는 노인 하나가 외롭게 타향살이를 하고 있으며 린츠의 지루한 거리를 찌푸린 얼굴로 산책하고 있다. 이따금 상점 주인이나 사업가가 이 병들고 구부정한 노인에게 정중히 모자를 벗어 들고 인사를 할 뿐 그를 알아보는 사람은 이 세상에서 아무도 없다. 아무도 그를 생각하지 않는다. 영원성의 변호인인 역사는 언제나 순간만을 생각했던 사내에게 가장 잔인한 복수를 한다. 역사는 푸셰를 산 채로 매장해 버린다.

　이렇게 오트란토 공작은 잊혔기에 1819년 메테르니히가 마침내 오트란토 공작이 트리에스테로 이주하는 것을 허락했을 때 오스트리아 경찰 몇 명 말고는 아무도 그 사실에 주목하지 않는다. 메테르니히가 이런 작은 관용을 베푼 것은 푸셰의 삶이 얼마 남지 않았다는 것을 믿을 만한 소식통을 통해 알게 되었기 때문이다. 일에 미쳐 쉴 줄 모르던 사내를 지쳐 쓰러지게 만든 건 30년에 걸친 노역이 아니라 무위도식의 삶이었다. 그의 폐가 나빠지기 시작하면서 그는 험한 기후를 견뎌 내지 못한다. 그래서 메테르니히는 죽음을 앞에 둔 푸셰가 햇빛이 많이 비치는 트리에스테로 이주하는 것을 허가한다.

　트리에스테 시민들은 쇠약한 남자가 힘겨운 발걸음으로 미사를 드리러 가서는 벤치 앞에 무릎을 꿇고 두 손을 모으고 있는 모습을 종종 본다. 사반세기 전에 자신의 손으로 제단 위의 그리스도 상을 때려 부쉈던 바로 그 조제프 푸셰가 이제 백발이 된 머리를 숙이고 '한심스러운 미신의 표지' 앞에 무릎을 꿇고 있다. 어쩌면 조용한 홀과 복도를 오가던 수도원 시절이 그리워졌는지도 모른다. 그의 내부에서는 알 수 없는 변화가 일어난다. 투사이며 야심가였던 이 남자는 자신의 적들 모두와 평화롭게 지내고 싶어 한다. 나폴레옹은 그의 대단한 적수였지만 이제 나폴레옹의 누이와 형제들(그들 역시 오래전에 몰락하여 세상에서 잊힌 존재이다)은 종종 그를 방문한다. 그러고는 다 함께 지나간 시절에 대해 이야기꽃을 피우기도 한다. 방문객들 모두가 그가 기력이 다한 탓인지 진짜로 온화해졌다는 데 깜짝 놀란다. 이

가련한 몰골을 한 존재가 20년 동안 세계를 뒤흔들며 당대 최고의 강자들을 굴복시켰던 무섭고도 위험한 인물이었다고는 상상조차 하기 힘들다. 그가 원하는 것은 오직 평화뿐이다. 그는 평화롭게 죽으려 한다.

최후의 시간이 다가오자 그는 신, 그리고 인간과 평화를 맺는다. 먼저 어떻게 신과의 평화를 맺었는지 알아보자. 호전적인 무신론자였던 과거의 푸셰는 기독교를 박해하며 제단을 파괴했다. 그런 사람이 12월 말 "추악한 사기꾼"(한창 자코뱅으로 활약하던 시절 그는 성직자들을 이렇게 불렀다), 다시 말해서 사제를 부른다. 그러고는 경건히 두 손을 모으고 종부성사를 받는다. 인간과의 평화는 어떻게 맺었을까? 죽기 며칠 전 그는 아들에게 책상 서랍을 열고 그 안의 서류들을 모두 끄집어내라고 명령한다. 그러고는 큰불을 지피고 수백 통, 아니 수천 통의 편지를 불속에 던진다. 아마 여러 사람들을 떨게 만들었던 공포의 회고록도 이때 태워 버렸을 것이다. 죽음을 앞두고 마음이 약해졌던 걸까? 아니면 늦게나마 선한 일을 하려 했던 걸까? 후세의 평가가 두려웠던 걸까? 아니면 어차피 죽으면 아무래도 상관없다는 심정이었을까? 어쨌든 이전과는 달리 죽음 앞에서 경건해진 푸셰는 남들을 곤란하게 만들고 적들을 응징하는 데 쓰일 증거들을 모두 없애 버린다. 사람에 부대끼며 사는 것에 지친 그는 난생 처음으로 명성과 권력이 아닌 다른 행복을 찾는다. 그것은 잊힌다는 행복이다.

북해의 어느 항구에서 태어난 푸셰는 1820년 12월 26일 남쪽

■ 장식된 푸셰의 초상화

STEFAN ZWEIG

JOSEPH FOUCHÉ
Bildnis eines politischen Menschen

In Stefan Zweigs erregender Darstellung wächst aus dem Dunkel
der Geschichte das Charakterbild des berüchtigten Charakter-
losen, des unheimlichen Mannes, den Robespierre haßte, den
Napoleon fürchtete und der beide überwand.

IM INSEL-VERLAG ZU LEIPZIG · 1929

■『조제프 푸셰—어느 정치적 인간의 초상』의 초판 표지

바닷가 도시 트리에스테에서 기이하고 파란만장한 삶을 마친다. 힘든 시절을 바쁘게 살다가 결국 추방을 당했던 이 남자의 육신은 12월 28일 안장된다. 그 유명한 오트란토 공작이 사망했다는 소식에 사람들은 그다지 관심을 보이지 않는다. 잊고 살던 이름이 거론되자 희미한 추억이 한 줄기 가녀린 연기처럼 얼핏 어른거리다가 조용한 대기 속으로 자취 없이 사라졌다고나 할까!

푸셰가 죽은 지 4년이 지난 후 갑자기 사람들은 동요하며 불안에 떤다. 다들 두려워했던 회고록이 출간된다는 소문이 퍼졌기 때문이다. 이럴 줄은 모르고 실각한 푸셰를 사정없이 공격했던 여러 권력자들은 등골이 써늘해진다. '정말로 그 위험한 혀가 무덤 속에서 다시 한 번 말하기 시작할 것인가? 경찰청의 비밀 서랍에서 빼돌린 서류들이 결국 나타날 것인가? 특급 기밀에 속하는 편지들이 결국 나타나서 여러 사람의 명예를 돌이킬 수 없게 실추시키는 증거가 될 것인가?'

그러나 푸셰는 죽은 후에도 스스로에게 충실하다. 어느 날랜 서점상이 1824년 파리에서 출판한 이 회고록은 푸셰라는 인물만큼이나 신뢰할 수 없는 내용을 담고 있다. 입이 몹시 무겁던 푸셰는 무덤에서도 모든 진실을 털어놓지 않는다. 자신의 비밀들을 혼자만 누리려고 차가운 땅 속으로 가져가 버린 것이다. 그렇게 해서 푸셰라는 인물 자체가 비밀로 남게 된다. 이것도 저것도 아닌 불가사의한 인물 푸셰! 그의 전모를 밝힐 수는 없을 것이다. 하지만 바로 그렇기 때문에 우리는 지금도 여전히 푸셰를 불러내어 종교재판을 하듯 집요하게 심문하고 싶다는 유혹을 느낀다. 푸셰 못지 않게 거장다운 솜씨로 말이다. 흐릿하게 사라지는 그의 자취를 포착해서 뒤얽힌 인생항로를 모조리 찾아내고 싶은 유혹, 파란만장한 운명을 알아내서 너무도 특이한 정치적 인간 푸셰가 정신적으로 어떤 장르에 속하는지를 알아내고 싶은 유혹을 느끼는 것이다.

■ 프랑스 공화국 혁명력

프랑스 혁명정부는 1793년 11월 24일부터 그레고리력을 폐지하고 새 역법을 실행한다. 공화정 탄생을 선언한 1792년 9월 22일이 공화력의 설날이 된다. 모든 단위를 가급적 10진법에 맞춘다는 혁명정부의 뜻에 따라 시간의 단위는 10진화된다. 1년은 12개월, 한 달은 30일, 한 주는 10일로 나누고 10번째 날을 휴일로 한다. 그렇게 해서 365일 중 남는 5일을 공휴일로 한다. 달의 명칭은 전통적인 이름을 버리고 계절의 특징을 따라 붙인다.

아래는 공화국 제2년의 혁명력이다.

가을

포도의 달 (방데미에르Vendémiaire): 9월 22일~10월 21일

안개의 달 (브뤼메르Brumaire): 10월 22일~11월 20일

서리의 달 (프리메르Frimaire): 11월 21일~12월 20일

겨울

눈의 달 (니보즈Nivôse): 12월 21일~1월 19일

비의 달 (플뤼비오즈Pluviôse): 1월 20일~2월 18일

바람의 달 (방토즈Ventôse): 2월 19일~3월 20일

봄

씨앗의 달 (제르미날Germinal): 3월 21일~4월 19일

꽃달 (플로레알Floréal): 4월 20일~5월 19일

풀달 (프레리알Prairial): 5월 20일~6월 18일

여름

수확의 달 (메시도르^{Messidor}): 6월 19일~7월 18일

열熱의 달 (테르미도르^{Thermidor}): 7월 19일~8월 17일

열매달 (프뤽티도르^{Fructidor}): 8월 18일 또는 8월 19일~9월 16일

혁명축제일 (상퀼로티드^{Sansculottides}): 9월 17일~9월 21일

공화정에서 나폴레옹 1세가 통치하는 제정으로 바뀐 지 1년 뒤인 1806년 1월 1일부터 혁명력은 폐지되고 다시 그레고리력으로 돌아간다.

1759년	5월 21일 낭트 시 부근의 작은 마을 르 펠르랭^{Le Pellerin}에서 조제프 푸셰가 상인 겸 선장인 쥘리앵 조제프 푸셰의 아들로 태어난다.

1759년 5월 21일 낭트 시 부근의 작은 마을 르 펠르랭^{Le Pellerin}에서 조제프 푸셰가 상인 겸 선장인 쥘리앵 조제프 푸셰의 아들로 태어난다.

1774년 루이 16세 즉위.

1781년 11월 푸셰는 파리의 오라투아르 수도학교의 교사로 취임한다.

1787년 2월~5월 명사회^{Assemblée des notables}가 파리에서 열린다.

1788년 국가는 재정 위기에 처하고 식량 부족으로 도처에서 폭동이 일어난다. 8월 삼부회 소집이 결정된다.

1789년 4월 26일 막시밀리앙 드 로베스피에르가 삼부회의 아르투아 제3신분 대표로 선출된다.

6월 17일 제3신분 대표들은 제1, 2신분인 성직자와 귀족이 개혁을 막을 것을 우려하여 자신들의 모임이 곧 '국민의회'임을 선언한다.

6월 20일 테니스 코트의 선서. 제3신분 대표들은 회의장 입장을 거부당하자 테니스 코트에 모여서 프랑스 헌법이 제정될 때까지 해산하지 않을 것을 맹세한다. 몇몇 성직자와 귀족 대표들도 합류한다.

7월 9일 성직자와 귀족 신분까지 모두 참여한 국민의회는 스스로 '제헌의회'라 칭한다.

7월 14일 파리 군중이 바스티유를 습격하고 함락시킨다.

10월 5, 6일 파리 군중은 베르사유 궁으로 난입하여 국왕 일가를 파리의 튈르리 궁으로 끌고 온다. 제헌의회도 파리로 입성한다.

10월 자코뱅클럽 창설. 이 클럽의 전신은 브르타뉴 출신의 삼부회 의원들이 모여 만든 클럽이다.

10월 5, 6일 봉기 후 이 클럽은 '헌법의 벗 협회La société des Amis de la Constitution'라는 이름으로 자코뱅 수도원에서 집회를 열며 의원들 뿐 아니라 시민들에게도 문을 연다. 이후 자코뱅클럽으로 불리게 된다.

11월 2일 교회 재산을 몰수하여 국유화하는 법령이 통과된다.

12월 14일 몰수된 교회 재산을 담보로 아시냐를 발행한다.

1790년 7월 12일 제헌의회는 교회와 성직자들을 국가의 관할 하에 두는 '성직자에 관한 민사 기본법'을 제정한다.

11월 27일 국왕은 모든 성직자들에게 '성직자에 관한 민사 기본법'에 대한 충성 서약을 의무화하는 법안을 승인한다.

1791년 6월 20~22일 국왕 일가의 바렌 탈주 사건. 오스트리아로 탈주하려던 국왕 일가는 국경 인근에서 붙잡힌다. 루이 16세는 계속 왕위에 머무르지만 민중의 지지를 상실한다.

7월 17일 샹 드 마르스의 학살. 왕의 퇴위를 요구하는 민중이 샹 드 마르스에 모여 시위를 벌이는데 국민방위대 사령관 라파예트가 발포를 명령해 수많은 사상자를 낸다.

9월 3일 새 헌법이 공포되고 국왕은 헌법을 성실히 지킬 것을 서약한다.

9월 30일~10월 1일 제헌의회가 해산하고 입법의회가 소집된다.

1792년 4월 20일 혁명전쟁 시작. 입법의회는 오스트리아와 프로이센에 선전포고한다.

8월 10일 민중 봉기. 파리 민중은 튈르리 궁전을 습격한다. 입법의회는 국왕의 권한 정지를 선언한다. 국왕 일가는 탕플르 감옥에 수감된다.

9월 2~6일 9월 학살. 외국 군대가 프랑스로 진격하자 격앙된 파리 민중은 감옥을 습격하여 1,200명에 달하는 반혁명 혐의자를 살해한다.

9월 16일 국민공회 의원으로 당선된 푸셰는 부유한 상인의 딸 본 잔느 쿠웨코 Bonne Jeanne Coiquaud, 1763~1812와 결혼한 후 파리로 이주한다.

9월 20일 프랑스군이 발미 전투에서 대승한다. 국민공회 첫 집회가 열린다.

1793년 1월 16, 17일 국민공회에서 루이 16세의 처형이 공개 표결에 부쳐지고 결국 국왕은 사형선고를 받고 21일 처형된다.

2월 1일 국민공회는 영국과 네덜란드에 선전포고한다.

4월 6일 국민공회는 공안위원회를 창설한다. 이 조치로 지롱드파는 힘을 잃고 산악파는 약진한다.

5월 31일~6월2일 파리 민중 봉기. 무장한 상퀼로트들이 국민공회가 열리는 튈르리 궁으로 침입하여 지롱드파 의원을 공격한다.

6월 2일 국민공회가 지롱드파 의원 29명의 체포를 결정하며 지롱드파는 몰락하게 된다.

7월 17일 리옹 시는 파리 정부에 반기를 들고 자코뱅 조제프 샬리에를 내란죄로 처형한다.

8월 9일 혁명정부는 반란 도시 리옹에 대한 공격을 시작한다.

10월 9일 리옹은 혁명군의 수중에 들어온다.

10월 16일 마리 앙투아네트 왕비가 처형된다.

10월 31일 지롱드파 의원 22명이 처형된다.

11월 10일 푸셰가 파견의원으로 리옹에 부임한다.

12월 4일 프리메르 법이 통과되면서 공안위원회의 권한이 강화된다. 푸셰는 리옹에서 대학살을 시작한다.

1794년　2월 6일 푸셰는 산탄 난사 처형을 중지시킨다.

3월 24일 에베르파 19명이 처형된다.

4월 1일 푸셰가 파리로 소환된다.

4월 5일 당통 등 관용파 14명이 처형된다.

4월 9일 푸셰는 국민공회에서 자신을 변론한다.

5월 6일 로베스피에르는 푸셰의 무신론을 공격하며 "최고존재의 실재와 영혼의 불멸"을 주장하는 연설을 한다.

6월 8일 '최고 존재 축제'가 성대히 치러진다.

6월 10일 프레리알 22일 법이 채택되며 혁명재판소는 피고의 변호와 증인 심문을 폐지한다. 이 법이 제정된 후 로베스피에르가 몰락할 때까지 45일 동안 1,285명이 처형된다.

7월 15일 자코뱅클럽에서 푸셰가 제명된다.

7월 27일 테르미도르의 반동. 로베스피에르, 생쥐스트, 쿠통 등이 체포된다.

7월 28일 로베스피에르와 그의 지지자 22명이 처형된다.

12월 지롱드파 의원 73명이 복권된다.

1795년	5월 28일 바라스, 시에예스, 탈레랑으로 이루어진 총재정부가 구성된다.
	8월 9일 국민공회는 푸셰를 체포한다.
	10월 26일 국민공회가 해산되고 5명으로 이루어진 총재정부가 수립된다. 푸셰를 포함한 여러 수감자와 피의자들이 사면을 받는다.
	11월 20일 바뵈프와 자코뱅 잔존 세력이 주축이 되어서 팡테옹클럽을 창설한다.
1796년	3월 2일 나폴레옹 보나파르트는 이탈리아 원정군의 수장이 된다. 그 직후 조제핀과 결혼한다.
	4월 16일 바뵈프의 평등주의자들의 음모가 제압된다.
1797년	3월 27일 푸셰의 아들 조제프–리베르테Joseph-Liberté가 태어난다.
	5월 27일 바뵈프가 처형된다.
	9월 3, 4일 프뤽티도르 쿠데타. 5인 총재 중 셋(바라스, 뢰벨, 라 레블리에르)이 작당하고 나폴레옹 군대의 힘을 빌려 다른 총재와 의원들을 체포한다. 푸셰도 이 쿠데타에 가담한다. 이 사건으로 왕당파 의원 198명이 제명되고 카르노는 스위스로 망명한다.
1798년	5월 11일 플로레알 22일의 쿠데타. 바라스가 이끄는 총재정부는 4월 선거의 당선자 중 자코뱅파와 과격파 106명을 추방한다.
	5월 19일 나폴레옹은 이집트 원정을 떠난다.
	7월 23일 나폴레옹은 카이로에 입성한다.
	10월 5일 푸셰는 밀라노에 외교 사절로 파견된다.
1799년	7월 21일 바라스와 시에예스에 의해 푸셰는 경찰장관으로 임명된다.
	8월 13일 푸셰는 신자코뱅클럽(미네쥐클럽)을 폐쇄한다.
	11월 9일 나폴레옹은 브뤼메르 18일 쿠데타를 일으켜서 통령정부를 구축한다.
1800년	6월 14일 나폴레옹은 마렝고 전투에서 대승한다.
	12월 24일 올빼미파의 나폴레옹 암살 시도가 실패한다.
1801년	2월 9일 프랑스와 오스트리아는 뤼네빌 평화조약을 맺는다.
1802년	3월 25일 영국과 아미앵 평화조약 체결.
	7월 16일 교황과 종교협약Concordat 체결.
	8월 2일 나폴레옹은 국민투표에 의해 종신통령이 된다.
	9월 나폴레옹은 경찰청을 없애고 푸셰를 원로원 의원에 임명한다.

1804년	3월 9일 나폴레옹은 앙기앵 공작을 중립 지역에서 납치한 후 처형한다.
	3월 21일 프랑스 민법전(후에 나폴레옹 법전이라 불리게 된다)이 완성된다.
	7월 푸셰는 다시 경찰장관으로 임명된다.
	12월 2일 나폴레옹은 대관식을 치르고 황제가 된다.
1805년	10월 21일 프랑스군은 트라팔가 해전에서 영국의 넬슨에게 패한다.
	12월 아우스터리츠 전투에서 러시아·오스트리아 동맹군에 승리한다.
1806년	1월 1일 황제정부는 혁명력을 폐지한다.
	10월 프랑스군은 예나와 아우어슈테트에서 대불동맹군에게 대승을 거둔다.
	11월 21일 황제정부는 영국과의 무역을 금지하는 대륙봉쇄령을 내린다.
1807년	7월 프랑스는 프로이센 및 러시아와 틸지트 평화조약을 체결한다.
1808년	3월 스페인 마드리드에서 폭동이 발생한다.
	7월 조제프 보나파르트가 스페인왕에 즉위한다.
	11월 스페인 원정 전쟁이 시작된다.
	12월 23일 나폴레옹은 시종장 탈레랑을 파면한다.
1809년	5월 나폴레옹군은 오스트리아를 상대로 전쟁을 벌인 후 빈에 입성한다.
	7, 8월 푸셰는 나폴레옹 부재 중 영국의 발헤른 섬 침략을 성공적으로 격퇴한다.
	8월 15일 나폴레옹은 푸셰를 오트란토 공작에 봉한다.
	10월 프랑스는 오스트리아와 쇤브룬 평화조약을 체결한다.
	12월 나폴레옹은 조제핀과 이혼한다.
1810년	3월 나폴레옹은 오스트리아의 공주 마리 루이즈와 재혼한다.
	6월 푸셰는 경찰장관직에서 해임된다.
	12월 러시아는 대륙봉쇄령을 파기한다.
1812년	5월 9일 나폴레옹은 러시아 원정을 위해 독일로 출발한다. 푸셰의 아내가 사망한다.
	9월 7일 보로디노 전투가 벌어진다.
	10월 19일 프랑스군은 모스크바에서 후퇴를 시작한다.
	12월 나폴레옹은 파리 튈르리 궁으로 돌아온다.
1813년	5월 푸셰는 일라리아의 총독으로 부임한다.
	10월 16~19일 프랑스는 라이프치히 전투에서 패배한다.

12월 중순 푸셰는 나폴리에 외교 사절로 체류한다.

1814년 3월 31일 연합군이 파리에 입성한다.

4월 1일 나폴레옹은 실각하고 부르봉 왕가의 루이 18세가 복귀한다.

4월 8일 푸셰는 이탈리아에서 파리로 돌아온다.

5월 말 경 나폴레옹은 엘바로 이주한다.

1815년 3월 20일 엘바를 탈출한 나폴레옹이 파리에 입성한다. 100일 천하가 시작되고 푸셰는 다시 경찰장관으로 임명된다.

6월 18일 워털루 전투에서 프랑스군은 웰링턴 공이 이끄는 동맹군에 패배한다.

6월 22일 나폴레옹이 퇴위한다.

6월 23일 푸셰는 임시정부의 수반이 된다.

7월 루이 18세는 은밀한 장소에서 푸셰를 경찰장관으로 임명한다.

7월 7일 프로이센군은 튈르리 궁을 점령하고 임시정부는 이에 대한 항의로 사퇴한다.

7월 28일 루이 18세는 파리로 복귀하여 왕정을 재개한다.

8월 1일 푸셰는 가브리엘레 드 카스텔란Gabrielle de Castellane 백작 영양과 혼인한다.

9월 15일 푸셰는 장관직에서 해임되고 드레스덴 대사로 임명된다.

1816년 1월 푸셰는 프랑스에서 추방되고 대사직에서 파면된다.

8월 푸셰 일가는 메테르니히의 주선으로 프라하로 이주한다.

1818년 4월 푸셰 일가는 린츠로 이주한다.

1819년 푸셰 일가는 트리에스테로 이주한다.

1826년 12월 26일 푸셰는 트리에스테에서 사망한다.

마사 공작, 레니에, 클로드duc de Massa, Régnier, Claude, 1746~1814 삼부회 의원. 총재정부 당시 원로원 의원으로 나폴레옹의 쿠데타를 돕는다. 나폴레옹 정부에서 법무장관을 지낸다. •247

메리쿠르, 테루아뉴 드 Mericourt, Theroigne de, 1762~1817 프랑스의 여성 혁명가. 8월 10일 봉기에 적극 참여한다. 여성도 무장을 하고 싸워야 한다는 주장을 펼쳐 '프랑스 혁명의 아마존'이라는 별명을 얻는다. 1793년 5월 상퀼로트들에게 구타당한 후 머리에 부상을 입고 정신병에 걸려 여생을 마친다. •37

메테르니히 후작, 클레멘스 폰Fürst von Metternich, Klemens von, 1773~1859 오스트리아의 보수 정치가. 1814년 유럽 문제를 논의하는 의장이 되어 유럽 정계의 보수화를 주도한다. •142, 204, 213, 288, 295, 300~303, 346~348, 351, 355, 367

뮈라, 조아킴 Murat, Joachim, 1767~1815 기병장교. 나폴레옹의 누이 카롤린의 남편. 1795년 나폴레옹에게 발탁된 후 많은 전공을 세운다. 1808~1815년까지 나폴리왕으로 재임한다. 러시아 원정 실패 후 나폴레옹을 등지고 연합군과 우호 관계를 유지하며 나폴리 왕국을 유지하려 한다. 백일천하 때 다시 나폴레옹 편에 서서 싸운 후 군사재판을 통해 총살된다. •266, 288, 295, 319

미라보, 오노레 가브리엘 Mirabeau, Honoré Gabriel, 1749~1791 프랑스 혁명 초기 정치 지도자. 귀족 출신이지만 제3신분 의원으로 삼부회에 참가한다. 1789년 6월 왕정이 제3신분의 집회를 해산시키려 하자 열변을 토하여 결집을 호소한다. 입헌군주정을 옹호한 온건주의자. 프랑스 혁명이 가장 과격한 시점에 이르기 전에 사망한다. 1792년 8월 10일 봉기 때 튈르리 궁 철제 금고에서 미라보가 왕실과 내통하고 있음을 밝히는 문서가 발견되었고 1794년 국민공회는 그의 유해를 팡테옹에서 제거하도록 조처한다. •31, 87, 142

| ㅂ |

바라스, 폴 Barras, Paul, 1755~1829 귀족 장교 출신의 혁명가. 국민공회 의원. 보나파르트의 후원자. 파견의원 시절 공금 횡령 혐의로 파리로 소환된다. 테르미도르 반동에 가담한다. 그 후 보나파르트의 도움으로 왕당파의 반란 음모를 막으며 총재정부의 실권자로 부상한다. 1797년 쿠데타로 권력의 정상에 오르지만 1799년 브뤼메르 쿠데타로 권좌에서 물러난다. •39, 90, 105~107, 116, 120, 121, 124, 132~134, 137~140, 151, 153~155, 157, 168~170, 199, 216, 248, 252, 286, 309, 365

바르바로사, 프리드리히 1세 Barbarossa, Friedrich I, 1122~1190 신성로마제국 황제. 6차례에 걸쳐 이탈리아 원정을 벌인다. •62

바뵈프, 프랑수아 Babeuf, François-Noël, 1760~1797 로마 시대 호민관의 이름을 따라 그라쿠스Gracchus 바뵈프라고 자칭했다. 혁명가. 정치

년 프로이센과의 전쟁에서 패한 후 망명한다.
• 252

보아르네 일가de Beauharnais

조제핀 드 Joséphine de, 1763~1814 첫 남편 알렉상
드르 보아르네는 1794년 처형되었다. 이 결
혼에서 두 자녀를 얻는다. 1796년 보나파르
트와 혼인한다. 1810년 자식을 얻지 못해 이
혼당한다. • 146, 155, 168, 174~178, 237, 365, 366

외젠 로제 드 Eugéne Rose de, 1781~1824 조제핀의 아
들로 나폴레옹에게 입양된다. 1805년 이탈리
아 제2군주가 되며 바이에른 왕국의 공주와
결혼한다. 러시아 원정에 참여하고 1813년 독
일 주재 프랑스군을 지휘한다. 1814년 나폴
레옹이 실각하자 연합국에 항복한 후 바이에
른에 칩거한다. 장인 막시밀리앙왕으로부터
로이히텐베르크 공작의 지위를 얻는다. • 288

오르탕스 드 Hortense de, 1783~1837 조제핀의 딸.
1802년 의부 나폴레옹의 동생 루이 나폴레
옹과 결혼하고 1806~1810년 동안 네덜란
드 왕비에 봉해진다. 나폴레옹 3세의 어머니
이다. • 276

부르동 드 루아즈, 프랑수아 루이 Bourdon de
l'Oise, François Louis, 1758~1797 국민공회 의원. 지롱
드파에서 산악파로 입장을 바꾼다. 테르미도
르 반동에 참여한다. 이후 매우 호전적인 반
동주의자로 변한다. 프뤽티도르 쿠데타(1797
년) 당시 왕당파로 지목되어 유형을 선고받
는다. • 114

부리엔, 루이 앙트완 Bourrienne, Louis Antoine,

1769~1834 나폴레옹의 사관학교 동기생으로
1796년 그의 개인 비서가 된다. 1802년 부
정 거래 혐의로 해직된다. 1814년 루이 18세
를 지지하며 백일천하 시기에 루이 18세를
따라 헨트로 간다. 제2왕정복고 후 장관직을
맡는다. • 274, 275, 288, 295

브란겔 남작, 표트르 Wrangel, Freiherr Peter von,
1878~1928 제정 러시아의 사령관. • 61

브리소, 자크 피에르 Brissot, Jacques Pierre, 1754~1793
언론인, 입법의회 및 국민공회 의원. 지롱드
파의 지도자. 흑인 문제에 관심을 갖고 '흑인
의 벗 협회'를 창설한다. 1793년 지롱드파 몰
락 후 처형된다. • 22, 87

블뤼허, 게프하르트 레베레히트 폰 Blücher,
Gebhard Leberecht von, 1742~1819 프로이센군의 총사
령관. 라이프치히 전투와 워털루 전투에서
나폴레옹에게 승리한다. • 262, 305, 307, 318

비트롤르 남작. 유진 프랑소아 다노baron de
Vitrolles, Eugéne François d'Arnauld, 1774~1854 프랑스의
정치가. 1791년 혁명에 반대하여 망명한다.
1815년 루이 18세 복귀 후 의회에서 극단적 왕
당파로 활약한다. 이후 장관을 지낸다. • 323,
325, 326

비요 바렌, 자크 니콜라 Billaud-Varenne, Jacques-
Nicolas, 1757~1819 국민공회의 극좌파 의원. 1793
년 9월 공안위원회 의원이 된다. 에베르파를
숙청하는 과정에서 로베스피에르와 불화하

게 되고 테르미도르 반동에 참여한다. 그 후
공포 정치가로 체포되어 기아나 유형에 처해
진다. •123, 141

| ㅅ |

사바리, 앙느 장, 로비고 공작 Savary, Anne-Jean,
duc de Rovigo, 1794~1833 나폴레옹의 부관이 되어
경찰 업무를 수행한다. 1810년 푸셰의 후임
으로 경찰장관이 된다. •233, 238, 241~245

사보나롤라, 지롤라모 Savonarola, Girolamo, 1452~1498
피렌체의 종교개혁가. 교회와 속세의 타락을
신랄하게 비판하다가 교회로부터 파문당하
고 화형에 처해진다. •91

산악파La Montagne 국민공회 내의 좌파. 자코뱅
파와 코르들리에파(쇼메트, 에베르, 데물랭)가
주축을 이룬다. 산악파의 결집력과 정체성은
동일한 정치적 신념에 근거한다기보다는 반
대파인 지롱드파와의 차별에서 생겨난다. 지
롱드파가 1791년 헌법에 의한 법적 평등으
로 혁명이 완성되었다고 보는 반면 산악파
는 사회적 평등을 이루고자 한다. 지롱드파
가 이론가이며 사상가인 반면 산악파는 행동
을 실천하고자 한다. 지롱드파 몰락 후 산악
파 내의 개개 파벌이 반목하게 되고 결국 로
베스피에르의 독재로 이어진다. 그가 처형된
후 남은 산악파는 국민공회에서 권력을 잃고
1795년 반혁명적 봉기가 일어나면서 처형되
거나 유형에 처해지며 몰락한다. •7, 9, 28, 32,
87, 117, 121, 126, 179, 364

상테르, 안톤 조제프 Santerre, Antoine Joseph,
1752~1809 프랑스의 양조업자. 혁명기에 국민
방위대의 지도자로 출세한다. 1792년 8월 10
일 튈르리 궁전 습격을 이끌었고, 1793년 1
월 21일 민중을 동원하여 의원들에게 루이 16
세의 처형을 요구하도록 압력을 가한다. •37

샬리에, 마리 조제프 Chalier, MarieJoseph, 1747~1793
성직자 출신의 혁명가. 1789년부터 리옹 시
정부의 상업 분야에서 활약하며 최저임금제
와 물레방아 국유화 등 좌파적 정책을 관철
하려 한다. 지롱드파가 주류인 시 정부와 불
화를 일으키다가 1793년 5월 온건주의자들의
반란이 일어나면서 처형된다. 사후 국민공회
는 그를 혁명의 순교자로 인정한다. •58~61,
65, 69~71, 80, 83, 85, 364

샤보, 프랑수아 Chabot, François, 1756~1794 전직 성직
자로 입법의회와 국민공회 의원. 극좌파의 이
익을 대변하고 반기독교화 운동에 앞장선다.
1794년 당통, 데물랭과 함께 처형된다. •87

생쥐스트, 루이 앙투안 레옹 드 Saint-Just, Louis
Antoine Léon de, 1767~1794 국민공회 의원이며 공포
정치 시기 공안위원회 위원. 로베스피에르의
오른팔로 에베르파, 당통파의 숙청을 주도
한다. 테르미도르 반동 때 처형된다. •82, 93,
109, 111, 113, 115, 117, 118, 136, 364

세르방, 조제프 Servan, Joseph, 1741~1808 지롱드파

성향의 장군. 1792년 육군 장관으로 재직하며 체벌을 폐지하는 등 근대화를 시도한다. 지롱드파 몰락 후 투옥되었다가 테르미도르 반동 후 복권된다. •30

세레르, 바르톨로메 Schérer, Barthélemy, 1747~1804 프랑스 장군. 1797년 군무부 장관을 역임한다. 1800년 전투에서 패배 후 은퇴한다. •138

쇼메트, 피에르-가스파 Chaumette, Pierre-Gaspard Chaumette, 1763~1794 프랑스 혁명가. 비기독교화 운동을 주도하며 이성 숭배를 독려한다. 급진좌파라는 점에서 에베르파에 가깝지만 에베르파가 로베스피에르와 반목할 때는 거리를 둔다. 그러나 에베르파가 숙청된 후 외국의 스파이라는 혐의를 받고 처형된다. •48, 81, 86, 87, 95, 127, 234

술라, 루키우스 코르넬리우스 Sulla, Lucius Cornelius, B.C. 138~B.C. 78 로마의 정치가. 독재관으로 반대파를 무자비하게 숙청한다. B.C. 80년 돌연 정계에서 은퇴한다. •189

슈나이더, 오일로기우스 Schneider, Eulogius, 1756~1794 독일 가톨릭 성직자. 본대학 교수로 재직하다가 친혁명 성향을 이유로 해임된 후 1791년 스트라스부르로 가서 혁명가로 활약한다. 혁명재판소의 민간 검사로 일하면서 30명을 사형에 처한다. 1793년 12월 생쥐스트에 의해 체포되어 파리로 압송된 뒤 처형당한다. •82

슈탑스, 프리드리히 Stapß, Friedrich, 1792~1809 목사의 아들로 혼자 빈으로 가서 나폴레옹 암살을 시도하다가 처형된다. •224

시에예스, 에마뉘엘 조제프 Sieyès, Emmanuel Joseph, 1748~1836 성직자이며 이론가. 1789년 팸플릿 「제3신분이란 무엇인가?」를 발표하여 프랑스 혁명의 핵심 사상인 민중주권 개념을 널리 알린다. 혁명이 과격화하자 침묵을 지키다가 1795년 500인 의회 의원으로 선출되며 1799년 총재직을 맡는다. 나폴레옹의 쿠데타를 지지한 후 나폴레옹 정부에서 원로원 의원이 된다. 1815년 왕정복고 후 국왕 처형에 찬성한 죄로 추방되었다가 1830년 귀국한다. •18, 129, 164, 365

| ㅇ |

아레나, 조제프 앙트완 Aréna, Joseph Antoine, 1771~1801 코르시카인. 보나파르트 집안과 적대 관계에 있는 가문 출신. 1797년 500인 의회 의원. 1800년 나폴레옹 암살을 시도했다는 혐의로 처형된다. •179

아레티노, 피에트로 Aretino, Pietro, 1492~1556 동시대 예술과 정치에 엄청난 영향을 미친 이탈리아 출신의 극작가이자 풍자 문학가이다. •328

앙굴렘 공작부인, 마리 테레즈 왕녀duchesse d'Angoulême, Marie-Thérèse de France, 1778~1851 루이 16세와 마리 앙투아네트의 맏딸로 극단적 왕당파

성향. 1795년 혁명 세력으로부터 석방되어 빈으로 간다. 1799년 숙부 아르투아 백작의 장남 앙굴렘 공작과 결혼한다. 시아버지가 1824년 샤를 10세로 왕위에 오르며 황태자비가 된다. 1830년 혁명으로 망명한다. •338

앙기앵 공작, 루이 앙투완duc d' Enghien, Louis Antoine, 1772~1804 부르봉 가문의 방계인 콩데 가문의 마지막 왕자. 1789년 바스티유 함락 후 망명한다. 1802년부터 선제후국 바덴에 정착한다. 나폴레옹의 명령으로 납치되어 처형된다. •191, 215, 366

앙리 4세 Henri IV de France, 1553~1610 부르봉 가문 최초의 프랑스 왕이다. 신교도였으나 1593년 프랑스 왕이 되기 위하여 로마 가톨릭으로 개종하였다. "파리를 위해서라면 가톨릭 미사를 치르겠다"는 말을 했다고 전해진다. •327

에베르, 자크 르네Hébert, Jacques René, 1757~1794 혁명 지도자이며 언론인. 1790년부터 〈페르 뒤셴Père Duchesne〉이라는 급진적이며 선동적 잡지를 발행하며 소시민층에 엄청난 영향력을 행사한다. 1793년 5월 지롱드파의 몰락에 기여한다. 에베르와 그의 동지들인 에베르파는 관용파인 당통파를 공격하며 비기독교화 운동에 앞장선다. 에베르파는 종교 문제에서 로베스피에르와 반목하게 되고 결국 처형된다. •43, 81, 87, 364

엑셀만, 르미−이지도르 Exelmans, Rémy-Isidore, 1775~1852 프랑스 장군. 1814년 부르봉 왕가로 넘어갔으나 나폴레옹이 엘바에서 복귀하자 그를 지지한다. 1816년 프랑스에서 추방되었다가 1823년 돌아온다. 나폴레옹 3세는 1851년 그를 육군 원수로 임명한다. •279

오를레앙 공작, 루이 필립 1세duc d'Orléans Louis-Philippe I. 1773~1850 평등공 필립 오를레앙Philippe d'Égalité Orléans의 아들로 1793년 아버지가 처형된 후 오스트리아로 망명한다. 1830년 7월 혁명 후 왕위에 올라 1848년 2월 혁명까지 프랑스를 통치한다. •153, 291, 321, 325

오슈, 라자르 Hoche, Lazare, 1768~1797 프랑스 직업군인으로 프랑스 혁명을 지지한다. 1792년 시작된 혁명전쟁에서 오스트리아와 프로이센을 상대로 눈부신 활약을 펼친다. 로베스피에르에 의해 체포되었다가 테르미도르 반동 후 풀려난다. 그 후 계속 전공을 세우다가 독일에서 병사한다. •154

오주로, 장 피에르 Augereau, Jean-Pierre, 1757~1816 프랑스 장군. 라이프치히 전투 후 나폴레옹에 등을 돌리고 부르봉 왕정에 합류한다. •288

올빼미파Chouans 반혁명 왕당파. 1793년 혁명 정부의 징집령에 가톨릭 세력이 강한 방데와 브르타뉴가 반발하여 봉기하면서 올빼미파가 생겨난다. 총재정부가 상황을 통제하지 못하던 1797~1799년에 프랑스 서부의 일부 지역을 점거하기까지 한다. 나폴레옹은 포용과 억압을 통하여 올빼미파를 약화시켜서 1800년 초 여러 지도자들이 투항한다.

1800년 12월 나폴레옹 암살 시도 후 올빼미파는 처형되거나 영국으로 망명한다. 부르봉 왕정복고 후 남아 있는 올빼미파는 후한 보상을 받고 고위직에 기용된다. •179~181, 365

우브라르, 가브리엘 쥘리앵 Ouvrard, Gabriel-Julien, 1770~1846 프랑스의 사업가, 은행가. 혁명 초기부터 식료품 사업에서 두각을 나타내고 총재정부 시절 바라스에 줄을 대어서 군대의 급식을 맡는다. 나폴레옹이 권력을 잡은 후 부정 거래로 인해 여러 차례 곤경에 빠진다. 1810년 푸셰와 함께 영국과 평화 협상을 시도했던 것이 발각되면서 3년 징역형을 치른다. •232~235, 245

웰링턴 공작. 웰즈리, 아서1st Duke of Wellington Wellesley, Arthur, 1769~1852 영국의 정치가이자 군인. 영국군 총사령관으로 워털루에서 나폴레옹에게 승리를 거둔다. 외무장관과 총리를 역임한다. •291, 305, 306, 320, 327, 337, 346, 367

| ㅈ |

자코뱅클럽/자코뱅파 1789년 10월 파리에서 '헌법의 벗'클럽La société des Amis de la Constitution이 창설되고 국회의사당 근처에 있는 자코뱅 수도원에서 집회를 연 것을 시작으로 자코뱅클럽이라 불리게 된다. 곳곳에 지부를 설립한 이 클럽은 원래 다양한 혁명 사상을 지향하는 사람들이 모인 정치 클럽이었지만 혁명을 거치면서 신념과 정책에 의해 분열된다.

먼저 입헌군주제를 지지하는 푀양파Feuilants가 1791년 클럽을 탈퇴한다. 1792년 10월 10일 자코뱅클럽은 지롱드파를 제명한다. 이후 자코뱅클럽은 좌파인 산악파 일색이 된다. 일반적으로 자코뱅이란 용어는 이 급진 공화파를 의미한다. 마라, 당통, 로베스피에르는 자코뱅의 세 거두라 불린다. 테르미도르 반동 후 파리 자코뱅클럽은 몰락한다. •4, 21, 34, 37, 41, 45, 54, 56, 58, 59, 65, 70~72, 79~81, 83, 84, 94, 97~102, 109, 117, 123, 127, 138, 141~144, 146, 149, 150, 154, 177, 178, 179, 192, 225, 237, 284, 314, 327, 328, 330, 335, 338, 340, 346, 348, 356, 362~365

젤트니츠키, 요제프 폰 Sedlnitzky, Josef von, 1778~1855 오스트리아의 고위 관리. 1815년 경찰청장에 임명되어 삼엄한 검열 조치를 실행한다. •142

주베르, 바르톨로메 카트린 Joubert, Barthélemy Catherine, 1769~1799 프랑스 장군. 뛰어난 재능을 발휘하며 승진을 거듭하다가 전사한다. •154

쥐노, 장 안도쉬 Junot, Jean Andoche, 1771~1813 프랑스 장군. 툴롱 전투부터 나폴레옹을 동반한다. 러시아 원정 후 정신착란 증세를 보이다가 사망한다. •263

지롱드파Girondins 프랑스 혁명기 정치 파벌의 하나로 남서부의 지롱드주 출신 의원들이 주축이 되었기에 이렇게 불린다. 즉 혁명 당시 '지롱드파'라는 명칭은 없었다. 이 명칭이 역사학 용어로 정착한 것은 1847년 라마르틴의 《지롱드 당사》가 출판된 이후이다. 지롱드파는 응집력 있는 당파가 아니라 온건 공화파 계열의 중산층과 지식인이 모인 여러 파벌의 집합체이다. 브리소, 베르니요, 콩도르세, 롤랑 등이 지도자이다. 원래 지롱드파는 자코뱅클럽 소속 의원들이었고 입법의회에서는 철저한 민주파인 로베스피에르와 함께 좌파를 이룬다. 1792년 9월 학살 후부터 지롱드파는 보수화하며 10월 자코뱅클럽은 이들을 제명한다. 국민공회에서 다수 의석을 차지한 지롱드파는 우파 세력을 형성하여 자코뱅이 주축이 된 좌파와 대결한다. 1793년 상퀼로트의 봉기로 몰락한다. •28~30, 32, 34, 36, 38, 45, 67, 87, 98, 105, 124, 286, 363, 364

| ㅋ |

카두달, 조르쥬 Cadoudal, Georges, 1771~1804 브르타뉴 출신 장군으로 올빼미당의 지도자. 1803년 나폴레옹 암살을 계획하다가 1804년 체포되어 처형된다. •180

카토, 마르쿠스 포르키우스 Marcus Porcius Cato Uticensis, B.C. 95~46 로마 공화정 말기의 정치인으로 카이사르에 맞서서 공화정을 수호하고자 한다. 당시 부패가 만연한 로마의 정계에서 청렴결백함의 상징적 인물로 유명하다. •105, 136

카르노, 라자르 Carnot, Lazare, 1753~1823 수학자, 정치가 겸 장군, 군사기술 전문가. 국민공회 의원. 혁명전쟁에서 중요 전투를 승리로 이끈다. 테르미도르 반동에 가담한 후 총재정부에서 원로원 의원을 거쳐 총재가 되지만 1797년 프뤽티도르 쿠데타 후 망명한다. 1800년 나폴레옹에 의해 육군 장관에 임명되지만 곧 해임된다. 종신통령제에 반대한 후 1814년까지 정계를 떠나 있다가 백일천하 동안 내무부 장관을 지낸다. 왕정복고 후 추방되어 프로이센으로 망명한다. •4, 20, 39, 105, 117, 139, 172, 173, 290, 316, 317, 321, 324, 330, 365

카를 5세 Karl V, 1500~1558 합스부르크 가문 출신의 신성로마제국 황제이자 스페인 국왕. 동생에게 신성로마제국을, 아들에게 스페인 왕국을 물려주고 퇴위하였다. •189

카를 12세 Karl XII, 1682~1718 스웨덴의 국왕(재위 1697~1718). 1700년 러시아 제국을 상대로 발트해의 주도권을 놓고 전쟁을 벌여 승리한다. 1708년 스웨덴 군대를 이끌고 러시아 본토에 침공하여 1789년 동우크라이나의 폴타바에서 전투를 벌인다. 여기서 패한 후 스웨덴은 발트해의 지배권을 잃는다. •202, 203

카리에, 장 바티스트 Carrier, Jean-Baptiste, 1756~1794 국민공회 의원. 낭트의 파견의원이던 1793년 말 1794년 초에 2,000명이 넘는 죄수들을 루아르강에 익사시킨다. 이 일로 공안위원회에 소환된다. 테르미도르 반동에 참여하지만 몇 달 후 학살죄로 처형된다. •66, 82, 84, 122

카시우스, 가이우스 Cassius, Gaius B.C. 85~42 브루투스와 공모하여 카이사르를 암살한 로마 공화

정 말기의 정치인. •213

캉바세레스, 장 자크 Cambacérès (Jean Jacques, 1753~1824 법률가. 국민공회 의원으로 평원파에 속한다. 500인 의회 의원. 통령정부 시절 나폴레옹 법전 작성을 주도한다. 프랑스 제국의 총리대신. •236

코르테스, 에르난 Cortés, Hernándo, 1485~1547 스페인의 모험가. 1519년 아즈텍 제국(현재 멕시코)을 무력으로 정복한다. •203

콜로 데르부아, 장 마리 Collot d'Herbois, Jean-Marie, 1749~1796 배우 출신의 국민공회 의원. 극좌파인 에베르파에 속하며 반종교 운동을 지지한다. 공포정치 시기에 공안위원회 위원이 된다. 푸셰와 함께 리옹의 학살을 지휘한다. 테르미도르 반동 당시 국민공회 의장으로 핵심 역할을 수행한다. 그 후 기아나 유형을 떠나 병사한다. •47, 65, 69, 70, 72, 79~81, 83, 117, 123, 124, 127, 141, 216, 319

콜차크, 알렉산드르 바실리예비치 Koltschak, Alexander Wassiljewitsch, 1874~1920 러시아 내전 중 백군의 최고 지휘관. •61

콩도르세, 마리 장 앙투완 Condorcet,Marie Jean Antoine, 1743~1794 계몽주의 철학자. 입법의회, 국민공회 의원. 1793년 지롱드파 몰락 후 피신했다가 1794년 자살한다. •28, 30, 32, 36, 39, 86, 87

쿠통, 조르주 Couthon, Georges, 1755~1794 변호사. 입법의회, 국민공회 의원. 1793년 푸셰에 앞서 리옹 총독으로 일한다. 로베스피에르, 생쥐스트와 긴밀한 관계를 유지한다. 테르미도르 반동 때 이들과 함께 처형된다. •63~65, 84, 93, 364

퀴스틴, 아당 필리프 Custine, Adam Philippe, 1740~1793 직업군인. 삼부회의 귀족 대표이며 자유주의 사상을 지지한다. 1791년부터 군대로 돌아가 전투를 지휘하지만 연이어 패배한 결과 소환되어 처형된다. •31

| ㅌ |

탈레랑, 샤를-모리스 드 Talleyrand, Charles-Maurice de, 1754~1838 귀족 출신. 페리고르 공작. 1788년 오툉의 주교로 임명되었고 1789년 삼부회 의원에 당선되었다. 교회 재산의 국유화를 주장한 탓에 교회로부터 파문당했다. 혁명이 과격화되자 미국으로 망명하여 투기 등으로 거부가 된다. 테르미도르 반동으로 산악파가 몰락한 후 1796년 프랑스로 돌아와 총재정부의 외무를 담당하였다. 1799년 나폴레옹이 권력을 장악한 후 외무장관에 취임했고 나폴레옹 실각 후 부르봉 왕가의 복귀를 도왔으며 1830년 루이 필리프 통치기에는 영국 대사로 재직했다. •4, 18, 146, 157, 164, 191, 203, 206~217, 228, 236, 267, 268, 282, 284, 288, 291, 293, 295, 320, 327~329, 334, 341, 343, 365, 366

탈리앵, 장-랑베르^{Tallien, Jean-Lambert, 1760~1820)}
국민공회 의원. 테르미도르 반동 세력의 지
도자가 되어 혁명재판소와 자코뱅 및 옛 동
료들을 탄압하는 일에 앞장선다. 이후 총재
정부 시절 500인 의회 의원이 되지만 모든
당파에게 경원시되며 정치적 영향력을 잃
는다. • 105~107, 116, 118, 120, 121, 127, 128

| ㅍ |

파브르 데글랑틴, 필리프^{Fabre d'Églantine, Philippe,}
^{1750~1794} 극작가이자 국민공회 의원. 당통, 마
라와 함께 활동했다. 1793년 혁명력에서 달
들의 이름을 고안했다. 당통파와 함께 처형
된다. • 87

페티옹, 제롬^{Pétion, Jérôme, 1756~1794} 변호사. 제헌
의회, 국민공회 의원. 1791년 파리 시장에 선
출된다. 1793년 지롱드파 몰락 후 은신했다
가 자살한다. • 31, 87

푸키에 탱빌, 앙투안 캉탱^{Fouquier Tinville, Antoine}
^{Quentin, 1746~1795} 프랑스 법률가. 1793년 3월 혁
명재판소의 검사로 임명되며 공포정치 때 주
도적 역할을 한다. 테르미도르 반동 후 처형
된다. • 122

프란츠 2세^{Franz II, 1768~1835} 신성로마제국의 마
지막 황제. 1792년 오스트리아 황제가 되어
나폴레옹과 전쟁을 벌인다. 1810년 딸 마리
루이즈를 나폴레옹과 혼인시킨다. • 260, 264

| ㅎ |

황금청년단^{jeunesse dorée} 테르미도르 반동의 주
역이었던 우파 의원들(프레롱, 탈리앵)은 혁명
에 불만을 품고 있던 부르주아지 청년들을
불러 모아 '황금청년단'이라는 폭력단을 만든
다. 대략 2~3천 명 정도로 추정된다. 이들은
파리 대로에서 자코뱅에게 백색 테러를 가했
고 국민공회에 난입하여 좌파 의원들이 기소
되도록 압력을 가하기도 했다. • 127, 135, 141

세계 역사에서 프랑스 혁명만 한 정치 드라마가 또 있을까? 1789년 바스티유 습격부터 1815년 왕정복고로 혁명이 완전히 막을 내리기까지 얼마나 많은 사람들이 목숨을 잃었던가! 또 화려하게 등장했던 여러 '영웅들'은 어떤 비극적 최후를 맞아야 했던가! 이 드라마의 핵심에는 로베스피에르와 나폴레옹이 있다. 그런데 이 둘을 거꾸러트린 인물이 바로 조제프 푸셰이다. 아마도 많은 독자들이 무심히 스쳐 갔을 낯선 그 이름, 푸셰. 과연 그는 누구인가?

슈테판 츠바이크는 이 책에서 푸셰를 배신과 변절을 거듭하며 짧게나마 권력의 최정상까지 오른 파렴치한 정치인으로 소개한다. 가톨릭 사제교사였다가 환속하여 국민공회 의원이 된 푸셰는 지롱드파에서 과격 자코뱅으로 넘어가 사유재산의 철폐와 무신론을 주장하고 급기야는 로베스피에르를 몰아낸 반동 쿠데타를 주도하는가 하면, 총재정부 시절 경찰장관 신분으로 나폴레옹의 쿠데타를 돕기까지 했으니 이것만으로도 유능한 철새 정치인임이 분명하다. 그런데 이게 다가 아니다. 나폴레옹 치하에서 장기간 경찰장관으로 막강한 권력을 휘두르며 엄청난 부를 축적하고 귀족이 된 푸셰는 워털루

패전 후 나폴레옹을 퇴위시키고 임시정부의 수반이 되어 루이 18세를 국왕으로 맞아들이고 그 대가로 다시 경찰장관이 된다. 나름 대단하지 않은가? 이 땅의 독자는 푸셰의 정치 역정을 보며 친일에서 친미로 옮겨 다니며 살아남은 보수우파를, 혹은 사회 개혁을 외치면서도 특권을 향유하는 강남 좌파를 떠올릴 수 있을 것이다. 독자의 정치적 성향에 따라 판이한 연상이 가능할 만큼 푸셰는 화려한 변절의 이력을 자랑한다.

저자는 서문에서 푸셰를 "근대 최고의 마키아벨리스트"라 부르며 이런 유형의 인간은 "우리가 사는 세상에서 가장 위험한 종족"이기에 "여기 속하는 푸셰 같은 인물을 해부해 볼 필요가 있다"고 역설한다. 저자가 푸셰의 전기를 집필하던 1928년부터 1929년까지의 유럽은 과연 어떤 모습이었을까?

제1차 세계 대전이 끝난 후 독일제국과 오스트리아-헝가리 제국, 러시아 제국의 군주제가 무너지며 정국은 위태롭게 요동치고 있었다. 독일과 헝가리, 이탈리아에서는 민족주의 성향의 극우파가 소리를 높이고, 러시아에서는 스탈린이 전체주의 체제를 굳혀 가고 있었다. 바이마르 공화국의 유력 정치인들이 잇달아 극우 단체에 의해 살해되고 이탈리아에서는 무솔리니가 권좌에 오를 즈음 츠바이크는 한 서신에서 "정치가 혐오스럽다"고 토로한다. "세계적으로 파시즘이 다음 세대의 이상이 될 것이며 축구에 열광하던 사람들은 머지않아 더 고약한 것에 갈채를 보내게 될 것"이라는 그의 예언(1923년)은 불행히도 10년 후 현실이 된다. 당대의 정국은 프랑스 혁명기만큼이나 폭력과 광기로 얼룩져 혼란스러웠다.

비정치적 인간임을 자처하는 츠바이크는 정치적 현안에 일체 공식적 입장을 표명하지 않았지만 현실에 눈을 돌리고 고고한 예술 세계로 도피하지도 않았다. 그는 이 책에서 원칙도 이상도 없이 눈앞의 이익만을 좇는 기회주의적 정치인의 초상을 생생하게 그려냄으로써 푸셰의 아류들이 설치던 당시의 정국에 나직이 경종을 울리고 있다. 츠바이크는 "악당" 푸셰를 심판하는 대신 그의 심리에 몰입하여 한 인간을 분석하고 이해하려 한다. 이 지점에서 작가의 상상력이 빛을 발하면서 푸셰는 끝없이 권력을 탐하기에 때로는 무분별한 정치 도박을 벌이기까지 하는 개성 있는 인물로 살아난다. 이 철면피한 정치 곡예사의 행각은 가끔은 박수를 치고 싶을 만큼 매혹적이기까지 하다. 우리 모두에게 푸셰의 유전자가 다소나마 박혀 있기에 푸셰는 악마가 아닌 우리 속의 한 인간으로 독자에게 다가올 것이라 믿는다.

220년 전 이역만리의 이야기가 우리에게는 그다지 낯설지 않다. 대의와 이념을 구실로 삼아 폭력을 행사하는 국가, 권력과 돈의 끈끈한 관계, 음습한 정보기관이 뿜어내는 공포, 표리부동한 철새 정치인과 같은 정치의 어두운 이면은 언제 어디서건 비슷한 골격을 가지고 있기 때문이다. 등장인물의 이름이 다르고 구체적 상황이 다를 뿐이다. 물론 민주주의가 진화하고 시민 의식이 성숙한데다가 기술의 발달로 모든 검증이 즉시 이루어지기에 한국판 푸셰의 입지는 좁다고 위안할 수도 있다. 그러나 그만큼 푸셰들의 능력도 진화한 것은 아닐까 하는 의문이 든다. 유튜브 계정을 열면 내 취향대로 나열된 링크들, 정쟁이 불거질 때면 뉴스포털에서 1, 2위를 차지한 수상한 인기 검색어 목록을 보면서 섬뜩한 기분이 드는 건 나뿐일까? 21세기의 푸셰들은 빅데이터를 손에 쥐고 더욱 세련되고 합법적인 방식으로 전 세계를 은밀히 지배하고 있을지도 모른다. 만일 그렇다면 푸셰 같은 유형의 인간이 "우리가 사는 세상에서 가장 위험한 종족"이라는 츠바이크의 주장은 현재에도 유효하다는 생각을 해 본다.

정상원